普通高等院校"十三五"规划教材

基础会计

第二版

朱桂明 任 丽 杨 文 ◎ **主 编**
闵悦昕 胡燕玲 胡竟男 ◎ **副主编**
何亚雯 李 莉 王善德

清华大学出版社
北 京

内容简介

本书是以我国有关会计法律、法规、制度等为依据，结合会计专业实践教学经验，在总结高等院校会计专业教学改革成果的基础上编写的。本书共分11章，主要阐述了会计核算的基本理论、基本方法和基本技能，内容包括总论、会计要素及会计等式、会计科目与账户、复式记账原理、借贷记账法的运用、会计凭证、会计账簿、财产清查、财务会计报告、账务处理程序，以及会计工作的组织等，强调对会计信息的理性认识和逻辑理解，突出对会计概念的整体认识和系统把握，兼顾会计基础理论与方法操作的有机结合，旨在为学生奠定较为扎实的会计基础。

本书可用作高等院校财经类专业教材，也可用作会计学专业自学考试、函授等成人教育教材、会计相关考试教材和企业财务工作者系统掌握会计理论及实务的参考用书。

本书封面贴有清华大学出版社防伪标签，无标签者不得销售。
版权所有，侵权必究。举报：010-62782989，beiqinquan@tup.tsinghua.edu.cn。

图书在版编目(CIP)数据

基础会计 / 朱桂明，任丽，杨文主编. —2版. —北京：清华大学出版社，2019.11（2021.1重印）
（普通高等院校"十三五"规划教材）
ISBN 978-7-302-53751-9

Ⅰ.①基… Ⅱ.①朱… ②任… ③杨… Ⅲ.①会计学-高等学校-教材 Ⅳ.①F230

中国版本图书馆 CIP 数据核字（2019）第 195751 号

责任编辑：刘志彬
封面设计：李伯骥
责任校对：宋玉莲
责任印制：刘海龙

出版发行：清华大学出版社
网　　址：http://www.tup.com.cn, http://www.wqbook.com
地　　址：北京清华大学学研大厦 A 座　　邮　　编：100084
社 总 机：010-62770175　　邮　　购：010-62786544
投稿与读者服务：010-62776969, c-service@tup.tsinghua.edu.cn
质量反馈：010-62772015, zhiliang@tup.tsinghua.edu.cn

印 装 者：北京鑫海金澳胶印有限公司
经　　销：全国新华书店
开　　本：185mm×260mm　　印　张：19　　字　数：474千字
版　　次：2017年8月第1版　2019年11月第2版　　印　次：2021年1月第3次印刷
定　　价：49.80元

产品编号：085109-01

前 言

"基础会计"课程是会计专业基础课教材,本书主要阐述会计的基本理论、基本方法和基本技能,融入会计相关考试内容,是本专业学生进入会计领域的第一把"钥匙",同时也为学生学习后续专业课程打下坚实的基础。

教材是体现教学内容和教学方法的载体,是组织教学的基本工具,也是深入教学改革、提高教学质量的重要保证。本书可用作高等院校财经类专业教材,也可用作会计学专业自学考试、函授等成人教育教材、会计相关考试教材和企业财务工作者系统掌握会计理论及实务的参考用书。

本书具有以下特点。

一、内容与形式推陈出新

本书在经济业务内容的选择与会计处理等方面推陈出新,严格按照新的《企业会计准则》编写,剔除了不符合其规定的内容,全书内容更加完整;在会计工作载体方面,提供了大量的结算票据,如支票、进账单等,完全按照中国人民银行颁布的新票据设计;增值税专用发票、地方税务统一发票,领料单与入库单等原始凭证,专用记账凭证、通用记账凭证,总分类账、明细分类账等,都选用企业普遍使用的样式。这些举措能够满足培养学生从事会计工作能力的需要。

二、理论与技能注重基础

本书深入浅出地介绍了企业会计准则的基本内容、会计学科的基础知识与基本理论;较为详尽地讲述了会计的概念与特点、会计准则的体系与内容、会计要素及其构成、会计账户及其结构等会计基础知识;较为精辟地介绍了借贷记账原理、平行登记原理等会计的基本理论,并设计了理论联系实际的教学和练习,旨在为学生奠定较为扎实的会计基础。

三、基于工作过程强调应用

为了实现培养应用型会计人才的目标,会计教育应当强调方法与技能的培养。因此,本书以会计的基本方法为序,较为全面、系统地介绍了设置账户、复式记账、填制和审核会计凭证、登记账簿、成本计算、财产清查和编制会计报表等会计核算的专门方法;并注意介绍这些专门方法的基础知识、技术要求与操作程序,注重培养学生的动手操作能力。在阐述借贷记账法的应用时,基于会计工作过程展开:首先给出经济业务的语言描述(会计工作）；其次提供证明经济业务发生的原始凭证（工作内容）；最后根据审核无误的原始凭证记载的经济业务，详细分析每笔经济业务涉及的会计科目、借贷方向、金额并抽象出会计分录，落实在编制记账凭证（工作过程）中，即在必要之处提供工作指导。本书不仅保留了语言描述和会计分录，而且提供了证明经济业务发生的原始凭证和记账凭证，还原了会计工作的原貌，有助于学生提高会计工作能力。

四、案例分析体现理论联系实际

本书各章在介绍会计理论和会计方法时，注意理论联系实际，突出会计实务的介绍与案例分析。通过案例分析，融会计理论、会计方法与会计实务于一体，使学生得到较强的实务操作训练。

本书是各相关院校教师倾力合作与集体智慧的结晶。由于编者水平有限，不足之处在所难免，恳请各位老师将意见及时反馈给我们，以便及时修订完善。

编　者

目 录

第一章　总　论　1
本章主要内容　1
第一节　会计概述　1
第二节　会计的对象与目标　7
第三节　会计基本假设和会计信息质量要求　10
第四节　会计基础　17
第五节　会计核算方法　19
第六节　会计准则体系　21
本章小结　24
思考训练　24

第二章　会计要素及会计等式　29
本章主要内容　29
第一节　会计要素　29
第二节　会计等式　38
本章小结　43
思考训练　43

第三章　会计科目与账户　50
本章主要内容　50
第一节　会计科目　50
第二节　账户　55
本章小结　57
思考训练　57

第四章　复式记账原理　62
本章主要内容　62
第一节　会计记账方法概述　62
第二节　借贷记账法　64

本章小结 …… 75
思考训练 …… 76

第五章 借贷记账法的运用 82

本章主要内容 …… 82
第一节 企业经济业务概述 …… 82
第二节 资金筹集的核算 …… 85
第三节 供应过程的核算 …… 89
第四节 生产过程的核算 …… 94
第五节 销售过程的核算 …… 101
第六节 财务成果的核算 …… 105
本章小结 …… 109
思考训练 …… 110

第六章 会计凭证 119

本章主要内容 …… 119
第一节 会计凭证概述 …… 119
第二节 原始凭证 …… 120
第三节 记账凭证 …… 127
第四节 会计凭证的传递 …… 133
本章小结 …… 135
思考训练 …… 135

第七章 会计账簿 142

本章主要内容 …… 142
第一节 会计账簿概述 …… 142
第二节 会计账簿的启用和登记要求 …… 146
第三节 会计账簿的设置和登记方法 …… 150
第四节 错账更正方法 …… 158
第五节 对账和结账 …… 166
本章小结 …… 171
思考训练 …… 171

第八章 财产清查 177

本章主要内容 …… 177
第一节 财产清查概述 …… 177

  第二节 财产清查的方法 ··· 181
  第三节 财产清查结果的处理 ··· 188
  本章小结 ··· 193
  思考训练 ··· 193

第九章 财务会计报告 200

  本章主要内容 ··· 200
  第一节 财务会计报告概述 ··· 200
  第二节 资产负债表 ··· 204
  第三节 利润表 ··· 210
  第四节 现金流量表 ··· 215
  第五节 会计报表附注 ··· 221
  本章小结 ··· 222
  思考训练 ··· 223

第十章 账务处理程序 233

  本章主要内容 ··· 233
  第一节 账务处理程序概述 ··· 233
  第二节 记账凭证账务处理程序 ··· 234
  第三节 科目汇总表账务处理程序 ··· 259
  第四节 汇总记账凭证账务处理程序 ··· 269
  本章小结 ··· 275
  思考训练 ··· 275

第十一章 会计工作的组织 280

  本章主要内容 ··· 280
  第一节 会计工作的管理体制 ··· 280
  第二节 会计机构和会计人员 ··· 282
  第三节 会计档案 ··· 288
  本章小结 ··· 290
  思考训练 ··· 291

参考文献 295

第一章 总　论

本章主要内容

通过对会计基本内容的阐述，让初学者从总体上对会计有一个初步的了解。
1. 会计的含义、职能和对象；
2. 会计核算的基本前提和会计信息质量的要求；
3. 会计的核算方法；
4. 会计法规体系。

知识目标
1. 了解会计信息质量的要求；
2. 掌握会计的含义、职能和对象；
3. 掌握会计核算的基本前提及会计的核算方法；
4. 了解我国会计法规体系的构成。

技能目标
1. 能够初步掌握会计信息质量的要求；
2. 能够理解和应用会计核算的基本前提。

第一节　会计概述

一、会计的概念

会计是以货币为主要计量单位，采用专门的方法，对特定主体的经济活动进行连续、系统、全面的核算和监督，旨在提供经济信息和提高经济效益的一种经济管理活动。

会计已经成为现代企业一项重要的管理工作。企业的会计工作主要是通过一系列会计程序，对企业的经济活动和财务收支进行核算和监督，反映企业的财务状况、经营成果和现金流量，反映企业管理层受托责任履行情况，为会计信息使用者提供对决策有用的信息，并积极参与经营管理决策，提高经济效益，促进市场经济的健康有序发展。

二、会计的产生和发展

（一）会计的产生

物质资料的生产是人类社会存在和发展的基础。长期的社会生产实践使人们逐渐认识到，为了更好地发展生产，并在生产中获得最佳的经济效果，就必须对生产活动过程进行有计划、有目的的管理。为管理生产，一方面要对生产过程中人力、物力、财力的消耗数量和劳动产品的数量进行记录、计算、分析、比较；另一方面要对生产过程中的消耗和经济成果进行控制、检查和考核，达到以最少的生产劳动消耗取得最大经济效益的目的。为了对经济活动进行管理，在客观上就需要有对有关数据的记录和计量，以及对经济管理工作的分析和检查。会计正是在这种要求的基础上产生并逐步发展起来的。

在原始社会，生产力水平十分低下，生产过程简单，因此，会计是"生产职能的附带部分"，它是由生产者凭头脑的记忆或简单的记录，在生产时间之外附带地把收入、支付日期等记载下来的活动。随着生产的发展和生产规模的日益扩大，需要记录的事情也多起来，生产者忙于生产工作，无暇兼顾，于是便委托专门人员从事这些工作，会计便从生产职能中分离出来，成为由专门人员采取专门方法进行的一种核算活动。会计发展的历史表明，生产的发展决定了会计的发展，会计是随着生产的发展而发展的。

（二）会计的发展

▶ 1. 我国会计发展的历史

据《周礼》记载，我国西周王朝已出现"会计"一词，西周王朝还建立了专门管理钱粮赋税的官员，总管王朝财权的官员称"大宰"，还设置了"司书""司会"等官吏，专门从事会计工作。"司书"是负责记账的，主要是对财物收支进行登记；"司会"是进行财物监督的，"掌国之百物财用，凡在书契版图者之式，以逆群吏之治，而听其会计"，意思是说，掌握全国财物收支，并利用书契往来和丈量版图的副本，来考核王朝大小官吏管理地方的情况和他们经手的财物收支。

自春秋战国至秦代，用"入"和"出"作为记账符号来反映经济出入事项，"入－出＝余"得到广泛应用。唐、宋两代是我国会计全面发展的时期，逐步形成了一套记账、算账的古代会计结算法，即"四柱清册"方法。所谓"四柱"，指"旧管""新收""开除""实在"四个部分，其含义分别相当于现代会计中的"期初结存""本期收入""本期支出""期末结存"。"四柱清册"方法是把一定时期内财物收支记录，通过"旧管＋新收＝开除＋实在"这一平衡公式加以总结，既可检查日常记账的正确性，又可以系统、全面、综合地反映经济活动的全貌，这是我国古代会计的一个杰出成就，这种平衡关系式一直延续使用到现代会计中。明末清初，山西的傅山在研究官厅会计和"四柱清册"记账方法的基础上，设计出一套比较完善的会计核算方法"龙门账"。"龙门账"的特点是将民间商业中的全部经济事项划分为"进""缴""存""该"四大类。进，是指全部收入；缴，是指全部支出；存，是指全部资产；该，是指全部负债。当时，民间商业根据经济业务发生情况分别设立账目核算，只在年度终了办理结算时，编制"进缴表"（相当于现在的"利润表"）和"存该表"（相当于现在的"资产负债表"），分别用"进"与"缴"的差额和"存"与"该"的差额来计算盈亏，然后将两表对比，盈亏数应相等。这四大类的相互关系为"进－缴＝存－该"。傅山将这种双轨计算盈亏，并检查账目平衡关系的会计方法，形象地称为"合龙门"，"龙门账"也由此而得名。

我国的会计记账方法一度在世界上处于领先地位，但由于数千年的封建社会阻碍了生产力的发展，也使会计的发展滞后，逐渐地落后于西方资本主义国家。1905年，会计学者蔡锡勇所著的《连环账谱》将西方的借贷记账法介绍到我国，我国开始使用借贷记账法，成为我国近代会计史上的第一次变革。中华人民共和国成立后，又全面引进苏联的会计模式，建立了适应高度计划经济体制的会计制度，成为我国近代会计史上的第二次变革。1978年后，国民经济的改革开放政策使现代会计新的理论和方法也被引入和利用。1985年，颁布了《中华人民共和国会计法》，我国会计工作进入法制阶段。1999年10月31日通过修订的新会计法，并于2000年7月1日起施行。1992年又颁布了《企业会计准则》，于1993年7月1日起施行。特别是2000年年底颁布的《企业会计制度》，突破了原有的会计核算模式，建立了接近国际会计惯例的、具有我国特色的新的会计管理体系，开始了我国近代会计史上的第三次变革。2006年2月15日，财政部发布新的会计准则和38项具体会计准则，标志着此前我国会计准则与会计制度并存的局面将改变。从此，我国会计进入了一个崭新的发展时期。

▶ 2. 国外会计发展的历史

在西方，会计的发展也经历了几次变革，从原始计量记录时代发展到单式簿记运用时代，又演进到复式簿记时代，其主要标志是1494年意大利数学家卢卡·帕乔利（Luca Pacioli）著《算术、几何、比及比例概要》一书，《簿记论》是《算术、几何以及比例概要》中的第三篇"计算与记录要论"，较为详细地阐述了日记账、分录账、总账及试算表的编制方法，介绍了"威尼斯复式记账法"的原理和方法，该书的出版被认为是复式簿记最早形成文字的记载，也是会计发展史上的一个重要里程碑，标志着近代会计的最终形成。

1581年，威尼斯"会计学院"的建立表明会计已作为一门学科在学校里传授。借贷记账法的传播为近代会计奠定了基础。到了20世纪前后，随着资本主义经济的迅速发展，会计在管理经济方面的作用日益显著。从16世纪末到19世纪，意大利的复式簿记迅速在欧洲传播，取得了很大发展。1853年，英国在苏格兰成立了世界上第一个注册会计师专业团体——"爱丁堡会计师协会"，会计开始成为一种社会性专门职业和通用的商业语言。

美国发生于20世纪20年代末30年代初的经济危机促成了《证券法》和《证券交易法》的颁布及对会计准则的系统研究和制定。财务会计准则体系的形成不仅奠定了现代会计法制体系和现代会计理论体系的基础，而且促进了传统会计向现代会计的转变。进入20世纪50年代，传统的财务会计已不能满足企业生存和发展的需要。企业决策者不仅要求会计事后记账、算账，更重要的是对企业的生产经营活动进行事前预测、决策，确定目标，事中进行控制、分析，并加强责任核算，逐步形成了为企业决策者和管理者服务的管理会计。1952年，国际会计师联合会正式通过"管理会计"这一专业术语，标志着会计正式分为财务会计和管理会计两大领域。

三、会计的基本特征

（一）会计是一种经济管理活动

会计是对一个单位的经济活动进行确认、计量、记录和报告，做出预测，参与决策，实行监督，旨在实现最佳经济效益的一种管理活动。从职能属性看，核算和监督本身是一种管理活动；从本质属性看，会计本身就是一种管理活动。现代会计不再局限于记账、算账等一些基础的会计工作，还需要参与企业经营管理，因此，会计人员也是管理工作者。

（二）会计以货币为主要计量单位

经济活动中通常使用劳动计量单位、实物计量单位和货币计量单位三种计量单位，劳动计量和实物计量只能从不同角度反映生产经营情况，计量结果通常无法直接进行汇总、比较。而货币计量便于统一衡量和综合比较，能够全面反映企业的生产经营情况。因此，会计需要以货币为主要计量单位。

（三）会计是一个经济信息系统

会计是一个经济信息系统。它将企业经济活动的各种分散数据转化成一组客观的货币化的信息，为企业内部管理者和外部利益相关者进行相关经济决策提供重要的依据，这也是会计的主要目标。

（四）会计具有核算和监督的基本职能

会计的职能是指会计在经济管理活动中所具有的功能。会计的基本职能表现为核算和监督两个方面。

（五）会计采用一系列专门的方法

会计方法是用来核算和监督会计对象、实现会计目标的手段。会计方法具体包括会计核算方法、会计分析方法和会计检查方法等。其中，会计核算方法是最基本的方法。会计分析方法和会计检查方法是在会计核算方法的基础上，利用提供的会计资料进行分析和检查所使用的方法。这些方法相互依存、相辅相成，形成了一个完整的方法体系。

四、会计的职能

会计的职能是指会计在经济管理过程中所具有的功能。会计作为管理经济的一种活动，是通过会计的职能来实现的。关于会计的职能，马克思在《资本论》中有过这样的描述："过程越是按照社会的规模进行，越是失去纯粹个人性质，作为对过程控制和观念总结的簿记越是必要。"这句话中的"簿记"一般理解为会计，而"过程的控制和观念的总结"一般理解为对会计职能的描述。"过程的控制"，一般理解为会计监督职能；"观念的总结"，一般理解为会计核算职能。监督职能和核算职能是会计的两大基本职能。

随着会计在经济生活中重要性的不断提高，其职能范围也在不断扩大、延伸。除了具有核算和监督两项基本职能外，还有预测经济前景、参与经济决策、评价经营业绩等拓展职能。

（一）基本职能

▶ 1. 核算职能

会计的核算职能也称反映职能，是指会计以货币为主要计量单位，对特定主体的经济活动进行确认、计量、记录和报告，如实反映特定主体的财务状况、经营成果和现金流量等信息。核算职能是会计最基本的职能。

会计核算四个环节的具体内容如图1-1所示。

确认，是判断发生的经济业务是否属于会计核算的内容，以及归属于哪类性质的业务；计量，是确定会计确认中用以描述某交易或事项的具体金额的过程；记录，是指通过一定的会计专门方法按照上述确定的金额将发生的经济活动在会计特有的载体上进行登记的工作；报告，是在确认和计量的基础上，将特定主体的财务状况、经营成果和现金流量

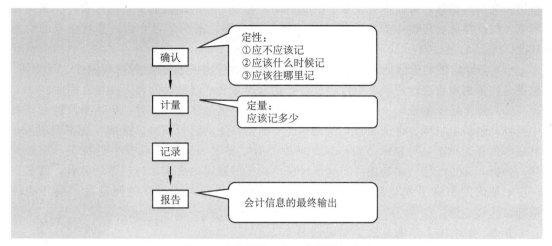

图 1-1 会计核算四个环节的具体内容

信息以财务报表等形式向有关各方报告。

会计核算贯穿经济活动的全过程，其内容主要包括：款项和有价证券的收付；财物的收发、增减和使用；债权债务的发生和结算；资金、基金的增减；收入、支出、费用、成本的计算；财务成果的计算和处理；需要办理会计手续，进行会计核算的其他事项。

通过以上对会计核算职能的分析，比较其与日常经济生活中所用的经济核算、统计核算等经济术语的区别，可以发现会计核算职能体现以下特点。

（1）会计核算主要从价值上反映各单位的经济活动状况及其结果。会计核算主要通过价值量对各单位的经济活动进行核算，这是区别于其他核算的主要特点。

（2）会计核算具有连续性、完整性和系统性。会计核算的连续性，是指对于会计对象的计量、记录必须不间断地进行。对于经济活动进行不间断的核算，才能保证会计核算资料连续地反映经济活动的过程及其成果。会计核算的完整性，是指在对会计对象进行反映时，记录、加工及报告的会计资料必须是全面的和完整的。凡是属于会计主体范围的，属于本会计期间的会计事项，都不能有任何遗漏，只有这样，才能保证会计资料全面、完整地反映经济活动及其结果。会计核算的系统性，是指会计搜集或者加工的信息应该是系统的、有序的、符合逻辑的。

（3）会计核算是对各单位经济活动的全过程进行反映。会计核算职能不仅仅是对经济活动进行事后反映，还要对经济活动进行事前核算和事中核算。事前核算是对尚未发生的经济业务所进行的核算，其主要形式是进行预测、参与计划和决策；事中核算则是在经济业务执行中所进行的核算，其主要形式是对计划的执行情况进行不断的修订和完善。随着社会经济活动规模的不断扩大，生产经营复杂程度日益加深，经营管理客观上都需要加强预见性，会计职能从事后核算向事中核算及事前核算发展，从某种意义上说这将成为会计职能拓展的主要方向。

▶ 2. 监督职能

会计的监督职能也称控制职能，是指会计人员在进行核算的同时，依据国家法律法规、政策及会计准则等，对特定主体经济活动和相关会计核算的真实性、合法性、合理性进行审查。会计监督是在会计核算的基础上进行的。会计监督职能体现以下特点。

（1）会计监督主要是通过货币计量指标进行，考核经济活动效果。例如，通过收入、费用和利润等指标,可以审查企业的收支活动,考核企业的经营成果;通过资产、负债和所有者权益指标,可以审查企业资产的使用是否合理、来源是否合法,考核企业的财务状况。

(2) 会计监督的依据是国家法律、财经制度以及企业内部的财务管理制度、计划等。根据这些依据审查会计资料,可以保证会计信息质量和经济活动的合法性与合理性。

(3) 会计监督要对某一特定会计主体的经济活动全过程进行监督,包括事前监督、事中监督、事后监督等。事前监督,就是在经济活动发生前进行预测、决策,主要表现为对计划和预算的审查,与目标是否一致;事中监督,就是在经济活动发生过程中,通过控制、分析,纠正经济活动的偏差,保证经济活动按照规定的要求运行;事后监督,就是在一段时期内经济业务发生后所进行的检查、考评,以便查找存在的问题及提出相应的措施。

▶ 3. 会计核算职能与监督职能的关系

会计的核算职能和监督职能是密切联系、相辅相成的,两者统一于会计核算之中。会计核算是会计监督的基础和前提条件,没有核算所提供的各种信息,监督就失去了依据;而监督是会计核算的质量保证,离开了监督,纯粹的核算将失去意义。只有将这两个职能结合起来,才能发挥会计在经济管理中的作用。

会计基本职能的主要内容如图 1-2 所示。

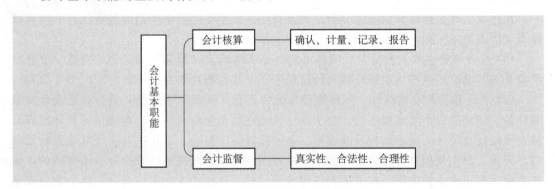

图 1-2 会计基本职能的主要内容

(二) 拓展职能

▶ 1. 预测经济前景

预测经济前景是指根据财务会计报告等信息,定量或者定性地判断和推测经济活动的发展变化规律,以指导和调节经济活动,提高经济效益。

▶ 2. 参与经营决策

参与经营决策是指根据财务会计报告等信息,运用定量或者定性分析方法,对企业生产经营的各种方案进行比较、判断,帮助企业决策者筛选最优方案。

▶ 3. 评价经营业绩

评价经营业绩是指根据财务会计报告等信息,运用适当的方法,对企业一定经营期间的资产运营、经济效益等经营成果,对照相应的评价标准,进行定量或者定性对比分析,做出真实、客观、公正的综合评判。

随着经济的发展和会计活动范围的不断扩大,会计的职能也在不断发展。会计的拓展职能是会计发展的产物,是在核算和监督两个基本职能的基础上派生出来的,是现代会计的重要职能。现代企业经营的成败,在很大程度上取决于经营决策的成功与否。例如,某一企业从项目选择和地址选择开始,到采用什么生产技术、配备什么设备、选用什么材料等,都要进行一系列的决策,而这些决策都离不开会计的预测和决策。只有通过会计预测,从投资效益的价值角度比较各种方案的利弊,才能使企业经营决策者选出最优方案。所以,会计在经营决策中扮演了十分重要的角色。

知识链接

开始学习会计的一些基本知识之前,先来看一段关于会计含义的对话。

甲、乙、丙、丁是四个好伙伴,有一次在一起聚会,一通天南海北之后,聊起了什么是会计这一话题,四人各执一词,谁也说服不了谁。

甲:什么是会计?这还不简单,会计就是指一个人,比如,我们公司的刘会计,是我们公司的会计人员,这里会计不是人是什么?

乙:不对,会计不是指人,会计是指一项工作,比如,我们常常这样问一个人,你在公司做什么?他说,我在公司做会计,这里会计当然是指会计工作了。

丙:会计不是指一项工作,也不是指一个人,而是指一个部门、一个机构,即会计机构。你们看,每个公司都有一个会计部或者会计处,这里会计就是指会计部门,显然是一个机构。

丁:你们都错了,会计既不是一个人,也不是一项工作,更不是指一个机构,而是指一门学科,我弟弟就是在某财经政法大学学会计,他当然是去学一门学科或科学。

结果,他们谁也说服不了谁。亲爱的朋友,如果让你来谈谈什么是会计的问题,你会怎么说呢?

分析:在日常生活中,会计确实有多种不同的含义。甲、乙、丙、丁四个人的看法都说明了会计含义的一部分,但又都不全面。我们通常所说的会计主要还是指会计工作和会计学。

会计是一项经济管理工作,一项为生产经营活动服务的社会实践,这就是说,会计是指会计工作。同时,既然有会计工作的实践,就势必有实践经验的总结和概括,就有会计的理论,就有会计工作赖以进行的指导思想。会计是解释和指导会计实践的知识体系,是一门学科。也就是说,会计是指会计学。可见,会计既指会计学,也指会计工作。也就是说,会计既包括会计理论,也包括会计实践。

第二节 会计的对象与目标

一、会计对象

会计对象是指会计所核算和监督的内容。从一般意义上讲,会计对象是指社会再生产过程中能以货币表现的经济活动,即资金运动。

不同单位在社会再生产过程中所处的地位、担负的任务及经济活动的方式各不相同,经济业务的内容也不尽相同,其具体的资金运动就有所区别。下面通过企业、行政、事业单位的资金运动，来说明其会计对象的具体内容。

（一）企业会计的对象

▶ 1. 工业企业会计的对象

工业企业是从事工业产品生产和销售的营利性经济组织，其再生产过程是以生产过程为中心的供应、生产和销售过程的统一。为了从事生产经营活动，企业必须拥有一定数量的资金，用于建造厂房、购买机器设备、购买原材料、支付职工工资、支付经营管理过程中各种必要的开支等，生产出的产品经过销售后，收回的货款还要补偿生产经营过程中垫付的资金、偿还有关债务、上缴税金等。在生产经营过程中，资金的存在形态不断地发生变化，构成了企业的资金运动。只要企业的生产经营活动不停止、生产经营过程不中断，其资金就始终处于运动之中。企业的资金运动随着生产经营活动的进行贯穿企业再生产过程的各个方面。企业的资金运动包括资金的投入、资金的循环与周转（即资金的运用）和资金的退出三个基本环节，既有一定时期内的显著运动状态（表现为收入、费用、利润等），又有一定日期的相对静止状态（表现为资产与负债及所有者权益的恒等关系）。

1）资金的投入

资金的投入包括企业所有者投入的资金和债权人投入的资金两部分，前者属于企业所有者权益，后者属于企业债权人权益（即企业的负债）。投入企业的资金一部分构成流动资产（如货币资金、原材料等）；另一部分构成非流动资产（如厂房、机器设备等）。资金的投入是企业资金运动的起点。

2）资金的循环与周转

企业将资金运用于生产经营过程，就形成了资金的循环与周转。它又分为供应过程、生产过程、销售过程三个阶段。

（1）供应过程是生产的准备过程。在这个阶段，为了保证生产的正常进行，企业需要用货币资金购买并储备原材料等劳动对象，要发生材料买价、运输费、装卸费等材料采购成本，与供应单位发生货款的结算关系。同时，随着采购活动的进行，企业的资金从货币资金形态转化为储备资金形态。

（2）生产过程既是产品的制造过程，又是资产的耗费过程。在这个阶段，劳动者借助劳动手段将劳动对象加工成特定的产品，企业要发生原材料等劳动对象的消耗、劳动力的消耗和固定资产等劳动手段的消耗等，构成了产品的使用价值与价值的统一体。同时，随着劳动对象的消耗，资金从储备资金形态转化为生产资金形态；随着劳动力的消耗，企业向劳动者支付工资、奖金等劳动报酬，资金从货币资金形态转化为生产资金形态；随着固定资产等劳动手段的消耗，固定资产和其他劳动手段的价值通过折旧或摊销的形式部分地转化为生产资金形态。当产品制成后，资金又从生产资金形态转化为成品资金形态。

（3）销售过程是产品价值的实现过程。在这个阶段，企业将生产的产品销售出去，取得销售收入，要发生货款结算等业务活动，资金从成品资金形态转化为货币资金形态。

由此可见，随着生产经营活动的进行，企业的资金从货币资金形态开始，依次经过供应过程、生产过程和销售过程三个阶段，分别表现为储备资金、生产资金、成品资金等不同的存在形态，最后又回到货币资金形态，这种运动过程称为资金的循环。资金周而复始地不断循环，称为资金周转。

3）资金的退出

企业在生产经营过程中，为社会创造了一部分新价值，因此，企业收回的货币资金一般要大于投入的资金,这部分增加额就是企业的利润。企业实现的利润,按规定应以税金的形式上交一部分给国家,还要按照有关合同或协议偿还各项债务,另外,还要按照企业章程或董事会决议向投资者分配股利或利润。这样,企业收回的货币资金中,用于交纳税金、偿还债务和向投资者分配股利或利润的这部分资金就退出了企业的资金循环与周转,剩余的资金则留在企业,继续用于企业的再生产过程。

企业资金周转的过程,也是企业各种费用的发生过程(如材料采购费用、生产费用、管理费用、销售费用等),并在第三个环节中取得收入。收入与费用比较,如果收入大于费用,企业就获得了盈利,企业资金总量增加;反之,如果企业经营不当,收入小于费用,则发生亏损(即负利润),亏损会使资金总量减少。盈利越多,企业经济效益越好,反之越差。

工业企业供、产、销环节及经营资金循环过程如图1-3所示。

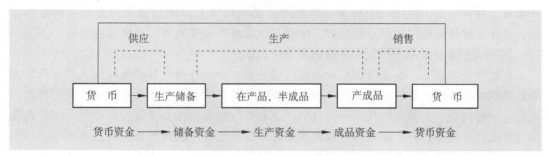

图1-3 工业企业供、产、销环节及经营资金循环过程

▶ 2. 商品流通企业会计的对象

与工业企业不同,商品流通企业一般没有生产加工过程,其经济活动包括采购、销售两大环节,在商品采购回来之后到销售出去之前,有一个短暂的储存过程。其资金运动特点为:企业用各种方式筹得资金后,按照等价交换的原则购进商品,资金由货币资金形态转换为商品资金形态;再根据供求变化适时把商品销售出去收回货款,资金由从商品资金形态转换为货币资金形态。在这一过程中消耗的人力、物力、财力统称为营业费用。商品流通企业的资金就是按照"货币—商品—货币"的形式不断循环周转。

商品流通企业资金运动过程如图1-4所示。

图1-4 商品流通企业资金运动过程

综上所述,企业会计对象的具体内容就是前已述及的资产、负债、所有者权益、收入、费用和利润这六个基本概念,它们从不同角度反映了企业的资金运动。因此,我们把这六个概念作为会计对象具体内容的最基本的分类,是会计对象基本的主要组成部分,并称之为会计要素。

(二)行政、事业单位会计的对象

行政、事业单位不是商品生产和经营者,但它们也需要资金的帮助才能执行国家或社会所赋予的职能。因此,交付这些单位使用的资金,耗费后一般不要求收回,这部分资金通常列入国家预算的支出部分。与经营资金不同，考核这些资金的运用效益，不是着眼于它能否促进各单位经济的发展，而是着眼于能否以较少的支出办更多的事情，并把国家或社会赋予它们的任务完成好，这部分资金称为"预算资金"。因此，机关、事业单位的会计对象为预算资金的运动。

二、会计目标

会计目标责任制也称会计目的，是要求会计工作完成的任务或达到的标准，即向财务会计报告使用者提供与企业财务状况、经营成果和现金流量等有关的会计信息，反映企业管理层受托责任履行情况，有助于财务会计报告使用者做出经济决策。

（一）向财务会计报告使用者提供决策有用的信息

企业编制财务报告的主要目的是满足财务报告使用者的信息需要，有助于财务报告使用者做出经济决策。因此，向财务报告使用者提供决策有用的信息是财务报告的基本目标。财务会计报告使用者包括投资者、债权人、政府及其有关部门和社会公众等。

（二）反映企业管理层受托责任的履行情况

在现代公司制下，企业所有权和经营权相分离。企业管理层是受委托人之托经营管理企业及其各项资产，负有受托责任，即企业管理层所经营管理的各项资产均为投资者投入的资本或者向债权人借入的资金所形成的，企业管理层有责任妥善保管并合理、有效地使用这些资产，因此，财务报告应当反映企业管理层受托责任的履行情况，以有助于评价企业的经营管理责任和资源使用的有效性。

受托责任关系及报告关系如图1-5所示。

图1-5　受托责任关系及报告关系

第三节　会计基本假设和会计信息质量要求

一、会计基本假设

会计基本假设又称会计核算的基本前提，是企业会计确认、计量、记录和报告应具备的前提条件，它是对会计核算的时间范围、空间环境和计量标准等做出的合理设定。会计核算对象的确定、会计政策的选择、会计数据的搜集都要以这一系列的基本假设为依据。

我国《企业会计准则——基本准则》规定了四个会计基本假设：会计主体、持续经营、会计分期和货币计量。

（一）会计主体

会计主体，是指会计工作为之服务的特定单位或者组织，它规范了企业会计确认、计量、记录和报告的空间范围。

会计工作的目的是反映一个单位的财务状况、经营成果和现金流量，为包括投资者在内的各个方面做出决策服务。会计所要反映的总是特定的对象，只有明确规定会计核算的对象，将会计所要反映的对象与包括所有者在内的其他经济实体区别开，才能保证会计核算工作的正常开展，实现会计的目标。

在会计主体前提下，会计核算应当以企业发生的各项交易或事项为对象，记录和反映企业本身的各项生产经营活动。会计主体假设，为会计人员在日常的会计核算中对各项交易或事项做出正确的判断、对会计处理方法和会计处理程序做出正确选择提供了依据。

▶ 1. 明确会计主体，才能划定会计所要处理的各项交易或事项的范围

在会计核算工作中，只有那些影响企业本身经济利益的各项交易或事项才能加以确认、计量和报告，那些不影响企业本身经济利益的各项交易或事项则不能加以确认和计量和报告。会计核算工作中通常所讲的资产、负债的确认，收入的实现，费用的发生，都是针对特定会计主体而言的。

▶ 2. 明确会计主体，才能将会计主体的交易或事项与会计主体所有者的交易或事项区分开来

例如，企业所有者经济交易或者事项是属于企业所有者主体所发生的，不应纳入企业核算的范围。但企业所有者投入企业的资本或者企业向所有者分配的利润，则属于企业主体所发生的交易或事项，应当纳入企业会计核算的范围。

▶ 3. 会计主体不同于法律主体

一般来说，法律主体必然是一个会计主体。例如，一个企业作为一个法律主体，应当建立会计核算体系，独立地反映其财务状况、经营成果和现金流量。但是，会计主体不一定是法律主体。例如，在企业集团中，一个母公司拥有若干个子公司，子公司在母公司的统一领导下开展生产经营活动。母公司虽然是不同的法律主体，但是，为了全面反映企业集团的财务状况、经营成果和现金流量，就有必要将这个企业集团作为一个会计主体，编制合并财务报表。

知识链接

会计主体与经济上的法人不是同一概念，一般会计主体可以是法人，也可以不是，如独资及合伙企业。

例如，甲、乙、丙等人准备成立 A 公司，这家特定的 A 公司就成为了一个会计核算的主体，只有以 A 公司的名义发生的有关活动，如购进原材料、支出生产工人的工资、销售产品等，才是 A 公司会计核算的范围。作为 A 公司投资者的甲、乙、丙等人的有关经济活动则不是 A 公司会计核算的内容，向 A 公司提供材料的另一些公司的经济活动也不是 A 公司的核算范围，还有贷款给 A 公司的银行的财务活动也不是 A 公司的核算范围。

这样，作为 A 公司的会计，核算的空间范围就界定为 A 公司，即只核算以 A 公司名义发生的各项经济活动，从而就严格地把 A 公司与 A 公司的投资者、贷款给 A 公司的银行及与 A 公司发生或未发生经济往来的其他公司区别开来。

另外的公司就是另外一个会计主体了。

（二）持续经营

持续经营是指在可以预见的将来，企业将会按照当前的规模和状态持续经营下去，不会停业，也不会大规模削减业务。在持续经营前提下，会计核算应当以企业持续的生产经营活动为前提。

企业是否持续经营，在会计方法的选择上有很大差别。一般情况下，应当假定企业将会按照当前的规模和状态持续经营下去，不会停业也不会大规模削减业务。明确这个前提，就意味着会计主体将按照既定用途使用资产，按照既定的合约条件清偿债务，会计人员就可以在此基础上选择会计政策和会计方法。例如，一般情况下，企业的固定资产可以在一个较长的时期内发挥作用，如果可以判断企业会持续经营，就可以假定企业的固定资产会在持续经营的生产经营过程中发挥长期作用，并服务于生产经营活动，固定资产就可以根据历史成本进行记录，并采用折旧的方法，将历史成本分摊到各个会计期间或相关的产品成本中。如果判断企业不会持续经营，固定资产就不应该采用历史成本进行记录并计提折旧。

由于持续经营是根据企业发展的一般情况所做的设定，而任何企业都存在破产、清算的风险，也就是说，企业不能持续经营的可能性总是存在的。为此，需要企业定期对其持续经营基本前提做出分析和判断，如果可以判断企业不会持续经营，就应该改变会计核算的方法，并在企业财务报告中做相应披露。

（三）会计分期

会计分期又称会计期间，是指将一个企业持续的生产经营活动划分为一个个连续的、长短相同的期间，以便分期结算账目。会计分期的目的在于通过会计期间的划分，将连续的生产经营活动分为连续的、相等的期间，据以结算盈亏、按期编制财务报告，从而及时向财务报告使用者提供有关财务状况、经营成果和现金流量的信息。

在会计分期前提下，会计核算应当划分会计期间，分期结算账目和编制财务报告。会计期间分为年度和中期，在我国，会计年度自公历1月1日起至12月31日。中期，是指短于一个完整的会计年度的报告期间，通常包括半年度、季度和月度。

根据持续经营的基本前提，一个企业将要按照当前的规模和状态持续经营下去，要最终确定企业的生产经营成果，只能等到一个企业在若干年后歇业的时候一次性地结算盈亏。因此，就需要将企业持续的生产经营活动划分为一个个连续的、长短相同的期间，分期核算和反映。明确会计分期基本前提对会计核算有着重要的影响。由于会计分期，才产生了当期与其他期间的差别，从而出现权责发生制和收付实现制的区别，才使不同类型的会计主体有了记账的基准，从而出现了应收、应付、折旧、摊销等会计处理方法。

知识链接

世界各国的会计年度

1. 采用历年制（1—12月）的国家和地区

中国、奥地利、比利时、保加利亚、捷克、斯洛伐克、芬兰、德国、希腊、匈牙利、冰岛、爱尔兰、挪威、波兰、葡萄牙、罗马尼亚、西班牙、瑞士、俄罗斯、白俄罗斯、乌克兰、墨西哥、哥斯达黎加、多米尼加、萨尔瓦多、危地马拉、巴拉圭、洪都拉斯、秘鲁、巴拿马、玻利维亚、巴西、智利、哥伦比亚、厄瓜多尔、塞浦路斯、约旦、朝鲜、马来西亚、阿曼、阿尔及利亚、叙利亚、中非、科特迪瓦、利比里亚、利比亚、卢旺达、塞内加尔、索马里、多哥、赞比亚等。

2. 采用4月—次年3月制的国家和地区

丹麦、加拿大、英国、纽埃、印度、印度尼西亚、伊拉克、日本、科威特、新加坡、尼日利亚等。

3. 采用7月—次年6月制的国家和地区

瑞典、澳大利亚、孟加拉国、巴基斯坦、菲律宾、埃及、冈比亚、加纳、肯尼亚、毛里求斯、苏丹、坦桑尼亚等。

4. 采用10月—次年9月制的国家和地区

美国、海地、缅甸、泰国、斯里兰卡等。

5. 其他类型的国家和地区

阿富汗、伊朗：3月21日—次年3月20日。

尼泊尔：7月16日—次年7月15日。

土耳其：3月—次年2月。

埃塞俄比亚：7月8日—次年7月7日。

阿根廷：11月—次年10月。

卢森堡：5月—次年4月。

沙特阿拉伯：10月15日—次年10月14日。

(四) 货币计量

货币计量，是指会计主体在会计确认、计量和报告过程中采用货币作为统一的计量单位，并把会计主体的财务状况、经营成果和现金流量等数据转化为按统一货币单位反映的会计信息。

在会计核算过程中之所以选择货币作为计量单位，是由货币本身的属性决定的。货币是商品的一般等价物，是衡量一般商品价值的共同尺度，具有价值尺度、流通手段、储藏手段和支付手段等特点。其他的计量单位，如重量、长度、容积、台、件等，只能从一个侧面反映企业的生产经营情况，无法在量上进行汇总和比较，不便于管理和会计计量。所以，为全面反映企业的生产经营、业务收支等情况，会计核算就选择了以货币作为计量单位。当然，统一采用货币尺度也有不利之处，即影响财务状况和经营成果的因素并不是都能用货币来计量的，如企业经营战略、企业在消费者心中的信誉度、企业的地理位置、企业的技术开发能力等。为了弥补货币计量的局限性，要求企业采用一些非货币指标作为会计报表的补充。

在货币计量前提下，企业的会计核算以人民币为记账本位币。业务收支以人民币以外的货币为主的企业，可以选定其中一种货币作为记账本位币，但是编制的财务报告应当折算为人民币。在境外设立的中国企业向国内报送的财务报告应当折算为人民币。

上述四个会计基本假设是相互联系、紧密结合的，会计主体确立了会计核算的空间范围，持续经营与会计分期确立了会计核算的时间长度，而货币计量则为会计核算提供了必要手段。没有会计主体，就不会有持续经营；没有持续经营，就不会有会计分期；没有货币计量，就不会有现代会计。

知识链接

某股份有限公司系合资企业，生产的产品既在国内销售，又往国外销售。随着业务的不断拓展，外销业务不断扩大。经过几年的努力，截至2016年10月，该公司外销业务占整个业务的80%以上，而且主要集中在德国等西欧国家。企业财务部门考虑收入业务主要是德国等欧元区国家，而且每天按外汇牌价折算人民币也非常烦琐，于是便向公司董事会提出会计核算由人民币为记账本位币改为以欧元为记账本位币。

分析：会计核算需选择货币作为会计核算的计量单位，用货币形式来反映企业的生产经营活动的全过程，从而全面反映企业的财务状况和经营成果。该公司生产的产品主要销往德国等地，货币收支主要以欧元为主，因此可以选择欧元为记账本位币。

人民币是我国的法定货币，在我国境内具有广泛的流动性，因此，《会计法》和《企业会计准则》均规定"会计核算以人民币为记账本位币"。同时，对于外币业务较多的企业，《会计法》和《企业会计准则》也规定，"业务收支以人民币以外的货币为主的单位，可以选定其中一种货币作为记账本位币，但是编报的财务会计报告应当折算为人民币"。

注意：记账本位币一经确定，不得随意变动，同时年末编制财务会计报告时，应当按照一定的外汇汇率折算为人民币反映。

二、会计信息质量要求

会计信息质量要求是对企业财务报告中所提供的会计信息质量的基本要求，是使财务报告中提供的会计信息对使用者决策有用所应具备的基本特征，包括可靠性、相关性、可理解性、可比性、实质重于形式、重要性、谨慎性和及时性等。

（一）可靠性

可靠性又称客观性、真实性，它要求企业应当以实际发生的交易或者事项为依据，进行会计确认、计量和报告，如实反映符合确认和计量要求的各项会计要素及其他相关信息，保证会计信息真实可靠、内容完整。具体包括以下要求：

（1）以实际发生的交易或者事项为依据进行会计确认、计量和报告。将符合会计要素定义及其确认条件的资产、负债、所有者权益、收入、费用和利润等如实反映在财务报表中，不得根据虚构的、没有发生或者尚未发生的交易或者事项进行会计确认、计量和报告。

（2）在符合重要性和成本效益的前提下，保证会计信息的完整性，其中包括编制的报表及其附注内容等应当保持完整，不能随意遗漏或者减少应予披露的信息，与使用者决策相关的有用信息都应当充分披露。

（3）包括在财务报告中的会计信息应当是客观中立的、无偏的。如果企业在财务报告中为了达到事先设定的结果或效果，通过选择或列示有关会计信息以影响决策和判断，这样的财务报告信息就不是中立的。

（二）相关性

相关性又称有用性，它要求企业提供的会计信息应当与财务报告使用者的经济决策需要相关，有助于财务报告使用者对企业过去、现在的情况做出评价，对未来的情况做出预测。也就是说，相关性是指提供的信息应该满足信息使用者的需要，与决策有关，具有改变决策的能力。

会计信息质量的相关性要求以可靠性为基础，两者之间是统一的，并不矛盾，不应将两者对立起来。在可靠性前提下，会计信息应尽可能与决策相关，以满足财务会计报告使用者的决策需要。

（三）可理解性

可理解性要求企业提供的会计信息应当清晰明了，便于财务报告使用者理解和使用。

企业编制财务报告、提供会计信息的目的在于使用，而要使使用者有效地使用会计信息，首先必须使他们了解会计信息的内涵，弄懂会计信息的内容，这就要求提供的会计信息必须清晰明了、易于理解。只有这样，才能提高会计信息的有用性，实现财务报告的目标，满足向使用者提供决策有用信息的要求。

如果企业的会计核算和编制的财务报告不能做到清晰明了、便于理解和使用，就不符合可理解性的要求，不能满足会计信息使用者的决策需求。

（四）可比性

可比性要求企业的会计核算应当按照规定的会计处理方法进行，会计指标应当口径一致、相互可比。

▶ 1. 同一企业不同时期可比（纵向）

会计信息质量的可比性要求同一企业对于不同时期发生的相同或者相似的交易或者事项，应当采取一致的会计政策，不得随意变更。主要是为了便于使用者了解企业财务状况和经营成果的变化趋势，比较企业在不同时期的财务报告信息，从而全面、客观地评价过去、预测未来。当然，满足会计信息可比性的要求，并不表示不允许企业变更会计政策，企业按照规定或者会计政策变更后可以提供更可靠、更相关的会计信息时就有必要变更会计政策，以向使用者提供更为有用的信息。

▶ 2. 不同企业相同会计期间可比（横向）

会计信息质量的可比性还要求不同企业发生的相同或者相似的交易或者事项，应当采用规定的会计政策，保证会计信息口径一致、相互可比，即对于相同或相似的交易或者事项，不同企业应当采取一致的会计政策，以使不同企业按照一致的确认、计量和报告基础提供有关会计信息。

知识链接

现有甲、乙两人同时投资一个相同的商店。假设一个月以后，甲取得了 20 000 元的收入，乙取得了 17 500 元的收入，都购进了 10 000 元的货物，都发生了 5 000 元的广告费。假设均没有其他收支。

月末计算收益时，甲将 5 000 元广告费全部作为本月费用，本月收益为 5 000 元（20 000－10 000－5 000）；而乙认为 5 000 元广告费在下月还将继续起作用，因而将它分两个月分摊，本月承担一半即 2 500 元，因此乙本月收益也为 5 000 元（17 500－10 000－2 500）。

从经营过程看，甲显然比乙要好，在其他因素相同的情况下，甲比乙取得了更多的收入，但从收益计算的结果看，甲与乙是一样的。可见，收益结果未能客观地反映经营过程，原因就在于对广告费采用了不同的处理方法。正是由于收益计算的基础或依据不一样，使甲、乙两人的收益结果不具有可比性，也就是说，我们不能因为他们各自计算出的收益一样就断定两者的经营效益相同。

可以想象，如果每一个企业都利用各自不同的会计处理方法，那么就无法用他们提供信息来判断哪家企业的生产经营活动与效益更好。这就是会计核算中，不同企业要采用相同的核算方法以使提供的会计信息具有可比性的原因。

如果规定广告费必须全部记入当月费用，则甲的收益仍为 5 000 元，而乙的收益则为 2 500 元(17 500－10 000－5 000)。此时，由于他们是采用相同的处理方法，因此结果具有可比性，即我们可以据此结果得出结论：本月甲的经营效益要好于乙。

可比性原则要求不同企业都要按照国家统一规定的会计核算方法与程序进行，以便会计信息使用者进行企业间的比较。

（五）实质重于形式

实质重于形式要求企业应当按照交易或者事项的经济实质进行会计确认、计量和报告，不应当仅仅按照交易或者事项的法律形式作为依据。

在实际工作中，交易或者事项的外在法律形式并不总能完全反映其实质内容。所以，会计信息要想反映其反映的交易或事项，就必须根据交易或事项的经济实质，而不能仅仅依据它们的法律形式进行核算和反映。

例如，以融资租赁方式租入的资产，虽然从法律形式来讲承租企业并不拥有其所有权，但是由于租赁合同中规定的租赁期相当长，接近该资产的使用寿命；租赁期结束时承租企业有优先购买该资产的选择权；在租赁期内承租企业有权支配资产并从中受益，从其经济市值来看，企业能够控制其创造的未来经济利益，所以，会计确认、计量和报告中将以融资租赁方式租入的资产视为承租企业的资产。

如果企业的会计确认、计量和报告仅仅按照交易或者事项的法律形式进行，而其法律形式又没有反映其经济实质，那么，其最终结果将不仅不会有利于会计信息使用者的决策，反而会误导会计信息使用者的决策。

（六）重要性

重要性要求企业所提供的会计信息应当反映与企业财务状况、经营成果和现金流量有关的所有重要交易或者事项。

在会计确认、计量和报告中对交易或事项应当区别其重要程度，采用不同的核算方式。企业会计信息的省略或错报会影响使用者据此做出经济决策的，该信息就具有重要性。对资产、负债、损益等有较大影响，并进而影响财务报告使用者据以做出合理判断的重要会计事项，必须按照规定的会计方法和程序进行处理，并在财务报告中予以充分、准确的披露；对于次要的会计事项，在不影响会计信息真实性和不至于误导财务报告使用者做出正确判断的前提下，可适当简化处理。

重要性的应用需要依赖职业判断。一般来说，应当从质和量两个方面综合进行分析。从性质来说，当某一事项有可能对决策产生一定影响时，就属于重要项目；从数量方面来说，当某一项目的数量达到一定规模时，就可能对决策产生影响。

（七）谨慎性

谨慎性要求企业在进行会计确认、计量和报告时，应当保持应有的谨慎，不应高估资产或收益、低估负债或费用。

在市场经济环境下，企业的经营活动面临许多风险和不确定性，如应收账款的可收回性、固定资产的使用寿命、无形资产的使用寿命、售出存货可能发生的退货或返修等。会计信息质量的谨慎性要求，即需要企业在面临不确定因素的情况下做出职业判断时，应当保持应有的谨慎，充分估计到各种风险和损失，既不高估资产或收益，也不低估负债或者费用。

但是，谨慎性的应用并不允许企业设置秘密准备，如果企业故意低估资产或者收益，或者故意高估负债或者费用，将不符合会计信息的可靠性和相关性要求，损害会计信息质量,扭曲企业的实际财务状况和经营成果,从而对财务报告使用者的决策产生误导,是企业会计准则所不允许的。

(八)及时性

及时性要求企业对于已发生的交易或者事项,应当及时进行会计确认、计量和报告,不得提前或延后。

会计信息的价值在于帮助所有者或其他方面做出经济决策,具有时效性。即使是可靠、相关的会计信息,如果不及时提供,也就失去了时效性,对于会计信息使用者的效用就大大降低,甚至不再具有任何意义。在会计确认、计量和报告过程中坚持及时性,一是要求及时收集会计信息,即在经济交易或者事项发生后,及时收集、整理各种原始单据或者凭证;二是要求及时处理会计信息,即按照企业会计准则的规定,及时对经济交易或者事项进行确认或者计量,并编制出财务报告;三是要求及时传递会计信息,即按照企业会计准则规定的有关时限,及时地将编制出的财务报告传递给财务报告使用者,便于其使用和决策。

第四节 会计基础

会计基础是企业会计进行确认、计量和报告的基础,是确定一定会计期间的收入、费用,从而确定经营成果的标准。由于会计分期的假设,产生了本期与非本期的区别,从而出现了权责发生制和收付实现制的区别,所以会计基础有两种:权责发生制和收付实现制。我国《企业会计准则——基本准则》第九条规定:"企业应当以权责发生制为基础进行会计确认、计量和报告。"

一、权责发生制

权责发生制,也称应计制或应收应付制,是指收入、费用的确认应当按照款项应该收到或应该付出为标准,而不是以款项是否收付为标准。在日常生产经营活动中,货币收支的时间有时与收入费用确认的时间并不完全一致。

在权责发生制下,凡是本期已经实现的收入和已经发生或应当负担的费用,无论款项是否收付,都应当作为本期的收入和费用入账;凡是不属于本期的收入和费用,即使款项已经在本期收付,也不应当作为本期的收入和费用处理。

例如,款项已经收到,但销售并未实现而不能确认为本期收入;或者款项已经支付,但与本期的生产经营活动无关而不能确认为本期的费用。为了更加真实、公允地反映特定会计期间的财务状况和经营成果,企业在会计确认、计量和报告中应当以权责发生制为基础。

二、收付实现制

收付实现制,也称现金制或实收实付制,是按照款项实际收到或付出为标准来确定收入和费用的标准。

在收付实现制下,凡在本期实际收到的收入和付出的费用,不论其是否属于本期,都作为本期的收入和费用;凡本期没有实际收到的收入和付出的费用,均不作为本期的收入和费用。

【例 1-1】2016 年 12 月，甲企业发生经济业务如下：

(1) 本月销售产品一批，售价 50 000 元，按合同规定下月收回货款；
(2) 收回上月客户所欠的货款 20 000 元；
(3) 以银行存款支付本季度短期借款利息 9 000 元；
(4) 以银行存款支付下年度财产保险费 12 000 元；
(5) 根据销售合同规定，收到某客户的购货定金 40 000 元，款项已存入银行；
(6) 计算确定本月管理部门应负担的设备租金 2 000 元。

根据权责发生制与收付实现制，对上述交易分析如下：

(1) 在权责发生制下，由于商品已经销售、取得收入的权利已经形成，因此应当确认为当期收入 50 000 元，而不论款项是否已经收到；在收付实现制下，由于本月没有实际收到这笔货款，故不能确认为当期收入。

(2) 在权责发生制下，企业收到了客户上月所欠货款，由于上月销售产品时已确认为收入，因而本次收款应视为另一项独立的经济交易（货款的收回），不能再将其确认为本月收入；在收付实现制下，由于本月这笔货款在本月实际收到，故应确认为当月收入 20 000 元（上月销售产品时因未确认为当期收入）。

(3) 在权责发生制下，尽管本月支付了本季度利息费用 9 000 元，但本月应负担的利息费用只有 3 000 元，该 3 000 元利息费用应当确认为本月费用（其余 6 000 元实际上属于负债的偿还）；在收付实现制下，按实际支付数 9 000 元确认为本月的利息费用。

(4) 在权责发生制下，以银行存款支付下年度的财产保险费 12 000 元，由于这项费用的受益期间是下年度，本月并未受益，因此，不能确认为本月费用；在收付实现制下，则按本月实际支付数 12 000 元确认为本月费用。

(5) 在权责发生制下，尽管收到了客户的购货定金 40 000 元，但由于尚未实际交付商品，取得收入的权利没有形成，因此只能将其确认为一项负债（预收货款），不能确认为收入；在收付实现制下，按实际取得的金额确认为本月收入。

(6) 在权责发生制下，对于应由管理部门本月负担而尚未实际支付的租金 2 000 元，应确认为本月费用（承担费用的责任在本月已经产生）；在收付实现制下，由于本月并没有实际支付款项，不能确认为当月费用。

权责发生制与收付实现制的比较如表 1-1 所示。

表 1-1　权责发生制与收付实现制的比较　　　　　　单位：元

交易序号	权责发生制		收付实现制	
	当期收入	当期费用	当期收入	当期费用
(1)	50 000		0	
(2)	0		20 000	
(3)		3 000		9 000
(4)		0		12 000
(5)	0		40 000	
(6)		2 000		0
合计	50 000	5 000	60 000	21 000

三、权责发生制和收付实现制的优缺点

(一) 权责发生制的优缺点

▶ 1. 权责发生制的优点

权责发生制可以正确反映各个会计期间所实现的收入和为实现收入所应负担的费用，从而可以把各期的收入与其相关的费用、成本相配合，加以比较，正确确定各期的收益。会计工作中对每项业务都按权责发生制来记录，因此，平时对一些交易也按现金收支活动发生的时间记录，按照权责发生制的要求，就需要在期末根据账簿记录进行账项调整，即将本期应收未收的收入和应付未付的费用记入账簿；同时，将本期已收取现金的预收收入和已付出现金的预付费用在本期与以后各期之间进行分摊并转账。

▶ 2. 权责发生制的缺点

一个在利润表上看来经营很好、效率很高的企业，在资产负债表上却可能没有相应的变现资金而陷入财务困境。这是由于权责发生制把应计的收入和费用都反映在损益表上，而其在资产负债表上则部分反映为现金收支，部分反映为债权债务。为提示这种情况，应编制以收付实现制为基础的现金流量，弥补权责发生制的不足。

(二) 收付实现制的优缺点

采用收付实现制，无论收入的权利和支出义务归属于哪一期，只要款项的收付在本期，就确认为本期的收入和费用，不考虑预收收入和预付费用，以及应计收入和应计费用的存在。会计期末根据账簿记录确定本期的收入和费用，因为实际收到的收入和付出的款项，必然已经登记入账，所以，不存在对账簿记录期末进行调整的问题。这种会计处理基础核算手续简单，但强调财务状况的切实性，不同时期缺乏可比性，主要适用于行政、事业单位。

第五节　会计核算方法

一、会计方法概述

会计方法是用来核算和监督会计内容，实现会计目标而采取的技术手段。它是人们在长期的会计工作实践中总结创立的，并随着社会生产力的发展，会计管理活动的复杂化而逐步完善和提高。

会计是由会计核算、会计分析、会计检查三部分组成，因此，会计的方法也分为会计核算方法、会计分析方法和会计检查方法，其中会计核算方法是最基本的方法。基础会计主要涉及会计核算的方法。

二、会计核算方法

会计核算方法是指对会计对象进行连续、系统、完整的记录、计算、反映和监督所应用的基本方法，主要包括设置账户、复式记账、填制和审核会计凭证、登记账簿、成本计算、财产清查和编制财务会计报告。

（一）设置账户

设置账户是对会计对象的具体内容进行归类核算和监督的一种专门方法。会计对象的具体内容是多种多样的，例如，财产物资就有各种存在的形态，厂房建筑物、机器设备、各种材料、半成品等，它们在生产中不但作用不同，且管理的要求也不同；又如，企业取得这些财产物资所需的经营资金来自不同的渠道，有银行贷款、投资者投入等。为了对各自不同的内容分别进行反映和记录，会计上必须设置一系列的账户。

（二）复式记账

复式记账是指每一项经济业务都要在两个或两个以上互相联系的账户中同时登记的一种记账方法。在现实生活中，任何一项经济业务的发生都有其来龙去脉，例如，企业银行存款减少1 000元，去向是什么？或购买材料，或提取现金备用等。采用复式记账就是对任何一项经济业务，一方面在有关账户中登记其来源；另一方面在有关账户中登记其去向。这样既能相互联系地反映经济业务的全貌，又便于试算平衡，核对账簿记录是否正确。

（三）填制和审核会计凭证

企业、行政、事业等单位发生的任何会计事项，都必须填制或取得原始凭证，证明经济业务正在进行或者经济业务已经完成。原始凭证要送交会计机构进行审核，审核其填写内容是否完整，手续是否齐全，业务的发生是否合理、合法，只有经过审核无误的凭证，才能作为记账的依据。因此，填制和审核会计凭证既是会计核算的一种方法，也是会计监督的重要方法。通过这一专门方法的运用，就能为账簿记录提供真实、可靠的数据资料，保证会计记录的完整、可靠及会计核算的质量。

（四）登记账簿

账簿是由具有一定格式、相互联系的账页组成的。登记账簿就是根据审核无误的会计凭证，用复式记账的方法，将经济业务的内容连续、系统地记录在账页上的一种专门方法。通过登记账簿，就能将分散的经济业务进行汇总，连续、系统地提供每一类经济活动完整的资料，了解经济活动发展变化的全过程。

（五）成本计算

成本计算是按照成本计算对象归集生产经营活动中发生的各项费用，并确定各该成本计算对象的总成本和单位成本的一种方法。如产品制造企业生产经营各个阶段都会有各项费用发生或支付，供应过程采购材料需要支付材料采购费用；生产过程为生产各种产品需要发生材料消耗，支付工资和其他费用等。为了考核各个阶段费用支出的多少和成本水平的高低，必须分别按照材料采购品种、数量，生产产品的品种、数量归集费用，计算其总成本和单位成本。利用成本计算所提供的资料，可以了解各阶段费用支出，各成本计算对象实际成本的高低，考核成本计划的完成情况，从而挖掘降低成本的潜力，不断降低成本。

（六）财产清查

财产清查就是对各项财产物资、货币资金进行实物盘点，对各项往来款项进行核对，以查明其实有数的一种专门方法。具体做法是将实物盘点的结果与账面结果相核对，将企业的债权、债务逐笔与对方核对，如果发现账实不符，应立即查明原因，确定责任，并调整账面记录，做到账实相符。运用财产清查方法能保护财产物资的安全完整，改进财产管理，挖掘物资潜力，加速资金周转。

（七）编制财务会计报告

财务会计报告是根据账簿记录，按照规定的表格，主要运用数字形式，定期编制的总结报告。通过编制财务会计报告，能对分散在账簿中的日常核算资料进行综合、分析、加工整理，提供全面反映经济活动所需要的有用信息。同时，基层单位会计报表逐级汇总后，又可以为国家综合平衡提供依据。因此，编制财务会计报告是会计核算的一种专门的方法。

以上会计核算的各种专门方法并不是各自孤立的，而是相互联系在一起的整体，它们构成了一个完整的方法体系。即对于日常发生的经济业务，填制和审核会计凭证；按照设置的账户，运用复式记账方法记入有关账簿；对于生产经营过程中发生的费用，应进行归集和分配，计算成本；一定时期终了，通过财产清查，在账证、账账、账实相符的基础上，根据账簿记录编制财务会计报告。因此，这些会计核算方法，必须密切地配合在一起加以运用。

会计核算方法之间的相互关系如图 1-6 所示。

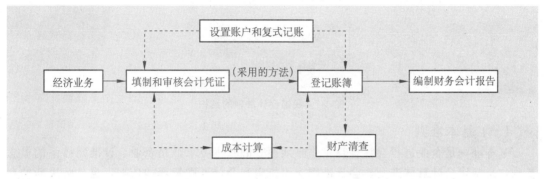

图 1-6　会计核算方法之间的关系示意图

第六节　会计准则体系

一、会计准则的构成

会计准则是反映经济活动、确认产权关系、规范收益分配的会计技术标准，是生成和提供会计信息的重要依据，也是政府调控经济活动、规范经济秩序、引导社会资源合理配置、保护投资者和社会公众利益，以及开展国际经济交往的重要手段。

我国会计准则的结构如图 1-7 所示。

会计准则具有严密和完整的体系。我国已颁布的会计准则有《企业会计准则》《小企业会计准则》和《事业单位会计准则》。

二、《企业会计准则》

《企业会计准则》由财政部制定，于 2006 年 2 月 15 日发布，自 2007 年 1 月 1 日起在上市公司范围内施行，鼓励其他企业执行。该准则对加强和规范企业会计行为，提高企业经营管理水平和会计规范处理，促进企业可持续发展起到指导作用。我国的企业会计准则体系包括基本准则、具体准则、会计准则应用指南和企业会计准则解释等。其中，基本准则是纲，在整个准则体系中起统驭作用；具体准则是目，是依据基本准则要求对有关业务或报告做出的具体规定；应用指南是补充，是具体准则的操作指引。

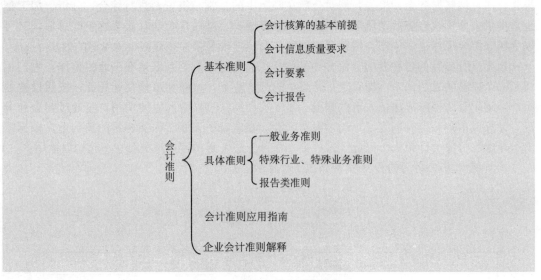

图 1-7　我国会计准则的结构

（一）基本准则

基本准则是企业进行会计核算工作必须遵守的基本要求，是企业会计准则体系的概念基础，是制定会计具体准则、会计准则应用指南和会计准则解释的依据，也是解决新的会计问题的指南，在企业会计准则体系中占有重要的地位。

基本准则共 11 章 50 条，主要包括以下内容。

第一章：总则。本章共 11 条，主要明确了制定准则的目的、依据、适用范围、会计准则的构成、会计核算的基本前提、会计要素、记账基础、记账方法等。

第二章：会计信息质量要求。本章共 8 条，为确保会计信息质量，主要明确了会计确认、计量和报告的 8 个要求：可靠性、相关性、可理解性、可比性（包含一致性）、实质重于形式、重要性、谨慎性、及时性。

第三章：资产。本章共 3 条，主要界定资产的概念，规定资产确认条件和资产列报。

第四章：负债。本章共 3 条，主要界定负债的概念，规定负债确认条件和负债列报。

第五章：所有者权益。本章共 4 条，主要界定所有者权益的概念，规定所有者权益的内容、所有者权益的计量方法和所有者权益列报。

第六章：收入。本章共 3 条，主要界定收入的概念，规定收入确认条件和收入列报。

第七章：费用。本章共 4 条，主要界定费用的概念，规定费用确认条件和费用列报。

第八章：利润。本章共 4 条，主要界定利润的概念，规定利润确认条件和利润列报。

第九章：会计计量。本章共 3 条，主要规定了会计可采用历史成本、重置成本、可变现净值、现值和公允价值等计量方法，规定了一般企业应当采用历史成本计量，采用其他方法计量时，应当保证所确定的会计要素能够取得并可靠计量。

第十章：财务会计报告。本章共 5 条，主要界定财务会计报告、资产负债表、利润表、现金流量表、附则等概念。

第十一章：附则。本章共 2 条，规定了基本会计准则的解释权和执行日期。

（二）具体准则

具体准则是根据基本准则的要求，主要就各项具体业务事项的确认、计量和报告做出的规定,具体准则内容的制定要求具有全面性,即能够包含三张基本财务报表的内容。新发布的会计准则体系中包括了38项具体准则,分为一般业务准则,特殊行业、特殊业务准则和报告类准则三类。

▶ 1. 一般业务准则

一般业务准则是各行业共同经济业务的具体准则,有存货准则,长期股权投资准则,投资性房地产准则,固定资产准则,无形资产准则,非货币性资产交换准则,资产减值准则,职工薪酬准则,企业年金基金准则,股份支付准则,债务重组准则,或有事项准则,收入准则,建造合同准则,政府补助准则,借款费用准则,所得税准则,外币折算准则,企业合并准则,租赁准则,金融工具确认和计量准则,金融资产转移准则,套期保值准则,会计政策、会计估计变更和差错更正准则,资产负债表日后事项准则,每股收益准则,关联方披露准则,金融工具列报准则,首次执行企业会计准则等38项。

▶ 2. 特殊行业、特殊业务准则

特殊行业、特殊业务准则有生物资产准则、原保险合同准则、再保险合同准则、石油天然气开采准则等。

▶ 3. 报告类准则

报告类准则有财务报表列报准则、现金流量表准则、中期财务报告准则、合并财务报表准则、分部报告准则等。

(三) 会计准则应用指南

会计准则应用指南是根据基本准则、具体准则制定的,用以指导会计实务的操作性指南,是对具体准则相关条款的细化和对有关重点难点问题提供的操作性规定。会计准则应用指南还包括会计科目、主要账务处理、财务报表及其格式等,为企业执行会计准则提供操作性规范。

(四) 企业会计准则解释

为了深入贯彻企业会计准则,解决执行中出现的问题,同时考虑会计准则持续趋同和等效情况,在国际会计准则理事会发布新准则以及解释公告或者修改准则时,也要求对其做出解释。但是,在巩固企业会计准则体系已有实施成果和实施范围不断扩大的背景下,企业会计准则体系应当保持相对稳定,因此,财政部采取了发布《企业会计准则解释》的方式,以期能够更好地解决实际问题。《企业会计准则解释》与具体会计准则具有同等效力。

三、《小企业会计准则》

为了促进小企业可持续发展,发挥小企业在国民经济和社会发展中的重要作用,2011年10月18日,财政部发布了《小企业会计准则》,要求符合适用条件的小企业自2013年1月1日起在小企业范围内施行,并鼓励小企业提前执行。《小企业会计准则》一般适用于在我国境内依法设立、经济规模较小的企业。

四、《事业单位会计准则》

2012年12月5日,财政部修订发布了《事业单位会计准则》,自2013年1月1日起在各级种类事业单位施行。该准则对我国事业单位的工作予以规范,共9章,包括总则、会计信息质量要求、资产、负债、净资产、收入、支出或者费用、财务会计报告和附则。

本章小结

会计作为人类管理经济的一项实践活动，是随着经济的不断发展而发展的。经济越发展，会计越重要。会计的发展经历了漫长而复杂的过程。

会计的职能是指会计作为经济管理工作所具有的功能或能够发挥的作用，包括会计核算和会计监督两大职能。会计对象是指会计所核算和监督的内容。企业会计的对象就是企业能以货币表现的经营活动或资金运动，其静态表现为企业某一特定日期的资产、负债、所有者权益三个方面及它们之间的相互关系；其动态表现为企业一定期间的收入、费用和利润三个方面及它们之间的相互关系。

会计基本假设也称会计假设。会计假设是企业会计确认、计量和报告的前提，是对会计核算所处时间、空间环境做出的合理设定。会计基本假设包括会计主体、持续经营、会计分期和货币计量。会计信息质量要求是对企业财务报告中所提供的会计信息质量的基本要求，是使财务报告提供的会计信息对使用者决策有用所应具备的基本特征，包括可靠性、相关性、可理解性、可比性、实质重于形式、重要性、谨慎性和及时性。

会计核算方法是指对会计对象进行连续、系统、完整的记录、计算、反映和监督所应用的基本方法，主要包括设置账户、复式记账、填制和审核会计凭证、登记账簿、成本计算、财产清查和编制财务会计报告。

我国已颁布的会计准则有《企业会计准则》《小企业会计准则》和《事业单位会计准则》。

思考训练

一、单项选择题

1. 承租企业将融资租入的固定资产视为自有固定资产核算体现了（　　）的要求。
   A. 客观性　　　　　B. 重要性　　　　　C. 实质重于形式　　　D. 一贯性
2. 下列各项中，不属于会计核算三项工作的是（　　）。
   A. 记账　　　　　　B. 算账　　　　　　C. 报账　　　　　　　D. 查账
3. 下列各项中，不属于会计核算的环节的是（　　）。
   A. 确认　　　　　　B. 记录　　　　　　C. 报告　　　　　　　D. 报账
4. 下列各项中，属于企业资金运动起点的是（　　）。
   A. 资金的筹集　　　B. 资金的使用　　　C. 资产的退出　　　　D. 资产的分配
5. 下列各项中，属于以货币表现的经济活动的是（　　）。
   A. 资金运动　　　　B. 营销运动　　　　C. 资产运动　　　　　D. 货币运动
6. 下列各项中，不属于企业资金循环和周转环节的是（　　）。
   A. 生产过程　　　　B. 销售过程　　　　C. 供应过程　　　　　D. 分配过程
7. 下列各项中，属于会计主要计量单位的是（　　）。
   A. 货币　　　　　　B. 实物　　　　　　C. 劳动量　　　　　　D. 价值
8. 根据权责发生制原则，以下属于本期的收入和费用的是（　　）。
   A. 支付明年的房屋租金　　　　　　　　B. 本期已经收款，但商品尚未制造完成
   C. 当期按照税法规定预缴的税费　　　　D. 商品在本期销售，但货款尚未收到

9. 下列会计基本假设中,确立了会计核算时间范围的是( )。
   A. 会计主体假设   B. 持续经营假设   C. 货币计量假设   D. 会计分期假设
10. 使各有关会计期间损益的确定更为合理的会计基础是( )。
    A. 现金制   B. 收付实现制   C. 分类制度   D. 权责发生制
11. 甲企业于2016年8月临时租入一套设备用于生产产品,9月支付8、9、10月三个月的租金共计10 000元,对租金支出正确的处理是( )。
    A. 全额记入8月的制造成本
    B. 全额记入10月的制造成本
    C. 全额记入9月的制造成本
    D. 按一定的方法分摊计入8、9、10月的制造成本
12. 下列关于权责发生制的表述中,不正确的是( )。
    A. 权责发生制是以收入和费用是否归属于本期为标准来确认本期收入和费用的一种方法
    B. 权责发生制要求,凡是不属于当期的收入和费用,即使款项已在当期收付,也不作为当期的收入和费用
    C. 权责发生制要求,凡是本期收到的收入和付出的费用,不论是否属于本期,都应作为本期的收入和费用
    D. 权责发生制要求,凡是当期已经实现的收入和已经发生或应当负担的费用,不论款项是否收付,都应作为当期的收入和费用
13. 资金运动过程中,资金形态也相应地发生变化,下列各项正确反映资金变化顺序的是( )。
    ①生产资金 ②货币资金 ③储备资金 ④成品资金 ⑤结算资金
    A. ②③①④⑤   B. ①②③④⑤   C. ③②①④⑤   D. ⑤②③①④
14. 下列关于会计表述中,不正确的是( )。
    A. 会计的主要工作是核算和监督
    B. 会计是一项经济管理活动
    C. 会计对象是特定主体的特定经济活动
    D. 货币是会计唯一的计量单位
15. 企业收到某公司支付的款项8万元,其中6万元为已经实现的销售,2万元为预收账款,会计人员确认预收账款为2万元而不是8万元,这个确定具体金额的过程属于( )。
    A. 会计确认   B. 会计报告   C. 会计记录   D. 会计计量
16. 《企业会计准则》和《小企业会计准则》的区别在于( )。
    A. 会计基础不同   B. 会计假设不同
    C. 会计信息质量要求不同   D. 会计科目设置不同
17. 要求企业合理核算可能发生的费用和损失的会计信息质量要求是( )。
    A. 可比性   B. 及时性   C. 重要性   D. 谨慎性
18. 下列各项中,要求企业应当按照交易或者事项的经济实质进行确认、计量和报告的会计信息质量要求是( )。
    A. 可比性   B. 及时性   C. 重要性   D. 实质重于形式

19. 下列各项中,要求企业提供的会计信息应当清晰、明了,便于财务会计报告使用者理解和使用的会计信息质量要求的是(　　)。
   A. 可比性　　　B. 及时性　　　C. 重要性　　　D. 可理解性
20. 下列各项中,要求企业对于已经发生的交易和事项,应当及时进行确认、计量和报告的会计信息质量要求的是(　　)。
   A. 可比性　　　B. 及时性　　　C. 重要性　　　D. 可理解性

二、多项选择题

1. 会计核算所产生的会计信息的特点包括(　　)。
   A. 准确性　　　B. 完整性　　　C. 连续性　　　D. 系统性
2. 下列关于会计监督的说法中,正确的有(　　)。
   A. 对特定主体的经济活动的真实性、合法性和合理性进行审查
   B. 主要通过价值指标来进行
   C. 包括事前监督和事中监督,不包括事后监督
   D. 会计监督是会计核算质量的保障
3. 资金退出是资金运动的终点,下列各项中,属于资金退出业务的有(　　)。
   A. 缴纳增值税
   B. 支付发行债券的利息
   C. 给股东分配现金股利
   D. 偿还银行借款
4. 下列各项中,可以作为会计主体的有(　　)。
   A. 一个社会团体　　B. 一个企业　　C. 一个学校　　D. 一个医院
5. 下列各项中,可以视为一个会计主体,但不是法人的有(　　)。
   A. 企业集团　　　B. 营业部　　　C. 生产车间　　　D. 分公司
6. 下列各项中,可以作为企事业单位会计期间的有(　　)。
   A. 年度　　　B. 季度　　　C. 半年度　　　D. 月度
7. 下列表述中,正确的有(　　)。
   A. 会计核算过程中采用货币作为主要计量单位
   B. 我国企业的会计核算只能以人民币作为记账本位币
   C. 业务收支以外币为主的单位可以选择某种外币
   D. 在境外设立的中国企业向国内报送的财务报告,应当折算为人民币
8. 下列关于会计基本假设中的表述中,正确的有(　　)。
   A. 没有会计主体,就不会有持续经营;没有持续经营,就不会有会计分期;没有货币计量,就不会有现代会计
   B. 货币计量为会计核算提供了必要手段
   C. 持续经营与会计分期确立了会计核算的时间长度
   D. 会计主体确立了会计核算的空间范围
9. 下列各项中,属于会计所运用的专门方法的有(　　)。
   A. 复式记账　　　B. 编制财务报告
   C. 成本计算　　　D. 设置会计科目
10. 下列各项中,运用了会计核算的专门方法的有(　　)。
   A. 聘请注册会计师对报表进行审核　　B. 编制资产负债表
   C. 登记现金和银行存款日记账　　　　D. 编制会计凭证

11. 会计监督贯穿会计管理活动的全过程，按监督实施的时机，会计监督包括（　　）。
    A. 事中监督　　　B. 政府监督　　　C. 事后监督　　　D. 事前监督
12. 下列关于会计监督的表述中，正确的有（　　）。
    A. 对预算执行情况进行评估属于事后监督
    B. 分析判断未来经济活动是否符合政策的规定属于事前监督
    C. 分析判断未来经济活动在经济上是否可行属于事中监督
    D. 编制预算属于事前监督
13. 下列各项中，属于会计监督审查主要内容的有（　　）。
    A. 经济活动的实用性　　　　　　B. 经济活动的真实性
    C. 经济活动的合理性　　　　　　D. 经济活动的合法性
14. 下列各项中，属于会计监督合理性审查主要内容的有（　　）。
    A. 是否符合经济运行的客观规律　B. 是否符合单位内部管理要求
    C. 是否属于经营目标和预算目标的实现　D. 是否执行了单位的财务收支计划
15. 下列各项中，属于事前监督的有（　　）。
    A. 签订合同　　　B. 编制预算　　　C. 执行计划　　　D. 制定定额
16. 下列各项中，属于资金投入的有（　　）。
    A. 本企业收到张丰投入的资金10万元
    B. 企业向投资者分配现金股利10万元
    C. 企业向银行借入三年期借款50万元
    D. 企业发行三年期债券200万元
17. 下列各项中，属于会计信息质量要求的是（　　）。
    A. 可比性　　　B. 及时性　　　C. 重要性　　　D. 可理解性
18. 下列各项中，属于会计信息质量可比性要求的是（　　）。
    A. 同一企业不同时期可比　　　　B. 不同企业相同会计期间可比
    C. 不同企业不同会计期间可比　　D. 不同企业相同经济业务可比
19. 下列关于会计目标的表述中，正确的有（　　）。
    A. 会计目标也称会计目的
    B. 会计目标是要求会计工作完成的任务或达到的标准
    C. 会计目标之一是企业管理层受托责任履行情况
    D. 会计目标之一是向财务会计报告使用者提供决策有关信息
20. 下列各项中，属于会计对象的有（　　）。
    A. 资金运动　　　　　　　　　　B. 价值运动
    C. 社会再生产过程中的所有经济活动
    D. 社会再生产过程中能以货币表现的经济活动

三、判断题
　　1. 会计是以货币为主要计量单位，反映和监督一个单位经济活动的一种经济管理工作。　　　　　　　　　　　　　　　　　　　　　　　　　　　　　　（　　）
　　2. 会计的基本职能是会计核算和会计监督，会计监督是首要职能。　　（　　）
　　3. 根据《企业会计制度》的规定，会计期间分为年度、半年度、季度和月度。所谓的

会计中期指的是不足一年的会计期间，半年度、季度和月度都属于会计中期。（　　）

4. 按照权责发生制原则的要求，凡是本期实际收到款项的收入和付出款项的费用，不论是否归属于本期，都应当作为本期的收入和费用处理。（　　）

5. 业务收支以外币为主的单位，也可以选择某种外币作为记账本位币，并按照记账本位币编制财务会计报告。（　　）

6. 法律主体不一定是会计主体，但会计主体一定是法律主体。（　　）

7. 会计记录的文字应当使用中文。在中华人民共和国境内的外商投资企业、外国企业和其他外国组织的会计记录，可以使用外国文字。（　　）

8. 各单位必须根据实际发生的经济业务事项进行会计核算，编制财务会计报告。（　　）

9. 某企业1月预订全年的报刊一份，价值480元，由于费用金额小，根据重要性原则，可以将480元全部记入1月费用。（　　）

10. 收付实现制会计基础下，凡在本期以银行存款支付的费用，不论其是否应在本期收入中取得补偿，均应作为本期费用处理。（　　）

11. 甲企业2016年3月支付设备租金120 000元，租入的设备在第二季度用于生产过程，权责发生制下，则120 000元租金应记入3月的制造成本。（　　）

12. 由于会计分期假设，产生了本期与非本期的区别，从而出现了权责发生制与收付实现制的区别。（　　）

13. 现代意义的会计不再局限于记账、算账等一些基础的会计工作，还需要参与企业的经营管理，进行经营决策，因此会计人员也是管理工作者。（　　）

14. 月末，单位内部的审计人员对资产负债表进行审核，属于会计监督中的单位内部监督和事后监督。（　　）

15. 资金运动过程和具体运动形式对任何单位来说都是一样的。（　　）

16. 任何单位的资金都要经过资金投入，循环和周转，退出的运动过程，不会因为单位所在的国家和地区的不同而有所不同。（　　）

17. 《事业单位会计准则》要求事业单位采用权责发生制进行会计核算。（　　）

18. 我国的企业会计准则体系包括基本准则、具体准则。（　　）

19. 我国会计核算以人民币作为记账本位币。（　　）

20. 会计循环是指企业将一定时期发生的所有经济业务，依据一定的步骤和方法，加以记录、分类、汇总的过程。（　　）

四、基本概念

会计　会计基本假设　会计方法

五、问答题

1. 如何理解会计的含义？
2. 为什么说经济越发展，会计越重要？
3. 企业会计的对象是什么？
4. 会计有哪些基本职能？
5. 会计核算方法有哪些？
6. 会计核算的基本前提有哪些？
7. 会计信息质量有哪些要求？
8. 如何理解权责发生制？

第二章 会计要素及会计等式

本章主要内容

会计要素及会计等式为会计分类核算提供基础,也为会计报表构筑基本框架。
1. 会计要素的含义和内容;
2. 会计要素的特点;
3. 会计等式及相互转化形式。

知识目标
1. 掌握会计要素的含义和内容;
2. 掌握会计要素的特点;
3. 掌握会计等式及其相互转化形式;
4. 了解经济业务类型及其对会计等式的影响。

技能目标
1. 能够初步掌握经济业务的发生所涉及的会计要素;
2. 能够理解和应用经济业务类型及其对会计等式的影响。

第一节 会计要素

一、会计要素的含义及分类

(一) 会计要素的含义

会计要素是指对会计对象的具体内容按其经济特征进行的基本分类,是会计对象的具体化,是构成财务会计报告的基本要素。将企业会计对象划分为各个会计要素,不仅有利于依据各个要素的性质和特点分别制定对其进行确认、计量、记录和报告的标准和方法,而且可以为合理建立账户体系和设计会计报告提供理论依据。

(二) 会计要素的分类

我国《企业会计准则》将会计要素按照其性质划分为资产、负债、所有者权益、收入、费用和利润六大要素。其中，资产、负债、所有者权益三项会计要素是资金运动的静态表现，反映企业一定日期的财务状况，是资产负债表的基本要素；收入、费用、利润三项会计要素是资金运动的动态表现，反映企业一定时期的经营成果，是利润表的基本要素。

会计要素的分类如图 2-1 所示。

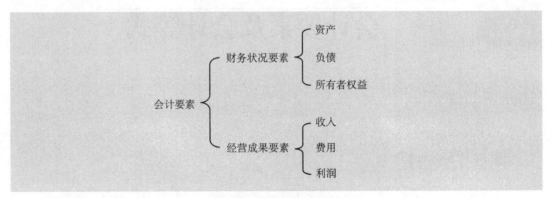

图 2-1　会计要素的分类

二、会计要素的确认

(一) 资产

▶ 1. 资产的含义与特征

资产是指企业过去的交易或者事项形成的、由企业拥有或者控制的、预期会给企业带来经济利益的资源。资产具有以下特征。

1) 资产预期会给企业带来经济利益

资产预期会给企业带来经济利益，是指资产直接或者间接导致现金或现金等价物流入企业的潜力。这种潜力可以来自企业日常的生产经营活动，也可以是非日常活动；带来的经济利益可以是现金或现金等价物，也可以是能转化为现金或现金等价物的其他资源。如果某一项目预期不能给企业带来经济利益，就不能将其确认为企业的资产，前期已经确认为资产的项目，如果不能再为企业带来经济利益，也不能在将其确认为企业的资产。如待处理的财产损失，由于其是已经发生尚未待处理的损失，预期不会给企业带来经济利益，因此不能作为企业的资产。

2) 资产应为企业拥有或者控制的资源

资产作为一项资源，应当由企业拥有或者控制，具体是指企业享有某项资源的所有权，或者虽然不享有所有权，但是该资源能被企业所控制。

企业享有资产的所有权，通常表明企业能够按照自己的意愿对其使用或者处置，其他企业、单位或个人未经同意，不能擅自使用本企业的该项资源。即一项资产是否属于企业的资产，通常要看其所有权是否属于该企业。但是该企业是否拥有一项资产的所有权，并不是确认资产的绝对标准。有些情况下，虽然某些资产不为企业所拥有，即企业并不拥有其所有权，但企业控制这些资产，同样表明企业能够从这些资产中获取经济利益。例如，经营租入的资产，由于企业不拥有其所有权且难以控制，因此不能将其作为企业的资产；

而融资租入的资产,虽然不拥有其所有权却能控制,因此应将其作为企业的资产。

3) 资产是由企业过去的交易或者事项形成

只有过去的交易或事项才能产生资产,企业预期在未来发生的交易或者事项不形成资产。例如,企业有购买某存货的计划,但是购买行为尚未发生,不符合资产的定义,因此不能作为企业的资产。

▶ 2. 资产确认的条件

符合《企业会计准则》定义的资源,还要同时满足以下条件时,才能确认为资产。

(1) 与该资源有关的经济利益很可能流入企业;

(2) 该资源的成本或者价值能够可靠的计量。

▶ 3. 资产的分类

企业从事生产经营活动必须具备一定的物质资源,这些物质资源分别表现为货币资金、厂房场地、机器设备、原材料等,会计上把它们称为资产,它是企业从事生产经营活动的物质基础。除以上货币资金及实物资产外,资产还包括那些不具备物质形态,但有助于生产经营活动的专利权、商标权等无形资产,也包括企业的债权和其他权利,如应收款项、对其他单位的投资等。资产按照其流动性可分为流动资产和非流动资产两大类。

1) 流动资产

流动资产是指可以在一年或者超过一年的一个营业周期内变现或耗用的资产。有些企业,如造船企业、大型机械制造企业,从购料到销售商品直到收回货款,周期往往超过一年,这样,企业不是把一年内变现作为划分流动资产的标志,而是将经营周期作为划分流动资产的标志。流动资产按其变现能力分为货币资产、交易性金融资产、应收款项、预付款项及存货等。

货币资产,是指企业生产经营过程中处于货币形态的资产,包括库存现金、银行存款和其他货币资金,是企业流动性最强的资产。

交易性金融资产,是指企业为了近期内出售而持有的金融资产,包括企业以赚取差价为目的从二级市场购入的股票、债券和基金等。

应收款项,是指企业因生产经营活动所发生的与其他单位的往来款项所形成的债权,包括应收票据、应收账款、其他应收款等。

预付款项,是指企业按照合同规定预付的款项,如预付账款等。

存货,是指企业生产经营过程中为耗用或销售而储存的各种资产,包括在产品、产成品、各类材料、燃料、包装物、低值易耗品等。

2) 非流动资产

非流动资产是指不准备在一年内变现或使用时间超过一年的资产,又称长期资产,包括长期投资、固定资产、无形资产、其他非流动资产等。

长期投资,是指企业不准备在一年内变现的对外投资,包括可供出售金融资产、持有至到期投资和长期股权投资等。

固定资产,是指使用期限较长,单位价值较高,并且在使用过程中保持原有实物形态的资产,包括房屋及建筑物、机器设备、运输设备、工具器具等。

无形资产,是指企业为生产商品或者提供劳务、出租给他人,或为管理目的而持有的、没有实物形态的非货币性长期资产,包括专利权、非专利技术、商标权、著作权、土地使用权等。

其他非流动资产，是指除以上各项目以外的其他非流动资产，主要包括长期待摊费用和其他长期资产等。

（二）负债

▶1. 负债的含义与特征

负债是指过去的交易、事项形成的现时义务，履行该义务预期会导致经济利益流出企业。负债具有以下特征。

1）负债是企业承担的现时义务

负债必须是企业承担的现时义务，这是负债的一个基本特征。其中，现时义务是指企业在现行条件下已承担的义务，未来发生的交易或者事项形成的义务不属于现时义务，不应当确认为负债。

2）负债的清偿预期会导致经济利益流出企业

预期会导致经济利益流出企业也是负债的一个本质特征。只有企业在履行义务时会导致经济利益流出企业的，才符合负债的定义，如果不会导致企业经济利益流出的，就不符合负债的定义。在履行现时义务清偿负债时，导致经济利益流出企业的形式多种多样，例如，用现金偿还或以实物资产形式偿还，以提供劳务形式偿还、部分转移资产、部分提供劳务形式偿还，将负债转为资本等。

3）负债是由过去的交易或事项形成的

负债应当由企业过去的交易或者事项所形成。换句话说，只有过去的交易或者事项才形成负债。企业将在未来发生的承诺、签订的合同等交易或者事项，不形成负债。

▶2. 负债的确认条件

符合《企业会计准则》规定的负债定义的义务，还要同时满足以下条件时，才能确认为负债。

（1）与该义务有关的经济利益很可能流出企业；

（2）未来流出的经济利益的金额能够可靠的计量。

▶3. 负债的分类

如果把资产理解为企业的权利，那么负债就可以理解为企业所承担的义务。负债按照偿还期限的长短，可分为流动负债和非流动负债。

1）流动负债

流动负债是指将在一年(含一年)或者超过一年的一个营业周期内偿还的债务。流动负债主要包括短期借款、应付账款、应付票据、预收账款、应付职工薪酬、应交税费、应付利息，以及其他应付款等。

短期借款，是指企业向银行或其他金融机构等借入的期限不超过一年(含一年)的各种借款。

应付账款，是指企业因购买材料、商品和接受劳务等经营活动应支付的款项。

应付票据，是指企业因购买材料、商品和接受劳务等开出的商业汇票。商业汇票是由出票人出票，委托付款人在指定日期无条件支付确定的金额给收款人或者票据的持票人，包括商业承兑汇票和银行承兑汇票。

预收账款，核算企业按照合同规定向购货单位预收的款项。与应付账款不同，预收款项所形成的负债不是以货币偿付，而是以货物偿付。

应付职工薪酬，是指企业为获取职工提供的服务应付给职工的各种薪酬，包括工资、奖金、津贴、补贴、职工福利、社会保险费、住房公积金、工会经费、职工教育经费等。

应交税费，是企业根据税法规定应缴纳的各种税费，包括增值税、消费税、所得税、资源税、土地增值税、城市维护建设税、房产税、土地使用税、车船税、教育费附加、矿产资源补偿费等税费，以及在上缴国家之前，由企业代收代缴的个人所得税等。

应付利息，是指企业按照合同约定应支付的利息。

其他应付款，是指企业除以上各种应付款项以外的其他各种应付、暂收款项。

2）非流动负债

非流动负债是指偿还期在一年或者超过一年的一个营业周期以上的负债，包括长期借款、应付债券、长期应付款等。

长期借款，是指企业向银行或其他金融机构等借入的偿还期在一年以上（不含一年）的各种借款。

应付债券，是指企业经批准发行的偿还期在一年以上的各种债券。

长期应付款，是指除长期借款、应付债券等以外的其他各种长期应付款，如应付融资租赁款。

（三）所有者权益

▶ 1. 所有者权益的含义与特征

所有者权益是指企业资产扣除负债后由所有者享有的剩余权益。公司的所有者权益又称为股东权益。由于资产减去负债后的余额称为净资产，因此，所有者权益实际上是投资者（即所有者）对企业净资产的所有权，是所有者对企业资产的剩余索取权。所有者权益表明企业归谁所有，在企业清算时，资产要先清偿债务，有剩余才会分配给股东。它既反映了所有者投入资本的保值增值情况，又体现了保护债权人权益的理念。所有者权益与债权人权益相比，具有以下特征。

（1）除非发生减资、清算或分派现金股利，企业不需要偿还所有者权益。所有者权益与负债不同，负债必须按期返还给债权人，成为企业的负担，所有者权益是投资者投入企业，在企业经营期内可供企业长期、持续地使用，不需要偿还，也不能任意抽回。除非发生减资、清算或分派现金股利的情况，一般企业不必向投资人按时返还资本金。

（2）企业清算时，只有清偿所有的负债后，所有者权益才能返还给所有者。所有者权益是所有者对企业资产的剩余索取权，实质是企业资产中扣除负债后应由所有者享有的部分，因此所有者的剩余求偿权，应当是在偿还所有的负债后才能实施，这也是对负债债权人权益的一种保护。

（3）所有者凭借所有者权益可以参与企业利润的分配。所有者对企业资产具有求偿权，其资本金提供给企业经营使用，应当获得一定的报酬，所有者报酬的获得表现为参与企业利润的分配。所有者按照投资额大小或合同协议规定，参加企业经营管理，享有参与利润分配的权益和分担风险或亏损的责任。

▶ 2. 所有者权益的确认条件

所有者权益的确认和计量主要取决于资产、负债、收入、费用等其他会计要素的确认和计量。所有者权益在数量上等于资产扣除负债后的净额，即为企业的净资产，反映所有者（股东）在企业资产中享有的经济利益。

▶ 3. 所有者权益的分类

所有者权益的形成来源主要包括所有者投入的资本、直接记入所有者权益的利得和损失、留存收益等，通常分为实收资本（或股本）、资本公积、盈余公积及未分配利润。其中，盈余公积和未分配利润是企业在生产经营过程中所实现的利润留存企业所形成的部分，又称为留存收益。

实收资本（股份制企业称为股本），是指投资者实际投入企业的资本。我国目前实行的是注册资本制度，投资人按规定缴足其认缴的出资额以后，企业的实收资本应当等于注册资本。

资本公积，是指企业收到投资者超出其在注册资本（或股本）所占份额的投资，以及直接记入所有者权益的利得和损失等。直接记入所有者权益的利得和损失，是指不应记入当期损益、会导致所有者权益变动的、与所有者投入资本或向所有者分配利润无关的利得或损失。

盈余公积，是指企业按照规定从净利润中提取的各种积累资金。

未分配利润，是指企业留待以后年度进行分配的历年结存利润。

一般而言，实收资本和资本公积是由企业所有者直接投入的，盈余公积和未分配利润是企业在生产经营过程中实现的利润留存企业形成的，因此盈余公积和未分配利润又统称为留存收益。可见，所有者权益的多少，既取决于投资者投资的多少，又取决于企业生产经营过程中的盈利水平。

（四）收入

▶ 1. 收入的含义与特征

收入是指企业在日常活动中形成的、会导致所有者权益增加的、与所有者投入资本无关的经济利益的总流入。收入具有以下特征。

1）收入是企业在日常活动中形成的经济利益的总流入

日常活动是指企业为完成其经营目标所从事的经常性活动及与之相关的活动。例如，工业企业销售商品的销售商品收入，咨询企业提供咨询服务的提供劳务收入，企业将其拥有的固定资产出租给另一企业使用收取租金的让渡资产使用权收入，均属于企业的日常活动，确认为企业的收入。界定日常活动，其目的在于将收入与利得相区分。企业因非日常活动所形成的经济利益的流入则不能确认为收入，而应确认为利得。若该项固定资产出售给另一企业的出售净收益，该项活动与企业日常活动无关，也不是经常发生的，只属于企业的利得，而不是收入。

2）收入会导致企业所有者权益的增加

收入形成经济利益的总流入的形式是多种多样的，可能表现为企业资产的增加，或企业负债的减少，或者两者兼而有之，但收入一定能使企业的所有者权益增加。

3）收入是与所有者投入资本无关的经济利益的总流入

所有者投入资本主要是为享有企业的剩余权益，由此而形成的经济利益的总流入不构成收入，而属于企业的所有者权益的组成部分。另外，收入只包括本企业经济利益的流入，不包括为第三方或客户代收的款项。

在实务中，经济利益的流入有时是所有者投入资本的增加所导致的，所有者投入资本的增加不应当确认为收入，应当将其确认为所有者权益。又如，向购货方收取的代收代缴的增值税销项税额、代收利息等，也不符合收入的定义，不应当确认为收入。

▶ 2. 收入的分类

收入按日常经营活动在企业所处的地位，可分为主营业务收入和其他业务收入。

1) 主营业务收入

主营业务收入是指企业为完成其经营目标而从事的日常经营活动中的主要活动收入，如工业企业的销售产品收入、商业企业的销售商品收入、租赁公司出租所取得的租金收入。

2) 其他业务收入

其他业务收入是指主营业务以外的其他日常经营活动所取得的收入，如工业企业销售材料收入、固定资产出租收入、包装物出租收入、无形资产使用权转让收入和提供非工业性劳务收入等。其他业务收入不十分稳定，一般占企业收入比重较小。

（五）费用

▶ 1. 费用的含义与特征

费用是指企业在日常活动中发生的、会导致所有者权益减少的、与向所有者分配利润无关的经济利益的总流出。费用具有如下特征。

1) 费用是企业在日常活动中发生的

因日常活动所产生的费用包括销售成本、职工薪酬、折旧费等，不属于企业的日常活动所导致的经济利益流出，不构成企业的费用。例如，工业企业处置固定资产、无形资产，或因自然灾害等非常原因造成的财产毁损等，这些活动所产生的经济利益的总流出属于企业的损失，而不是费用。

2) 费用会导致企业所有者权益的减少

费用的形式是多种多样的，可能表现为资产的减少、负债的增加，或者两者兼而有之，但费用一定能使企业的所有者权益减少。企业在经营管理中的某些支出，例如，用存款偿还一笔债务，不会影响所有者权益，因此，不构成企业的费用。

3) 费用是与向投资者分配利润无关的经济利益总流出

费用的发生应当会导致经济利益的流出，从而导致资产的减少或者负债的增加（最终也会导致资产的减少），其表现形式包括现金或者现金等价物的流出，存货、固定资产和无形资产等的流出或者消耗等。向投资者分配利润也会导致经济利益流出企业，但该经济利益流出企业属于所有者权益的抵减项目，不构成企业的费用。

▶ 2. 费用的分类

费用按是否记入成本分为记入成本的费用和记入损益的费用。

1) 记入成本的费用

记入成本的费用也称生产费用，按记入方式分为直接费用和间接费用。其中，直接费用是指企业为生产产品和提供劳务等而发生的各项费用，包括直接材料、直接人工和其他直接费用。当这些费用发生时，直接记入生产成本。间接费用是指企业生产经营单位（车间、分厂）为组织和管理生产经营活动而发生的共同性费用，又称制造费用，包括各生产车间管理人员、技术人员工资，车间固定资产折旧费等。这些费用月末按照一定标准分配转入生产成本。

2) 记入损益的费用

记入损益的费用是指在发生的会计期间直接记入当期损益的费用，又称期间费用，包括管理费用、销售费用、财务费用。其中，管理费用是指企业行政管理部门为组织和管理生产经营活动而发生的各项费用。销售费用是指企业在销售商品、提供劳务过程中而发生的各项费用。财务费用是指企业为筹集生产经营活动所需资金而发生的各项费用。

（六）利润

▶ 1. 利润的含义与特征

利润是指企业在一定会计期间的经营成果。通常情况下，如果企业实现了利润，表明企业的所有者权益增加，业绩得到提升；反之，如果企业发生了亏损，表明企业的所有者权益减少，业绩下降。

▶ 2. 利润确认的条件

利润反映收入减去费用、直接记入当期利润的利得和损失后的净额。利润的确认主要依赖于收入和费用，以及直接记入当期损益的利得和损失的确认，其金额的确定也主要取决于收入、费用、利得、损失金额的计量。

▶ 3. 利润的构成

根据我国《企业会计准则》的规定，企业的利润一般包括收入减去费用、直接记入当期损益的利得和损失等。其中，日常活动中产生的收入减去费用后的净额反映企业日常活动的经营业绩，称为营业利润。直接记入当期损益的利得和损失反映企业非日常活动的业绩。

按照构成，利润包括营业利润、利润总额和净利润。

1）营业利润

营业利润是指企业在销售商品、提供劳务等日常活动中所产生的利润，用公式表示为

营业利润＝营业收入－营业成本－营业税金及附加－销售费用－管理费用－财务费用－资产减值损失＋公允价值变动收益(或减变动损失)＋投资收益(或减投资损失)　(2-1)

公式中，营业收入是指企业经营业务所确认的收入总额，包括主营业务收入和其他业务收入。营业成本是指企业经营业务所发生的实际成本总额，包括主营业务成本和其他业务成本。

资产减值损失是指企业计提的各项资产减值准备所形成的损失。公允价值变动收益（或损失）是指企业交易性金融资产等公允价值变动形成的应记入当期损益的利得或损失。投资收益（或损失）是指企业以各种方式对外投资所取得的收益或发生的损失。

2）利润总额

利润总额是指营业利润加营业外收入减营业外支出后的金额，用公式表示为

利润总额＝营业利润＋营业外收入－营业外支出　(2-2)

公式中，营业外收入是指与企业生产经营活动没有直接关系的各种利得。营业外支出是指与企业生产经营活动没有直接关系的各种损失。

3）净利润

净利润是指利润总额减去所得税费用后的金额，用公式表示为

净利润＝利润总额－所得税费用　(2-3)

公式中，所得税费用是指企业确认的应从当期利润总额中扣除的所得税费用。

三、会计要素的计量

会计要素的计量是为了将符合确认条件的会计要素登记入账并列报于财务报表而确定其金额的过程。企业应按照规定的会计计量属性进行计量，确定相关金额。

（一）会计计量属性及其构成

会计计量属性是指所予计量的某一要素的特性方面，如桌子的长度、铁矿的重量、楼

房的高度等。从会计角度来讲，计量属性反映的是会计要素金额的确定基础，主要包括历史成本、重置成本、可变现净值、现值和公允价值等。

▶ 1. 历史成本

历史成本，又称为实际成本，是指取得或制造某项财产物资时所实际支付的现金或者其他等价物。在历史成本计量下，资产按照其购置时支付的现金或者现金等价物的金额，或者按照购置资产时所付出的对价的公允价值计量；负债按照其因承担现时义务而实际收到的款项或者资产的金额，或者承担现时义务的合同金额，或者按照日常活动中为偿还负债预期需要支付的现金或者现金等价物的金额计量。例如，A公司购入原材料一批，价款100万元，以银行存款支付，不考虑其他因素，该批原材料按历史成本计价，金额为100万元。

▶ 2. 重置成本

重置成本，又称现行成本，是指按照当前市场条件，重新取得同样一项资产所需支付的现金或现金等价物金额。在重置成本计量下，资产按照现在购买相同或者相似资产所需支付的现金或者现金等价物的金额计量；负债按照现在偿付该项债务所需支付的现金或者现金等价物的金额计量。例如，在年末财产清查中，甲公司发现一台全新的未入账的设备（即资产盘盈），其同类设备的市场价格为5万元，该设备按重置成本计量，金额为5万元。

▶ 3. 可变现净值

可变现净值，是指在正常生产经营过程中，以预计售价减去进一步加工成本和预计销售费用及相关费用后的净值。在可变现净值计量下，资产按照其正常对外销售所能收到现金或者现金等价物的金额扣减该资产至完工时估计将要发生的成本、估计的销售费用及相关税金后的金额计量。例如，甲企业期末A库存商品的账面价值为100万元，同期市场售价为80万元。估计销售该种库存商品需要发生的销售费用等相关税费10万元，该种库存商品按可变现净值计量，金额为70万元。

▶ 4. 现值

现值，是指对未来现金流量以恰当的折现率进行折现后的价值，是考虑货币时间价值因素等的一种计量属性。在现值计量下，资产按照预计从其持续使用和最终处置中所产生的未来净现金流入量的折现金额计量；负债按照预计期限内需要偿还的未来净现金流出量的折现金额计量。例如，甲公司一项固定资产原值20万元，累计折旧4万元，预计未来现金流量的现值为12万元，该固定资产按现值计价，金额为12万元。

▶ 5. 公允价值

公允价值，是指市场参与者在计量日发生的有序交易中，出售一项资产所能收到或者转移一项负债所需支付的价格。有序交易，是指在计量日前一段时期内相关资产或负债具有市场活跃的交易。在公允价值计量下，资产和负债按照在公平交易中，熟悉情况的交易双方自愿进行资产交换或者债务清偿的金额计量。例如，某公司2016年7月1日，从二级市场上购入A股票10万股作为交易性金融资产，2016年12月31日该股票的收盘价为每股5元，该项资产在2016年12月31日按照公允价值计量，金额为50万元。

公允价值独立于企业主体之外，站在市场的角度以交易双方达成的市场价格作为公允价值，是对资产和负债以当前市场情况为依据进行价值计量的结果。公允价值主要运用于交易性金融资产、可供出售金融资产的计量。相对于历史成本，公允价值计量所提供的会计信息具有更高的相关性。

（二）会计计量属性的运用原则

企业在对会计要素进行计量时，一般应当采用历史成本。在某些情况下，为了提高会计信息质量，实现财务报告目标，《企业会计准则》允许采用重置成本、可变现净值、现值、公允价值计量的，应当保证所确定的会计要素金额能够取得并可靠计量，如果这些金额无法取得或者无法可靠地计量的，则不允许采用其他计量属性。

第二节　会计等式

会计等式，也称会计平衡公式，或会计方程式，是指明各会计要素之间存在的数额上必然相等的关系式。

会计对象是社会再生产过程中的资金运动，具体表现为会计要素的增减变化。企业发生的每一项交易或事项，都是资金运动的一个具体过程。资金运动必然涉及相应的会计要素，在资金运动过程中，会计要素之间存在一定的相互关系，会计要素之间这种关系可以通过会计平衡公式表现出来。从形式上看，会计等式反映了各项会计要素之间的内在联系；从本质上看，会计等式揭示了会计主体的产权关系和基本财务状况。会计等式是设置会计科目和账户、进行复式记账、试算平衡和编制财务会计报告的理论依据。

一、会计等式的表现形式

（一）财务状况等式

企业要进行生产经营活动，必然要拥有或控制一定的资产，企业拥有的资产是从一定的来源取得的，其来源渠道有两个：一是投资者投入的资本，形成所有者权益；二是债权人借入的资金，形成负债。这表明，企业资金如何取得又如何使用是同一资金的两个不同侧面，因此，在金额上是完全相等的，这种对等关系在企业进行生产经营之前，又反映了某一特定日期企业的财务状况。因为所有者和债权人对企业资产的要求权在会计上统称为权益，所以这种数量关系可用公式表示为

$$资产＝权益 \tag{2-4}$$

债权人权益和所有者权益虽然都是企业资产的要求权，但两者又有着本质的差别。企业对债权人和所有者分别承担着不同的经济责任，在会计上有必要对债权人权益和所有者权益分别进行核算。因此，这种数量关系可以进一步用公式表示为

$$资产＝负债＋所有者权益 \tag{2-5}$$

这一等式反映了企业某一特定时点资产、负债和所有者权益三者之间的平衡关系，因此该等式被称为是反映企业特定日期财务状况的最基本等式或是静态会计等式，是设置账户、进行复式记账、试算平衡和编制资产负债表的理论依据。

（二）经营成果等式

企业拥有和控制的资源被投入生产经营活动中，预期会给企业带来的经济利益，即收入；同时，在日常的生产经营过程中又必然会发生经济利益的流出，即费用。企业在一定会计期间收入与费用的差额即为企业在一定会计期间的经营成果，具体表现为利润或亏损。收入、费用和利润之间客观上存在如下数量关系：

$$收入－费用＝利润 \qquad (2\text{-}6)$$

收入、费用和利润等会计要素之间的这种关系,实际上是利润计量的基本模式,反映了企业在一定会计期间的经营成果,称为经营成果等式或动态会计等式,是编制利润表的理论依据。

(三) 财务状况和经营成果相结合的等式

在企业生产经营过程中,收入的产生必然带来资产的流入,费用的发生必然带来资产的流出,利润是企业资产流入与流出的结果。企业是所有者(投资者)的企业,生产经营活动中实现的利润属于所有者,发生的亏损也应由企业的所有者承担。利润的实现表明所有者在企业中的所有者权益数额的增加;反之,亏损的发生则表明所有者在企业中的所有者权益数额的减少。因此,企业资产、负债、所有者权益、收入、费用、利润之间的数量关系存在着一种内在的有机联系。两个基本会计等式(2-5)和(2-6)可以综合在一起表示为

$$资产＝负债＋所有者权益＋(收入－费用)＝负债＋所有者权益＋利润 \qquad (2\text{-}7)$$

在会计期末,企业应根据国家有关法律、法规、企业章程或董事会决议等,按规定程序对实现的利润进行分配。其中,一部分利润应以所得税的方式上交国家;另一部分利润应分配给投资者,在实际支付之前形成企业的负债;还有一部分利润以盈余公积和未分配利润的方式留在企业,构成了所有者权益。在利润分配之后,又恢复到了最基本的等式形态,即"资产＝负债＋所有者权益"。

"资产＝负债＋所有者权益＋(收入－费用)"动态地反映了企业财务状况和经营成果之间的关系,是等式"资产＝负债＋所有者权益"的扩展,延续了其平衡关系。资产、负债、所有者权益、收入、费用和利润这六大会计要素无论如何变化,最后都会回到资产、负债和所有者权益之间的平衡关系上来。因此,"资产＝负债＋所有者权益"这一等式被称为会计的最基本等式。

值得注意的是,一定会计期间始点和终点的同一会计等式所表明的资源总额是不等的。

二、经济业务对会计等式的影响

由于"资产＝负债＋所有者权益"和"收入－费用＝利润"两个会计基本等式反映了会计内容,即经济业务之间的内在经济联系和客观上的数量恒等关系,所以任何一项经济业务的发生,尽管会引起各会计要素数量变动,但不会影响会计要素之间的内在经济联系和数量上的平衡关系。对于一个企业而言,当期发生的经济业务是多种多样的,但归纳起来不外乎有以下九种类型:

(1) 经济业务发生仅涉及资产这一会计要素,只引起该要素中的某些对应项目发生增减变动;

(2) 经济业务发生仅涉及负债这一会计要素,只引起该要素中的某些对应项目发生增减变动;

(3) 经济业务发生仅涉及所有者权益这一会计要素,只引起所有者权益中的某些对应项目发生增减变动;

(4) 经济业务发生同时涉及资产、负债这两个会计要素,引起资产、负债要素中的对应项目发生同增变动;

(5) 经济业务发生同时涉及资产、负债这两个会计要素,引起资产、负债要素中的对

应项目发生同减变动；

（6）经济业务发生同时涉及资产、所有者权益这两个会计要素，引起资产、所有者权益要素中对应项目发生同增变动；

（7）经济业务发生同时涉及资产、所有者权益这两个会计要素，引起资产、所有者权益要素中对应项目发生同减变动；

（8）经济业务发生同时涉及负债、所有者权益这两个会计要素，引起负债增加、所有者权益减少；

（9）经济业务发生同时涉及负债、所有者权益这两个会计要素，引起负债减少、所有者权益增加。

上述九类经济业务可在会计恒等式上进行如表 2-1 所示的表述（"＋"表示增加，"－"表示减少）。

表 2-1　九类经济业务的表述

经济业务	资产＝	负债　＋	所有者权益
（1）	＋－		
（2）		＋－	
（3）			＋－
（4）	＋	＋	
（5）	－	－	
（6）	＋		＋
（7）	－		－
（8）		＋	－
（9）		－	＋

应当指出，上列九类经济业务是在业务发生仅涉及两个会计要素或涉及一个会计要素的某些具体项目的前提下抽象出来的，是企业发生的主营业务。主营业务还可以派生出其他经济业务，这一问题将在以后有关章节中涉及。

上述九类经济业务的发生都会引起企业资金的变动，这些资金变动具体表现在会计要素的变动上。会计恒等式在表现经济业务时，等式两边的金额是永远恒等的，无论发生何种经济业务，都不会打破这种恒等关系。

【例 2-1】假定甲企业 2016 年 3 月 1 日，资产总额 208 000 元，负债 88 000 元，所有者权益为 120 000 元，该期间企业发生如下经济业务：

（1）3 月 2 日，将现金 500 元存入银行。

分析：这笔经济业务引起资产要素中库存现金和银行存款这两个具体项目发生增减变动，银行存款增加 500 元，库存现金减少 500 元。对会计恒等式的影响如下：

```
资　产＝负债＋所有者权益
208 000＝88 000 ＋120 000
＋ 500
－ 500
208 000＝88 000 ＋120 000
```

(2) 3月6日，用银行借款10 000元偿付以前所欠供货单位账款。

分析：这笔经济业务引起负债要素中的银行借款及应付账款这两个具体项目发生增减变动，银行借款增加10 000元，应付账款减少10 000元。对会计恒等式的影响如下：

$$\underline{资\ 产=负\ 债+所有者权益}$$
$$208\ 000=88\ 000\ +120\ 000$$
$$+10\ 000$$
$$\underline{-10\ 000}$$
$$208\ 000=88\ 000\ +120\ 000$$

(3) 3月11日，将80 000元的盈余公积转增资本，有关手续已经办妥。

分析：这笔经济业务引起所有者权益要素中实收资本及盈余公积两个具体项目发生增减变动，实收资本增加80 000元，盈余公积减少80 000元，对会计恒等式的影响如下：

$$\underline{资\ 产=负\ 债+所有者权益}$$
$$208\ 000=88\ 000\ +120\ 000$$
$$+80\ 000$$
$$\underline{-80\ 000}$$
$$208\ 000=88\ 000\ +120\ 000$$

(4) 3月17日，购买材料4 000元，验收入库，款项未付。

分析：这笔经济业务同时引起资产要素中的原材料及负债要素中的应付账款发生同增变动，原材料增加4 000元，应付账款增加4 000元。对会计恒等式的影响如下：

$$\underline{资\ 产=负\ 债+所有者权益}$$
$$208\ 000=88\ 000\ +120\ 000$$
$$\underline{+4\ 000\ +4\ 000}$$
$$212\ 000=92\ 000\ +120\ 000$$

(5) 3月19日，用银行存款3 000元偿付部分所欠账款。

分析：这笔经济业务同时引起资产要素中银行存款和负债要素中应付账款发生同减变动，银行存款减少3 000元，应付账款减少3 000元。对会计恒等式的影响如下：

$$\underline{资\ 产=负\ 债+所有者权益}$$
$$212\ 000=92\ 000+120\ 000$$
$$\underline{-3\ 000\ -3\ 000}$$
$$209\ 000=89\ 000+120\ 000$$

(6) 3月22日，接受外单位投资机器设备一台，其价值确认为50 000元。

分析：这笔经济业务同时引起资产要素中的固定资产和所有者权益要素中的实收资本发生同增变动，固定资产增加50 000元，实收资本增加50 000元。对会计恒等式的影响如下：

$$\underline{资\ 产=负\ 债+所有者权益}$$
$$209\ 000=89\ 000+120\ 000$$
$$\underline{+50\ 000\qquad\ \ +50\ 000}$$
$$259\ 000=89\ 000+170\ 000$$

(7) 3月25日，企业依法以银行存款退回A公司原投资额9 000元。

分析：企业退回原股东投资，将会减少所有者权益。因此，这笔经济业务引起资产要

素中的银行存款减少 9 000 元,所有者权益(实收资本)减少 9 000 元。对会计恒等式的影响如下:

$$
\begin{array}{r}
\underline{\text{资 产}=\text{负 债}+\text{所有者权益}} \\
259\,000 = 89\,000 + 170\,000 \\
-9\,000 \qquad\qquad -9\,000 \\
\hline
250\,000 = 89\,000 + 161\,000
\end{array}
$$

(8) 3 月 27 日,经企业研究决定,向投资者分配利润 10 000 元。

分析:这笔经济业务引起所有者权益要素中的利润分配和负债要素中的应付利润发生增减变动,利润减少 10 000 元,应付利润增加 10 000 元。对会计恒等式的影响如下:

$$
\begin{array}{r}
\underline{\text{资 产}=\text{负 债}+\text{所有者权益}} \\
250\,000 = 89\,000 + 161\,000 \\
+10\,000 - 10\,000 \\
\hline
250\,000 = 99\,000 + 151\,000
\end{array}
$$

(9) 将一笔 40 000 元的长期借款转为对企业投资。

分析:这笔经济业务引起负债要素中的长期借款和所有者权益要素中的实收资本发生增减变动,长期借款减少 40 000 元,实收资本增加 40 000 元。对会计恒等式的影响如下:

$$
\begin{array}{r}
\underline{\text{资 产}=\text{负 债}+\text{所有者权益}} \\
250\,000 = 99\,000 + 151\,000 \\
-40\,000 + 40\,000 \\
\hline
250\,000 = 59\,000 + 191\,000
\end{array}
$$

在企业发生(1)~(9)笔业务后,其资产由期初 208 000 元增加到期末的 250 000 元;在权益构成上负债由 88 000 元降低到 59 000 元,所有者权益由 120 000 增加到 191 000 元。

通过分析以上经济业务可以发现,影响会计恒等式的经济业务有两大类,一类是经济业务被表现在会计恒等式上不会对最终的平衡金额产生任何影响,如业务(1)(2)(3)(8)(9);另一类是经济业务被表现在会计恒等式上使最终的平衡金额发生增减变动,如业务(4)(5)(6)(7),但无论哪一类经济业务都不会破坏会计恒等式自身的平衡关系,会计恒等式是永远恒等的。

上述九种经济业务又可归纳为以下四种基本类型,也代表了企业经营资金运动的四种基本形式。

(1) 资产与权益的同时增加。表明企业筹措到了经营资金,其结果是资产与权益以相等的数额增加,不会影响它们之间的平衡关系,如例 2-1 中业务(4)和业务(6)。

(2) 资产与权益的同时减少。表明经营资金退出了企业,其结果是资产与权益以相等的数额减少,不会影响资产与负债、所有者权益总额的平衡关系,如例 2-1 中业务(5)和业务(7)。

(3) 一种资产增加;另一种资产减少,增减的数额相等。表明资产的具体存在形态的变动,一种资产转化为另一种资产,资产总额不变,资产总额与权益总额仍然保持相等关系,如例 2-1 中业务(1)。

(4) 一种来源减少;另一种来源增加,增加减少的数额相等,表明经营资金筹措渠道或方式的变化,负债和所有者权益总额不变,不影响资产总额与负债和所有者权益总额的平衡关系,如例 2-1 中业务(2)(3)(8)(9)。

这四种类型又可在会计恒等式上做如表 2-2 所示的表述（"＋"表示增加，"－"表示减少）。

表 2-2 四种类型经济业务的表述

经济业务的类型	资产 ＝ 权益
（1）	＋　　　＋
（2）	－　　　－
（3）	＋－
（4）	＋－

综上所述，每一项经济业务的发生都不会破坏资产总额与负债和所有者权益总额的平衡关系，也就是说，资产总额与负债及所有者权益总额是恒等的。这一原理是设置账户、进行复式记账、试算平衡及编制资产负债表的重要理论依据。

―――｜ 本章小结 ｜―――

会计要素是指对会计对象具体内容按其经济特征所做的基本分类，它是会计对象具体的、基本的构成要素。在不同的会计主体中，会计内容的表现形式不同，即使在同一会计主体中，由于经济活动的多样性，决定了会计内容表现形式也多种多样。在此所讲的会计主体是针对企业而言的，为了具体实施会计核算，进行会计监督，有必要对企业会计内容进行适当分类。我国《企业会计准则》将企业会计要素划分为资产、负债、所有者权益、收入、费用和利润六项。

不同的会计要素有不同的特点，不能混淆，但会计要素之间又有内在的联系，这种联系表现为密切的数量依存关系，这种依存关系就是会计恒等式。因此，会计恒等式是用数学方程表示的会计要素之间的等量关系。资产、负债所有者权益之间的恒等关系是"资产＝负债＋所有者权益"；收入、费用、利润之间的恒等关系是"收入－费用＝利润"。

由于"资产＝负债＋所有者权益"和"收入－费用＝利润"两个会计基本等式反映了会计内容，即经济业务事项之间的内在经济联系和客观上的数量恒等关系，所以任何一项经济业务事项的发生，尽管会引起各会计要素数量变动，但不会影响会计要素之间的内在经济联系和数量上的平衡关系。

对于一个企业而言，当期发生的经济业务是多种多样的，但归纳起来不外乎有九种类型：资产和负债以相等的金额同增或同减；资产和所有者权益以相等的金额同增或同减；资产内部以相等的金额有增有减；负债内部以相等的金额有增有减；所有者权益内部以相等的金额有增有减；负债增加或减少，所有者权益也以相等的金额减少或增加。

―――｜ 思考训练 ｜―――

一、单项选择题

1. 下列关于所有者权益的说法，不正确的是（   ）。
   A. 所有者权益包括实收资本（或股本）、资本公积、盈余公积和未分配利润等
   B. 所有者权益的金额等于资产减去负债后的余额

C. 盈余公积和未分配利润又统称为留存收益

D. 所有者权益包括实收资本（或股本）、资本公积、盈余公积和留存收益等

2. 下列各项中，不属于反映企业财务状况的会计要素是（   ）。

   A. 资产　　　　　　B. 负债　　　　　　C. 所有者权益　　　D. 利润

3. 下列等式中，不正确的是（   ）。

   A. 资产＝负债＋所有者权益＝权益

   B. 期末资产＝期末负债＋期初所有者权益

   C. 期末资产＝期末负债＋期初所有者权益＋本期增加的所有者权益－本期减少的所有者权益

   D. 债权人权益＋所有者权益＝负债＋所有者权益

4. 下列各项中，属于会计的基本等式的是（   ）。

   A. 资产＝负债＋所有者权益

   B. 资产＝负债＋所有者权益＋（收入－费用）

   C. 资产＝负债＋所有者权益＋利润

   D. 收入－费用＝利润

5. 与计算"营业利润"无关的因素是（   ）。

   A. 所得税费用　　　B. 销售费用　　　　C. 管理费用　　　　D. 财务费用

6. 下列各项中，不属于期间费用的是（   ）。

   A. 管理费用　　　　B. 制造费用　　　　C. 销售费用　　　　D. 财务费用

7. 下列各项中，不属于所有者权益的是（   ）。

   A. 实收资本　　　　B. 资本公积　　　　C. 盈余公积　　　　D. 营业利润

8. 下列各项中，属于债权的是（   ）。

   A. 应收票据　　　　B. 预收账款　　　　C. 应付职工薪酬　　D. 应付账款

9. 下列各项中，属于生产经营过程中形成的债权项目是（   ）。

   A. 应付账款　　　　　　　　　　　　　B. 预收账款

   C. 应收账款　　　　　　　　　　　　　D. 交易性金融资产

10. 下列各项中，不属于企业应收款项的是（   ）。

    A. 应收账款　　　B. 预收账款　　　　C. 其他应收款　　　D. 应收票据

11. 下列各项中，不属于企业拥有或控制的经济资源是（   ）。

    A. 预付 A 公司材料款

    B. 临时租用一辆汽车

    C. 融资租入大型设备

    D. 将闲置不用的办公楼经营租赁给他人使用

12. 下列各项中，应当确认为资产的是（   ）。

    A. 因出售商品应交的增值税　　　　　B. 收到 A 公司作为资本投入的办公楼

    C. 支付税款滞纳金　　　　　　　　　D. 发放销售人员薪酬

13. 下列各项中，应当确认为负债的是（   ）。

    A. 因购买生产设备而已支付的设备款

    B. 因违规而支付的税款滞纳金

    C. 因向 A 公司投资而已支付的款项

D. 因出售商品而应交纳的增值税

14. 下列交易或事项中，应确认为流动负债的是（   ）。
    A. 企业拟于3个月后购买设备一台，款项未付
    B. 企业向银行借入五年期借款，借款已到账
    C. 企业计划购买A公司发行的五年期债券
    D. 企业拟销售一批家电产品，预收货款到账

15. 下列关于收入和利得的表述中，正确的是（   ）。
    A. 收入源于日常活动，利得源于非日常活动
    B. 收于会导致所有者权益增加，利得不一定会导致所有者权益增加
    C. 收入会影响企业的利润，利得不一定会影响企业的利润
    D. 收入会导致经济利益的流入，利得不一定会导致经济利益的流入

16. 下列关于利润的表述中，正确的是（   ）。
    A. 利润是企业在一定会计期间的经营成果
    B. 利润的确认只能依赖于收入和费用
    C. 利润的增加表明企业收入的增加，负债的减少
    D. 利润等于收入减去费用的净额

17. 企业在对会计要素进行计量时，一般应当采用（   ）。
    A. 历史成本   B. 重置成本   C. 公允价值   D. 现值

18. 资产按照现在购买相同或者相似资产所需支付的现金或者现金等价物的金额计量的会计计量属性是（   ）。
    A. 历史成本   B. 重置成本   C. 公允价值   D. 现值

19. 资产按照预计从其持续使用和最终处置中所产生的未来净现金流入量的折现金额计量的会计计量属性是（   ）。
    A. 历史成本   B. 重置成本   C. 公允价值   D. 现值

20. 下列不属于会计计量属性的是（   ）。
    A. 历史成本   B. 可收回金额   C. 公允价值   D. 可变现净值

二、多项选择题

1. 根据会计等式可知，下列哪类经济业务不会发生（   ）。
   A. 资产增加，负债减少，所有者权益不变
   B. 资产不变，负债增加，所有者权益增加
   C. 资产有增有减，权益不变
   D. 债权人权益增加，所有者权益减少，资产不变

2. 下列等式中，正确的是（   ）。
   A. 资产＝负债＋所有者权益
   B. 资产＝负债＋所有者权益＋（收入－费用）
   C. 资产＝负债＋所有者权益＋利润
   D. 资产－负债＝所有者权益＋利润

3. 下列等式中，属于会计等式的是（   ）。
   A. 本期借方发生额合计＝本期贷方发生额合计
   B. 本期借方余额合计＝本期贷方余额合计

C. 资产＝负债＋所有者权益

D. 收入－费用＝利润

4. 对于工业企业而言，属于主营业务收入的是（　　）。
   A. 产成品销售收入　　　　　　　　B. 自制半成品销售收入
   C. 工业性劳务收入　　　　　　　　D. 材料销售收入

5. 下列说法中，正确的是（　　）。
   A. 所有者权益是指企业所有者在企业资产中享有的经济利益
   B. 所有者权益的金额等于资产减去负债后的余额
   C. 所有者权益也称为净资产
   D. 所有者权益包括实收资本（或股本）、资本公积、盈余公积和未分配利润等

6. 下列各项中，反映企业经营成果的会计要素是（　　）。
   A. 利润　　　　B. 费用　　　　C. 收入　　　　D. 所有者权益

7. 下列各项中，属于企业生产经营过程中形成的债务项目的有（　　）。
   A. 应付账款　　B. 应付职工薪酬　　C. 应交税费　　D. 短期借款

8. 依据《企业会计准则》，下列六大会计要素的划分正确的有（　　）。
   A. 资产、负债、股东权益、收入、费用和利润
   B. 资产、负债、权益、收入、利得和利润
   C. 资产、负债、所有者权益、收入、费用和利润
   D. 资产、负债、净资产、收入、支出和结余

9. 下列关于资产确认的表述中，正确的有（　　）。
   A. 资产是企业过去的交易或事项所形成的
   B. 资产由企业拥有或者控制
   C. 资产由企业占有或使用
   D. 资产预期会给企业带来经济利益

10. 下列各项中，属于资产的有（　　）。
    A. 经营租出的设备　　　　　　　　B. 在途材料
    C. 融资租入的设备　　　　　　　　D. 计划购入的设备

11. 下列各项中，属于企业应收款项的有（　　）。
    A. 应收票据　　　　　　　　　　　B. 预收账款
    C. 应收账款　　　　　　　　　　　D. 其他应收款

12. 下列关于负债的表述中，正确的有（　　）。
    A. 负债表现为债权人对企业净资产的索取权
    B. 负债按流动性分类可以分为流动负债和长期负债
    C. 负债是企业过去的交易事项形成的
    D. 负债预期导致经济利益流出企业

13. 下列关于负债的表述中，正确的有（　　）。
    A. 因清偿债务预期会导致经济利益流出企业
    B. 负债预期将由企业在未来某个时点予以清偿
    C. 负债是由于过去的交易或事项所形成的
    D. 负债是企业承担的预期会导致经济利益流出企业的潜在义务

14. 下列关于负债的表述中，正确的有（　　）。
    A. 负债是现时存在的，由过去的经济业务所产生的经济责任
    B. 负债是潜在存在的，由未来的经济业务所产生的经济责任
    C. 负债是能够用货币确切计量或合理估计的经济责任
    D. 负债需要在将来通过转让资产或提供劳务予以清偿

15. 下列各项中，应确认为收入的有（　　）。
    A. 转让无形资产取得的收入
    B. 销售商品取得的收入
    C. 提供劳务取得的收入
    D. 出租固定资产取得的收入

16. 下列关于收入的表述中，正确的有（　　）。
    A. 可能带来资产的增加
    B. 可能会引起费用的减少
    C. 一定会导致所有者权益增加
    D. 可能使负债减少

17. 下列各项中，属于会计计量属性的有（　　）。
    A. 权责发生制
    B. 公允价值
    C. 收付实现制
    D. 重置成本

18. 下列关于历史成本计量的表述中，正确的有（　　）。
    A. 历史成本就是取得或制造某项财产物资时所实际支付的现金或其他等价物
    B. 在历史成本计量下，负债按照其因承担现时义务而实际收到的款项或者资产的金额计量
    C. 在历史成本计量下，资产按照当前市场条件，重新取得同样一项资产所需支付的现金或现金等价物金额计量
    D. 在历史成本计量下，资产按照其购置时支付的现金或者现金等价物的金额计量

19. 下列关于会计计量的表述中，正确的有（　　）。
    A. 重置成本，是指按照当前市场条件重新取得同样一项资产所需支付的现金或现金等价物金额
    B. 现值，是指对未来现金流量以恰当的折现率进行折现后的价值
    C. 可变现净值等于预计售价减去进一步加工成本和销售费用及相关税费后的净值
    D. 公允价值，是指在公平交易中熟悉情况的买卖双方自愿进行资产交换或债务清偿的金额

20. 下列关于会计要素的计量的表述中，正确的有（　　）。
    A. 现值通常用于非流动资产可收回金额和以摊余成本计量的资产价值的确定等
    B. 历史成本计量，应当基于经济业务的实际交易成本，而不考虑随后市场价格变动的影响
    C. 可变现净值通常应用于存货资产减值情况下的后续计量
    D. 公允价值主要应用于交易性金融资产、可供出售金融资产情况下的后续计量

三、判断题

1. "收入－费用＝利润"反映的是资金运动的动态方面，反映的是某一会计期间的经营成果，是编制利润表的依据。（　　）

2. 企业存货是指日常活动中持有以备出售的产品或商品、处在生产过程中的在产品、在生产过程或提供劳务过程中耗用的材料、物料等。（　　）

3. 企业生产经营过程中，形成的债务主要包括应付票据、应付账款、预收账款、应

付职工薪酬和应缴税费等。   （ ）
  4. 应收账款、预收账款是企业的债权，应付账款、预付账款是企业的债务。（ ）
  5. 利润是企业一定期间内收入减去费用后的净额。   （ ）
  6. 成本和费用是一个概念。   （ ）
  7. 某单位因违反合同的规定支付给甲企业20万元违约金，则甲公司应将其作为收入。
                         （ ）
  8. 资产是企业进行生产经营的必要条件，是现代企业明晰产权关系的重要标志。
                         （ ）
  9. 依据《企业会计准则》，企业的会计对象分为资产、负债、权益、收入、费用、利润六大会计要素。   （ ）
  10. 企业6月份与销售方签订了购销合同，计划在10月份购买一批机器设备，企业应当在6月份将该批设备确认为资产。   （ ）
  11. 所有者权益是指企业全部资产扣除全部流动负债后的余额。   （ ）
  12. 收入会导致所有者权益的增加，利得不一定会导致所有者权益的增加。（ ）
  13. 收入按企业经营业务的主次分为主营业务收入、其他业务收入和营业外收入。
                         （ ）
  14. 费用是指企业在日常活动中发生的，会导致所有者权益减少的，与向所有者分配利润无关的经济利益的总流出。   （ ）
  15. 收入是指企业在日常活动中发生的，会导致所有者权益增加的，与所有者投入资本无关的经济利益的总流入。   （ ）
  16. 乙公司于2015年10月1日接受一项设备安装业务，安装期9个月，乙公司在资产负债表日提供的劳务能够可靠估计。截至12月31日，安装业务的完工进度为30%，由于合同约定安装费于安装业务结束时一次性支付，因此，12月31日乙公司不可以确认劳务收入。   （ ）
  17. 公允价值强调站在企业主体的角度，以投资到某项资产上的价值作为公允价值。
                         （ ）
  18. 在可变现净值计量下，资产按照预计从其持续使用和最终处置中所产生的未来净现金流入量的折现金额计量。   （ ）
  19. 如果某一项资源预期不能为企业带来经济利益，即使为企业拥有，也不能将其确认为企业的资产。   （ ）
  20. 所有者权益是指所有者对企业资产的所有权。   （ ）

四、基本概念

  会计要素 会计恒等式 资产 负债 所有者权益 收入 费用

五、问答题

  1. 什么是会计恒等式？试述会计恒等式的基本原理？
  2. 经济业务的发生对会计要素会产生哪些影响？
  3. 为什么说经济业务的发生不会影响会计恒等式的平衡关系？

六、计算分析题

  1. 某企业发生如下经济业务：
  （1）用银行存款购买材料。

(2) 用银行存款支付所欠甲单位货款。
(3) 收到投资者投入的设备。
(4) 购买设备，款未付。
(5) 向银行借款，存入银行。
(6) 销售商品一批，货款收到存入银行。
(7) 用银行存款支付水电费。
(8) 向银行借款归还之前所欠甲单位货款。
要求：区分上列各项经济业务的类型，将业务序号填入表 2-3。

表 2-3　各项经济业务所属类型

经济业务类型	经济业务序号
引起资产方有关项目有增有减	
引起权益方有关项目有增有减	
引起资产和权益方项目同时增加	
引起资产和权益方项目同时减少	

2.2016 年 1 月 31 日，某机器制造厂资产、负债类、所有者权益状况如下：
(1) 企业拥有的实收资本 88 000 元。
(2) 企业接收的捐赠款 41 000 元。
(3) 企业提留的盈余公积金 7 700 元。
(4) 企业库存材料价值 29 500 元。
(5) 企业购入的专利权价值 4 400 元。
(6) 企业的库存现金 7 700 元。
(7) 企业向银行借入的短期借款 42 000 元。
(8) 企业在银行的存款 93 600 元。
(9) 应向外单位收取的货款 3 800 元。
(10) 企业的产成品 6 000 元。
(11) 企业的汽车价值 41 000 元。
(12) 库存的 A 产品价值 6 000 元。
(13) 企业在外单位的长期投资 4 000 元。
(14) 企业的长期借款 15 000 元。
(15) 企业的现金 500 元。
(16) 因销货收到的商业汇票 2 400 元。
(17) 应付给外厂的料款 3 300 元。
(18) 企业采购材料开出的汇票 1 900 元。
要求：
(1) 根据上述项目，区分资产、负债类、所有者权益项目；
(2) 根据(1)划分的结果，将资产、负债类、所有者权益相应金额进行合计，并测算等式是否平衡。

第三章 会计科目与账户

本章主要内容

设置会计科目和账户是会计核算的方法。在会计核算过程中,会计人员要对企业发生的会计事项进行确认和计量,并采用科学的记账方法在账户中进行记录。设置会计科目和账户是复式记账的前提。

1. 会计科目的含义和分类;
2. 账户的含义和结构。

知识目标

1. 了解会计科目设置的原则;
2. 理解和掌握会计科目的含义和分类;
3. 掌握账户的含义和结构;
4. 了解账户与会计科目之间的关系。

技能目标

1. 能够简单登记 T 形账户;
2. 能够计算账户的四个金额要素。

第一节 会计科目

一、会计科目的含义与分类

(一) 会计科目的含义

会计科目是对会计对象的具体内容进行分类核算的项目,是进行会计核算和提供会计信息的基础。也就是说,会计科目即是按照经济内容对各会计要素的具体内容做进一步分类核算的项目,它是以客观存在会计要素的具体内容为基础、根据核算和管理的需要设置的。即根据会计核算的需要，对资产、负债、所有者权益、收入、费用和利润六大会计要素的具体内容进行了科学的进一步分类，每一类确定一个合适的名称，这些就是会计科目。每个科目都应明确地规定其核算的特定经济内容。例如，库存现金、原材料、固定资产同属于企业的资产，但它们有着不同的经济内容，所以就需要分别设置"库存现金""原材料"和"固定资产"三个会计科目；又如，向银行借入的长期借款和企业发行的长期债券，虽然都是企业的负债，但它们有不同的经济内容，所以也需要分别设置"长期借款"和"应付债券"两个科目，等等。

通过设置会计科目，可以把各项会计要素的增减变化分门别类地记在账上，清楚地为各个会计主体的内部经营管理和外部有关方面提供一系列具体的、分类的数量指标。

（二）会计科目的分类

为了正确使用会计科目，应按一定的标准对会计科目进行分类。会计科目的分类方法通常有下列几种。

▶ 1. 会计科目按反映的经济内容分类

会计科目按反映的经济内容分类是主要的、基本的分类，工业企业的会计科目按其反映的经济内容可分为资产类科目、负债类科目、共同类科目、所有者权益类科目、成本类科目和损益类科目六大类，每一大类会计科目可按一定的标准再分为各个小类。

1) 资产类科目

资产类科目是对资产要素的具体内容进行分类核算的项目，按资产的流动性分为反映流动资产的科目和反映非流动资产的科目。

反映流动资产的科目有"库存现金""原材料""库存商品""应收账款"等科目，反映非流动资产的科目有"长期股权投资""固定资产""无形资产""在建工程"等科目。

2) 负债类科目

负债类科目是对负债要素的具体内容进行分类核算的项目，按负债的偿还期限分为反映流动负债的科目和反映非流动负债的科目。

反映流动负债的科目有"短期借款""应付账款""应交税费"等科目，反映非流动负债的科目有"长期借款""应付债券""长期应付款"等科目。

3) 共同类科目

共同类科目是既有资产性质又有负债性质的科目，主要有"衍生工具""套期工具"等科目。

4) 所有者权益类科目

所有者权益类科目是对所有者权益要素的具体内容进行分类核算的项目，按所有者权益的形成和性质可分为反映资本的科目和反映留存收益的科目。

反映资本的科目有"实收资本"（或股本）和"资本公积"等科目；反映留存收益的科目有"盈余公积""本年利润"和"利润分配"等科目。所有者权益类的"本年利润"科目归属于利润会计要素，由于企业实现利润会增加所有者权益，因此将其作为所有者权益类科目。

5) 成本类科目

成本类科目是对可归属于产品生产成本、劳务成本等的具体内容进行分类核算的项目，按成本的不同内容和性质可分为反映制造成本和反映劳务成本的科目。

反映制造成本的科目有"生产成本""制造费用"等；反映劳务成本的科目有"劳务成本"等。成本类科目归属于资产会计要素，成本是企业生产产品、提供劳务所消耗的价值体现,为了单独计算产品成本、劳务成本,因此设置了成本类账户。

6)损益类科目

损益类科目是对收入、费用等的具体内容进行分类核算的项目,按损益的不同内容可分为反映收入的科目和反映费用的科目。

反映收入的科目有"主营业务收入""其他业务收入""营业外收入"和"投资收益"等。反映费用的科目有"主营业务成本""其他业务成本""管理费用""财务费用""销售费用""所得税费用""营业外支出"等。

损益类科目分别归属于收入要素和费用要素。

▶ 2. 会计科目按其提供指标的详细程度分类

会计科目按其提供指标的详细程度及统驭关系不同可分为总分类科目和明细分类科目。

1)总分类科目

总分类科目又称总账科目或一级科目,是对会计要素具体内容进行总括分类、提供总括核算指标的科目;总分类科目反映各种经济业务的总括情况,是进行总分类核算的依据。总分类科目由财政部统一制定颁布,如"应收账款""应付账款""原材料"等。

2)明细分类科目

明细分类科目又称明细科目,是对总分类科目做进一步分类、提供更为详细和具体核算指标的科目;对于明细科目较多的总分类科目,可在总分类科目下设置二级明细科目,在二级明细科目下设置三级明细科目。二级明细科目是对总分类科目进一步分类的科目,三级明细科目是对二级明细科目进一步分类的科目。二级明细科目和三级明细科目,统称为明细分类科目。明细分类科目反映各种经济业务的详细情况,提供的是详细信息,如"应收账款"科目按债务人名称设置明细科目,反映应收账款的具体对象。明细分类科目的设置,除制度已有规定外,各单位可根据实际情况和经营管理的需要自行设置。

下面以"原材料"科目为例,说明总分类科目与各级明细分类科目之间的关系,如表 3-1 所示。

表 3-1 总分类科目与明细分类科目的关系

总分类科目(一级科目)	明细分类科目	
	二级明细科目(子目)	明细科目(细目)
原材料	原材料及主要材料	圆 钢
		角 钢
	辅助材料	润滑剂
		油 漆
	燃 料	柴 油
		汽 油

(三)会计科目的编号

为了便于识别各个会计科目的性质,便于记忆和使用,同时也为了适应会计电算化的要求，我国财政部统一规定的会计科目，都按照一定的方法予以编号。

会计科目的编号通常的方法是采用"数字编号法"。采用这种方法一般用四位数字作为每个会计科目的号码，并规定每一位数字所代表的特定含义。从左至右的第一位数字表示会计科目的主要大类。例如，1 表示资产类科目；2 表示负债类科目；3 表示共同类科目；4 表示所有者权益类科目；5 表示成本类科目；6 表示损益科目。第二位数字表示会计科目的主要大类下属的各个小类。例如，在资产类科目中，0 表示货币资金类科目；4 表示材料类科目；6 表示固定资产类科目等。第三、四位数字表示各个小类下的各个会计科目。例如，在货币资金类科目中，01 表示"库存现金"科目；02 表示"银行存款"科目，等等。

二、会计科目的设置

（一）会计科目设置的原则

会计科目作为向投资者、债权人、企业经营管理者等提供会计信息的重要手段，在其设置过程中应努力做到科学、合理、适用，应遵循以下原则。

▶ 1. 合法性原则

合法性原则是指所设置的会计科目应当符合国家统一的会计制度的规定。我国现行的统一会计制度中均对企业设置的会计科目做出规定，以保证不同企业对外提供的会计信息的可比性。企业应当参照会计制度中的统一规定的会计科目，根据自身的实际情况设置会计科目，但其设置的会计科目不得违反现行会计制度的规定。对于国家统一会计制度规定的会计科目，企业可以根据自身的生产经营特点，在不影响统一会计核算要求及对外提供统一的财务报表的前提下，自行增设、减少或合并某些会计科目。

▶ 2. 相关性原则

相关性原则是指所设置的会计科目应当为提供有关各方所需要的会计信息服务，满足对外报告与对内管理的要求。根据《企业会计准则》的规定，企业财务报告提供的信息必须满足对内对外各方面的需要，设置会计科目必须服务于会计信息的提供，必须与财务报告的编制相协调、相关联。

▶ 3. 实用性原则

实用性原则是指所设置的会计科目应符合单位自身特点，满足单位实际需要。企业的组织形式、所处行业、经营内容及业务种类等不同，在会计科目的设置上亦应有所区别。在合法性的基础上，企业应根据自身特点，设置符合企业需要的会计科目。

会计科目作为对会计要素分类核算的项目，要求简单明确，字义相符，通俗易懂。同时，企业对每个会计科目所反映的经济内容也必须做到界限明确，既要避免不同会计科目所反映的内容重叠的现象，也要防止全部会计科目未能涵盖企业某些经济内容的现象。

（二）常用的会计科目

财政部于 2006 年 10 月颁布的《企业会计准则——应用指南》对企业应用的会计科目及其核算内容做出了规定，企业应按规定设置和使用会计科目。企业主要会计科目如表 3-2 所示。

表 3-2 企业主要会计科目表

编号	名称	编号	名称
	一、资产类	2211	应付职工薪酬
1001	库存现金	2221	应交税费
1002	银行存款	2231	应付利息
1012	其他货币资金	2232	应付股利
1101	交易性金融资产	2241	其他应付款
1121	应收票据	2501	长期借款
1122	应收账款	2502	应付债券
1123	预付账款	2701	长期应付款
1131	应收股利	2801	预计负债
1132	应收利息	2901	递延所得税负债
1221	其他应收款		三、共同类
1231	坏账准备	3101	衍生工具
1402	在途物资	3201	套期工具
1403	原材料		四、所有者权益类
1404	材料成本差异	4001	实收资本
1405	库存商品	4002	资本公积
1511	长期股权投资	4101	盈余公积
1512	长期股权投资减值准备	4103	本年利润
1531	长期应收款	4104	利润分配
1601	固定资产		五、成本类
1602	累计折旧	5001	生产成本
1603	固定资产减值准备	5101	制造费用
1604	在建工程		六、损益类
1605	工程物资	6001	主营业务收入
1606	固定资产清理	6051	其他业务收入
1701	无形资产	6101	公允价值变动损益
1702	累计摊销	6111	投资收益
1703	无形资产减值准备	6301	营业外收入
1711	商誉	6401	主营业务成本
1801	长期待摊费用	6402	其他业务成本
1811	递延所得税资产	6403	税金及附加
1901	待处理财产损溢	6601	销售费用
	二、负债类	6602	管理费用
2001	短期借款	6603	财务费用
2101	交易性金融负债	6701	资产减值损失
2201	应付票据	6711	营业外支出
2202	应付账款	6801	所得税费用
2203	预收账款	6901	以前年度损益调整

第二节 账　户

一、账户的含义及分类

（一）账户的含义

账户是按照会计科目开设的，具有一定的格式和结构，用来分类反映会计要素增减变动情况及其结果的载体。

会计科目只是对会计内容具体分类的项目名称，不能起到具体记载会计内容的作用。为了全面、系统、分类地核算和监督各项经济业务事项所引起的资金增减变动情况及其结果，必须根据会计科目开设一系列账户，连续地对它们进行记录，以便为信息使用者及时、准确地提供各种会计信息。账户是按规定的会计科目开设的，根据总分类科目开设的账户，称为总分类账户，简称总账；根据明细分类科目开设的账户，称为明细分类账户，简称明细账。

设置账户是会计核算的专门方法之一，账户所记录的会计数据是编制会计报表的资料来源。

（二）账户的分类

由于账户是依据会计科目开设的，因此，有什么会计科目，就应开设什么账户。

▶ 1. 根据反映的经济内容分类

根据反映的经济内容，账户可分为资产类账户、负债类账户、共同类账户、所有者权益类账户、成本类账户和损益类账户六类。其中，有些资产类账户、负债类账户、所有者权益类账户存在备抵账户。备抵账户，又称抵减账户，是指用来抵减被调整账户余额，以确定被调整账户实有数额而设立的独立账户，例如，"累计折旧"账户是"固定资产"的备抵账户。

▶ 2. 按其提供指标的详细程度分类

账户按其提供指标的详细程度可分为总分类账户和明细分类账户。

（1）总分类账户，又称总账账户，是指根据总分类科目开设的、提供某项经济内容总括指标的账户。根据账户所反映的经济内容，可将其分为资产类账户、负债类账户、共同类账户、所有者权益类账户、成本类账户、损益类账户六类。例如，根据"原材料"总分类科目开设"原材料"总分类账户，提供企业所有库存原材料购进、发出和结存情况指标。

（2）明细分类账户，明细分类账户是根据明细分类科目设置的、用来对会计要素具体内容进行明细分类核算的账户，简称明细账户或明细账。总账账户称为一级账户，总账以下的账户称为明细账户。

总分类账户提供会计要素具体内容的总括核算指标，一般只用于货币计量；明细分类账户提供会计要素具体内容的详细核算指标，除用货币计量外，有的还要用实物量度（件、千克、立方米等）进行辅助计量。

二、账户的结构

(一) 账户的基本结构

账户是用来记录经济业务的,设置账户的作用在于可以分门别类地记载各项经济业务、提供日常会计核算资料和数据,为编制会计报表提供依据。为此,账户不仅应有明确的核算内容,而且应当具有一定的格式,即结构。

账户通常由以下内容组成:①账户的名称即会计科目;②日期,即所依据记账凭证中注明的日期;③凭证字号,即所依据记账凭证的编号;④摘要,即经济业务的概况简要说明;⑤金额,即增加额、减少额和余额。

在实际工作中,账户是根据以上基本内容来设计账簿格式的,账户的基本结构如表 3-3 所示。

表 3-3 账户的基本结构

年		凭证		摘　要	增加额	减少额	余额
月	日	字	号				

由于经济业务的发生所引起会计要素的变化,从数量上看,不外乎是增加、减少两种情况,因此,用来分类记录经济业务的账户,在结构上也相应地分为两个基本部分,以分别记录增加和减少的数额。这样,账户的基本结构就分为左右两方,一方登记增加额,另一方登记减少额。用哪一方记增加额,用哪一方记减少额,则取决于各类账户所记录的经济内容及性质。

从账户名称、记录增加额和减少额的左右两方来看,账户的基本结构在整体上类似汉字"丁"和大写的英文字母"T",因此,为了简化理解,账户的基本结构通常可简化为"丁"字账户或者 T 形账户来表示,如图 3-1 所示。

图 3-1 T 形账户示意图

(二) 账户期末余额计算公式

通过账户记录的金额可提供期初余额、本期增加额、本期减少额和期末余额四个核算指标。

本期增加额,亦称本期增加发生额,是指本期账户所登记的增加额的合计数。

本期减少额,亦称本期减少发生额,是指本期账户所登记的减少额的合计数。

本期增加额与本期减少额相抵后的差额称期末余额,本期的期末余额就是下期的期初余额。

账户期末余额的计算公式为

$$期末余额＝期初余额＋本期增加额－本期减少额 \qquad (3-1)$$

(三) 会计科目与账户的联系和区别

从理论上讲,会计科目和账户是两个不同的概念,两者既有联系,又有区别。

▶ 1. 会计科目和账户的联系

(1) 会计科目和账户的联系在于两者都是对会计对象具体内容的科学分类,两者设置口径一致,核算内容一致,反映的经济业务内容相同、性质相同。

(2) 会计科目是账户的名称,也是设置账户的依据;账户是根据会计科目开设的,是会计科目的具体运用。

(3) 会计科目的性质决定了账户的性质,账户的分类和会计科目的分类内容一致,即也分为资产类账户、负债类账户、共同类账户、所有者权益类账户、成本类账户和损益类账户等。按账户提供核算资料的详细程度分类,账户相应地也分为总分类账户和明细分类账户。

总之,没有会计科目,账户便失去了设置的依据;没有账户,就无法发挥会计科目的作用。

▶ 2. 会计科目和账户的区别

账户除了具有与会计科目的相同方面外,还有其自身的特征,即账户具有一定的格式和结构,能连续、系统、全面地记录某项经济业务对会计要素的影响,并通过其结构反映某项经济内容的增减变化情况及结果。而会计科目仅仅是账户的名称,不存在结构。

在实际工作中,会计科目和账户这两个概念相互通用,不加严格区分。

本章小结

会计科目是对会计对象的具体内容进行分类核算的项目。每个科目都应明确地规定其核算的特定经济内容。

账户是根据会计科目开设的,连续记录会计要素增减变动情况及其结果的载体。账户的基本结构就需要分为左右两方,一方登记增加额;另一方登记减少额。会计科目只是对会计要素具体分类的项目名称,不能起到具体记载会计内容的作用。

为了全面、系统、分类地核算和监督各项经济业务事项所引起的资金增减变动情况及其结果,必须根据会计科目开设一系列账户,连续地对它们进行记录,以便为信息使用者及时、准确地提供各种会计信息。账户是按规定的会计科目开设的,根据总分类科目开设的账户,称为总分类账户,简称总账;根据明细分类科目开设的账户,称为明细分类账户,简称明细账。

思考训练

一、单项选择题

1. ( )是对会计对象的基本分类。

　　A. 会计要素　　B. 会计科目　　C. 会计对象　　D. 会计账户

2. 下列账户中与"实收资本"同属一类的是(　　)。
   A. 主营业务收入　　B. 营业外收入　　C. 银行存款　　D. 资本公积
3. 会计科目和账户之间的联系是(　　)。
   A. 内容相同　　B. 结构相同　　C. 格式相同　　D. 两者不相关
4. (　　)是根据会计科目开设的,用来核算经济业务内容的具有一定格式和结构的记账工具。
   A. 会计要素　　B. 会计账簿　　C. 会计科目　　D. 会计账户
5. 账户按(　　)不同,可以分为总分类账户和明细分类账户。
   A. 会计要素　　　　　　　　　　B. 用途和结构
   C. 核算的经济内容　　　　　　　D. 提供核算指标的详细程度
6. 下列各项中,属于所有者权益账户的是(　　)。
   A. 短期借款　　B. 银行存款　　C. 应收账款　　D. 利润分配
7. 某企业5月份资产总额100万元,收回应收账款10万元后,该企业资产总额为(　　)。
   A. 100万元　　B. 110万元　　C. 90万元　　D. 120万元
8. 以银行存款偿还应付账款,可使企业的(　　)。
   A. 资产与负债同时增加　　　　　B. 资产与负债一增一减
   C. 资产与负债同时减少　　　　　D. 资产内部项目一增一减
9. 应收账款的期初余额为借方2 000元,本期借方发生额1 000元;本期贷方发生额8 000元,下列各项中该科目期末余额为(　　)。
   A. 贷方8 000元　　　　　　　　B. 贷方5 000元
   C. 借方5 000元　　　　　　　　D. 借方3 000元
10. 会计科目按其所反映的会计对象的具体内容进行分类。下列关于会计科目的分类中,正确的是(　　)。
    A. 资产、负债、所有者权益、成本、损益等五类
    B. 资产、负债、所有者权益、成本、利润等五类
    C. 资产、负债、所有者权益、收入、费用等五类
    D. 资产、负债、所有者权益、利润、损益等五类
11. 下列各项中,属于负债类科目的是(　　)。
    A. 预付账款　　　　　　　　　　B. 应收账款
    C. 预收账款　　　　　　　　　　D. 长期待摊费用
12. 下列会计科目中,与管理费用属于同一类科目的是(　　)。
    A. 投资收益　　B. 无形资产　　C. 本年利润　　D. 应交税费
13. 在制造企业中,用来反映生产耗费的科目是(　　)。
    A. 生产成本　　B. 材料采购　　C. 原材料　　D. 库存商品
14. 下列各项中,主要用于核算工业企业库存产成品、商品流通企业对外购商品等收发和使用情况的科目是(　　)。
    A. 材料采购　　B. 库存商品　　C. 固定资产　　D. 原材料
15. 下列各项中,不属于所有者权益类科目的是(　　)。
    A. 投资收益　　B. 本年利润　　C. 盈余公积　　D. 利润分配

16. 下列各项中，成本类科目归属的会计要素是（　　）。
    A. 负债　　　　　B. 所有者权益　　　C. 资产　　　　　D. 费用
17. 下列各项中，不属于会计科目设置原则的是（　　）。
    A. 相关性　　　　B. 实用性　　　　　C. 科学性　　　　D. 合法性
18. 会计科目必须全面反映（　　）的内容。
    A. 会计本质　　　B. 会计职能　　　　C. 会计对象　　　D. 会计概念
19. 下列各项中，属于资产项目的是（　　）。
    A. 预付账款　　　B. 短期借款　　　　C. 实收资本　　　D. 主营业务收入
20. 下列各项中，不属于总账科目的是（　　）。
    A. 固定资产　　　B. 应交税费　　　　C. 应交增值税　　D. 预付账款

二、多项选择题

1. 下列说法中，正确的是（　　）。
    A. 资产类账户增加记贷方，减少记借方
    B. 负债类账户增加记贷方，减少记借方
    C. 收入类账户增加记贷方，减少记借方
    D. 费用类账户增加记贷方，减少记借方
2. 会计分录的内容包括（　　）。
    A. 经济业务内容摘要　　　　　B. 账户名称
    C. 经济业务发生额　　　　　　D. 应借应贷方向
3. 下列错误不会影响借贷双方的平衡关系的是（　　）。
    A. 漏记某项经济业务　　　　　B. 重记某项经济业务
    C. 记错方向，把借方记入贷方　D. 借贷错误巧合，正好抵消
4. 会计分录的格式正确的是（　　）。
    A. 先借后贷
    B. 借方在上，贷方在下
    C. 在一借多贷和多借多贷的情况下，借方或贷方的文字要对齐
    D. 在一借多贷和多借多贷的情况下，借方或贷方的数字要对齐
5. 下列账户中，期末余额在贷方的有（　　）。
    A. 预收账款　　　　　　　　　B. 应收账款
    C. 应付账款　　　　　　　　　D. 累计摊销
6. 下列关于平行登记的说法正确的是（　　）。
    A. 总账账户的期初余额＝明细账账户期初余额合计
    B. 记入总分类账户的金额与记入其所属明细分类账户的合计金额相等
    C. 总账账户的本期发生额＝所属明细账户本期发生额合计
    D. 总账账户的期末余额＝所属明细账账户期末余额合计
7. 下列各项中，记入贷方的是（　　）。
    A. 资产的增加额　　　　　　　B. 负债的增加额
    C. 所有者权益的增加额　　　　D. 费用的增加额
8. 用公式表示试算平衡关系，正确的是（　　）。
    A. 全部账户本期借方发生额合计＝全部账户本期贷方发生额合计

B. 全部账户的借方期初余额合计＝全部账户的贷方期初余额合计
C. 负债类账户借方发生额合计＝负债类账户贷方发生额合计
D. 资产类账户借方发生额合计＝资产类账户贷方发生额合计

9. 下列各项中，属于会计科目分类方法的有（　　）。
   A. 按其企业内部管理与外部信息需要分类
   B. 按其归属的会计要素分类
   C. 按其核算的具体内容分类
   D. 按其提供信息的详细程度及统驭关系分类

10. 对于制造业企业，原材料科目属于（　　）。
    A. 总分类科目　　B. 资产类科目　　C. 成本类科目　　D. 明细分类科目

11. 下列会计科目中，属于成本类科目的有（　　）。
    A. 制造费用　　B. 生产成本　　C. 主营业务成本　　D. 销售费用

12. 下列各项中，属于总分类科目的有（　　）。
    A. 累计折旧　　　　　　　　B. 持有至到期投资
    C. 待处理财产损溢　　　　　D. 累计摊销

13. 下列关于明细科目的表述中，正确的有（　　）。
    A. 明细分类科目又称明细科目，是对总分类科目做进一步分类的科目
    B. 明细分类科目提供详细、具体的会计信息
    C. 明细分类科目反映各种经济业务的详细情况
    D. 二级科目是对一级明细科目进一步分类的科目

14. 下列会计科目中，不属于资产类科目，但属于资产类要素的有（　　）。
    A. 生产成本　　B. 劳务成本　　C. 管理费用　　D. 制造费用

15. 下列各项中，既属于资产要素，又属于成本类科目的有（　　）。
    A. 销售费用　　B. 制造费用　　C. 劳务成本　　D. 生产成本

16. 下列会计科目中，反映费用的有（　　）。
    A. 管理费用　　B. 财务费用　　C. 主营业务成本　　D. 制造费用

17. 下列会计科目中，属于损益类科目的有（　　）。
    A. 管理费用　　B. 财务费用　　C. 投资收益　　D. 制造费用

18. 下列各项中，属于资本的有（　　）。
    A. 实收资本　　B. 资本公积　　C. 应付票据　　D. 应付账款

19. 会计科目可分为（　　）。
    A. 一级科目　　B. 二级科目　　C. 三级科目　　D. 四级科目

20. 收回应收账款1 000元，存入银行，这笔业务变动的结果是（　　）。
    A. 资产增加1 000元　　　　B. 资产不变
    C. 银行存款增加　　　　　　D. 应收账款增加

三、判断题

1. 会计科目和会计账户的口径一致，性质相同，都具有一定的格式和结构，所以在实际工作中对会计科目和账户不加严格区分。（　　）
2. 所有的账户都是依据会计科目开设的。（　　）
3. 所有账户的左边都是记录经济业务的增加数，右边都是记录经济业务的减少数。（　　）

4. 会计科目与同名称的账户反映的经济内容是相同的。   （   ）
5. 企业只能使用国家统一的会计制度规定的会计科目，不得自行增减或合并。
                                                            （   ）
6. 所有经济业务的发生，都会引起会计等式两边发生变化。   （   ）
7. 制造费用属于期间费用，应记入当期损益。   （   ）
8. 企业的资产来源于所有者和债权人，所有者和债权人都同时有权要求企业偿还他们所提供的资产。   （   ）
9. 资产与权益是同一事物的两个方面，两者在数量上必然相等。   （   ）
10. "资产＝负债＋所有者权益"这个平衡式是企业资金运动的动态表现。（   ）
11. 总分类科目是对会计要素具体内容进行总括分类和提供总括信息的会计科目。
                                                            （   ）
12. "借方期末余额＝借方期初余额＋本期借方发生额－本期贷方发生额"这一公式适用于任何性质账户的结账。   （   ）
13. 所有者权益类下的本年利润，利润分配科目归属于利润会计要素，由于企业实现利润会增加所有者权益，因而将其作为所有者权益类科目。   （   ）
14. "资本公积""盈余公积"都是反映企业留存收益的科目。   （   ）
15. 按成本的不同内容和性质，成本类科目分为反映制造成本的科目和反映劳务成本的科目。   （   ）
16. 会计科目设置过程中应遵循合法性、相关性、合理性的原则。 （   ）
17. 总分类科目与其所属的明细科目核算内容相同，所不同的是前者比后者提供的信息更加详细。   （   ）
18. 账户本期的期末余额就是下期的期初余额。   （   ）
19. 应交税费科目属于资产类科目。   （   ）
20. 在所有的账户中，左方均登记经济业务的增加额，右方均登记经济业务的减少额。   （   ）

四、基本概念

会计科目　账户　期末余额　期初余额　本期增加额　本期减少额

五、问答题

1. 为什么要设置会计科目？设置会计科目的原则是什么？
2. 为什么要设置账户？设置账户的原则是什么？账户的基本结构是怎样的？
3. 什么是总分类账户和明细分类账户？两者之间有什么关系？
4. 会计对象、会计要素和会计科目之间有什么关系？

第四章 复式记账原理

本章主要内容

复式记账是会计核算方法之一。在会计核算过程中，会计人员要对企业发生的会计事项进行确认和计量，并采用科学的记账方法在账户中进行记录，复式记账是对会计科目和账户的科学运用。

1. 复式记账的基本原理；
2. 借贷记账法的内容；
3. 会计分录的编制；
4. 试算平衡的方法。

知识目标

1. 了解借贷记账法的起源；
2. 理解复式记账法的含义、特点及其种类；
3. 掌握借贷记账法的记账符号、账户结构、记账规则和试算平衡。

技能目标

1. 能够编制简单经济业务的会计分录；
2. 能够登记T形账户并说明账户之间的对应关系；
3. 能够编制试算平衡表。

第一节 会计记账方法概述

一、记账方法的概念

任何一个单位都要根据会计科目设置账户，在账户中分类记录各项经济业务。但账户只是记录经济业务的工具，要在账户中记录经济业务，还必须借助一定的记账方法。所谓记账方法，就是将发生的经济业务根据一定的原理，运用一定的记账符号和记账规则在账户中予以登记的方法。随着会计的发展，记账方法也在不断改进，由过去的单式记账法演进到今天的复式记账法。

二、记账方法的分类

记账方法按其记录经济业务方式的不同，可分为单式记账法和复式记账法两种。

(一) 单式记账法

单式记账法是指对发生的每一项经济业务，只在一个账户中进行登记的方法。它是一种比较简单、不完整的记账方法，这种方法主要用于记载现金收付和债权债务结算业务，一般不登记实物的收付业务。账户与账户之间没有必然的内在联系，也没有相互对应的概念。

例如，用现金1 000元购买原材料，这项业务在登账时，只在"库存现金"账户中登记减少1 000元，至于材料的收入情况，却不在相关账户中记录。因此，单式记账法所显现的特点是：

(1) 手段简便，账户设置不完整，单式记账法一般只设置现金账户、银行存款账户，以及债权、债务账户，而没有一套完整的账户体系。

(2) 账户之间的记录没有直接联系，也不能形成相互平衡的关系。

(3) 单式记账法不能全面、系统地反映经济业务的来龙去脉，也不可能进行全面的试算平衡并检查账户记录的正确性和完整性。

(二) 复式记账法

▶ 1. 复式记账法的含义

复式记账法，是指对发生的每一项经济业务，都要用相等的金额在两个或两个以上相互联系的账户中进行登记的一种记账方法。如上例用现金1 000元购买原材料业务，按照复式记账法，就要一方面在"库存现金"账户中做减少1 000元的记录；另一方面在"原材料"账户中做增加1 000元的记录。由于任何一项经济业务的发生，都会引起有关会计要素之间或某项会计要素内部至少两个项目发生增减变动，而且增减金额相等。因此，为了全面、系统地反映和监督经济活动过程，对发生的每一项经济业务，都应以相等的金额同时在两个或两个以上的账户中进行登记。因此，复式记账法要比单式记账法更加科学。

复式记账法以会计等式"资产＝负债＋所有者权益"为理论依据。每一项经济业务的发生，都会引起会计要素各有关项目的增减变化，由于双重记录所登记的是同一资金运动的两个方面，其金额必然相等。

▶ 2. 复式记账法的特点

与单式记账法相比复式记账法有以下显著特点。

(1) 能够全面反映经济业务内容和资金运动的来龙去脉。对于每一项经济业务，复式记账法都要在两个或两个以上的账户中进行相互联系的记录，不仅可以通过账户记录，完整、系统地反映经济活动的过程和结果，而且能清楚地反映资金运动的来龙去脉。

(2) 能够进行试算平衡，便于对账和查账。对于每一项经济业务，复式记账法都以相等的金额进行对应记录，便于核对和检查记录结果，防止和纠正错误记录。

▶ 3. 复式记账法的种类

复式记账法可分为借贷记账法、增减记账法、收付记账法等。借贷记账法是目前国际上通用的一种记账方法；增减记账法是 20 世纪 60 年代我国商业系统在当时的社会经济环境下提出的一种记账方法；收付记账法是在我国传统的收付记账法的基础上发展起来的复式记账法。我国《企业会计准则》规定企业应当采用借贷记账法。

第二节 借贷记账法

一、借贷记账法的含义

借贷记账法是以"借""贷"作为记账符号，以"有借必有贷，借贷必相等"作为记账规则的一种复式记账方法。

据史料记载，借贷记账法起源于 12 世纪的意大利，为了适应商业资本和借贷资本经济发展的需要而产生的。当时由于海上贸易的不断发展，所使用货币的种类、重量和成色等日益复杂，通过银行进行转账结算受到人们的普遍欢迎。

银行为了办理转账结算业务，设计了"借""贷"两字，最初是以本来含义记账的，反映的是"债权"和"债务"的关系。借贷记账法随着商品经济的发展，也在不断发展和完善，"借""贷"两字逐渐失去其本来的含义，变成了纯粹的记账符号。

到了 15 世纪初，除增设了"资本""损益"账户外，又增设了"余额"，进行全部账户的试算平衡，以此检查账户记录的正确性。1494 年，意大利数学家卢卡·帕乔利的《算术、几何、比及比例概要》一书问世，从理论上阐述了借贷记账法，这标志着借贷记账法正式成为大家公认的复式记账法，随后借贷记账法传遍欧洲、美洲等世界各地，成为世界通用的记账方法。借贷记账法 20 世纪初由日本传入我国，目前成为我国法定的记账方法。

二、借贷记账法的记账符号

借贷记账法是以"借"和"贷"两字作为记账符号，反映不同经济业务引起会计要素的增减变化情况。因为经济业务的发生对会计要素的影响无外乎两大类，即会计要素的增加和减少。因此，用来分类记录经济业务的账户，在结构上也相应地分为两个基本部分：左方和右方，以此来反映某类经济业务所引起会计要素的增加和减少。借贷记账法用"借"和"贷"作为记账符号，将账户的左方称为借方，右方称为贷方。在不同性质的账户中，"借""贷"所表示的经济业务内容是不同的，至于"借"表示增加还是"贷"表示增加，取决于账户的性质和结构。

三、借贷记账法的账户结构

按其性质的不同分类，账户有资产类账户、负债类账户、共同类账户、所有者权益类账户、成本类账户和损益类账户六类，不同性质的账户，其结构是不同的。

（一）资产类账户的结构

资产类账户的结构是借方登记增加额，贷方登记减少额，期末余额一般在借方（与登记增加金额方向一致)。资产类账户的结构如图4-1所示。

借方	资产类账户		贷方
期初余额	×××		
本期增加额	×××	本期减少额	×××
	×××		×××
	……		……
本期发生额（资产增加额）	×××	本期发生额（资产减少额）	×××
期末余额	×××		

图 4-1 资产类账户的结构

每个账户的借方和贷方在一定时期内(月份、年度)所登记的金额合计，称为本期发生额。账户借方登记的金额合计数，称为本期借方发生额；贷方登记的金额合计数，称为本期贷方发生额。每个账户的本期借方发生额和本期贷方发生额相抵后的差额，称为期末余额。

资产类账户期末余额的计算公式为

资产类账户的期末余额＝期初余额＋本期借方发生额－本期贷方发生额　　（4-1）

(二) 负债类账户及所有者权益类账户的结构

负债类账户及所有者权益类账户的结构与资产类账户的结构正好相反，即借方登记减少额，贷方登记增加额，期末余额一般在贷方。负债类及所有者权益类账户的结构如图4-2所示。

借方	负债类及所有者权益类账户		贷方
		期初余额	×××
本期减少额	×××	本期增加额	×××
	×××		×××
	……		……
本期发生额（负债及所有者权益减少额）×××		本期发生额（负债及所有者权益增加额）×××	
		期末余额（负债及所有者权益余额）	×××

图 4-2 负债类及所有者权益类账户的结构

负债类及所有者权益类账户期末余额的计算公式为

负债类及所有者权益类账户期末余额＝期初余额＋本期贷方发生额－本期借方发生额

（4-2）

(三) 成本类账户的结构

企业在生产经营过程中发生的费用和成本，实质是一种资产的耗费形态，所以，成本类账户的性质和结构与资产类账户基本相同，其借方登记增加额，贷方登记减少额(或转销额），期末余额一般在借方。成本类账户的结构如图 4-3 所示。

借方	成本类账户		贷方
期初余额	×××		
本期增加额	×××	本期减少额（或转销额）	×××
……		……	
本期发生额（成本增加额）	×××	本期发生额（成本减少额）	×××
期末余额（成本余额）	×××		

图 4-3 成本类账户的结构

成本类账户期末余额的计算公式为

成本类账户的期末余额＝期初余额＋本期借方发生额－本期贷方发生额　　（4-3）

（四）损益类账户的结构

损益类账户又分为收入类账户和费用类账户，所有损益类账户期末无余额。

▶ 1. 收入类账户的结构

收入类账户的结构同负债和所有者权益类账户基本相同，即借方登记减少额，贷方登记增加额，期末一般无余额。收入类账户的结构如图 4-4 所示。

借方	收入类账户		贷方
本期减少额（或转销额）	×××	本期增加额	×××
		……	
本期发生额（收入减少额）	×××	本期发生额（收入增加额）	×××

图 4-4 收入类账户的结构

▶ 2. 费用类账户的结构

费用类账户的结构同资产类和成本类账户基本相同，即借方登记增加额，贷方登记减少额，期末一般无余额。费用类账户的结构如图 4-5 所示。

借方	费用类账户		贷方
本期增加额（或转销额）	×××	本期减少额	×××
		……	
本期发生额（费用增加额）	×××	本期发生额（费用减少额）	×××

图 4-5 费用类账户的结构

综上所述，各类账户所反映的经济内容不同，账户的借方、贷方登记增加额和减少额的方式也不同。但是任何一个账户的结构都分为借贷两方，这是所有账户的基本结构。现将上述账户借贷方所反映的经济内容及不同账户的性质用图4-6表示。

借方	各类账户	贷方
资产的增加		资产的减少
负债的减少		负债的增加
所有者权益的减少		所有者权益的增加
成本的增加		成本的减少
费用的增加		费用的减少
收入的减少或结转		收入的增加

图4-6　各类账户的结构

四、借贷记账法的记账规则

记账规则是指在采用某种记账方法处理经济业务时,确定其账户方向的一种规则。借贷记账法的记账规则为:有借必有贷,借贷必相等。下面以宏利达机械制造厂2019年5月发生的经济业务为例,来说明借贷记账法的记账规则。

【例4-1】宏利达机械制造厂2019年4月30日总分类账户余额如表4-1所示。

表4-1　总分类账户余额

2019年4月30日　　　　　　　　　　　　　　　　　　　单位:元

资产类科目		权益类科目	
库存现金	5 000	短期借款	1 500 000
银行存款	1 250 000	应付账款	250 000
应收账款	501 600	应交税费	5 000
原材料	2 400 000	实收资本	22 347 500
固定资产	21 145 900	盈余公积	100 000
减:累计折旧	800 000	未分配利润	300 000
合计	24 502 500	合计	24 502 500

宏利达机械制造厂5月发生下列经济业务:

(1) 5月3日,从银行提取现金500元备用。

分析:这项经济业务的发生,一方面使企业的库存现金增加了500元;另一方面使企业的银行存款减少了500元。现金属于企业的资产,其增加额应在"库存现金"账户的借方登记;银行存款也属于企业的资产,其减少额应在"银行存款"账户的贷方登记。这项经济业务在账户中登记的结果如下:

借方	银行存款	贷方	借方	库存现金	贷方
期初余额 1 250 000			期初余额 5 000		
		(1) 500 ——————→	(1) 500		

(2) 5月5日，收到佳合公司投入货币资金200 000元，已存入银行。

分析：这项经济业务的发生，一方面使企业的银行存款增加200 000元；另一方面使企业接受投资者(所有者)投入资本也增加了200 000元。银行存款属于企业的资产，其增加额应在"银行存款"账户的借方登记；投资者投入的资本属于企业的所有者权益，其增加额应在"实收资本"账户的贷方登记。这项经济业务在账户中登记的结果如下：

借方	实收资本	贷方	借方	银行存款	贷方
	期初余额 22 347 500		期初余额 1 250 000		
	(2) 200 000 ——————→	(2) 200 000			

(3) 5月6日，从华豫汽车厂购入运输卡车一辆，买价234 000元，款未付。

分析：这项经济业务的发生，一方面使企业的固定资产增加234 000元；另一方面使企业的应付账款增加234 000元。固定资产属于企业的资产，其增加额应在"固定资产"账户的借方登记，应付账款属于企业的负债，其增加额应在"应付账款"账户的贷方登记。这项经济业务在账户中登记的结果如下：

借方	应付账款	贷方	借方	固定资产	贷方
	期初余额 250 000		期初余额 21 145 900		
	(3) 234 000 ——————→	(3) 234 000			

(4) 5月15日，从银行取得8个月借款30 000元，直接偿还前欠三亚工厂购料款。

分析：这项经济业务的发生，一方面使企业的短期借款增加了30 000元；另一方面使企业的应付账款减少了30 000元。短期借款属于企业的负债，其增加额应在"短期借款"账户的贷方登记；应付账款也属于企业的负债，其减少额应在"应付账款"账户的借方登记。这项经济业务在账户中登记的结果如下：

借方	短期借款	贷方	借方	应付账款	贷方
	期初余额 1 500 000			期初余额 250 000	
	(4) 30 000 ——————→ (4) 30 000				

(5) 5月18日，以银行存款偿还前欠风帆工厂购料款5 850元。

分析：这项经济业务的发生，一方面使企业的银行存款减少了5 850元；另一方面使企业的应付账款减少了5 850元。银行存款属于企业的资产，其减少额应在"银行存款"账户的贷方登记；应付账款属于企业的负债，其减少额应在"应付账款"账户的借方登记。这

项经济业务在账户中登记的结果如下:

借方	银行存款	贷方		借方	应付账款	贷方
期初余额 1 250 000						期初余额 250 000
	(5) 5 850	──────→			(5) 5 850	

(6) 5月20日,以银行存款支付依华传媒公司产品广告费1 900元。

分析:这项经济业务的发生,一方面使企业的银行存款减少了1 900元;另一方面使企业的销售费用增加1 900元。银行存款属于企业的资产,其减少额应在"银行存款"账户的贷方登记;广告费属于企业的成本费用类,其增加额应在"销售费用"账户的借方登记。这项经济业务在账户中登记的结果如下:

借方	银行存款	贷方		借方	销售费用	贷方
期初余额 1 250 000						
	(6) 1 900	──────→		(6) 1 900		

(7) 5月26日,将现金2 000元存入银行。

分析:这项经济业务的发生,一方面使企业的现金减少2 000元;另一方面使企业的银行存款增加2 000元。现金属于企业的资产,其减少额应在"库存现金"账户的贷方登记;银行存款属于企业的资产,其增加额应在"银行存款"账户的借方登记。这项经济业务在账户中登记的结果如下:

借方	库存现金	贷方		借方	银行存款	贷方
期初余额 5 000				期初余额 1 250 000		
	(7) 2 000	──────→		(7) 2 000		

(8) 5月28日,收到光明公司归还前欠货款200 000元,存入银行。

分析:这项经济业务的发生,一方面使企业银行存款增加200 000元;另一方面使企业应收账款减少200 000元。银行存款属于企业的资产,其增加额应在"银行存款"账户的借方登记;应收账款也属于企业的资产,其减少额应在"应收账款"账户的贷方登记。这项经济业务在账户中登记的结果如下:

借方	应收账款	贷方		借方	银行存款	贷方
期初余额 501 600				期初余额 1 250 000		
	(8) 200 000	──────→		(8) 200 000		

(9) 5月29日,向三亚工厂购入A材料95 000元,材料已验收入库,以银行存款支付50 000元,其余45 000元暂欠。

分析:这项经济业务的发生,一方面使企业的原材料增加了95 000元;另一方面使企业的银行存款减少 50 000 元,应付账款增加 45 000 元。原材料属于企业的资产,其增加额应在"原材料"账户的借方登记;银行存款也属于企业的资产,其减少额应在"银行存款"账户的贷方登记,应付账款属于企业的负债,其增加应在"应付账款"的贷方登记。这项经济业务在账户中登记的结果如下:

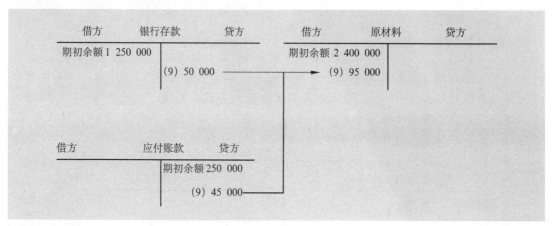

(10) 5 月 30 日,销售给金星公司乙产品 250 000 元,其中 50 000 元收到后存入银行,200 000 元款项尚未收到。

分析:这项经济业务的发生,一方面使企业的主营业务收入增加 250 000 元;另一方面使企业的应收账款增加 200 000 元,银行存款增加 50 000 元。主营业务收入属于企业的损益,其增加额应在"主营业务收入"账户的贷方登记;应收账款属于企业的资产,其增加额应在"应收账款"账户的借方登记;银行存款属于企业的资产,其增加额应在"银行存款"账户的借方登记。这项经济业务在账户中登记的结果如下:

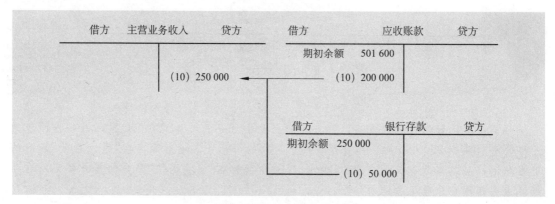

通过例 4-1 可以看出,采用借贷记账法记录经济业务时,所应遵循的规则是:对发生的每一笔经济业务都应以相等的金额、相反的方向,在两个或两个以上的账户中进行连续、分类的登记。也就是说,在一个账户中记借方,必须同时在一个或几个账户中记贷方;或者在一个账户中记贷方,同时在另一个或几个账户中记借方,且记入借方的金额同记入贷方的金额必相等,即"有借必有贷、借贷必相等"。这正是借贷记账法账户结构原理同四种经济业务类型有机组合的精确体现,可用图 4-7 表示。

在具体运用借贷记账法的记账规则记录经济业务时,应考虑以下几个方面的问题:

(1) 确定该项经济业务具体涉及哪几个账户;

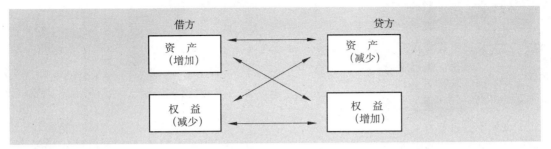

图 4-7 借贷记账法账户结构原理

(2) 根据各账户的性质及经济业务的具体内容,确定该项经济业务应记入哪个账户的借方和哪个账户的贷方;

(3) 验证应借应贷科目是否正确,借贷双方的金额是否相等。

五、账户的对应关系和对应账户

通过例 4-1 还可以看出,在运用借贷记账法记账规则登记账户时,有关账户之间存在应借应贷的相互对应关系,或者是一个账户的借方与另一个账户的贷方相互对应,或者是一个(或几个)账户的借方与另几个(或一个)账户的贷方相互对应。账户之间的这种相互关系,称为账户的对应关系;存在对应关系的账户,称为对应账户。在企业所设账户既定的情况下,通过账户之间的对应关系可以了解经济业务的内容。如例 4-1 中经济业务(1),从银行提取现金 500 元,对这项经济业务应在"库存现金"账户的借方和"银行存款"账户的贷方各登记 500 元。由于这项经济业务的发生而使"库存现金"与"银行存款"这两个账户产生了应借应贷的相互关系,在这种情况下,这两个账户就称为对应账户。这两个账户的对应关系,反映了库存现金增加 500 元,银行存款减少 500 元。可见,通过账户的对应关系和对应账户,可以了解经济业务的来龙去脉,了解经济业务的内容范围。

六、会计分录

(一) 会计分录的含义及分类

▶ 1. 会计分录的含义

会计分录,简称分录,是指标明每笔经济业务应借和应贷的账户名称和金额的一种记录。一笔会计分录应包含三项基本要素:应借应贷方向、账户名称及金额。在实际工作中,会计分录是根据经济业务的原始凭证在记账凭证上编制的。

为进一步说明会计分录的编制,现将例 4-1 中经济业务(1)~(10)编制会计分录如下。

(1) 借:库存现金 500
  贷:银行存款 500

(2) 借:银行存款 200 000
  贷:实收资本 200 000

(3) 借:固定资产 234 000
  贷:应付账款 234 000

(4) 借:应付账款 30 000
  贷:短期借款 30 000

(5) 借：应付账款　　　　　　　　　　　　　　　　　　　　5 850
　　　贷：银行存款　　　　　　　　　　　　　　　　　　　　　5 850
(6) 借：销售费用　　　　　　　　　　　　　　　　　　　　1 900
　　　贷：银行存款　　　　　　　　　　　　　　　　　　　　　1 900
(7) 借：银行存款　　　　　　　　　　　　　　　　　　　　2 000
　　　贷：库存现金　　　　　　　　　　　　　　　　　　　　　2 000
(8) 借：银行存款　　　　　　　　　　　　　　　　　　　　200 000
　　　贷：应收账款　　　　　　　　　　　　　　　　　　　　　200 000
(9) 借：原材料　　　　　　　　　　　　　　　　　　　　　95 000
　　　贷：银行存款　　　　　　　　　　　　　　　　　　　　　50 000
　　　　　应付账款　　　　　　　　　　　　　　　　　　　　　45 000
(10) 借：应收账款　　　　　　　　　　　　　　　　　　　　200 000
　　　　银行存款　　　　　　　　　　　　　　　　　　　　　50 000
　　　贷：主营业务收入　　　　　　　　　　　　　　　　　　　250 000

▶ 2. 会计分录的分类

会计分录按其所涉及账户的多少，分为简单会计分录和复合会计分录两种。简单会计分录是指只涉及一个账户的借方和一个账户的贷方的会计分录，即一借一贷的会计分录。上述分录中，(1)～(8)都为简单会计分录。

复合会计分录是指由两个以上对应账户所组成的会计分录，即一借多贷或多借一贷的会计分录。上述分录中，(9)和(10)都为复合会计分录。

会计分录(9)属于"一借多贷"的复合会计分录，它实际上是由两个简单会计分录组成，即

借：原材料　　　　　　　　　　　　　　　　　　　　　　　50 000
　　贷：银行存款　　　　　　　　　　　　　　　　　　　　　　50 000
借：原材料　　　　　　　　　　　　　　　　　　　　　　　45 000
　　贷：应付账款　　　　　　　　　　　　　　　　　　　　　　45 000

会计分录(10)属于"多借一贷"的复合会计分录，它实际上由两个简单会计分录组成，即

借：应收账款　　　　　　　　　　　　　　　　　　　　　　200 000
　　贷：主营业务收入　　　　　　　　　　　　　　　　　　　　200 000
借：银行存款　　　　　　　　　　　　　　　　　　　　　　50 000
　　贷：主营业务收入　　　　　　　　　　　　　　　　　　　　50 000

可见，编制复合会计分录，可以简化分录的编制工作，提高记账效率。

为了保持账户对应关系的清晰，可以编制一借多贷或多借一贷的会计分录，一般不宜编制多借多贷的会计分录。

(二) 会计分录的书写格式

会计分录的书写格式要求如下。

(1) 先借后贷，分行列示，"贷"缩进两格。"借"和"贷"后均加冒号，其后是账户名称，金额写在最后的适当位置。"贷"字与借方账户的首个文字对齐。

(2) 复合会计分录中，"借"和"贷"通常只列示在第一个借方账户和第一个贷方账户

前,其他账户前不再列示"借"或"贷"。所有借方、贷方一级账户的首个文字各自保持对齐。

(3)当分录中需要列示明细账户时,应按账户级次的高低从左向右列示,二级账户前加破折号,三级账户加小括号,即"一级账户——二级账户(三级账户)"。

(4)借方和贷方账户中有两个以上的二级科目同属于一个一级账户时,所属一级账户只在第一个二级账户前列出,其余省略。每个二级账户各占一行,其前均应保留破折号,且保持左对齐。

(三)会计分录的编制步骤

编制会计分录要注意以下几点。

(1)分析经济业务所涉及的账户名称。
(2)确定经济业务使各账户增加或是减少的金额。
(3)根据账户的性质确定应借应贷的方向。
(4)按正确的格式编制会计分录,并检查是否符合记账规则。

总之,完整的会计分录应具备借方和贷方的记账符号,应记账户的名称及金额,并附有简要的说明。会计分录在实际工作中占有重要地位,它是登账的依据,其正确与否直接影响账户记录,甚至影响会计信息的质量。

七、试算平衡

(一)试算平衡的含义

为了检查账户记录是否正确,会计人员应在一定时期(如月、季、年)的期末,在各项经济业务的会计分录全部登记入账后,进行试算平衡。试算平衡是指根据资产与权益之间的恒等关系及借贷记账法的记账规则,通过对所有账户的发生额或余额的汇总和计算,检查各类账户记录是否正确的一种方法。

由于借贷记账法的记账规则是"有借必有贷,借贷必相等",按照这个记账规则编制会计分录,每笔会计分录借贷两方的发生额必然相等,从而将一定时期内各项经济业务的会计分录全部登记入账后,所有账户的本期借方发生额合计数与本期贷方发生额合计数必然相等,期末结出各账户期末余额后,所有账户的期末借方余额合计数与期末贷方余额合计数也必然相等。因此,在借贷记账法下,可以采用账户发生额试算平衡法或账户余额试算平衡法进行试算平衡。

(二)试算平衡的方法

▶ 1. 账户发生额试算平衡法

在借贷记账法下,按照其记账规则,对每一笔经济业务编制的会计分录都是有借必有贷,借贷必相等。这样,将一定时期内全部经济业务的会计分录都记入有关账户后,所有账户的本期借方发生额合计与发生额贷方合计也必然相等,可用公式描述为

全部账户本期借方发生额合计=全部账户本期贷方发生额合计 (4-4)

该公式称为账户发生额试算平衡公式,用来对账户发生额进行试算平衡。

▶ 2. 账户余额试算平衡法

在借贷记账法下,由于资产账户余额表现在账户的借方,负债和所有者权益类账户的余额表现在账户的贷方。因此,所有账户的借方余额合计数,即为资产总额;所有账户贷方余额合计数,即为负债和所有者权益总额。根据会计恒等式两者必然相等,可用公式描

述为：

$$全部账户期末（初）借方余额合计＝全部账户期末（初）贷方余额合计 \quad (4-5)$$

该公式称为账户余额试算平衡公式，用来对账户余额进行试算平衡。

（三）试算平衡表的编制

在实际工作中，是通过编制试算平衡表来进行试算平衡的。试算平衡表通常是在期末结出各个账户的本期发生额和期末余额后编制的，一般应在平衡表中设置"期初余额""本期发生额"和"期末余额"三大栏，每一大栏分设"借方"和"贷方"两小栏，各大栏的借方合计数与贷方合计数应平衡相等。为了简化表格，试算平衡表也可只根据各个账户的本期发生额编制，不填写各账户的期初余额和期末余额。

【例 4-2】根据宏利达机械制造厂 2019 年 5 月份各账户期初余额、本期发生额、期末余额的资料，编制试算平衡表，如表 4-2 所示。

表 4-2 总分类账户本期发生额及余额试算平衡表

2019 年 5 月 31 日　　　　　　　　　　　　　　　　　单位：元

账户名称	期初余额		本期发生额		期末余额	
	借方	贷方	借方	贷方	借方	贷方
库存现金	5 000		500	2 000	3 500	
银行存款	1 250 000		502 000	58 250	1 693 750	
应收账款	501 600		200 000	250 000	451 600	
原材料	2 400 000		95 000		2 495 000	
固定资产	21 145 900		234 000		21 379 900	
累计折旧		800 000				800 000
短期借款		1500 000		30 000		1 530 000
应付账款		250 000	35 850	279 000		493 150
应交税费		5 000				5 000
实收资本		22 347 500		200 000		22 547 500
盈余公积		100 000				100 000
利润分配		300 000				300 000
主营业务收入				250 000		250 000
销售费用			1 900		1 900	
合计	25 302 500	25 302 500	1 069 250	1 069 250	26 025 650	26 025 650

从表 4-2 可以看出，所有账户期初借方余额的合计数 25 302 500 元与贷方余额的合计数 25 302 500 元相等；所有账户的本期借方发生额的合计数 1 069 250 元与贷方发生额的合计数 1 069 250 元相等；所有账户的期末借方余额的合计数 26 025 650 元与贷方余额的合计数 26 025 650 元相等。

通过上述试算平衡，可以及时检查账户记录是否正确。如果试算结果借贷不平衡，则说明账户的记录或计算肯定有错误。如果试算结果借贷平衡，一般来说记账是正确的，但不能说记账一定没有错误,因为有些错误并不影响借贷双方的平衡,如重记、漏记、会计科目错误、记账方向相反等,均不能通过试算平衡发现。因此,要保证记账的正确性,除了进行试算平衡外,更重要的是平时记账时必须认真仔细,日常会计核算工作尽量不出差错。

知识拓展

小甄从某财经大学会计系毕业,被聘任为启明公司的会计员,今天是他来公司上班的第一天。会计科里的同事们忙得不可开交,一问才知道,大家正在忙于月末结账。会计科长想检验一下他的工作能力,就问他:"试算平衡表的编制方法在学校学过了吧?""学过。"小甄回答。

"那好吧,你先编制我们公司这个月的试算平衡表。"他拿到本公司所有的总账账簿,然后开始了工作。不到一个小时,一张完整的"总分类账户发生额及余额试算平衡表"就编制出来了。看到表格上那相互平衡的三组数字,小甄激动的心情溢于言表,兴冲冲地向科长交了差。

"昨天车间领材料的单据还没记到账上去呢,这也是这个月的业务啊!"会计员小李说道。还没等小甄缓过神来,会计员小张手里又拿着一些会计凭证凑了过来,对科长说,"这笔账我核对过了,应当记入'原材料'和'生产成本'的是 10 000元,而不是 9 000元。已经入账的那部分数字还得改一下。"

"试算平衡表不是已经平衡了吗?怎么还有错账呢?"小甄不解地问。

科长看他满脸疑惑的神情,就耐心地开导说:"试算平衡表也不是万能的,比如,账户中有些业务漏记了,借贷金额记账方向彼此颠倒了,还有记账方向正确但记错了账户,这些都不会影响试算平衡表的平衡。正如小张发现的,把两个账户的金额同时记多了或记少了,也不会影响试算平衡表的平衡。"

小甄边听边点头,心里想:"这些内容在'基础会计'课程上讲过,以后在实践中还得好好琢磨呀。"

本章小结

记账方法按其记录经济业务方式的不同,可分为单式记账法和复式记账法两种。单式记账法是指对发生的每一项经济业务,只在一个账户中进行记录的记账方法。复式记账法,是指对发生的每一项经济业务,都以相等的金额在相互联系的两个或两个以上的账户中进行登记的一种记账方法。采用复式记账法要比单式记账法更加科学。采用复式记账法,不仅可以通过账户记录,完整、系统、全面地反映经济活动的过程和结果,而且能清楚地反映每项经济业务的来龙去脉,这样,对账户的记录结果,就可以进行试算平衡,以检查账户记录的正确性。

借贷记账法是以"借""贷"作为记账符号,以"有借必有贷,借贷必相等"作为记账规则的一种复式记账方法。会计分录简称分录,是标明每笔经济业务应借应贷账户和金额的一种记录。会计分录按其所反映的经济业务复杂程度分为简单会计分录和复合会计分录两种。简单会计分录是指只涉及一个账户的借方和一个账户的贷方的会计分录,即一借一贷的会计分录;复合会计分录是指由两个以上对应账户所组成的会计分录,即一借多贷或多借一贷的会计分录。

试算平衡是指根据资产与权益之间的平衡关系，按照"有借必有贷，借贷必相等"记账规则的要求，通过对所有账户的发生额或余额的汇总计算和比较，来检查各类账户记录是否正确的一种方法。

思考训练

一、单项选择题

1. 下列经济业务中，不会引起资产或权益总额发生变动的经济业务是（　　）。
   A. 以银行存款偿还前欠货款　　　　B. 从银行借款存入银行
   C. 从某企业赊购材料　　　　　　　D. 以银行借款还清所欠货款

2. 账户的对应关系是指（　　）。
   A. 总分类账户与明细分类账户之间的关系
   B. 有关账户之间的应借应贷关系
   C. 资产类账户与负债类账户之间的关系
   D. 成本类账户与损益类账户之间的关系

3. 下列各项中，符合成本类科目记账规则的是（　　）。
   A. 期末余额在贷方　　　　　　　　B. 增加额记贷方
   C. 增加额记借方　　　　　　　　　D. 减少额记借方

4. 应收账款的期初余额为借方12 000元，本期借方发生额1 000元；本期贷方发生额8 000元，下列选项中，该科目期末余额为（　　）。
   A. 贷方8 000元　　　　　　　　　　B. 贷方5 000元
   C. 借方5 000元　　　　　　　　　　D. 借方3 000元

5. 下列表述中，正确的是（　　）。
   A. 从某个企业看，其全部科目的借方余额合计与全部科目的贷方合计不一定相等
   B. 不能编制多借多贷的会计分录
   C. 试算平衡的目的是验证企业的全部科目的借方发生额合计与借方余额合计是否相等
   D. 从某个会计分录看，其借方科目与贷方科目之间互为对应科目

6. 在借贷记账法下，下列关于余额试算平衡公式的表述中，正确的是（　　）。
   A. 全部总分类科目借方期末余额合计＝全部总分类科目贷方期末余额合计
   B. 全部总分类科目借方发生额合计＝全部总分类科目贷方发生额合计
   C. 全部总分类科目借方发生额合计＝全部总分类科目借方期末余额合计
   D. 全部总分类科目贷方期初余额＝全部全分类科目贷方期末余额合计

7. 下列关于负债和所有者权益类科目期末余额的表述中，正确的是（　　）。
   A. 一般在借方和贷方　　　　　　　B. 一般在借方
   C. 一般在贷方　　　　　　　　　　D. 一般无余额

8. 下列账务处理错误中，能够通过试算平衡查找的是（　　）。
   A. 漏记经济业务　　　　　　　　　B. 借贷方向相反
   C. 借贷金额不等　　　　　　　　　D. 重记经济业务

9. 借贷记账法的理论依据是（　　）。
   A. 资产＝负债＋所有者权益

B. 收入－费用＝利润
C. 借方发生额＝贷方发生额
D. 期初余额＋本期增加数－本期减少数＝期末余额

10. 借贷记账法的记账规则是（　　）。
    A. 有借必有贷，借贷必相等　　　B. 有收必有付，收付必相等
    C. 有增必有减，增减必相等　　　D. 有加必有减，加减必相等

11. 在借贷记账法下，与资产类账户记账方向相同的账户是（　　）。
    A. 负债类　　　　　　　　　　　B. 费用类
    C. 收入类　　　　　　　　　　　D. 所有者权益类

12. 在借贷记账法下，账户的借方和贷方哪一方登记增加数，哪一方登记减少数，取决于（　　）。
    A. 账户的用途　　　　　　　　　B. 账户的性质
    C. 账户的结构　　　　　　　　　D. 账户的名称

13. 下列关于试算平衡法的说法中，不正确的是（　　）。
    A. 包括发生额试算平衡和余额试算平衡
    B. 试算不平衡，表明账户记录肯定有错误
    C. 试算平衡了，表明账户记录一定正确
    D. 理论依据是会计等式和记账规则

14. 企业以银行存款偿还债务，表现为（　　）。
    A. 一项资产增加；另一项资产减少
    B. 一项负债增加；另一项负债减少
    C. 一项资产减少；一项负债增加
    D. 一项资产减少；一项负债减少

15. 某企业资产总额为200万元，负债总额为40万元，在将20万元负债转为投入资本后，所有者权益总额为（　　）万元。
    A. 140　　　　B. 180　　　　C. 160　　　　D. 200

16. 下列账户中，如果月末有余额，一般在贷方的是（　　）。
    A. 银行存款　　B. 长期借款　　C. 原材料　　D. 应收账款

17. 会计科目与账户之间的区别在于（　　）。
    A. 反映的经济内容不同　　　　　B. 是否有结构不同
    C. 分类不同　　　　　　　　　　D. 名称不同

18. 下列经济业务中，能够使企业资产总额减少的是（　　）。
    A. 向银行借款存入银行　　　　　B. 以银行存款购入固定资产
    C. 以银行存款偿还借款　　　　　D. 接受投资者投资的现金

19. "库存商品"账户的期初余额为1 000元，本期借方发生额为7 000元，本期贷方发生额为6 500元，期末余额为（　　）元。
    A. 1 500　　　B. 500　　　　C. 8 000　　　D. 7 500

二、多项选择题

1. 下列说法中，正确的是（　　）。
   A. 资产类账户增加记贷方，减少记借方

B. 负债类账户增加记贷方，减少记借方

C. 收入类账户增加记贷方，减少记借方

D. 费用类账户增加记贷方，减少记借方

2. 会计分录的内容包括(　　)。

　　A. 经济业务内容摘要　　　　　　B. 账户名称

　　C. 经济业务发生额　　　　　　　D. 应借应贷方向

3. 下列错误中，不会影响借贷双方的平衡关系的是(　　)。

　　A. 漏记某项经济业务　　　　　　B. 重记某项经济业务

　　C. 记错方向，把借方记入贷方　　D. 借贷错误巧合，正好抵消

4. 下列有关会计分录格式的说法中，正确的是(　　)。

　　A. 先借后贷

　　B. 借方在上，贷方在下

　　C. 在一借多贷和多借多贷的情况下，借方或贷方的文字要对齐

　　D. 在一借多贷和多借多贷的情况下，借方或贷方的数字要对齐

5. 下列账户中，期末余额在贷方的有(　　)。

　　A. 预收账款　　B. 应收账款　　C. 应付账款　　D. 累计摊销

6. 下列关于平行登记的说法中，正确的是(　　)。

　　A. 总账账户的期初余额＝明细账账户期初余额合计

　　B. 记入总分类账户的金额与记入其所属明细分类账户的合计金额相等

　　C. 总账账户的本期发生额＝所属明细账户本期发生额合计

　　D. 总账账户的期末余额＝所属明细账账户期末余额合计

7. 下列各项中，记入贷方的是(　　)。

　　A. 资产的增加额　　　　　　　　B. 负债的增加额

　　C. 所有者权益的增加额　　　　　D. 费用的增加额

8. 用公式表示试算平衡关系，正确的是(　　)。

　　A. 全部账户本期借方发生额合计＝全部账户本期贷方发生额合计

　　B. 全部账户的借方期初余额合计＝全部账户的贷方期初余额合计

　　C. 负债类账户借方发生额合计＝负债类账户贷方发生额合计

　　D. 资产类账户借方发生额合计＝资产类账户贷方发生额合计

9. 在借贷记账法下，可以在账户借方登记的是(　　)。

　　A. 资产的增加　　　　　　　　　B. 负债的增加

　　C. 收入的增加　　　　　　　　　D. 所有者权益的减少

10. 某企业月末编制试算平衡表时，因"原材料"账户的余额计算不正确，导致试算平衡中月末借方余额合计为65 000元，而全部账户月末贷方余额合计为60 000元，则"原材料"账户(　　)。

　　A. 余额多记5 000元　　　　　　B. 余额少记5 000元

　　C. 为贷方余额　　　　　　　　　D. 为借方余额

11. 企业购入材料6 000元，以银行存款支付3 000元，余款未付，材料入库，这一经济业务涉及的账户有(　　)。

　　A. 原材料　　　　　　　　　　　B. 应收账款

C. 应付账款 D. 银行存款
12. 下列账户中，年末无余额的有（　　）。
    A. 主营业务收入 B. 营业外收入
    C. 本年利润 D. 利润分配
13. 下列账户中，本期增加金额记借方的有（　　）。
    A. 主营业务收入 B. 实收资本
    C. 银行存款 D. 销售费用
14. 会计分录包含的基本要素有（　　）。
    A. 账户的名称 B. 记账的方向
    C. 记录的金额 D. 发生的日期
15. 借贷记账法的特点有（　　）。
    A. "借"表示增加，"贷"表示减少
    B. 以"借""贷"作为记账符号
    C. 可根据借贷平衡原理进行试算平衡
    D. 以"有借必有贷，借贷必相等"作为记账规则
16. 下列会计科目中，与资产类科目结构相反的会计科目有（　　）。
    A. 所有者权益类科目 B. 收入类科目
    C. 费用类科目 D. 负债类科目
17. 复式记账法包括（　　）。
    A. 增减记账法 B. 借贷记账法
    C. 单式记账法 D. 收付记账法
18. 某企业购入原材料 2 500 元，其中 1 500 元已用银行存款支付，余款暂欠。该经济业务应做一笔会计分录，下列说法中，不正确的有（　　）。
    A. 一借多贷 B. 多借多贷
    C. 多借一贷 D. 一借一贷

三、判断题

1. 资产与权益的恒等关系是复式记账法的理论基础，也是企业编制资产负债表的依据。（　　）
2. 无论发生什么经济业务，会计等式两边要素总额的平衡关系都不会被破坏。（　　）
3. "收入－费用＝利润"反映的是资金运动的动态方面，反映的是某一会计期间的经营成果，反映一个过程，是编制利润表的依据。（　　）
4. 对于不同性质的科目，借贷的含义有所不同。（　　）
5. 费用类科目的结构与资产类科目的结构完全相同。（　　）
6. 如果所有科目在一定期间内借贷方发生额合计平衡，则可以断定记账肯定没有错误。（　　）
7. 按账户的经济业务内容分类，"预收账款"账户属于资产类账户。（　　）
8. 复合会计分录是由几个简单会计分录合并而成。（　　）
9. 不论交易或事项引起会计要素如何发生增减变化，用借贷记账法记账时都只做借贷记录。（　　）

10. 运用借贷记账法时，借方发生额必须等于贷方发生额。（   ）
11. 如果借贷金额相等，可以肯定记账工作正确无误。（   ）
12. 复合会计分录指的是由多借多贷形式的会计分录。（   ）
13. 会计期末没有余额的账户均为损益类账户。（   ）
14. 一借多贷或多借一贷的会计分录不能反映账户的对应关系。（   ）
15. 在借贷记账法下，负债类账户与成本类账户的结构截然相反。（   ）

四、基本概念

复式记账　借贷记账法　会计分录　账户对应关系　对应账户　试算平衡

五、问答题

1. 试比较单式记账方法和复式记账方法，并说出各自的优缺点。
2. 什么是借贷记账法？借贷记账法有何特点？为什么说借贷记账法是一种科学的、严密的记账方法？
3. 会计分录有哪几种？为什么要编制会计分录？编制会计分录时应注意哪些问题？
4. 什么是试算平衡？如何进行试算平衡？
5. 什么是总分类账户和明细分类账户？两者之间有什么关系？

六、练习题

1. 借贷记账法练习。

某企业 2019 年 5 月初"银行存款"余额 180 000 元，本月发生以下经济业务：

(1) 从银行提取现金 10 000 元。
(2) 收到 A 单位前欠货款 40 000 元，存入银行。
(3) 购入原材料一批 60 000 元，以存款支付。
(4) 向银行借入 80 000 元，存入银行。

要求：

(1) 编制会计分录。
(2) 登记银行存款 T 形账户。
(3) 结出本期发生额及期末余额。

2. 会计分录的编制练习。

丙公司 2019 年 12 月发生以下经济业务：

(1) 收到乙公司投资 100 000 元，已存入银行。
(2) 收到丁公司偿还前欠货款 10 000 元，存入银行。
(3) 从银行提取现金 5 000 元备用。
(4) 以银行存款 20 000 元购置机器设备一台。
(5) 从银行取得半年期贷款 100 000 元，存入银行。
(6) 向甲公司采购原材料 50 000 元，货款尚未支付，材料已验收入库。
(7) 以银行存款支付前欠戊公司货款 30 000 元。

要求：根据借贷记账法的原理，分析确定各项经济业务应借、应贷账户的名称和金额，并编制会计分录。

3. 账户试算平衡方法练习。

2019 年 5 月 30 日振兴公司有关账户记录如表 4-3 所示。

表 4-3 振兴公司有关账户记录

2019 年 5 月 30 日   单位：元

账户名称	期初余额		本期发生额		期末余额	
	借方	贷方	借方	贷方	借方	贷方
库存现金	1 000		200		①	
银行存款	210 000		131 000	②	261 000	
原材料	109 000		30 000		139 000	
应收账款	40 000			31 200	8 800	
固定资产	700 000				700 000	
短期借款		350 000	50 000	60 000		③
应付账款		60 000	60 000			
实收资本		650 000		④		750 000
合计	⑤	⑥	⑦	⑧	⑨	⑩

要求：

(1) 计算①～⑩；

(2) 利用发生额和余额平衡法进行试算平衡。

4．账户试算平衡方法练习。

某企业 2019 年 1 月发生的经济业务及登记的总分类账和明细分类账如下。

(1) 3 日，向 A 企业购入甲材料 800 千克，单价 22 元，价款 17 600 元；购入乙材料 700 千克，单价 16 元，价款 11 200 元。货物已验收入库，款项尚未支付。（不考虑增值税，下同。）

(2) 6 日，向 B 企业购入丙材料 1 000 千克，单价 20 元，货物已验收入库，款项尚未支付。

(3) 12 日，生产车间为生产产品领用材料，其中，领用甲材料 1 200 千克，单价 22 元；领用乙材料 3 000 千克，单价 16 元。

(4) 21 日，向 A 企业偿还前欠款额 30 000 元，向 B 企业偿还前欠货款 10 000 元，用银行存款支付。

(5) 25 日，向 A 企业购入乙材料 1 100 千克，单价 16 元，价款 17600 元已用银行存款支付，货物同时验收入库。

表 4-4 应付账款总分类账户   单位：元

2019 年		摘要	借方	贷方	借或贷	余额
月	日					
1	1	月初			贷	(1)
	3	购料		(2)	贷	64 800
	6	购料		20 000	贷	(3)
	21	还款	40 000		贷	(4)
	30	合计	(5)	48 800	贷	44 800

要求：根据资料及总分类账和明细分类账的钩稽关系，将总分类和明细分类中空缺的数字填上。

第五章 借贷记账法的运用

本章主要内容

本章以制造企业为例,通过对制造企业资金运动所涉及经济业务的分析和会计处理,以及会计信息系统应当设立的账户及主要使用方法的介绍,阐明了借贷记账法在企业中的具体运用。

1. 制造企业的主要经济业务;
2. 筹集资金的业务处理;
3. 供应过程、生产过程、销售过程的业务处理;
4. 利润形成及分配的业务处理。

知识目标

1. 熟悉制造企业经营活动过程的基本流程以及资金在企业经营活动中的循环过程;
2. 掌握资金筹资、供应过程、生产过程、销售过程、利润形成及分配业务的会计核算方法;
3. 理解主要会计账户的设置及核算方法。

技能目标

1. 能够对资金筹资、供应过程、生产过程、销售过程、利润形成及分配等业务进行会计处理;
2. 能够设置和使用制造企业会计系统的主要会计账户。

第一节 企业经济业务概述

一、企业经营活动过程概述

企业是指依法设立的以营利为目的的、从事生产经营活动的、独立核算的经济组织,有一定的人员和一定的财产的组合,其基本经济活动就是从事产品(或劳务)的生产经营活动。企业主要包括制造企业、商业企业、施工企业、房地产开发企业等。

(一)制造企业生产经营活动过程

制造企业是依法自主经营、自负盈亏的商品生产和经营单位,主要从事工业产品(或工业性劳务)的生产经营活动,其活动过程主要由供应、生产和销售环节构成。供应环节是企业通过购买原材料业务的发生,为生产产品做准备;生产环节是企业的生产工人运用劳动手段和生产技术,对劳动对象进行加工,生产出工业产品的过程;销售环节是企业运用各种销售渠道和方式,将产品销售给消费者并取得销售收入的过程。随着企业生产经营活动的不断进行,企业的经营资金也依次经过这三个环节,不断进行循环和周转。具体活动过程如图5-1所示。

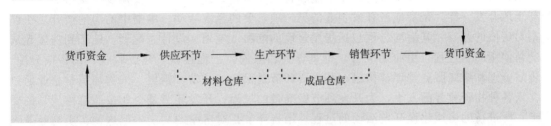

图 5-1 制造企业生产经营活动过程

(二)商业企业经营活动过程

商业企业是依法自主经营、自负盈亏的商品经营单位,主要从事商品经营活动,其活动过程主要由采购和销售两个环节构成。采购环节是企业通过采购商品业务的发生,为销售环节做好商品数量的准备;销售环节是企业运用不同的销售渠道和销售方式,将商品出售给消费者并取得销售收入的过程。随着企业采购、销售环节业务的不断进行,企业的经营资金也依次经过这两个环节,不断进行循环和周转。具体活动过程如图5-2所示。

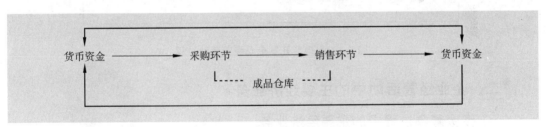

图 5-2 商业企业经营活动过程

(三)施工企业经营活动过程

施工企业是依法自主经营、自负盈亏的工程施工单位,主要从事房屋、建筑物的建造活动,其主要活动过程由采购、建造和工程竣工结算三个环节构成。采购环节是企业通过工程物资购入业务的发生,为施工做好物资上的准备;施工环节是企业施工人员运用工程施工技术完成工程项目建造的过程;竣工结算是企业与被承包方进行工程结算,取得工程收入的过程。随着施工活动的发生,企业的经营资金也相应顺次经过这三个环节,不断进行循环和周转。具体活动过程如图5-3所示。

(四)房地产开发企业经营活动过程

房地产开发企业是依法自主经营、自负盈亏的工程施工单位,主要从事房屋、建筑物

图 5-3　施工企业经营活动过程

的建造和销售活动，包括土地开发和城市房屋开发。土地开发是企业通过一定的技术手段，对土地的改造和再改造，进行用地功能和配套项目的建设，以扩大土地的利用范围和利用程度；城市房屋开发就是城市房屋和各类建筑物、构筑物的开发建设。城市房屋开发与土地开发一样，是房地产开发企业的另一项重要的经济活动。本书中的房地产开发主要指对房屋的开发，其活动过程包括房屋建设的酝酿、规划、设计、配套、施工到房屋建成交付使用的全过程，由前期准备、筹集资金和采购、工程建设、建成验收、销售或分配、售后管理和维修服务等环节构成，其主要环节是采购、开发、销售。采购环节是企业通过购入各种物资业务的发生，为开发环节做准备的过程；开发环节是企业按照总体规划的要求，所进行的房屋建设开发活动的过程；销售环节是对房屋的买卖，但这种买卖与商业企业的商品流通买卖存在区别，即不是以实物形式在买卖双方易手的，而是产权证上所有权人的更替。因此，房屋的买卖在很大程度上受到法律的约束和保护，为此，各地都制定了许多有关房屋买卖程序及房屋买卖条件的具体规定。具体活动过程如图 5-4 所示。

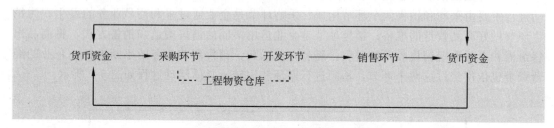

图 5-4　房地产开发企业经营活动过程

二、企业经营活动中的主要经济业务

（一）资金筹集过程中的主要经济业务

为保证企业经济业务的开展和顺利进行，企业还需要采取各种方式，从一定渠道筹措经营资金。企业筹措资金的渠道主要有：吸收投资者投资，形成企业的资本金；向债权人借入各种借款，形成企业的借入资金，以及企业发行债券形成的债务等。企业筹集的资金投入企业的生产经营过程，就形成企业的经营资金。因此，投资者向企业投入资金，企业向债权人借入资金，就是企业资金筹措的经济业务。

（二）供应过程中的主要经济业务

供应过程是企业生产经营活动过程的准备阶段，主要是以货币资金购买原材料、商品、工程用物资等。企业在生产经营的准备阶段，需向供货方支付材料、商品、物资价款，同时还会发生相关的采购费用。对于一般纳税企业来说，还需要支付一定的增值税。因此，供应过程的材料采购业务、材料采购成本、工程物资成本的计算，以及与供货单位之间的货款结算业务，就是供应过程中的主要经济业务。

（三）生产、施工和开发过程中的主要经济业务

生产、施工和开发过程是企业进行产品的加工和建造阶段，主要是劳动者运用劳动资料对劳动对象进行加工、建造，生产出满足市场需要的产品。在这一过程中，为保证产品的生产、建造活动的进行，就需要发生各种耗费，包括材料耗费、人工费、水电等动力费用、固定资产的磨损，以及其他各种费用，这些耗费称为生产费用、工程施工费用、开发费用，其费用的发生将构成产品或工程成本，并运用成本计算方法计算产品的生产成本或建造成本。同时，企业的行政管理部门为组织和管理生产也要发生一定的费用，包括行政管理部门的管理费用、企业筹措资金发生的财务费用及为销售产品所发生的销售费用等。因此，生产或施工、开发过程发生的材料费用、人工费、动力费用、固定资产的损耗费用、支付的其他各种费用，以及计算完工产品生产成本、竣工工程项目成本及工程项目验收交付等，就是生产、施工及开发过程中的主要经济业务。

（四）销售过程中的主要经济业务

销售过程是企业将产品或商品销售给购买单位或消费者，取得销售收入（或经营收入）。对一般纳税企业来说，还要收取一定的增值税额。在这一环节中，企业取得销售收入的同时，还要发生与销售有关的费用，如广告费、展览费等，同时，还需要按照国家税法规定交纳产品销售税金及附加费用，以及需扣减销售收入的销售成本等。因此，销售环节销售产品、发生销售费用、交纳销售税金及附加、计算和结转产品销售成本，以及由此引起的企业与其他单位之间的结算业务等，就是销售过程中的主要经济业务。

（五）利润和利润分配过程中的主要经济业务

企业除上述主要经济业务以外，在任一会计期间结束时，都必须将该期间的全部收入抵减全部费用支出，以计算盈亏，确认本期的最终经营成果。同时，对本期实现的利润，应依照国家税法规定，计算交纳所得税；对于税后利润，再按照国家有关规定进行分配。因此，计算盈亏、交纳所得税、进行利润分配，就是利润和利润分配过程中的主要经济业务。

第二节 资金筹集的核算

一、资金筹集业务的基本内容

企业的资金筹集业务按其资金来源通常分为所有者权益筹资和负债筹资。所有者权益筹资形成所有者的权益（通常称为权益资本），包括投资者的投资及其增值，这部分资本的所有者既享有企业的经营收益，也承担企业的经营风险；负债筹资形成债权人权益（通常称为债务资本），主要包括企业向债权人借入的资金和结算形成的负债资金等，这部分资本的所有者享有按约收回本金和利息的权利。

（一）所有者权益筹资业务

按照主体的不同，所有者投入资本可以分为国家资本金、法人资本金、个人资本金和外商资本金等。其中，国家资本金是指有权代表国家部门或者机构以国有资产投入企业形

成的资本金；法人资本金是指由企业法人以其可以支配的资产向企业投入的资本金；个人资本金是指社会个人或本企业内部职工以个人合法财产投入企业所形成的资本金；外商资本金是指外国，以及中国香港、澳门和台湾地区的投资者直接向中国境内企业投入的资本金。按照投资方式的不同，可以分为货币投资、实物投资、证券投资和无形资产投资等。企业收到的所有者投资都应按实际投资数额入账。

所有者投入的资本主要包括实收资本（或股本）和资本公积。

实收资本（或股本），是指企业的投资者按照企业章程、合同或协议的约定，实际投入企业的资本金以及按照有关规定由资本公积、盈余公积等转增资本的资金。

资本公积，是企业收到投资者投入的超出其在企业注册资本（或股本）中所占份额的投资，以及直接记入所有者权益的利得和损失等。资本公积作为企业所有者权益的重要组成部分，主要用于转增资本。

（二）负债筹资业务

负债筹资主要包括短期借款、长期借款及结算形成的负债等。

短期借款，是指企业为维持正常的生产经营所需的资金或为抵偿某项债务而向银行或其他金融机构等借入的、还款期限在一年以下（含一年）的各种借款。

长期借款，是指企业向银行或其他金融机构等借入的、还款期限在一年以上（不含一年）的各种借款。

结算形成的负债主要有应付账款、应付职工薪酬、应交税费等。

二、资金筹集业务应设置的主要账户

为了核算和监督企业资金筹集业务的增减变动及债务的形成和归还情况，资金筹集业务核算应设置以下账户。

（一）"实收资本"账户

"实收资本"账户属于所有者权益类账户。该账户核算企业实际收到投资者投入资本的增减变动和结余情况，贷方登记企业实际收到的投资者投入的资本；借方登记按法定程序减少的资本；期末余额在贷方，表示企业实际拥有的资本数额。该账户应按不同的投资者设置明细分类账。一般情况下，实收资本金不得随意减少，除非经国家相关法律许可。

（二）"短期借款"账户

"短期借款"账户属于负债类账户。该账户主要核算企业向银行或其他金融机构等借入的期限在一年以内（含一年）各种借款的取得、偿还情况，贷方登记取得的各种借款；借方登记偿还的各种借款；期末余额在贷方，表示尚未偿还的短期借款。该账户应按不同的债权人设置明细分类账。

（三）"长期借款"账户

"长期借款"账户属于负债类账户。该账户主要核算企业向银行或其他金融机构等借入的偿还期在一年以上各种借款的取得、偿还情况，贷方登记借款的取得及应付未付的利息；借方登记偿还的借款本金及利息；期末余额在贷方，表示尚未偿还的长期借款的本金和利息。该账户应按不同的债权人设置明细分类账。

（四）"固定资产"账户

固定资产是指企业在生产经营过程中可供长期使用，并且保持原有实物形态的资产。

现行会计制度规定，使用期限超过一年的房屋、建筑物、机器设备、运输工具及其他与生产经营有关的设备、器具、工具等资产应作为固定资产；不属于生产经营主要设备的物品，单位价值在2 000元以上，且使用期限超过两年的，也应当列为固定资产。

"固定资产"账户属于资产类账户。该账户主要核算企业固定资产原始价值的增减变动和结存情况，借方登记固定资产增加的原始价值；贷方登记固定资产减少的原始价值；期末余额在借方，表示企业实际持有的固定资产的账面原值。该账户应按固定资产类别设置明细分类账。

（五）"无形资产"账户

无形资产是指企业拥有或控制的没有实物形态的可辨认非货币性资产。现行会计制度规定，企业的专利权、商标权、土地使用权、著作权、经营特许权、专有技术等应为企业的无形资产。

"无形资产"账户属于资产类账户。该账户主要核算企业无形资产的增减变动和结存情况，借方登记无形资产增加实际成本；贷方登记无形资产减少的实际成本；期末余额在借方，表示企业实际持有的无形资产成本。该账户应按无形资产项目设置明细分类账。

（六）"财务费用"账户

"财务费用"账户属于损益类账户。该账户主要核算企业为筹集生产经营所需资金等而发生的费用，包括利息支出（减利息收入）、汇兑损益及相关的手续费等。借方登记已发生的各项费用；贷方登记利息收入；期末，企业将本账户余额转入"本年利润"账户，结转后该账户无余额。该账户按照费用项目设置明细分类账。

（七）"应付利息"账户

"应付利息"账户属于负债类账户。该账户主要核算企业按合同约定应支付的利息，贷方登记按规定利率计算的应付利息数；借方登记实际支付的利息数；期末贷方余额，表示企业应付未付的利息。本账户可按存款人或债权人设置明细分类账。

三、资金筹集业务的核算

为了进一步掌握借贷记账法的内容，以制造企业为例，说明借贷记账法在制造企业中的具体运用。

（一）所有者权益筹资业务的核算

我国的《公司法》规定了设立公司时的法定资本额，即投资人需向企业缴付的最低资本额。企业的投资者可以是国家、法人、个人和外商，投资方式可以是货币、实物和无形资产。无论是哪种形式，都会导致企业资产和所有者权益同时增加。

【例5-1】天成公司为制造企业的增值税一般纳税人，2019年12月发生以下经济业务。

(1) 12月1日，收到国家投资200 000元，存入银行。

分析：该笔业务的发生，使银行存款增加，应记入"银行存款"账户的借方，同时，投资者的投资使企业所有者权益中实收资本增加，应记入"实收资本"账户的贷方。编制会计分录如下：

借：银行存款　　　　　　　　　　　　　　　　　　　　　　　200 000
　　贷：实收资本——国家资本　　　　　　　　　　　　　　　　　　200 000

(2) 12月2日，收到甲公司投入新机器一台，经评估确定的价值为100 000元，机器已交付使用。

分析：该笔业务的发生，由于接受投资使公司的固定资产增加，应记入"固定资产"账户的借方；同时，投资者的投资使所有者权益中的实收资本增加，应记入"实收资本"账户的贷方。编制会计分录如下：

借：固定资产——机器　　　　　　　　　　　　　　　　　　　100 000
　　贷：实收资本——甲公司　　　　　　　　　　　　　　　　　　100 000

(3) 12月5日，收到乙公司投入的一项专利权，双方协商确定的价值为250 000元。

分析：该笔业务的发生，由于接受投资使公司无形资产增加250 000元，应记入"无形资产"账户的借方；同时，投资者的投资使所有者权益中的"实收资本"增加250 000元，应记入"实收资本"账户的贷方。编制会计分录如下：

借：无形资产——专利权　　　　　　　　　　　　　　　　　　250 000
　　贷：实收资本——乙公司　　　　　　　　　　　　　　　　　　250 000

(二) 负债筹资业务的核算

借款是企业除了使用自有资金之外的另一个资金来源的主要形式，按照偿还期限不同分为短期借款和长期借款。借款应按照银行规定办理手续，按期支付利息，到期归还本金。

【例5-2】 承例5-1，天成公司2019年12月发生以下经济业务。

(1) 12月3日，天成公司从银行取得短期借款100 000元，年利率为9%，期限为3个月，款项存入银行。

分析：该笔业务的发生，使银行存款增加，应记入"银行存款"账户的借方；同时，使短期借款增加，应记入"短期借款"账户的贷方。会计分录如下：

借：银行存款　　　　　　　　　　　　　　　　　　　　　　　100 000
　　贷：短期借款　　　　　　　　　　　　　　　　　　　　　　　100 000

企业借入上述短期借款后，必须承担支付利息的义务。对于短期借款发生的利息费用，应按月预提利息，按季与银行结算；若利息较小，也可于结算利息时记入费用，直接支付，不再计提。

(2) 12月31日，计提短期借款第一个月利息750元。

该公司取得借款时，年利率9%，按月计提利息，则每月应付利息＝100 000×9%÷12＝750(元)。

分析：该笔业务的发生，使当月利息费用增加750元，应记入"财务费用"账户的借方；同时，使应付利息增加750元，应记入"应付利息"账户的贷方。会计分录如下：

借：财务费用——利息费用　　　　　　　　　　　　　　　　　　　750
　　贷：应付利息　　　　　　　　　　　　　　　　　　　　　　　　750

(3) 2020年9月3日，企业归还本金和最后一个月利息。

分析：企业归还借款，则企业负债减少，应借记"短期借款"；利息已归还，"应付利息"减少，还应贷记"银行存款"。会计分录如下：

借：短期借款　　　　　　　　　　　　　　　　　　　　　　　100 000
　　应付利息　　　　　　　　　　　　　　　　　　　　　　　　　750
　　贷：银行存款　　　　　　　　　　　　　　　　　　　　　　　100 750

(4) 12月4日，向银行借入长期借款300 000元，用于购建固定资产，年利率10%，期限3年，款项存入银行。

分析：该笔业务的发生，使银行存款增加，应记入"银行存款"账户的借方；长期借款

增加,应记入"长期借款"账户的贷方。会计分录如下:
　　借:银行存款　　　　　　　　　　　　　　　　　　　　300 000
　　　　贷:长期借款　　　　　　　　　　　　　　　　　　　　　300 000
　　长期借款利息计提的账务处理将在"财务会计"课程中讲述,这里不再重述。

【例5-3】 假设2019年由A、B、C三家公司共同投资设立甲公司(非股份有限公司),注册资本为6 000 000元,出资比例三方各占三分之一。A公司以厂房进行投资,该厂房原值2 200 000元,已提折旧400 000元,投资各方确认的价值为2 000 000元;B公司以价值2 000 000元的一项专利权投资,其价值已被投资各方确认(不考虑其他因素);C公司以货币资金2 000 000元投资,已存入甲公司开户银行。

假定D公司和E公司有意投资甲公司,经与A、B、C三公司协商,将甲公司注册资本增加到10 000 000元,各方占五分之一股权。D公司需以货币资金出资2 300 000元,以取得20%的股份,E公司以价值2 300 000元的一项土地使用权出资,其价值已被投资各方确认,取得20%的股份。协议签订后,修改了原公司章程,有关出资及变更登记手续办理完毕。

要求:
(1)编制甲公司实际收到A公司投资时的有关会计分录。
(2)编制甲公司实际收到B公司投资时的有关会计分录。
(3)编制甲公司实际收到C公司投资时的有关会计分录。
(4)编制甲公司实际收到D公司投资时的有关会计分录。
(5)编制甲公司实际收到E公司投资时的有关会计分录。

分析:
(1)借:固定资产　　　　　　　　　　　　　　　　　　　2 000 000
　　　　贷:实收资本——A　　　　　　　　　　　　　　　　　2 000 000
(2)借:无形资产　　　　　　　　　　　　　　　　　　　2 000 000
　　　　贷:实收资本——B　　　　　　　　　　　　　　　　　2 000 000
(3)借:银行存款　　　　　　　　　　　　　　　　　　　2 000 000
　　　　贷:实收资本——C　　　　　　　　　　　　　　　　　2 000 000
(4)借:银行存款　　　　　　　　　　　　　　　　　　　2 300 000
　　　　贷:实收资本——D　　　　　　　　　　　　　　　　　2 000 000
　　　　　　资本公积——资本溢价　　　　　　　　　　　　　　　300 000
(5)借:无形资产　　　　　　　　　　　　　　　　　　　2 300 000
　　　　贷:实收资本——E　　　　　　　　　　　　　　　　　2 000 000
　　　　　　资本公积——资本溢价　　　　　　　　　　　　　　　300 000

第三节　供应过程的核算

一、供应过程业务的基本内容

供应过程是指从采购材料开始到材料验收入库的全过程,它是货币资金形态转化为储备资金形态的过程,是企业资金周转的第一阶段。在这一过程中,企业以货币资金采购各种材料形成物资储备,以保证生产的需要。供应过程有三方面的内容:材料的购买、材料采购费用的分配及成本计算,以及材料的验收入库。

(一)材料的购买

在供应过程中,企业一方面要根据计划和合同的规定,及时采购材料物质,保证生产的需要;同时,也要与供应单位进行货款和各种采购费用的结算。

1. 结算的内容

结算的内容包括材料的价款、增值税即进项增值税和运费等杂费。

2. 结算的方式

结算的方式有两种:一是现货结算,有现金和银行结转账结算;二是货到以后付款,形成应付账款。

(二)采购成本的计算

企业的材料供应工作不仅要保证生产的顺利进行,而且要节约采购费用,降低采购成本,提高采购资金的使用效果。因此,供应阶段的核算还必须计算材料的采购成本。材料的采购成本主要包括材料的买价和采购费用,具体包括运输费、装卸费、运输途中的合理损耗、入库前的挑选整理费等,凡能分清属于某种材料负担的采购费用,应直接记入该种材料的采购成本;凡不能分清应由某种材料负担的采购费用,应按材料的重量或买价等比例,采用一定的方法,分摊记入各种材料的采购成本。

(三)材料验收入库

材料运到企业后,保管人员根据运货票、材料发票对材料的数量、品种、规格进行检查验收入库。

在核算取得材料并验收入库环节的业务时,应注意两个问题:一是材料入库前在"在途物资"账户核算,验收入库后应转入"原材料"账户核算;二是确定材料的采购成本,材料采购成本包括材料买价和采购费用(包括运输费、装卸费、保险费、包装费、运输途中的合理损耗和入库前的挑选整理费等)。但采购人员的差旅费一般不包括在原材料的采购成本中。

采购材料时,根据款项支付方式不同分为三种情况:一是材料付款的同时验收入库;二是材料已验收入库,款项尚未支付;三是先支付款项,后收到材料。核算中还会涉及采购费用在不同材料成本间的分配问题。

二、供应过程业务应设置的主要账户

为了核算供应环节材料的采购业务,计算材料的采购成本,反映和监督库存材料的保管和使用,以及采购款项的结算情况,供应环节业务核算应设置以下账户。

(一)"在途物资"账户

"在途物资"账户属于资产类账户。该账户主要核算外购材料的买价和采购费用,确定材料实际采购成本,借方登记购入材料的买价和采购费用;贷方登记已经验收入库材料的实际采购成本;期末余额在借方,表示尚未验收入库的在途材料的成本。该账户应按材料品种设置明细分类账。

(二)"原材料"账户

"原材料"账户属于资产类账户。该账户主要核算企业库存各种原材料的收、发和结存情况,借方登记已经验收入库的各种原材料的实际成本;贷方登记发出原材料的实际成本;期末余额在借方,表示库存各种原材料的实际成本。该账户应按材料的类别、品种和规格设置材料明细分类账。

(三)"应交税费"账户

"应交税费"账户属于负债类账户。该账户主要核算企业按照税法规定计算的各种应交税费,包括增值税、消费税、城市维护建设税、教育费附加、企业所得税、个人所得税等。贷方登记按规定计算应交纳的各种税费和销售产品时收取的销项税额;借方登记企业已交纳的各种税费和购入材料时支付的进项税额;期末如为贷方余额,表示企业应交未交的税费,如为借方余额则表示多交的税费。该账户应按税费的种类设置明细分类账。

"应交增值税"是应交税费所属的明细账之一,下设"进项税额""销项税额"等专栏进行核算。

(四)"应付账款"账户

"应付账款"账户属于负债类账户。该账户主要核算企业由于采购原材料或接受工业性劳务而发生的应付未付的账款,贷方登记企业购入材料、接受工业性劳务等发生的应付未付的款项;借方登记已经支付的应付款项;期末余额在贷方,表示应付未付的款项。该账户应根据不同的债权人设置明细分类账。

【例5-4】天成公司2019年12月的供应过程发生以下经济业务。

(1)12月2日,向新兴公司购入甲材料1 200千克,单价50元,共计买价60 000元,增值税进项税7 800元,价税款当即以银行存款支付,甲材料验收入库。

分析:材料验收入库后,库存材料增加,应记入"原材料"账户的借方;可抵扣的增值税进项税额增加,应记入"应交税费——应交增值税(进项税额)"明细账户的借方;货款以银行存款支付,应记入"银行存款"账户的贷方。会计分录如下:

借:原材料——甲材料	60 000
应交税费——应交增值税(进项税额)	7 800
贷:银行存款	67 800

(2)12月4日,向红光工厂购入乙材料2 000千克,单价40元,共计买价80 000元,运杂费800元,增值税进项税10 400元,款项尚未支付,乙材料验收入库。

分析:材料验收入库后,库存材料增加,应记入"原材料"账户的借方;可抵扣的增值税进项税额增加,应记入"应交税费——应交增值税(进项税额)"明细账户的借方;货款尚未支付,应记入"应付账款"账户的贷方。会计分录如下:

借:原材料——乙材料	80 800
应交税费——应交增值税(进项税额)	10 400
贷:应付账款——红光工厂	90 400

(3)12月7日,向大兴工厂购入丙材料1 000吨,单价90元,共计买价90 000元,增值税进项税额为11 700元,价税款当即以银行存款支付,材料尚未运到。

分析:该项经济业务发生后,虽然材料尚未运到,但采购成本已经发生,应记入"在途物资"账户的借方;可抵扣的增值税进项税额增加,应记入"应交税费——应交增值税(进项税额)"的借方;货款以银行存款支付,应记入"银行存款"账户的贷方。会计分录如下:

借：在途物资——丙材料 90 000
　　应交税费——应交增值税(进项税额) 11 700
　　贷：银行存款 101 700

(4)12月10日，上项丙材料运达企业，经检验质量合格，验收入库。

分析：材料验收入库后，库存材料增加，应记入"原材料"账户的借方；同时，要将该项材料的采购成本予以结转，即记入"在途物资"账户的贷方。会计分录如下：

借：原材料——丙材料 90 000
　　贷：在途物资——丙材料 90 000

(5)12月16日，向光明工厂购入甲、乙两种材料，其中，甲材料2 000千克，单价50元，计100 000元；乙材料1 000千克，单价40元，计40 000元，共计价款140 000元，增值税进项税18 200元，材料尚未运到，款项以银行存款支付。

分析：该项经济业务发生后，虽然材料尚未运到，但采购成本已经发生，应记入"在途物资"账户的借方；可抵扣的增值税进项税额增加，应记入"应交税费——应交增值税(进项税额)"的借方；货款以银行存款支付，应记入"银行存款"账户的贷方。会计分录如下：

借：在途物资——甲材料 100 000
　　　　　　——乙材料 40 000
　　应交税费——应交增值税(进项税额) 18 200
　　贷：银行存款 158 200

(6)12月20日，以银行存款支付上述甲材料、乙材料的运杂费1 500元。

分析：这笔业务涉及采购费用的分配问题，采购费用发生时若能分清采购对象，应直接记入各种材料的采购成本；不能分清采购对象，应分配记入各种材料的采购成本。

一批购入两种以上材料时，对于它们所共同负担的采购费用，不能直接记入各种材料的采购成本，应按照一定的标准在有关的几种材料之间进行分配。常见的分配标准是按照材料的重量、体积、买价、数量等进行分配，其分配步骤为

① 确定费用分配标准。
② 计算采购费用分配率＝材料采购费用总和÷各种材料分配标准之和。
③ 计算某种材料应负担的采购费用＝该种材料的分配标准×采购费用分配率。

假定本例选择以重量作为分配标准，计算的过程如下：

采购费用分配率＝1 500÷(2 000＋1 000)＝0.50(元/千克)

甲材料应负担的运杂费＝2 000×0.50＝1 000(元)

乙材料应负担的运杂费＝1 000×0.50＝500(元)

通过上述计算，将甲、乙两种材料应负担的运杂费分别记入各自的采购成本，会计分录如下：

借：在途物资——甲材料 1 000
　　　　　　——乙材料 500
　　贷：银行存款 1 500

(7)12月26日，上述甲、乙两种材料到达并验收入库，按其实际采购成本结转。

分析：材料验收入库后，结转其采购成本。将各种材料的买价加上应负担的采购费用，即可求得各种材料的实际采购成本。该项业务发生后，"原材料"账户增加，"在途物

资"账户减少。会计分录如下：

借：原材料——甲材料　　　　　　　　　　　　　　　　　101 000
　　　　——乙材料　　　　　　　　　　　　　　　　　　 40 500
　　贷：在途物资——甲材料　　　　　　　　　　　　　　 101 000
　　　　　　　　——乙材料　　　　　　　　　　　　　　　40 500

登记"在途物资"总分类账户及明细分类账户，如表5-1～表5-4所示。

表5-1　在途物资总分类账

会计科目：在途物资　　　　　　　　　　　　　　　　　　　　　　　第　页

2019年		凭证		摘要	借方	贷方	借或贷	余额
月	日	字	号					
12	7			购进	90 000		借	90 000
12	10			入库		90 000	平	0
12	16			购进	140 000		借	140 000
12	20			购进	1 500		借	141 500
12	26			结转实际采购成本		141 500	平	0
12	31			本期发生额及期末余额	231 500	231 500	平	0

表5-2　在途物资明细分类账（甲材料）

材料名称或类别：甲材料　　　　　　　　　　　　　　　　　　　　单位：元

2019年		凭证		摘要	借方			贷方	余额
月	日	字	号		买价	运杂费	合计		
12	16			购入2 000千克，单价50元	100 000		100 000		100 000
12	20			分担运杂费		1 000	1 000		101 000
12	26			结转实际采购成本				101 000	0
12	31			本期发生额及余额	100 000	1 000	101 000	101 000	0

表5-3　在途物资明细分类账（乙材料）

材料名称或类别：乙材料　　　　　　　　　　　　　　　　　　　　单位：元

2019年		凭证		摘要	借方			贷方	余额
月	日	字	号		买价	运杂费	合计		
12	16			购入1 000千克，单价40元	40 000		40 000		40 000
12	20			分担运杂费		500	500		40 500
12	26			结转实际采购成本				40 500	0
12	31			本期发生额及余额	40 000	500	40 500	40 500	0

表 5-4 在途物资明细分类账（丙材料）

材料名称或类别：丙材料　　　　　　　　　　　　　　　单位：元

2019年		凭证		摘要	借方			贷方	余额
月	日	字	号		买价	运杂费	合计		
12	7			购入1 000千克，单价90元	90 000		90 000		90 000
12	10			结转实际采购成本				90 000	0
12	31			本期发生额及余额	90 000		90 000	90 000	0

根据"在途物资"明细分类账户的记录，编制材料采购成本计算表，如表5-5所示。

表 5-5 材料采购成本计算表

2019年12月　　　　　　　　　　　　　　　　　　　　　　单位：元

成本项目	甲材料		乙材料		丙材料	
	总成本 (2 000千克)	单位成本	总成本 (1 000千克)	单位成本	总成本 (1 000吨)	单位成本
买价	100 000	50	40 000	40	90 000	90
采购费用	1 000	0.5	500	0.5		
材料采购成本	101 000	50.5	40 500	40.5	90 000	90

第四节　生产过程的核算

一、生产过程业务的基本内容

生产过程是制造企业资金循环的第二阶段，这一阶段的主要业务是企业利用劳动资料对劳动对象进行加工，将劳动对象制造成劳动产品。

（一）生产费用的构成

生产费用是指生产过程中发生的各种耗费，是由直接材料、直接人工和制造费用构成的。期末生产费用在本期完工产品和在产品之间进行分配。

（1）直接材料，是指直接用于产品生产、构成产品实体的主要材料及辅助材料。

（2）直接人工，是指直接从事产品生产人员的工资、奖金、津贴和补贴等。

（3）制造费用，是指生产车间为生产产品和提供劳务而发生的间接费用，包括车间发生的管理人员的工资福利费，车间发生的办公费、水电费、修理费、折旧费等，车间机物料消耗，劳动保护费等。

企业在生产经营过程中，由于管理和组织生产的需要而发生的期间费用，如管理费用、财务费用、销售费用，因其不能归属于某个特定产品成本，其费用额容易确定，但其所归属的产品难以判断，所以，应作为当期损益处理，而不作为产品的生产成本。

（二）生产成本的计算

为了便于计算产品的生产成本，将生产费用按用途划分为三个成本项目：直接材料、直接人工和制造费用。其中，直接材料、直接人工是为生产某种产品而直接发生的，因此可以直接记入该产品的生产成本；而制造费用是为几种产品共同发生的费用，不能直接记入某种产品的生产成本，应分配记入某种产品的成本。

（三）完工产品验收入库

生产过程是一个连续不断的过程，不断地有产品完工入库，同时生产过程也存在在产品。完工产品是指可供销售的产品。在产品是指处在生产过程某个阶段、尚未完工的产品。一般情况下，当期发生的生产费用并不等于当期完工产品的生产成本。生产成本还要在产成品与半成品之间分配。

二、生产过程业务应设置的主要账户

为了核算和监督企业生产环节中各项生产费用的发生、归集和分配，计算产品的实际生产成本，产品生产环节业务核算应设置以下账户。

（一）"生产成本"账户

"生产成本"账户属于成本类账户。该账户主要核算企业产品生产过程所发生的全部生产费用。借方登记为进行产品生产所发生的直接材料、直接人工和从制造费用账户转入的间接费用；贷方登记月末转出的完工产品成本；期末余额在借方，表示尚未完工的在产品成本。该账户按照产品的种类设置明细分类账。

（二）"制造费用"账户

"制造费用"账户属于成本类账户。该账户主要核算企业生产车间为组织和管理产品生产所发生的各项间接费用，包括车间管理人员的工资和福利费、生产用固定资产折旧、水电费、办公费、一般材料消耗等。由于这些费用是在生产部门内的各种产品生产中共同发生的，而且是间接发生的，因此，这些费用在发生时记入本账户的借方。借方登记本期发生的各项制造费用；贷方登记期末分配转入"生产成本"账户的借方；期末应无余额。该账户按照不同生产车间设置明细分类账。

（三）"累计折旧"账户

企业使用固定资产发生磨损而减少的价值，称为固定资产折旧，该项折旧应记入产品的成本和期间费用。为了保证企业固定资产账户所反映的价值不变，对固定资产磨损而减少的价值，应建立"累计折旧"专门账户进行核算。

"累计折旧"账户属于资产类账户，是"固定资产"账户的调整账户。该账户主要用来核算固定资产磨损减少价值的变动情况，贷方登记固定资产损耗的增加额，即折旧的累计数额；借方登记固定资产处置时转销的累计折旧数额；期末余额在贷方，表示固定资产折旧的累计数。固定资产的净值则以"固定资产"和"累计折旧"两个账户余额借贷相抵的差额表示。

（四）"应付职工薪酬"账户

"应付职工薪酬"账户属于负债类账户。该账户主要核算企业根据有关规定应付给职工的各种薪酬，包括职工工资、奖金、津贴和补贴、职工福利、医疗、养老、失业、工伤、生育等社会保险费、住房公积金、工会经费、职工教育经费、非货币性福利等因职工提供服务而产生的义务，贷方登记已分配记入有关成本费用项目的职工薪酬；借方登记实际发放的职工薪酬;期末余额一般在贷方,反映企业应付未付的职工薪酬。该账户按"工资""职工福利""社会保险""住房公积金""工会经费""职工教育经费"等设置明细分类账。

(五)"管理费用"账户

"管理费用"账户属于损益类账户。该账户主要核算企业行政管理部门为组织和管理生产经营活动而发生的各项费用,包括企业经费(行政管理部门职工工资、修理费、物料消耗、办公费、差旅费等)、工会经费、待业保险费、劳动保险费、业务招待费、咨询费、诉讼费、绿化费、印花税、房产税、车船使用税、土地使用税、矿产资源补偿费、无形资产摊销、职工教育经费等。借方登记已发生的各项管理费用;贷方登记期末转入"本年利润"账户的数额,期末结转后该账户无余额。该账户按照费用项目设置明细分类账。

(六)"预付账款"账户

"预付账款"账户属于资产类账户。该账户主要核算企业按合同规定预付的款项,借方登记预付的款项,补付预付不足款;贷方登记实际结算的款项;期末借方余额,表示企业预付的款项。期末贷方余额,表示企业尚未补付的款项。本账户按照供应单位设置明细分类账。

(七)"其他应收款"账户

"其他应收款"账户属于资产类账户。该账户主要核算企业应收账款以外发生的各种应收或暂付的款项。发生时应记入借方;收回时记入贷方;期末余额在借方,表示尚未收回的账款。该账户按债务人(购货单位或接受劳务单位)设置明细分类账。

(八)"库存商品"账户

"库存商品"账户属于资产类账户。该账户主要核算企业生产完工验收入库可供销售的产品的入库、发出及结存情况。借方登记已验收入库的产成品的实际生产成本;贷方登记发出产成品的实际生产成本;期末余额在借方,表示企业库存产成品的实际生产成本。该账户按照产品的种类设置明细分类账。

【例 5-5】天成公司 2019 年 12 月发生以下生产过程相关经济业务。

(1)12 月 6 日,为生产 A、B 两种产品领用甲、乙、丙三种材料。根据当月领料凭证,编制领料凭证汇总表,如表 5-6 所示。

表 5-6 领料凭证汇总表

2019 年 12 月   单位:元

项 目	甲 材 料	乙 材 料	丙 材 料	合 计
生产产品耗用	6 000	7 240	5 600	18 840
其中:A 产品	3 800	4 900	3 900	12 600
B 产品	2 200	2 340	1 700	6 240
车间一般耗用	1 000	460	0	1 460
行政管理部门耗用	0	400	380	780
合 计	7 000	8 100	5 980	21 080

分析:根据领料凭证汇总表的登记,本月发出甲、乙、丙三种材料共计 21 080 元,其中,生产 A 产品耗用 12 600 元,生产 B 产品耗用 6 240 元,均属于直接费用,应直接

记入"生产成本"账户的借方;车间一般耗用材料1 460元,属于间接费用,应记入"制造费用"账户的借方;行政管理部门耗用780元,属于期间费用,应记入"管理费用"账户的借方。由于领用原材料,使库存材料减少,应记入"原材料"账户的贷方。会计分录如下:

　　借:生产成本——A产品　　　　　　　　　　　　　　　　　　12 600
　　　　　　　　——B产品　　　　　　　　　　　　　　　　　　 6 240
　　　　制造费用　　　　　　　　　　　　　　　　　　　　　　　 1 460
　　　　管理费用　　　　　　　　　　　　　　　　　　　　　　　　 780
　　　贷:原材料——甲材料　　　　　　　　　　　　　　　　　　 7 000
　　　　　　　　——乙材料　　　　　　　　　　　　　　　　　　 8 100
　　　　　　　　——丙材料　　　　　　　　　　　　　　　　　　 5 980

(2)12月15日,从银行中提取现金100 000元,准备发放工资。

分析:该项经济业务的发生,使现金增加,应记入"库存现金"账户的借方;银行存款减少,应记入"银行存款"账户的贷方。会计分录如下:

　　借:库存现金　　　　　　　　　　　　　　　　　　　　　　 100 000
　　　贷:银行存款　　　　　　　　　　　　　　　　　　　　　　 100 000

(3)12月15日,以现金发放本月份职工工资100 000元。

分析:该项经济业务的发生,使企业应付工资减少,应记入"应付职工薪酬"账户的借方;同时,使现金减少,记入"库存现金"账户的贷方。会计分录如下:

　　借:应付职工薪酬——职工工资　　　　　　　　　　　　　　 100 000
　　　贷:库存现金　　　　　　　　　　　　　　　　　　　　　　 100 000

(4)12月17日,采购员李强出差预借差旅费2 000元,以现金支付。

分析:职工预借差旅费,出差回来应当报销,如有余款应当归还。在报销之前,这种借款形成企业对职工的一种应收款,但是,它不属于应收账款。为了反映应收账款以外的其他应收款增加,应记入"其他应收款"账户的借方;同时,导致现金的减少,应记入"库存现金"账户的贷方。会计分录如下:

　　借:其他应收款——李强　　　　　　　　　　　　　　　　　　 2 000
　　　贷:库存现金　　　　　　　　　　　　　　　　　　　　　　　 2 000

(5)12月31日,计算本月应付职工工资100 000元,其中:制造A产品工人工资40 000元,制造B产品工人工资20 000元,车间管理人员工资15 000元,行政管理人员工资25 000元。

分析:企业支付给职工的工资,应当按照职工所从事的工作分别记入生产成本、制造费用、管理费用。其中,直接从事A、B产品生产的工人工资属于直接人工,应记入"生产成本"账户的借方;车间管理人员的工资属于间接费用,应记入"制造费用"账户的借方;行政管理人员的工资属间接费用,应记入"管理费用"账户的借方;同时,形成企业对职工的应付工资的增加,应记入"应付职工薪酬"账户的贷方。会计分录如下:

　　借:生产成本——A产品　　　　　　　　　　　　　　　　　　40 000
　　　　　　　　——B产品　　　　　　　　　　　　　　　　　　20 000
　　　　制造费用　　　　　　　　　　　　　　　　　　　　　　　15 000
　　　　管理费用　　　　　　　　　　　　　　　　　　　　　　　25 000
　　　贷:应付职工薪酬——职工工资　　　　　　　　　　　　　　100 000

职工福利费从 2007 年起就不用计提了，以后按照职工福利费用实际使用情况直接计入当期费用，只不过在年终进行所得税汇算清缴的时候，实际允许抵扣的福利费上限为工资总额的 14%，超出部分作为纳税调增项增加当年应纳税所得额。

(6) 12 月 31 日，按照规定的折旧率计提本月的固定资产折旧，其中生产车间用固定资产折旧为 12 000 元，企业管理部门用固定资产折旧为 8 000 元。

分析：固定资产在使用中要发生损耗。固定资产因使用而发生的损耗价值，称为固定资产的折旧，也是企业的一种费用。将折旧记入费用时，要按照固定资产的使用部门记入不同的账户。管理部门使用的固定资产发生折旧应记入"管理费用"账户的借方；生产车间使用的固定资产发生折旧应记入"制造费用"账户的借方；同时，计提的折旧额增加，记入"累计折旧"账户的贷方。会计分录如下：

借：制造费用　　　　　　　　　　　　　　　　　　　　　　　　12 000
　　管理费用　　　　　　　　　　　　　　　　　　　　　　　　　8 000
　　贷：累计折旧　　　　　　　　　　　　　　　　　　　　　　20 000

(7) 12 月 31 日，以银行存款 6 000 元支付本月水电费。其中，生产车间负担 2 000 元，行政管理部门负担 4 000 元。

分析：生产车间发生的水电费应由本企业生产的 A、B 两种产品共同负担，属于间接费用，应记入"制造费用"账户的借方；行政管理部门的水电费属于期间费用，应记入"管理费用"账户的借方；同时使银行存款减少，应记入"银行存款"账户的贷方。会计分录如下：

借：制造费用　　　　　　　　　　　　　　　　　　　　　　　　2 000
　　管理费用　　　　　　　　　　　　　　　　　　　　　　　　　4 000
　　贷：银行存款　　　　　　　　　　　　　　　　　　　　　　　6 000

(8) 12 月 31 日，以银行存款预付下半年的财产保险费 1 200 元。

分析：企业预付的保险费，其受益期是下一年度的 6 个月，因此不能直接记入本月的制造费用，而应先记入"预付账款"账户的借方；同时，使银行存款减少，应记入"银行存款"账户的贷方。会计分录如下：

借：预付账款　　　　　　　　　　　　　　　　　　　　　　　　1 200
　　贷：银行存款　　　　　　　　　　　　　　　　　　　　　　　1 200

(9) 12 月 31 日，摊销本月负担的报刊费 660 元。

分析：本月负担的报刊费，一方面使企业的管理费用（报纸杂志属于管理费用）增加，应记入"管理费用"账户的借方；另一方面使企业的预付费用减少，应记入"预付账款"账户的贷方。会计分录如下：

借：管理费用　　　　　　　　　　　　　　　　　　　　　　　　　660
　　贷：预付账款　　　　　　　　　　　　　　　　　　　　　　　　660

(10) 12 月 31 日，李强出差归来报销差旅费 1 860 元，余款退回现金。

分析：该项经济业务的发生，使管理用增加 1 860 元，应记入"管理费用"账户的借方；使现金增加 140 元，应记入"库存现金"账户的借方；同时使其他应收款减少，应记入"其他应收款"账户的贷方。会计分录如下：

借：管理费用　　　　　　　　　　　　　　　　　　　　　　　　1 860
　　库存现金　　　　　　　　　　　　　　　　　　　　　　　　　　140

　　　　贷：其他应收款——李强　　　　　　　　　　　　　　　　　　　　　　2 000
　　(11)12月31日，以银行存款4 000元购买办公用品一批。其中生产车间领用2 100元，行政管理部门领用1 900元。
　　分析：生产车间发生的办公费应由本企业生产的A、B两种产品共同负担，属于间接费用，应记入"制造费用"账户的借方；行政管理部门的办公费属于期间费用，应记入"管理费用"账户的借方；同时使银行存款减少，应记入"银行存款"账户的贷方。会计分录如下：
　　　　借：制造费用　　　　　　　　　　　　　　　　　　　　　　　　　　　2 100
　　　　　　管理费用　　　　　　　　　　　　　　　　　　　　　　　　　　　1 900
　　　　贷：银行存款　　　　　　　　　　　　　　　　　　　　　　　　　　　4 000
　　(12)12月31日，将本月发生的制造费用32 560元记入产品成本。其中，A产品负担21 600元，B产品负担10 960元。
　　分析：制造费用是产品生产成本的组成部分，平时发生的制造费用无法分清应由哪种产品负担，因此，在发生时记入"制造费用"账户的借方，月末根据本月"制造费用"账户借方所记录的制造费用总额，按照一定的标准，采用一定的分配方法，在各种产品之间进行分配，计算出应由每一种产品负担的制造费用，再从"制造费用"账户的贷方转入"生产成本"账户的借方。常用的分配标准有生产工人工资、生产工人工时、机器工时等，其分配步骤如下。
　　① 确定制造费用分配标准。
　　② 计算制造费用分配率＝制造费用总额÷分配标准之和。
　　③ 计算某种产品应负担的制造费用＝该种产品的分配标准×制造费用分配率。
　　假定本例选择以生产工人工资作为分配标准，计算的过程如下：
　　制造费用分配率＝32 560÷(40 000＋20 000)＝0.54
　　A产品应负担的制造费用＝40 000 000×0.54＝21 600(元)
　　B产品应负担的制造费用＝32 560－21 600＝10 960(元)
　　通过上述计算，将A、B两种产品应负担的制造费用分别记入各自的生产成本，即将"制造费用"账户的借方发生额的合计数转入"生产成本"账户的借方。会计分录如下：
　　　　借：生产成本——A产品　　　　　　　　　　　　　　　　　　　　　　21 600
　　　　　　　　　　——B产品　　　　　　　　　　　　　　　　　　　　　　10 960
　　　　贷：制造费用　　　　　　　　　　　　　　　　　　　　　　　　　　　32 560
　　(13)本月投产的A产品700件，B产品600件，已全部制造完工验收入库，结转其实际生产成本。
　　分析：产品生产成本的计算，就是按照企业生产的各种产品，归集和分配产品生产过程中所发生的各项生产费用，并按照成本项目计算各种产品的总成本和单位成本。产品成本项目一般可分为以下项目：
　　① 直接材料，是指直接用于产品生产、构成产品实体的主要材料及辅助材料。
　　② 直接人工，是指直接参与生产产品的工人工资、福利、奖金、津贴等支出。
　　③ 制造费用，是指生产车间(或生产部门)为组织和管理生产所发生的各项费用。
　　本月完工A、B产品的生产成本根据生产成本明细账记录，通过编制"完工产品成本计算表"来确定。A产品的生产成本明细账如表5-7所示，B产品的生产成本明细账如表5-8所示，"完工产品成本计算表"如表5-9所示。

表 5-7　生产成本明细账(A 产品)

产品名称：A 产品　　　　　　　　　　　　　　　　　　　　　　　　　产量：700 件

2019年		凭证字号	摘要	借方				贷方	余额
月	日			直接材料	直接人工	制造费用	合计		
12	6		生产领料	12 600			12 600		12 600
12	31		分配工资		40 000		40 000		52 600
12	31		分配制造费用			21 600	21 600		74 200
12	31		结转完工产品生产成本					74 200	
12	31		本期发生额及余额	12 600	40 000	21 600	74 200	74 200	0

表 5-8　生产成本明细账(B 产品)

产品名称：B 产品　　　　　　　　　　　　　　　　　　　　　　　　　产量：600 件

2019年		凭证字号	摘要	借方				贷方	余额
月	日			直接材料	直接人工	制造费用	合计		
12	6		生产领料	6 240			6 240		6 240
12	31		分配工资		20 000		20 000		26 240
12	31		分配制造费用			10 960	10 960		37 200
12	31		结转完工产品生产成本					37 200	
12	31		本期发生额及余额	6 240	20 000	10 960	37 200	37 200	0

表 5-9　完工产品成本计算表　　　　　　　　　　　　　　　　　　　　　单位：元

成本项目	A 产品(700 件)		B 产品(600 件)	
	总成本	单位成本	总成本	单位成本
直接材料	12 600	18.00	6 240	10.40
直接人工	40 000	57.14	20 000	33.33
制造费用	21 600	30.86	10 960	18.27
产品生产成本	74 200	106.00	37 200	62.00

该项经济业务的发生，一方面使企业的库存商品增加，记入"库存商品"账户的借方；另一方面由于库存商品的增加是由完工产品的"生产成本"账户转出而转入的，因此，应记入"生产成本"账户的贷方。会计分录如下：

借：库存商品——A 产品　　　　　　　　　　　　　　　　　　74 200
　　　　　　——B 产品　　　　　　　　　　　　　　　　　　37 200
　　贷：生产成本——A 产品　　　　　　　　　　　　　　　　74 200
　　　　　　　——B 产品　　　　　　　　　　　　　　　　　37 200

第五节 销售过程的核算

一、销售过程业务的主要内容

销售过程是制造企业资金循环的第三个阶段,是企业经营周期的最后阶段,也是产品价值的实现过程。在这一过程中,企业需要将生产过程中生产的产品销售出去,按照购销双方约定的价格向购货单位办理价款结算,并确认收入,同时交付相应的产品,结转相关产品的成本;企业为了销售产品还要发生包装费、运输费、广告费和展览费等,还应按照国家税法规定计算并结转税金及附加,如消费税、资源税、城市维护建税和教育费附加等。因此,制造企业在销售过程的基本业务如下。

(一)产品的销售

▶ 1. 收入的确认

收入按在企业的重要性分为主营业务收入和其他业务收入。主营业务收入是指企业因销售商品、提供劳务让渡资产使用权等而取得的收入;其他业务收入是指除上述收入外的其他销售或其他业务的收入。

▶ 2. 成本的结转

结转与收入取得相对应的商品或劳务及其他销售的成本,包括主营业务成本和其他业务成本。

▶ 3. 支付销售费用

企业在销售产品的过程中,还会发生各项费用,如包装费、运输费、装卸费、保阶费等产品自销费用和展览费、广告费、售后服务费等促销费用,以及为销售本企业商品而专设的销售机构的费用等,这些统称为销售费用,应记入当期损益。

▶ 4. 计算销售税金及附加

产品销售还会涉及税金的计提与缴纳,例如消费税、城市维护建设税和教育费附加等。企业应认真核算、及时足额地向税务机关申报纳税。

(二)货款的结算

结算有现金结算和转账结算,不能现金交易的,就会形成应收账款。

二、销售过程业务应设置的主要账户

为了核算和监督销售过程的业务,应设置以下账户。

(一)"主营业务收入"账户

"主营业务收入"账户属于损益类账户。该账户主要核算企业销售产品、提供劳务、让渡资产使用权等日常活动中所产生的收入。贷方登记销售实现后收入的增加;借方登记销售退回、销售折让、销售折扣以及期末转入"本年利润"账户的数额,结转后期末无余额。该账户按产品的种类设置明细分类账。

(二)"主营业务成本"账户

"主营业务成本"账户属于损益类账户。该账户主要核算企业销售产品、提供劳务、让

渡资产使用权等日常活动而发生的实际成本。借方登记本期结转的已售产品的实际生产成本；贷方登记销售退回以及期末转入"本年利润"账户的数额，结转后期末无余额。该账户按产品的种类设置明细分类账。

（三）"销售费用"账户

"销售费用"账户属于损益类账户。该账户主要核算企业在产品销售过程中所发生的费用，包括运输费、装卸费、保险费、展览费、广告费以及销售机构职工工资及福利费、办公费等。借方登记本期发生的销售费用；贷方登记期末转入"本年利润"账户的数额，结转后期末无余额。该账户按费用的项目设置明细分类账。

（四）"应收账款"账户

"应收账款"账户属于资产类账户。该账户主要核算企业销售产品、提供劳务等应向购货单位或接受劳务单位收取的款项。借方登记应收未收的款项；贷方登记已经收回的款项；期末余额在借方，表示尚未收回的账款。该账户按债务人（购货单位或接受劳务单位）设置明细分类账。

（五）"预收账款"账户

"预收账款"账户属于负债类账户。该账户主要核算企业预收货款销售产品、提供劳务等应向购货单位或接受劳务单位预先收取的款项。借方登记发出商品的款项；贷方登记预收的款项；期末余额在贷方，表示预收尚未发出商品的账款。该账户按债权人（购货单位或接受劳务单位）设置明细分类账。

（六）"税金及附加"账户

"税金及附加"账户属于损益类账户。该账户主要核算企业销售产品应负担的销售税金及附加，包括消费税、城市维护建设税及教育费附加等。借方登记应负担的各种销售税金；贷方登记期末转入"本年利润"账户的数额，结转后期末无余额。

（七）"其他业务收入"账户

"其他业务收入"账户属于损益类账户，该账户主要核算企业除主营业务收入以外的其他销售或其他业务所实现的收入。贷方登记其他业务所取得的收入；借方登记期末转入"本年利润"账户的数额，结转后期末无余额。该账户按其他业务收入的种类设置明细分类账。

（八）"其他业务成本"账户

"其他业务成本"账户属于损益类账户。该账户主要核算企业除主营业务成本以外的其他销售或其他业务的实际成本（或支出）。借方登记发生的各项其他业务成本；贷方登记期末转入"本年利润"账户的数额，结转后期末无余额。该账户按其他业务成本的种类设置明细分类账。

【例5-6】天成公司2019年12月发生以下销售过程经济业务。

（1）12月5日，向华联公司出售A产品500件，每件售价400元，共计200 000元，应收取增值税销项税额26 000元，当即收到价税款存入银行。

分析：该项经济业务发生后，使银行存款增加，应记入"银行存款"账户的借方；同时，使主营业务收入增加，应记入"主营业务收入"账户的贷方；增值税销项税额增加，应记入"应交税费——应交增值税（销项税额）"明细账户的贷方。会计分录如下：

借：银行存款　　　　　　　　　　　　　　　　　　　　　　　　226 000
　　贷：主营业务收入——A产品　　　　　　　　　　　　　　　　　200 000

　　　　应交税费——应交增值税(销项税额)　　　　　　　　　　　　　　26 000

(2)12月8日，销售给天宇公司B产品200件，每件售价320元，共计价款64 000元，应收取增值税销项税额8 320元，价税款尚未收到。

分析：该项经济业务发生后，使应收账款增加，应记入"应收账款"账户的借方；使主营业务收入增加，应记入"主营业务收入"账户的贷方；使增值税销项税额增加，应记入"应交税费——应交增值税(销项税额)"明细账户的贷方。会计分录如下：

　　借：应收账款——天宇公司　　　　　　　　　　　　　　　　　　　72 320
　　　贷：主营业务收入——B产品　　　　　　　　　　　　　　　　　　64 000
　　　　　应交税费——应交增值税(销项税额)　　　　　　　　　　　　 8 320

(3)12月13日，销售给景阳公司C产品20台，单价6 500元，价款130 000元，应收取增值税销项税额16 900元，以银行存款代垫运费850元，产品已经发出，款项均未收到。

分析：该项经济业务的发生，使企业的主营业务收入增加，应记入"主营业务收入"账户的贷方；增值税销项税额增加，应记入"应交税费——应交增值税(销项税额)"账户的贷方；代垫的运杂费，使银行存款减少，应记入"银行存款"账户的贷方；使应收账款增加，应记入"应收账款"账户的借方。其会计分录为

　　借：应收账款——景阳公司　　　　　　　　　　　　　　　　　　　147 750
　　　贷：主营业务收入——C产品　　　　　　　　　　　　　　　　　 130 000
　　　　　应交税费——应交增值税(销项税额)　　　　　　　　　　　　16 900
　　　　　银行存款　　　　　　　　　　　　　　　　　　　　　　　　　 850

(4)12月15日，向大庆公司预收B产品的货款100 000元存入银行。

分析：该项经济业务的发生，使银行存款增加，应记入"银行存款"账户的借方；另一方面，企业的预收账款增加，预收账款属于企业的负债，应记入"预收账款"账户的贷方。会计分录如下：

　　借：银行存款　　　　　　　　　　　　　　　　　　　　　　　　　 100 000
　　　贷：预收账款——大庆公司　　　　　　　　　　　　　　　　　　 100 000

(5)12月18日，用银行存款9 000元支付本月销售产品的广告费。

分析：支付的广告费主要是为了推销自己的产品，此项费用的发生，应记入"销售费用"账户的借方；同时，使银行存款减少，应记入"银行存款"账户的贷方。会计分录如下：

　　借：销售费用　　　　　　　　　　　　　　　　　　　　　　　　　　9 000
　　　贷：银行存款　　　　　　　　　　　　　　　　　　　　　　　　　9 000

(6)12月25日，向大庆公司发出B产品300件，每件售价320元，共计价款96 000元，应收取的增值税销项税额为12 480元，共计价税款108 480元。扣除预收的货款100 000元，尾款收到，存入银行。

分析：该项经济业务的发生，使银行存款增加，应记入"银行存款"账户的借方；使主营业务收入增加，应记入"主营业务收入"账户的贷方；增值税销项税额增加，应记入"应交税费——应交增值税(销项税额)"明细账户的贷方。会计分录如下：

　　借：银行存款　　　　　　　　　　　　　　　　　　　　　　　　　　8 480
　　　　预收账款——大庆公司　　　　　　　　　　　　　　　　　　　100 000
　　　贷：主营业务收入——B产品　　　　　　　　　　　　　　　　　　96 000
　　　　　应交税费——应交增值税(销项税额)　　　　　　　　　　　　12 480

(7)12月26日，销售给长城公司一批多余的甲材料2吨，单价15 000元，价款30 000元，应收取的增值税销项税额3 900元，价税款全部收到存入银行。

分析：该项经济业务的发生，使企业的其他业务收入增加，应记入"其他业务收入"账户的贷方；发生的销项税额5 100元，应记入"应交税费——应交增值税（销项税额）"账户的贷方；使企业的银行存款增加，应记入"银行存款"账户的借方。会计分录如下：

借：银行存款　　　　　　　　　　　　　　　　　　　　　　　　33 900
　　贷：其他业务收入——甲材料　　　　　　　　　　　　　　　　30 000
　　　　应交税费——应交增值税（销项税额）　　　　　　　　　　 3 900

(8)12月28日，收到天宇公司偿还的前欠款74 240元，存入银行。

分析：该项经济业务的发生，使银行存款增加，应记入"银行存款"账户的借方；同时，使应收账款减少，应记入"应收账款"账户的贷方。会计分录如下：

借：银行存款　　　　　　　　　　　　　　　　　　　　　　　　72 320
　　贷：应收账款——天宇公司　　　　　　　　　　　　　　　　　72 320

(9)12月31日，结转本月已售A产品500件、B产品500件和C产品20台的销售成本。A产品的单位生产成本为106元，B产品的单位生产成本为62元，C产品的单位生产成本为4 500元。

分析：已销A产品的生产成本=500×106=53 000（元）；已销B产品的生产成本=500×62=31 000（元）；已销C产品的生产成本=20×4 500=90 000（元）。

企业为取得一定的销售收入付出了产品，因此产品的销售成本与销售收入配比结转，以便正确地确定各期的损益。该项经济业务的发生，使已销A产品、B产品和C产品的主营业务成本增加，应记入"主营业务成本"借方；使A产品、B产品和C产品减少，应记入"库存商品"账户的贷方。会计分录如下：

借：主营业务成本——A产品　　　　　　　　　　　　　　　　　53 000
　　　　　　　　　——B产品　　　　　　　　　　　　　　　　　31 000
　　　　　　　　　——C产品　　　　　　　　　　　　　　　　　90 000
　　贷：库存商品——A产品　　　　　　　　　　　　　　　　　　53 000
　　　　　　　　——B产品　　　　　　　　　　　　　　　　　　31 000
　　　　　　　　——C产品　　　　　　　　　　　　　　　　　　90 000

(10)12月31日，结转本月甲材料的实际成本为24 000元。

分析：这项经济业务的发生，一方面使企业的其他业务成本增加，应记入"其他业务成本"账户的借方；另一方面使企业的原材料减少，应记入"原材料"账户的贷方。会计分录如下：

借：其他业务成本——甲材料　　　　　　　　　　　　　　　　　24 000
　　贷：原材料——甲材料　　　　　　　　　　　　　　　　　　　24 000

(11)12月31日，本月应交的增值税额为19 500元。按7%计算结转城市维护建设税，3%计算结转教育费附加。

分析：本月应交增值税=本月增值税销项金额-本月增值税进项金额=67 600-48 100=19 500（元）；本月应交城市维护建设税=19 500×7%=1 365（元）；本月应交教育费附加=19 500×3%=585（元）。

该项经济业务的发生，使应交城市维护建设税增加，应交教育费附加增加，都属于企业当月应负担的支出，应记入"税金及附加"账户的借方；同时，城市维护建设税1 365元及教育费附加585元尚未交纳，均属于企业负债的增加，应记入"应交税费——应交城市维护建设税"和"应交税金——应交教育费附加"账户的贷方。会计分录如下：

借：税金及附加　　　　　　　　　　　　　　　　　　　　　　1 950
　　贷：应交税费——应交城市维护建设税　　　　　　　　　　　1 365
　　　　　　　　——应交教育费附加　　　　　　　　　　　　　　585

第六节　财务成果的核算

一、财务成果核算的内容

财务成果是一定会计期间内（月、年）企业的各项收入抵减各项费用后的差额，是企业经营活动所形成的最终财务成果，其表现形式有两种：盈利或亏损。企业一定时期内的财务成果，是企业经营活动所产生的效率与效益的综合表现，是衡量企业经营成果和经济效益的综合尺度。因此，为了反映企业一定会计期间的财务成果，就需要进行财务成果业务的核算。

财务成果一般表现为企业的利润，企业一定期间内实现的税前会计利润，要按照国家税法规定计算和交纳所得税，同时还要按照国家的规定，对税后利润（净利润）进行分配。因此，财务成果业务核算的内容就包括利润总额的形成、净利润的形成和净利润的分配。

二、利润的形成及分配

（一）利润的形成

企业在一定会计期间的净利润（或净亏损）是由以下几个部分构成的。

▶ 1. 营业利润

营业利润＝营业收入－营业成本－营业税金及附加－管理费用－财务费用－销售费用－资产减值损失＋公允价值变动损益（－公允价值变动损失）＋投资净收益（－投资净损失）

其中：
　　　　　　　　营业收入＝主营业务收入＋其他业务收入
　　　　　　　　营业成本＝主营业务成本＋其他业务成本

▶ 2. 利润总额

　　　　　　　利润总额＝营业利润＋营业外收入－营业外支出

▶ 3. 净利润

净利润是指利润总额扣除应交纳的所得税后的差额，即
　　　　　　　　　净利润＝利润总额－所得税费用

（二）利润的分配

对于企业取得的净利润，应当按照规定进行分配。企业的净利润通常一年分配一次。利润分配过程的结果不仅关系到投资人的合法权益是否得到保障，而且更关系企业长远的发展问题。企业每期实现的净利润应按以下顺序进行分配：

1. 弥补企业以前年度的亏损

按照所得税法的规定，企业以前年度发生的亏损，允许用以后连续五年内的税前利润弥补，五年内不能完全弥补的，则只能用以后年度的税后利润弥补。如果税后利润仍不能弥补的，则可以用发生亏损以前提取的盈余公积进行弥补。

2. 提取盈余公积金

盈余公积金包括法定盈余公积金、任意盈余公积金和法定公益金。法定盈余公积金一般按净利润的10%提取。当企业法定盈余公积金达到企业注册资本的50%时，可不再提取。法定公益金一般按净利润的5%～10%提取。

3. 向投资者分配利润

对于一般企业来说，可供投资者分配的利润，按下列顺序进行分配：一是向投资者分配利润；二是以利润转增资本。

股份制企业向投资人分配利润时，按以下顺序进行：一是支付优先股股利，即企业按照利润分配方案分配给优先股股东的现金股利；二是提取任意盈余公积金，即企业根据股东大会的决议提取，比例不限；三是支付普通股股利，即企业按照利润分配方案给普通股股东的现金股利；四是转增资本(或股本)。

经过分配后仍有余额，属于未分配利润。未分配利润可以留待以后年度进行分配，企业若发生亏损，可以按规定由以后年度利润进行弥补。企业的未分配利润或未弥补亏损，应当在资产负债表的所有者权益项目中单独反映。

三、利润形成及分配业务应设置的账户

为了核算和监督利润的形成情况，应设置以下账户。

(一)"本年利润"账户

"本年利润"账户属于所有者权益类账户。该账户主要核算企业本期实现的净利润(或发生的亏损)。贷方登记期末由损益类账户借方转入的各项收入额；借方登记期末由损益类账户贷方转入的各项支出额；收入和支出相抵后，如有贷方余额，表示本期实现的净利润，如为借方余额，表示本期发生的亏损额。年度终了，企业应将本年度实现的净利润或发生的亏损总额，全部转入"利润分配——未分配利润"账户，结转后期末无余额。

(二)"营业外收入"账户

"营业外收入"账户属于损益类账户。该账户主要核算企业本期发生的与企业生产经营活动无直接关系的各项收入，如盘盈利得、罚款收入、捐赠利得等，贷方登记已经实现的各项营业外收入；借方登记期末转入"本年利润"账户的数额，结转后期末无余额。该账户按营业外收入的项目设置明细分类账。

(三)"投资收益"账户

"投资收益"账户属于损益类账户。该账户主要核算企业对外投资取得的收益或发生的损失。借方登记本期投资发生的损失，贷方登记本期投资实现的收益，期末将余额转入"本年利润"账户，结转后期末无余额。该账户按投资收益的种类设置明细分类账。

(四)"营业外支出"账户

"营业外支出"账户属于损益类账户。该账户主要核算企业本期发生的与生产经营活动无直接关系的支出，如非流动资产处置损失、罚款支出、非常损失、公益性捐赠支出、盘亏损失等，借方登记本期发生的各项营业外支出；贷方登记期末转入"本年利润"账户的数

额，结转后期末无余额。该账户按营业外支出的项目设置明细分类账。

（五）"所得税费用"账户

"所得税费用"账户属于损益类账户。该账户主要核算企业按照税法规定应交纳的所得税。借方登记企业本期发生的所得税费用；贷方登记期末转入"本年利润"账户的数额，结转后期末无余额。

（六）"利润分配"账户

"利润分配"账户属于所有者权益类账户。该账户主要核算企业净利润的分配（或亏损的弥补）和历年分配（或弥补）后的积存余额。借方登记按规定实际分配的利润额，或年终时从"本年利润"账户的贷方转来的全年亏损总额；贷方登记年终从"本年利润"账户借方转入的本年度实现的净利润总额；年终结账后，该账户如为贷方余额，表示企业累计未分配的利润，如为借方余额，表示企业尚未弥补的亏损额。结转后，该账户除"未分配利润"明细科目外，其他明细科目无余额。该账户设置"未分配利润""提取盈余公积"和"应付利润"等明细分类账。

（七）"盈余公积"账户

"盈余公积"账户属于所有者权益类账户。该账户主要核算企业按规定从净利润中提取的盈余公积。贷方登记已提取的盈余公积；借方登记盈余公积的使用数；期末余额在贷方，表示盈余公积的结余额。该账户设置"提取法定盈余公积""提取任意盈余公积""提取法定公益金"明细分类账。

（八）"应付股利"账户

"应付股利"账户属于负债类账户。该账户主要核算企业应付给投资者股利或利润的结算情况。贷方登记应付给投资者的股利或利润；借方登记已向投资者支付的股利或利润；期末余额在贷方，表示尚未支付的股利或利润。该账户按投资者设置明细分类账。

【**例 5-7**】天成公司 2019 年 12 月发生以下与利润形成及分配有关的经济业务。

(1) 12 月 31 日，该公司由于违反纳税申报的有关规定，被税务机关处以 5 000 元的罚款，企业以转账支票支付。

分析：税收罚款不是正常的经营活动，属于与企业生产无直接关系的业务。该业务的发生，使营业外支出增加，应记入"营业外支出"账户的借方；同时，使银行存款减少，应记入"银行存款"账户的贷方。会计分录如下：

借：营业外支出　　　　　　　　　　　　　　　　　　　　5 000
　　贷：银行存款　　　　　　　　　　　　　　　　　　　　　　5 000

(2) 12 月 31 日，应支付三达公司的货款 18 000 元，因该公司破产导致无法支付，经批准转作本月的营业外收入。

分析：企业确实无法归还的款项经批准后转入营业外收入，使营业外收入增加，记入"营业外收入"账户的贷方；同时，企业应付账款减少，应记入"应付账款"账户的借方。会计分录如下：

借：应付账款——三达公司　　　　　　　　　　　　　　　18 000
　　贷：营业外收入　　　　　　　　　　　　　　　　　　　　　18 000

(3) 12 月 31 日，因对外联营投资，收到联营单位交来的投资收益 20 000 元，存入银行。

分析：该项经济业务的发生，使银行存款增加，应记入"银行存款"账户的借方；同时，企业的投资收益增加，应记入"投资收益"账户的贷方。会计分录如下：

  借：银行存款 20 000
    贷：投资收益 20 000

(4) 12月31日，结转损益类账户的收入、收益项目。

  分析：结转前，本月收入、收益类账户为：主营业务收入490 000元、其他业务收入30 000元、营业外收入180 000元、投资收益20 000元，将其结转至"本年利润"账户。

  由于上述损益类账户都为贷方余额，将其转入"本年利润"账户时，使这些账户发生减少，均记入它们的借方；同时，使"本年利润"增加，记入它的贷方。会计分录如下：

  借：主营业务收入 490 000
    其他业务收入 30 000
    营业外收入 18 000
    投资收益 20 000
    贷：本年利润 558 000

(5) 12月31日，结转损益类账户的费用、支出项目。

  分析：结转前，本月费用、支出类账户为：主营业务成本174 000元、其他业务成本24 000元、税金及附加1 950元、管理费用42 200元、销售费用9 000元、财务费用750元、营业外支出5 000元，将其结转至"本年利润"账户。

  由于上述损益类账户都为借方余额，将其转入"本年利润"账户时，使这些账户发生减少，均记入它的贷方；同时，使"本年利润"减少，记入它的借方。会计分录如下：

  借：本年利润 257 500
    贷：主营业务成本 174 000
      其他业务成本 24 000
      税金及附加 1 950
      管理费用 42 200
      销售费用 9 000
      财务费用 750
      营业外支出 5 000

(6) 12月31日，计算结转本月应交所得税，所得税税率25%。

  分析：所得税也是企业的一项费用，计算时应以利润总额为基数（不考虑有关调整项目）。本月利润总额 = 558 000 - 257 500 = 300 500（元）；应交所得税 = 300 500 × 25% = 75 125（元）。

  该项经济业务的发生，使所得税金增加75 125元，应记入"所得税费用"账户的借方；同时，应交税费增加75 125元，应记入"应交税费——应交所得税"明细账户的贷方。会计分录如下：

  借：所得税费用 75 125
    贷：应交税费——应交所得税 75 125

  同时，由于"所得税费用"账户是损益类账户，期末也应转入"本年利润"账户，以计算净利润。会计分录如下：

  借：本年利润 75 125
    贷：所得税费用 75 125

(7) 12月31日,按规定将全年实现净利润的10%提取法定盈余公积,按5%提取法定公益金。

分析:假设本年度1—11月总计实现净利润2 464 625元,加上12月实现的净利润225 375元,全年实现净利润共计2 690 000元。应提取的法定盈余公积＝2 690 000×10%＝269 000(元);应提取的法定公益金＝2 690 000×5%＝134 500(元)。

提取盈余公积导致净利润的减少,应记入"利润分配"账户的借方;同时,提取的盈余公积属于所有者权益的增加,应记入"盈余公积"账户的贷方。会计分录如下:

借:利润分配——提取法定盈余公积　　　　　　　　　　269 000
　　　　　　——提取法定公益金　　　　　　　　　　　134 000
　　贷:盈余公积——法定盈余公积　　　　　　　　　　　269 000
　　　　　　　　——法定公益金　　　　　　　　　　　134 000

(8) 12月31日,公司经股东会决议,按当年净利润的30%向投资者分配利润。

分析:应付股利＝2 690 000×30%＝807 000(元)。公司向投资者分配股利,导致净利润减少,应记入"利润分配"账户的借方;另外,由于企业决定分配股利,暂时形成企业的负债,应记入"应付股利"账户的贷方。会计分录如下:

借:利润分配——应付普通股股利　　　　　　　　　　　807 000
　　贷:应付股利　　　　　　　　　　　　　　　　　　807 000

(9) 12月31日,结转全年实现的净利润2 690 000元。

分析:该项经济业务表明,企业年末将"本年利润"账户的净利润额转到"利润分配——未分配利润"账户,应记入"利润分配"账户的贷方;同时,记入"本年利润"账户的借方。会计分录如下:

借:本年利润　　　　　　　　　　　　　　　　　　　2 690 000
　　贷:利润分配——未分配利润　　　　　　　　　　　2 690 000

(10) 12月31日,结转"利润分配"账户的各明细账户。

分析:结转"利润分配"账户的各明细账户,就是将"利润分配"账户中除"未分配利润"明细账户以外的其他明细分类账户的借方余额全部结转到"利润分配——未分配利润"明细账户。这项经济业务是根据账簿登记的需要而进行的账务处理,它表明"利润分配"账户除"未分配利润"明细账以外,其余明细分类账户经过结转后均无余额。会计分录如下:

借:利润分配——未分配利润　　　　　　　　　　　　1 210 000
　　贷:利润分配——提取法定盈余公积　　　　　　　　　269 000
　　　　　　　　——提取法定公益金　　　　　　　　　134 000
　　　　　　　　——应付股利　　　　　　　　　　　　807 000

经过上述结转后,"利润分配"账户只有"未分配利润"明细账有余额,表明是未分配的利润(或未弥补的亏损)。

本章小结

本章主要以实际工作中的资金循环为主线,通过企业供应、生产、销售过程中的资金运动,阐述了借贷记账法在筹集资金过程、供应过程、生产过程、销售过程、利润形成及分配过程会计核算体系中的应用。

筹集资金过程中的主要经济业务:企业筹措资金的渠道主要有吸收投资者向企业投

资，形成企业的资本金；向债权人借入各种借款，形成企业的借入资金以及企业发行债券形成的债务等。因此，投资者向企业投入资金，企业向债权人借入资金，就是企业筹集资金的经济业务。企业筹集的经营资金主要用于两个方面：一是投资，形成生产（或建造）经营活动所需要的各种固定资产，包括厂房、建筑物、购置生产经营设备等；二是流动资金，即购置各种原材料、包装物、工程用物资、支付工资等。

供应过程中的主要经济业务：供应环节是企业生产经营活动过程的准备阶段，主要是以货币资金购买原材料、商品、工程用物资等。企业在生产经营的准备阶段，需向供货方支付材料、商品、物资价款，同时还会发生相关的采购费用。对于一般纳税企业来说，还需要支付一定的增值税。因此，供应过程的材料采购业务、材料采购成本、工程物资成本的计算，以及与供货单位之间的货款结算业务，就是供应过程中的主要经济业务。

生产、施工、开发过程中的主要经济业务：该阶段主要是劳动者运用劳动资料对劳动对象进行加工、建造，生产出满足市场需要的产品。在这一环节中，为保证产品的生产、建造活动的进行，就需要发生各种耗费，包括材料耗费、人工费、水电等动力费用、固定资产的磨损，以及其他各种费用，这些耗费称为生产费用、工程施工费用、开发费用，其费用的发生将构成产品或工程成本，并运用成本计算方法计算产品的生产成本或建造成本。同时，企业的行政管理部门为组织和管理生产也要发生一定的费用，包括行政管理部门的管理费用、企业筹措资金发生的财务费用以及为销售产品所发生的销售费用。因此，生产或施工、开发环节发生的材料费用、人工费用、动力费用、固定资产的损耗费用、支付的其他各种费用，以及计算完工产品生产成本、竣工工程项目成本及工程项目验收交付等，就是生产、施工及开发环节的主要经济业务。

销售过程中的主要经济业务：销售环节是企业将产品或商品销售给购买单位或消费者，取得销售收入（或经营收入）。对一般纳税企业来说，还要收取一定的增值税税额。在这一环节中，企业取得销售收入的同时，还要发生与销售有关的费用，如广告费、展览费等，同时，还有需要按照国家税法规定应交纳的产品销售税金及附加费用，以及需扣减销售收入的销售成本等。因此，销售环节销售产品、发生销售费用、交纳销售税金和附加、计算和结转产品销售成本以及由此引起的企业与其他单位之间的结算业务等，就是销售环节的主要经济业务。

利润形成和分配过程中的主要经济业务：在任一会计期间结束时，企业都必须将该期间的全部收入抵减全部费用支出，以计算盈亏，确认本期的最终经营成果。同时，对本期实现的利润，应依照国家税法规定，计算交纳所得税；对于税后利润，再按照国家有关规定进行分配。因此，计算盈亏、交纳所得税、进行利润分配，就是利润形成和分配过程中的主要经济业务。

思考训练

一、单项选择题

1. 某公司2019年7月1日向银行借入资金60万元，期限6个月，年利率为6%。到期还本，按月计提利息，按季付息，该企业7月31日应计提的利息为（　　）万元。
   A. 0.9　　　　　　B. 0.3　　　　　　C. 3.6　　　　　　D. 0.6

2. 企业从银行借入三年期借款，应贷记的科目是（　　）。
   A. 短期借款　　B. 长期应付款　　C. 库存现金　　D. 长期借款

3. 应付账款账户的期末贷方余额反映的是(   )。
   A. 企业购买商品、接受劳务等发生的应付账款
   B. 尚未支付的应付账款
   C. 已冲销的无法支付的应付账款
   D. 已偿还的应付账款
4. 企业购入一批材料,买价5万元,另发生运杂费400元,材料已经入库,以银行存款支付,下列各项中,表明原材料成本的是(   )。
   A. 50 000元　　　B. 54 000元　　　C. 50 400元　　　D. 400元
5. 下列各项中,应当贷记"应付账款"科目是(   )。
   A. 冲销无法支付的应付账款　　　B. 赊购商品而发生的应付账款
   C. 偿还应付账款　　　D. 确认当期缴纳的所得税
6. 企业预付给甲公司购货款10万元,应借记的科目是(   )。
   A. 应收账款　　　B. 其他应付款　　　C. 预付账款　　　D. 库存现金
7. 下列各项中,应记入工业企业产品成本的是(   )。
   A. 管理费用　　　B. 制造费用　　　C. 销售费用　　　D. 财务费用
8. "生产成本"账户的期末借方余额反映的是(   )。
   A. 累计发生的各项生产费用　　　B. 当期发生的各项生产费用
   C. 完工产品的实际成本　　　D. 尚未加工完成的各项在产品的成本
9. 下列各项中,不通过应付职工薪酬科目核算的是(   )。
   A. 应付职工奖金　　　B. 应付职工工资
   C. 应付职工津贴　　　D. 应付职工出差报销款
10. 企业向职工发放工资,应借记的账户是(   )。
    A. 管理费用　　　B. 其他应付款
    C. 应付职工薪酬　　　D. 银行存款
11. 企业计提固定资产折旧时,下列会计分录中,不正确的是(   )。
    A. 计提公司总部行政管理部门固定资产折旧:借记"管理费用"科目,贷记"累计折旧"科目
    B. 计提专设销售机构固定资产折旧:借记"销售费用"科目,贷记"累计折旧"科目
    C. 计提自建工程使用的固定资产折旧:借记"在建工程"科目,贷记"累计折旧"科目
    D. 计提生产车间固定资产折旧:借记"生产成本"科目,贷记"累计折旧"科目
12. 下列会计科目中,企业在计提固定资产折旧时,不可能涉及的是(   )。
    A. 管理费用　　　B. 制造费用　　　C. 固定资产　　　D. 累计折旧
13. 某生产车间生产甲、乙两种产品,2019年8月共发生车间管理人员工资70 000元、水电费10 000元。假定制造费用采用生产工人工时比例法在甲、乙产品间分配,其中甲产品的生产工时为1 200小时,乙产品的生产工时为800小时。当月甲产品应分配的制造费用为(   )元。
    A. 42 000　　　B. 32 000　　　C. 48 000　　　D. 28 000
14. 下列各项中,应记入营业成本的是(   )。
    A. 向灾区捐赠的商品成本　　　B. 销售商品结转的商品成本

C. 销售商品应交纳的消费税　　　D. 火灾导致原材料毁坏损失
15. 以生产或销售商品为主要业务的企业，销售商品产生的收入应记入的科目是（　　）。
   A. 主营业务收入　B. 其他业务收入　C. 营业外收入　D. 投资收益

二、多项选择题
1. 下列会计处理中，反映企业资金筹集业务的有（　　）。
   A. 借记"银行存款"科目，贷记"主营业务收入"科目
   B. 借记"固定资产"科目，贷记"银行存款"科目
   C. 借记"银行存款"科目，贷记"长期借款"科目
   D. 借记"银行存款"科目，贷记"实收资本"科目
2. 企业接受投资者投资时，下列会计科目中，其余额可能发生变化的有（　　）。
   A. 利润分配　　B. 实收资本　　C. 盈余公积　　D. 资本公积
3. 股份有限公司接受投资者投入资本，可能贷记的会计科目有（　　）。
   A. 营业外收入　B. 股本　　　　C. 资本公积　　D. 盈余公积
4. 企业从银行借入的期限为1个月的借款到期，偿还该借款本息时所编制会计分录可能涉及的账户有（　　）。
   A. 管理费用　　B. 财务费用　　C. 短期借款　　D. 银行存款
5. 下列各项中，应当借记"应付账款"科目的有（　　）。
   A. 支付职工工资　　　　　　　B. 赊购商品而发生的应付账款
   C. 偿还应付账款　　　　　　　D. 冲销无法支付的应付账款
6. 下列会计科目中，反映制造成本的有（　　）。
   A. 制造费用　　B. 管理费用　　C. 库存商品　　D. 生产成本
7. 下列各项中，应当记入产品成本的有（　　）。
   A. 产品促销广告费　　　　　　B. 生产产品耗用的直接材料
   C. 生产产品用机器设备折旧　　D. 直接从事产品生产工人工资
8. 下列各项中，应直接或间接记入产品生产成本的有（　　）。
   A. 直接人工　　B. 直接材料　　C. 管理费用　　D. 制造费用
9. 下列会计科目中，反映制造成本的有（　　）。
   A. 库存商品　　B. 制造费用　　C. 生产成本　　D. 直接材料
10. 下列会计科目中，与利润分配借方发生对应关系的有（　　）。
    A. 所得税费用　B. 本年利润　　C. 盈余公积　　D. 应付利润
11. 下列关于"库存现金"科目的表述中，正确的有（　　）。
    A. 期末借方余额反映企业实际持有的库存现金金额
    B. 借方登记现金的减少
    C. 主要用于核算企业库存现金的收入、支出情况
    D. 贷方登记现金的增加
12. 下列会计科目中，贷记银行存款，同时借方的可能有（　　）。
    A. 本年利润　　B. 管理费用　　C. 库存现金　　D. 应交税费
13. 下列会计科目中，反映费用的有（　　）。
    A. 管理费用　　B. 制造费用　　C. 财务费用　　D. 主营业务成本

14. 企业发生的下列各项费用中，应记入销售费用的有（　　）。
    A. 销售商品应结转的商品成本　　　B. 销售商品广告费
    C. 销售人员工资　　　　　　　　　D. 销售部门办公设备折旧费
15. 下列各项中，不应记入营业外收入的有（　　）。
    A. 无形资产使用费收入　　　　　　B. 固定资产租金收入
    C. 原材料销售收入　　　　　　　　D. 商品销售收入

三、判断题

1. 累计折旧账户属于资产类账户，所以其期末余额在借方。（　　）
2. 所有者权益是企业投资者对企业资产的所有权。（　　）
3. 企业的资本主要包括实收资本和资本公积。（　　）
4. 企业向银行借入短期借款，按月确认利息费用，根据合同按季度结算借款利息。会计核算中，企业可于支付借款利息时，将本季度借款息记入利息支付当月的财务费用。
（　　）
5. 企业采用实际成本核算原材料时，"原材料"科目借方登记入库材料的实际成本，贷方登记发出材料的实际成本，期末通常为借方余额，反映企业库存材料的实际成本。
（　　）
6. 企业行政管理部门领用材料，价值 3 000 元，这 3 000 元材料费应确认为企业的费用。（　　）
7. 企业应当按月计提固定资产折旧，并根据用途分别记入相关资产的成本或当期费用。（　　）
8. 生产多种产品的车间中，为生产产品发生的各项间接费用，应首先通过制造费用科目归集，期末再按一定的标准和方法分配记入各种产品成本。（　　）
9. 企业应设置"本年利润"科目，核算企业当期实现的净利润或发生的净亏损。（　　）
10. 如果企业出现本年亏损，将"本年利润"的借方余额转入"利润分配——未分配利润"后，"利润分配——未分配利润"账户一定为借方余额。（　　）
11. 生产车间使用的固定资产，所计提的折旧应记入生产成本。（　　）
12. 年度终了，企业应将"利润分配"科目所属其他明细科目的余额转入本科目"未分配利润"明细科目。（　　）
13. 确实无法支付的应付账款，经批准后应转入资本公积。（　　）
14. 接受股东投入设备一台，会使资产、负债同时增加。（　　）
15. "利润分配——未分配利润"年末贷方余额表示未弥补的亏损数。（　　）

四、基本概念

生产成本　制造费用　累计折旧　成本计算　营业利润　利润总额　净利润

五、问答题

1. 工业企业供应、生产、销售过程及经营成果核算应设置哪些账户，其结构如何？
2. 工业企业的利润总额包括哪些内容？
3. 为什么要归集和分配制造费用？如何进行制造费用的归集和分配？
4. 产品生产成本包括哪些成本项目？按品种法如何计算产品生产成本？

六、练习题

凤阳电器厂为制造企业的增值税一般纳税人，增值税税率为 17%，所得税税率为

25%，月末按净利润的10%提取法定盈余公积，按5%提取法定公益金。

1. 凤阳电器厂资金筹集业务的核算。

2019年4月1日，凤阳电器厂向银行借入一笔生产经营用借款，共计400 000元，期限6个月，年利率6%。根据与银行签署的协议，该项款项的本金到期后一次归还，利息按月预提，按季支付。

要求：

（1）编制取得借款的会计分录。

（2）计算按月计提利息金额，并编制相关的会计分录。

（3）编制按季结算利息的会计分录。

（4）编制偿还借款的会计分录。

2. 凤阳电器厂资金筹集业务的核算。

凤阳电器厂2019年12月发生以下资金筹集业务。

（1）1日，接受国家投入资金60 000元，已转入存款户。

（2）4日，接受国家投入新设备一台，价值30 000元，已交付车间使用。

（3）15日，向银行借入半年期借款100 000元，已转入存款户。

（4）31日，计提本月短期借款利息7 000元。

（5）31日，以银行存款25 000元归还已到期的短期借款。

（6）31日，向银行借入三年期借款200 000元，已转入存款户。

（7）31日，以银行存款支付本季短期借款利息25 000元（原预提14 000元）。

要求：根据以上经济业务编制会计分录。

3. 凤阳电器厂供应过程业务的核算。

凤阳电器厂2019年12月供应过程发生以下经济业务。

（1）4日，从前进工厂购进甲材料20吨，单价500元，计10 000元，增值税进项税额为1 300元，材料已验收入库，全部款项已通过银行存款付讫。

（2）6日，向益民工厂购进乙材料20吨，单价700元，计14 000元，增值税进项税额为1 820元，运杂费600元，材料已验收入库，全部款项尚未支付。

（3）13日，向民生工厂购进甲、乙两种材料，其中，甲材料40吨，单价500元，计20 000元；乙材料30吨，单价700元，计21 000元，增值税进项税额为5 330元。材料尚未运到，款已用银行存款支付。

（4）15日，以银行存款支付13日购入材料的运杂费2 100元，运杂费按甲、乙两种材料的重量进行分摊。

（5）19日，以银行存款15 820元偿还前欠益民工厂供货款项。

（6）21日，向民生工厂购进的甲、乙两种材料均已验收入库，结转材料的实际采购成本。

要求：根据上述经济业务编制会计分录。

4. 凤阳电器厂生产过程业务的核算。

凤阳电器厂2019年12月生产过程发生以下经济业务。

（1）4日，采购员李明预借差旅费400元，以现金支付。

（2）7日，从银行提取现金27 000元，准备发放工资。

（3）10日，以现金27 000元发放职工工资。

(4) 14 日，以银行存款 4 800 元预付下季度财产保险费。

(5) 17 日，以银行存款 500 元购买办公用品，其中，生产车间领用 150 元，行政管理部门领用 350 元。

(6) 19 日，以银行存款 8 000 元支付本月水电费，其中，制造 A 产品 4 000 元，B 产品 2 000 元，车间一般照明用电 800 元，行政管理部门用电 600 元，销售机构用电 600 元。

(7) 24 日，采购员李明出差回厂，报销差旅费 350 元，多余现金已交回。

(8) 26 日，生产产品领用甲材料 34 400 元，乙材料 21 900 元。其中，A 产品耗用甲材料 21 500 元，乙材料 7 300 元；B 产品耗用甲材料 12 900 元，乙材料 14 600 元。

(9) 31 日，计提本月固定资产折旧 8 900 元，其中，车间提取 6 400 元，行政管理部门提取 2 500 元。

(10) 31 日，计算本月应付职工工资 27 000 元，其中，A 产品工人工资 12 000 元，B 产品工人工资 8 000 元，车间管理人员、技术人员工资 2 000 元，销售机构人员工资 2 000 元，行政管理部门人员工资 3 000 元。

(11) 31 日，摊销应由本月负担的财产保险费 1 600 元。

(12) 31 日，结转本月发生的制造费用，以 A、B 产品的生产工人工资为标准进行分配。

(13) 31 日，本月生产的 A 产品 20 件全部完工，计算并结转其实际生产成本（A 产品期初无余额）。

要求：根据上述资料编制会计分录。

5. 工业企业销售过程业务的核算。

风阳电器厂 2019 年 12 月销售过程发生以下经济业务。

(1) 11 日，向长江工厂销售 A 产品 10 件，单价 8 000 元，计 80 000 元，销项税额 10 400 元，全部款项未收。

(2) 14 日，向大华工厂销售乙材料 5 件，单价 400 元，计 2 000 元，销项税额 260 元，款项收到，存入银行。

(3) 14 日，向宁城百货公司销售 B 产品 200 只，单价 30 元，计 6 000 元，销项税额 780 元，以现金代垫运杂费 80 元，全部款项未收。

(4) 15 日，以银行存款 15 520 元支付本月广告费。

(5) 17 日，收到大华工厂原欠销货款 46 800 元，已转入存款户。

(6) 18 日，预收和美公司购货款 450 000 元，存入银行。

(7) 25 日，向和美公司发出 A 产品一批，开出的增值税专用发票所列价款 500 000 元，增值税 65 000 元，共计 565 000 元，不足部分的购货款和美公司以银行存款补付。

(8) 31 日，结转本月已售 A 产品实际成本 360 000 元。

(9) 31 日，结转本月已售乙材料实际成本 1 500 元。

(10) 31 日，计算结转本月应交的城市维护建设税 7 000 元，应交的教育费附加 3 000 元。

要求：根据以上经济业务编制会计分录。

6. 练习财务成果业务的核算。

风阳电器厂 2019 年 3 月发生以下利润形成和利润分配业务。

(1) 11 日，经批准，将确实无法支付的前欠货款 28 000 元转作营业外收入。

(2) 14 日,因违反税收规定被税务局罚款 3 500 元,以银行存款支付。

(3) 28 日,收到联营单位分来利润 100 000 元,存入银行。

(4) 31 日,结转本月各损益类账户。

(5) 31 日,计算结转本月应交所得税(所得税税率 25%)。

(6) 31 日,凤阳电器厂全年实现净利润 320 000 元,按净利润的 10% 提取法定盈余公积,5% 提取法定公益金,向投资者分配利润 150 000 元。

(7) 31 日,将全年实现的净利润转入"利润分配"账户。

(8) 31 日,将"利润分配"其他明细账户转入"利润分配——未分配利润"账户。

要求:根据以上经济业务编制会计分录。

7. 财务成果业务的核算。

凤阳电器厂 2019 年有关损益类科目的年末余额如表 5-10 所示。

表 5-10 凤阳电器厂 2019 年有关损益类科目年末余额　　　　　　单位:元

科目名称	结账前余额
主营业务收入	4 500 000(贷)
其他业务收入	525 000(贷)
投资收益	450 000(贷)
营业外收入	37 500(贷)
主营业务成本	3 450 000(借)
其他业务成本	300 000(借)
税金及附加	60 000(借)
销售费用	375 000(借)
管理费用	450 000(借)
财务费用	75 000(借)
营业外支出	150 000(借)

甲公司适用的所得税税率为 25%,假定当年不存在纳税调整事项。按当年净利润的 10% 提取法定盈余公积,按 5% 提取法定公益金,并决定向投资者分配利润 50 000 元。

要求:

(1) 编制年末结转各损益类科目余额的会计分录。

(2) 计算应交所得税金额。

(3) 编制确认并结转所得税费用的会计分录。

(4) 编制将"本年利润"科目余额转入"利润分配——未分配利润"科目的会计分录。

(5) 编制提取盈余公积和宣告分配利润的会计分录。

8. 工业企业财务成果业务的核算。

光明公司 2019 年有关资料如下:年初未分配利润为 1 500 000 元,本年利润总额为

4 000 000元，适用的企业所得税税率为25％，按税后利润的10％和5％提取法定盈余公积和任意盈余公积，向投资者宣告分配利润400 000元。

要求：
(1) 计算光明公司本年所得税费用。
(2) 编制光明公司确认本年所得税费用分录。
(3) 编制光明公司提取盈余公积分录。
(4) 编制光明公司宣告分配利润的分录。
(5) 计算年末未分配利润。

9. 工业企业主要经济业务的核算。

2019年12月华阳公司发生以下经济业务。

(1) 1日，从思强公司购入A材料1 000千克，单价200元，计200 000元，增值税进项税26 000元，材料已验收入库，款项尚未支付。

(2) 1日，根据购货合同，以银行存款50 000元预付振业公司购料款。

(3) 2日，以银行存款100 000元偿还短期借款。

(4) 2日，接银行收款通知，收到京通公司前欠货款80 000元，已存入银行。

(5) 4日，向万荣公司购入B材料1 350千克，单价100元，计135 000元，增值税进项税额17 550元，材料尚未运到，款项以银行存款支付。

(6) 4日，以银行存款3 000元支付购买B材料的运杂费。

(7) 5日，上述购入的B材料已办理入库手续，结转入库材料的实际成本。

(8) 7日，以银行存款归还前欠思强公司的货款100 000元。

(9) 8日，收到某公司的投资款1 000 000元，存入银行。

(10) 9日，向东山公司销售甲产品200件，单价400元，计80 000元，增值税进项税额10 400元，款项尚未收到。

(11) 11日，接银行收款通知，收到西海公司前欠货款15 000元已存入银行。

(12) 12日，从银行提取现金120 000元，备发工资。

(13) 12日，以现金120 000元发放职工工资。

(14) 15日，向银行借入为期6个月的借款100 000元，存入银行。

(15) 16日，销售乙产品600件，单价800元，计480 000元，增值税进项额62 400元，款项已存入银行。

(16) 19日，以银行存款43 500元支付销售产品广告费。

(17) 22日，向西海公司销售A产品1 000件，单价400元，计400 000元，增值税进项税额52 000元，款项尚未收到。

(18) 24日，以银行存款18 000元支付销售产品的展览费。

(19) 25日，收到东山公司前欠货款存入银行。

(20) 27日，以库存现金500元购买行政管理部门的办公用品。

(21) 28日，以银行存款归还前欠思强公司的余款。

(22) 30日，收到一笔捐赠收入20 000元，存入银行。

(23) 30日，银行扣贷款利息300元。

(24) 31日，根据本月发料单汇总公司材料使用情况(其中发出甲材料2 096千克，乙材料2 700千克)如表5-11所示。

表 5-11　发料凭证汇总表　　　　　　　　　　　　　单位：元

应借科目		应贷科目		
		甲材料	乙材料	合计
生产成本	甲产品	200 000	150 000	350 000
	乙产品	210 000	100 000	310 000
小　计		410 000	250 000	660 000
制造费用	机物料消耗	9 200		9 200
管理费用	修理费		20 000	20 000
合　计		419 200	270 000	689 200

（25）31 日，计提本月生产用固定资产折旧 2 000 元，行政管理部门用固定资产折旧 1 000 元。

（26）31 日，分配本月工资费用，应付工资总额为 120 000 元。其中：甲产品生产工人工资 40 000 元，乙产品生产工人工资 45 000 元，车间管理技术人员工资 20 000 元，厂部行政管理人员工资 15 000 元。

（27）以银行存款支付本月财产保险费 2 000 元。

（28）31 日，按生产工人工资比例分配并结转本月制造费用 34 000 元。

（29）31 日，结转本月全部完工甲产品的实际生产成本 411 600 元，全部完工乙产品的实际生产成本 379 300 元。

（30）31 日，结转本月已销甲产品的实际成本 300 000 元，已销乙产品的实际成本 360 000 元。

（31）31 日，结转本月应交增值税，并按照应交增值税的 7% 和 3% 分别计算城市维护建设税和教育费附加。

（32）31 日，结转收入类账户和费用类账户至"本年利润"账户。

（33）31 日，按实现利润总额（假定 12 月利润总额等于全年应纳税所得额，所得税税率 25%）计算应交所得税。

（34）31 日，结转本年净利润。

（35）31 日，按税后利润的 10% 计提盈余公积和按 50% 分配投资者利润。

（36）31 日，结转本年利润分配。

要求：根据上述经济业务编制会计分录。

第六章 会计凭证

本章主要内容

会计凭证是登记会计账簿的依据,在会计核算中具有重要的作用,填制和审核会计凭证是会计核算方法之一。

1. 会计凭证的含义、作用和种类;
2. 会计凭证的填制和审核;
3. 会计凭证的传递和保管。

知识目标

1. 了解会计凭证的作用和种类;
2. 掌握原始凭证、记账凭证的填制和审核;
3. 了解会计凭证的传递过程和保管期限。

技能目标

1. 能对原始凭证进行正确识别;
2. 能正确填制各种记账凭证。

第一节 会计凭证概述

一、会计凭证的含义和作用

(一) 会计凭证的含义

会计凭证是记录经济业务发生或者完成情况,明确经济责任,作为记账依据的书面证明。

为了保证会计凭证能如实反映企业的经济活动,保证账簿记录的真实性、准确性,会计人员记账时,必须严格以会计凭证为依据。任何经济业务的发生,都必须由经办该项经济业务的有关人员填制或取得会计凭证，以书面的形式反映证明经济业务的发生和完成情况。会计凭证须载明经济业务的日期、内容、数量和金额，并由有关人员在凭证上签名或盖章，以明确经济责任，并对会计凭证的真实性、正确性负责。因此，填制和审核会计凭证是会计工作的第一步，也是会计核算的专门方法之一。

（二）会计凭证的作用

会计凭证应由专人进行审核，只有经过审核无误的凭证，才能作为记账的依据。因此，填制和审核会计凭证，对于完成会计任务、加强会计在经济管理中的作用具有重要意义。

▶ 1. 记录经济业务，提供记账依据

会计凭证是登记账簿的依据。能否正确填制和审核会计凭证，直接关系到账簿记录的真实性、可靠性。企业应按一定的方法对会计凭证进行整理、分类、汇总，为记账提供真实、全面、可靠的依据，从而为保证会计核算的正确性奠定基础。

▶ 2. 明确经济责任，强化内部控制

会计凭证记录了所发生经济业务的全部内容，同时，有关经办人员都要在凭证上签名或盖章，以示对凭证的真实性、准确性负责。这样，可以防止舞弊行为，强化内部控制，促使会计人员和其他经办人员增强责任心，自觉、严格地执行有关法令和规章制度。

▶ 3. 监督经济活动，控制经济运行

通过会计人员审核会计凭证，可以及时监督、检查经济活动的发生和完成的实际情况，可以检查经济业务是否符合国家有关的法律、法规和制度的规定，是否符合计划、预算进度的规定，是否有违法乱纪、铺张浪费行为等，以确保经济业务合理、合法和有效，充分发挥会计的管理监督职能。对于查出的问题，应及时地采取相应措施予以纠正，确保经济活动有效进行。

二、会计凭证的种类

各单位的经济业务很多，其业务特点又各不相同，因此，反映经济业务实际情况的会计凭证也多种多样，但按其填制的程序和用途分类，会计凭证可以分为原始凭证和记账凭证两大类。

第二节 原 始 凭 证

一、原始凭证的含义

原始凭证，又称单据，是指在经济业务发生或完成时取得或填制的，用来记录或证明经济业务的发生或完成情况，明确经济责任，也是登记账簿的原始依据。

原始凭证的主要作用是记载经济业务的发生过程和具体内容，是进行会计核算的原始资料和重要依据。任何经济业务的发生，都应由有关的经办部门或人员提供证明该项经济业务发生或完成的书面单据，如购货发票、产品入库单、现金收据、银行结算凭证等。凡是不能证明经济业务的发生或完成情况的各种书面单据均不能作为原始凭证据以记账，如银行对账单、购销合同、材料请购单等。

二、原始凭证的种类

原始凭证多种多样,根据不同的标准可以对其进行不同的分类。

(一) 按取得的来源分类

原始凭证按照取得来源的不同,可以分为自制原始凭证和外来原始凭证。

▶ 1. 自制原始凭证

自制原始凭证,是指在经济业务发生或完成时由本单位经办业务的部门或人员自行填制的原始凭证,如验收材料时填制的收料单,仓库领用材料时填制的领料单,发出商品时开出的发货单,单位开出的转账支票、现金支票、制造费用分配表、产品成本计算表、发料凭证汇总表等。收料单和领料单的格式分别如表6-1和表6-2所示。

表6-1 收 料 单

供货单位:东方工厂　　　　　　　　　　　　　　　　　　　　　凭证编号:0184
发货编号:043286　　　　　　　　2019年5月6日　　　　　　　收料仓库:1号库

材料类别	材料编号	材料名称	计量单位	数量		金额			
				应收	实收	单价	买价	运杂费	合计
型钢	030218	425♯圆钢	吨	30	30	1 500	45 000		45 000
备注:							合计		45 000

仓库保管员:(签章)　　　　　　　　收料人:(签章)

表6-2 领 料 单

领料车间:二车间　　　　　　　　　　　　　　　　　　　　　　凭证编号:0142
用途:制造 XG-A 型产品　　　　　　2019年5月9日　　　　　　发料仓库:1号库

材料类别	材料型号	材料名称及机构	计量单位	数量		单价	金额
				请领	实发		
型钢	030218	425♯圆钢	吨	10	10	1 500	15 000
备注:						合计	15 000

仓库保管员:(签章)　　　发料:(签章)　　　领料主管:(签章)　　　领料:(签章)

▶ 2. 外来原始凭证

外来原始凭证,是指在经济业务发生或完成时,从其他单位或个人直接取得的原始凭证。如销售单位开来的发货票、收据、银行转来的收款通知单和转账支票、铁路运货单等都是外来原始凭证。收据和增值税专用发票的一般格式如表6-3和图6-1所示。

表6-3 收 据

2019年5月15日　　　　　　　　　　　　　　　　　　　　　NO. 200400014

付款单位名称:华夏联合公司		
收款事由:投资	单价	金额
		200 000
人民币(大写)贰拾万元整　合计(小写):		200 000
收款单位:(签章)　　　收款人:(签章)　　　缴款人:(签章)		

河南增值税专用发票

发 票 联　　　　　　　　　　　　No.10600027

开票日期：

购货单位	名　　称： 纳税人识别号： 地　址、电　话： 开户行及账号：				密码区	（略）		
货物或应税劳务名称	规格型号	单位	数量	单价	金额	税率	税额
合　　计							
价税合计（大写）⊗					（小写）¥		
销货单位	名　　称： 纳税人识别号： 地　址、电　话： 开户行及账号：				备 注			

收款人：　　　　　　复核：　　　　　　开票人：　　　　　　销货单位：（章）

注：增值税专用发票分为一式四联和一式七联两种格式（一式七联的另加出门联、统计联和仓库联），每一联以不同的颜色加以区别。

图 6-1　增值税专用发票的一般格式

（二）按填制的手续和内容分类

原始凭证按照填制的手续和内容可以分为一次凭证、累计凭证和汇总凭证（也称原始凭证汇总表）。

▶ 1. 一次凭证

一次凭证，是指在经济业务发生或完成时一次填制完成，只记录一项经济业务的原始凭证，如收料单、领料单、开出的发货票。外来原始凭证一般都是一次凭证，自制原始凭证绝大多数也是一次原始凭证，如收料单、领料单等。

▶ 2. 累计凭证

累计凭证，是指在一定时期内多次记录发生的同类型经济业务的自制原始凭证，其填制凭证手续是随经济业务的发生而分次完成的。累计凭证是多次有效的凭证，对于频繁发生的同类经济业务，使用累计凭证可以减少原始凭证的数量，简化核算手续，其特点是在一张凭证上可以连续登记相同性质的经济业务，随时结出累计数和结余数，并按照费用限额进行费用控制，期末按实际发生额记账。具有代表性的累计凭证是限额领料单，其格式如表 6-4 所示。

表 6-4　限额领料单

领料单位：　　　　　　　　　　　　　　　　　　　　　　　　　　　发料仓库：
用途：　　　　　　　　　　　　年　月　日　　　　　　　　　　　　编号：

材料类别	材料编号	材料名称及规格	计量单位	单价	全月领用限额	全月实领	
						数量	金额

供应部门负责人：（签章）　　　　　　生产计划部门负责人：（签章）

日期	请领		实发			限额结余	退库	
	数量	领料单位负责人	数量	发料人	领料人		数量	退料单号

仓库负责人：（签章）　　　　　发料：（签章）　　　　　领料主管：（签章）

▶ 3. 汇总原始凭证

汇总原始凭证也称原始凭证汇总表，是指对一定时期内反映经济业务内容相同的若干张原始凭证，按照一定标准综合填制的原始凭证。汇总原始凭证合并了同类型经济业务，简化了记账工作。常见的汇总原始凭证有发料凭证汇总表、收料凭证汇总表、工资汇总表等。发料凭证汇总表如表 6-5 所示。

表 6-5　发料凭证汇总表
年　月　日

材　料	借　方				合　计
	生产成本	制造费用	管理费用	其他	
甲材料					
乙材料					
合计					

制表：

（三）按照格式的不同分类

原始凭证按照格式的不同可分为通用凭证和专用凭证。

▶ 1. 通用凭证

通用凭证是指由有关部门统一印制，在一定范围内使用的具有统一格式和使用方法的原始凭证。通用凭证的使用范围因制作部门的不同而有所差异，可以是分地区、分行业使用，也可以全国通用，如某省（市）印制的在该省（市）通用的发货票、由人民银行制作的在全国通用的银行转账结算凭证、由国家税务局统一印制的全国通用的增值税专用发票等。

▶ 2. 专用凭证

专用凭证是指由单位自行印制，仅在本单位内部使用的原始凭证。专用凭证也是自制原始凭证，如领料单、差旅费报销单、折旧计算表、工资费用分配表等。

综上所述，原始凭证的分类如图6-2所示。

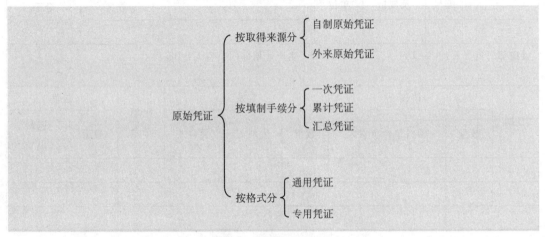

图6-2　原始凭证的分类

三、原始凭证的填制

（一）原始凭证的基本内容

原始凭证的内容和格式因经济业务和经济管理具体内容和要求的不同而各不相同，但作为一种证明经济业务发生情况、明确经济责任的依据，它们应具有共同的基本内容，即凭证要素：①原始凭证的名称；②凭证的编号；③填制凭证的日期；④填制和接受凭证的单位名称；⑤经济业务的主要内容，包括摘要、数量、金额等；⑥填制单位及有关人员的签名和盖章。

为了满足财务、生产、统计等部门工作的需要，原始凭证除上述必须具备的基本内容外还可以补充生产计划、合同编号等内容。对于在各单位之间经常发生的经济业务，为了统一管理，其凭证格式由各单位主管部门统一制定，如银行制定的托收承付结算凭证、转账支票、现金支票，铁道部门统一制定的铁路货运单等，可采用全国范围内通用的原始凭证格式。

（二）原始凭证填制的方法和要求

原始凭证是经济业务发生的原始证明，是具有法律效力的证明文件。原始凭证的正确填制，是保证会计信息真实完整的基本前提。

为了保证原始凭证能够完整、正确、清晰，及时地反映各项经济业务的实际情况，填制原始凭证时应符合下列要求。

▶ 1. 记录真实

原始凭证上记录的经济内容和数字，必须真实可靠，符合经济业务的实际情况，要符合国家有关法令、法规、制度的要求，还要符合实际情况。不得弄虚作假，更不得伪造凭证。经办业务的部门和人员要认真审核，签名盖章，对凭证的真实性和正确性负责。

2. 内容完整

原始凭证所要求填列的项目必须逐项填列齐全，不得遗漏或省略。原始凭证中的年、月、日要按照填制原始凭证的实际日期填写；名称要齐全，不能简化；品名或用途要填写明确，不能含糊不清；有关人员的签章必须齐全。

3. 手续完备

单位自制的原始凭证，必须有经办单位相关负责人或其指定人员签名或盖章；对外开出的原始凭证，必须加盖本单位公章；从外部取得的原始凭证，必须盖有填制单位的公章；从个人取得的原始凭证，必须有填制人员的签名或盖章。总之，取得原始凭证的手续必须完备，以明确经济责任，确保凭证的合法性和真实性。

4. 书写清楚、规范

原始凭证要按规定填写，文字要简明，字迹要清楚，易于辨认，不得使用未经国务院公布的简化汉字。填写时，必须用黑色或蓝色墨水书写，金额、数字要符合有关规定。大小写金额必须相符且填写规范，小写金额用阿拉伯数字逐个书写，不得写连笔字。小写金额前要加人民币符号"￥"，且与阿拉伯数字之间不得留有空白，金额数字一律具体到角和分，无角和分的，写"00"或符号"—"，有角无分的，分位写"0"，不得用符号"—"；大写金额用汉字壹、贰、叁、肆、伍、陆、柒、捌、玖、拾、佰、仟、万、亿、角、分、零、整等，一律用正楷或行书字体书写。大写金额前未印有"人民币"字样的，应加写"人民币"三个字，且与大写金额之间不得留有空白，大写金额写到元或角为止的，元、角后应加"整"或"正"字，有分的，不写"整"或"正"字；小写金额中连续有几个零的，大写金额中只用一个"零"字表示，如 1 007.20 元，大写金额写成"人民币壹仟零柒元贰角整"。

支票、汇票等重要票据出票日期必须使用中文大写，即零、壹、贰、叁、肆、伍、陆、柒、捌、玖、拾。月份中 1 月、2 月和 10 月前加"零"：零壹月、零贰月、零壹拾月；11 月和 12 月前加"壹"：壹拾壹月、壹拾贰月。日期中，1—9 日、20 日、30 日前加"零"，如 5 日，应写成零伍日，20 日、30 日应写成零贰拾日、零叁拾日；11 至 19 日前加"壹拾"，如 11 日，写成"壹拾壹日"；10 日必须写成"零壹拾日"，如 2010 年 2 月 10 日应写成"贰零壹零年零贰月零壹拾日"。

5. 编号连续

各种原始凭证都要连续编号，以备查考。如果原始凭证已预先印制编号，如发票、支票等重要凭证，在写错作废时，应加盖"作废"戳记，妥善保管，不得撕毁。

6. 不得涂改、刮擦、挖补

原始凭证记载内容有错误的，应当由开出单位重开或更正，并在更正处加盖出具单位印章，不得随意涂改、刮擦、挖补；原始凭证金额有错误的，应当由开出单位重开，不得在原始凭证上更正。

7. 填制及时

原始凭证应当根据经济业务的执行和完成情况按照有关制度的规定及时填制，不得拖延、积压，并按规定的程序及时送交会计部门审核、记账，防止因原始凭证填制不及时，事后记忆模糊而出现差错等情况。

四、原始凭证的审核

原始凭证是证明经济业务发生或完成情况，具有法律效力的证明，是登账的原始依据，因此，必须保证其内容的正确、真实和完整。为此，各种原始凭证按照规定的内容和要求填写完毕后，还要经过财会部门和有关人员认真的审核。

（一）审核原始凭证的真实性

原始凭证作为会计信息的基本信息源，其真实性对会计信息的质量具有重要影响，其真实性的审核包括凭证日期是否真实、业务内容是否真实、数据是否真实等，如购进货物的数量、品种、规格等是否和验收单相一致，销售货物的数量、品种、规格等是否和出库单相一致等，有无伪造、变造凭证从中贪污等情况。对自制原始凭证，必须有经办部门和经办人员签名或盖章；对外来原始凭证，必须有填制单位公章和填制人员签章。另外，对通用原始凭证，还应审核凭证本身的真实性，以防作假。

（二）审核原始凭证的合法性

审核原始凭证的合法性是指原始凭证所记录经济业务是否符合国家有关政策、方针、法令、制度规定，是否符合规定的审核权限，是否履行了规定的凭证传递和审核程序，是否有贪污舞弊行为。

（三）审核原始凭证的合理性

审核原始凭证的合理性是指原始凭证所记录经济业务是否符合企业生产经营活动的需要，是否符合有关的计划、合同、预算等规定。

（四）审核原始凭证的完整性

审核原始凭证的完整性是指原始凭证各项基本内容是否齐全，是否有漏项情况，填制手续是否完整，有关人员是否签章，审批手续是否按规定履行、凭证联次是否正确等。

（五）审核原始凭证的正确性

审核原始凭证的正确性是指原始凭证记载的各项内容是否正确，包括：①接受原始凭证单位名称是否正确；②数量、单价、金额以及小计、合计等填写是否清晰，计算是否准确，阿拉伯数字分位填写，不得连写；③更正是否正确，有无涂改、刮擦挖补等弄虚作假行为。对于发票，应特别注意其金额(包括合计数)计算是否准确，大写金额和小写金额是否相符；发票上的字迹特别是金额数字有无涂改痕迹，复写的字迹和颜色是否一致，正面和反面的对照有无"头小尾大、头大尾小"情况等。

经审核的原始凭证应根据不同情况处理：

（1）对于完全符合要求的原始凭证，应及时据以编制记账凭证入账。

（2）对于不真实、不合法的原始凭证，会计机构和会计人员有权不予接受，并向单位负责人报告。

（3）对于记载不准确、不完整的原始凭证，应退回有关经办人员，由其负责将有关凭证补充完整、更正错误或重开后再办理正式会计手续。

知识案例

广东省韶关市中级人民法院曾经开庭审理新丰县物资公司原副总经理潘光始及其儿子潘英平、儿媳罗媚3人虚开增值税专用发票价税合计总额4亿余元的案件。这种家族式的虚开税票案实属罕见。

一、皮包公司专做发票生意

由于担任公职不便出面，潘光始首先借用朋友潘某的身份证开立了新丰县新城物资有限公司，然后又指使自己的儿子潘英平成立新丰县万源有限公司，指使冯泽段等人申请成立了商发、长能贸易有限公司。据公诉人讲,1997年,潘光始竟然在一天之内成立了两家所谓的"贸易公司"。而这些公司既无厂房工地,又无贸易往来,唯一的生意是兜售虚开的增值税专用发票。

二、父子儿媳齐上阵

有时需要出具的虚开发票太多,忙不过来,潘光始就指使自己的儿子和儿媳罗媚一齐动笔开票。检察院诉称,潘光始等3人从1996年1月至2000年11月,利用开设5家皮包公司的幌子,先后为全国100余家单位大肆虚开增值税专用发票。

经查实,被告人潘光始共参与虚开增值税专用发票4亿多元,税额5 900万元。每一次做生意,潘光始都坚持要求按价税总额的1.5%~1.8%收费,如此计算,潘家从中获取的不义之财达数百万元人民币。

第三节 记账凭证

一、记账凭证的含义

记账凭证是会计人员根据审核无误的原始凭证或汇总原始凭证而填制的,用来确定经济业务应借、应贷会计科目及金额的书面证明,是记账的直接依据。记账凭证的主要作用是根据原始凭证反映的经济业务内容确定会计分录,从而作为记账的直接依据,也就是说,会计分录工作是在记账凭证上完成的。

在实际工作中,由于原始凭证反映的内容不同,且数量庞大、种类繁多、格式不一,对应关系也不直观,如果根据原始凭证直接记账,容易发生差错。因此,应将原始凭证加以归类、整理、汇总,填制具有统一格式的记账凭证,确定经济业务应记账户名称、方向及金额,据以登记各种账簿。原始凭证是记账凭证的基础,记账凭证是根据原始凭证编制的,原始凭证作为附件附于记账凭证之后,这样有利于会计凭证的保管,便于账簿的登记和对账、查账,保证记账工作的质量。

二、记账凭证的种类

记账凭证可以按不同的标准进行分类,主要有以下三种分类方法。

(一)按凭证的用途分类

按凭证的用途可分为专用记账凭证和通用记账凭证。

▶ 1. 专用记账凭证

专用记账凭证是指分类反映经济业务的记账凭证,按其反映的经济业务内容,可分为收款凭证、付款凭证和转账凭证。

(1)收款凭证,是指用于记录库存现金和银行存款收款业务的记账凭证,主要有现金收款凭证、银行存款收款凭证。收款凭证是根据有关库存现金和银行存款收入业务的原始凭证填制,是登记现金日记账、银行存款日记账及有关明细账和总账等账簿的依据,也是出纳人员收讫款项的依据。其一般格式如表6-6所示。

表 6-6　收　款　凭　证

借方科目：银行存款　　　　　　2019 年 5 月 5 日　　　　　　　　银收字第 2 号
　　　　　　　　　　　　　　　　　　　　　　　　　　　　　　　附件 3 张

摘　要	贷方科目		账页	金　额
	总账科目	明细科目		
收到华联公司投资	实收资本	华联公司		200 000
合计				200 000

会计主管：（章）　　记账：（章）　　出纳：（章）　　复核：（章）　　填制：（章）

（2）付款凭证，是指用于记录库存现金和银行存款付款业务的记账凭证，主要有现金付款凭证、银行存款付款凭证。付款凭证是根据有关库存现金和银行存款付款业务的原始凭证填制，是登记现金日记账、银行存款日记账及有关明细账和总账等账簿的依据，也是出纳人员付讫款项的依据。其一般格式如表 6-7 所示。

表 6-7　付　款　凭　证

贷方科目：库存现金　　　　　　2019 年 10 月 20 日　　　　　　　现付字第 1 号
　　　　　　　　　　　　　　　　　　　　　　　　　　　　　　　附件 1 张

摘　要	借方科目		账页	金　额
	总账科目	明细科目		
购买办公用品	管理费用	办公费		400
合计				400

会计主管：（章）　　记账：（章）　　出纳：（章）　　复核：（章）　　填制：（章）

对于现金、银行存款之间的划转业务，如将现金存入银行和从银行提取现金，在填制记账凭证时，为避免记账重复，只填制付款凭证，不填制收款凭证。如从银行提取现金，只填制银行存款付款凭证，不填制现金收款凭证。

（3）转账凭证，是指用于记录不涉及库存现金、银行存款业务的记账凭证。转账凭证是根据有关转账业务的原始凭证填制的，是登记有关明细账和总账等账簿的依据，如根据产品生产成本计算表填制的记账凭证就是转账凭证。其一般格式如表 6-8 所示。

表 6-8　转　账　凭　证

　　　　　　　　　　　　　　　　　　　　　　　　　　　　　　　转字第 5 号
2019 年 5 月 23 日　　　　　　　　　　　　　　　　　　　　　　附件 3 张

摘　要	会计科目		账页	借方金额	贷方金额
	总账科目	明细科目			
销售 XG-A 型产品 20 件，单价 3 500 元	应收账款	维达公司		81 900	
	主营业务收入	XG-A 型产品			70 000
	应交税费	应交增值税（销）			11 900
合计				81 900	81 900

会计主管：（章）　　记账：（章）　　出纳：（章）　　复核：（章）　　填制：（章）

▶ 2. 通用记账凭证

通用记账凭证是指用来反映所有经济业务的记账凭证,为各类经济业务所共同使用,其格式与转账凭证相同。

在实际工作中,有的企业单位将收款凭证、付款凭证和转账凭证三种凭证统一于一种格式的记账凭证中,这种记账凭证称为通用记账凭证。编制时,一般一笔经济业务编制一张,同类业务可适当地合并编制。通用记账凭证的格式如表6-9所示。

表 6-9 通用记账凭证

年　月　日　　　　　　　　　　　　　　　　　凭证编号:
　　　　　　　　　　　　　　　　　　　　　　　附件　张

摘　要	会计科目		借方金额	贷方金额	记　账
	一级科目	明细科目			
合计					

会计主管:(章)　　记账:(章)　　出纳:(章)　　复核:(章)　　填制:(章)

(二)按凭证填制的方式分类

按记账凭证填制的方式可分为单式记账凭证和复式记账凭证。

▶ 1. 单式记账凭证

单式记账凭证,是指一笔经济业务所涉及的会计科目分别填制在两张或两张以上的记账凭证上,一张凭证只填制一个会计科目。根据借方科目填制的记账凭证为借项记账凭证,根据贷方科目填制的记账凭证为贷项记账凭证。单式记账凭证便于计算每一个会计科目的发生额,也便于分工记账,它适用于业务量大、会计人员分工较细的单位。为了便于识别,单式记账凭证多采用不同颜色的纸张。其格式分别如表6-10和表6-11所示。

表 6-10 借项记账凭证

2019年5月3日　　　　　　　　　　　　　　　凭证编号:
　　　　　　　　　　　　　　　　　　　　　　　附件　张

摘　要	会计科目		账页	金　额
	一级科目	二级或明细科目		
从银行提取现金	库存现金			500
对应一级科目:银行存款				500

会计主管:(章)　　记账:(章)　　复核:(章)　　出纳:(章)　　填制:(章)

表 6-11　贷项记账凭证

2019 年 5 月 6 日　　　　　　　　　　　　　　　　　　凭证编号：
　　　　　　　　　　　　　　　　　　　　　　　　　　附件　张

摘　要	会计科目		账页	金　额
	一级科目	明细科目		
生产领料	原材料			29 800
对应一级科目：生产成本		425♯圆钢		15 000
管理费用		325♯方钢		4 800
对应一级科目：生产成本		425♯圆钢		10 000
合计				29 800

会计主管：（章）　　　记账：（章）　　　审核：（章）　　　填制：（章）

▶ 2. 复式记账凭证

复式记账凭证，是指将每一笔经济业务涉及的会计科目都集中填制在一张记账凭证上反映的一种凭证。收款凭证、付款凭证、转账凭证、通用凭证都是复式记账凭证。复式记账凭证可以集中反映一项经济业务全貌和来龙去脉，节约纸张，但不便于分工记账和编制会计科目汇总表。

（三）按凭证是否汇总分类

按记账凭证是否汇总可分为分录记账凭证和汇总记账凭证。

▶ 1. 分录记账凭证

分录记账凭证一般是根据原始凭证编制的，在凭证上写明对应的会计科目和应借应贷金额的凭证。前面所述的记账凭证均属于分录记账凭证。

▶ 2. 汇总记账凭证

汇总记账凭证是根据分录凭证汇总编制的记账凭证。在反映同类经济业务的记账凭证为数较多的情况下，为了简化登记总分类账的工作，可以把这些记账凭证按一定的形式汇总编制成各种汇总记账凭证或科目汇总表，然后再根据汇总记账凭证或科目汇总表登记账簿。这样做既可简化记账工作，又可以进行试算平衡，能避免和减少记账上的错误。

三、记账凭证的填制要求

（一）记账凭证的基本内容

在不同的记账方法下或同一记账方法下的不同单位，记账凭证的格式是不同的，但作为登记账簿的直接依据，各种记账凭证都必须具有相同的基本内容：①填制单位的名称；②记账凭证的名称；③记账凭证的填制日期；④记账凭证的编号；⑤经济业务内容摘要；⑥会计科目，包括一级科目、二级科目和明细科目的名称和金额；⑦所附原始凭证张数；⑧制证、审核、记账、主管等有关人员的签名或盖章。

（二）记账凭证的填制基本要求

记账凭证是根据审核无误的原始凭证或者汇总原始凭证填制的，是登记账簿的直接依据，为使账簿记录准确无误，保证会计核算工作的质量，必须按照一定的程序和要求，严肃认真地填写记账凭证。

（1）记账凭证各项内容必须完整。正确填写摘要，一级科目、二级科目或明细科目，账户的对应关系、金额都应正确无误。

（2）记账凭证应连续编号。记账凭证应在一个月内按同种类凭证分别连续编号。记账凭证编号的方法有很多，使用通用记账凭证时，可将全部凭证按经济业务发生的先后顺序每月从1号记账凭证起统一编号；使用专用记账凭证时，可分为收、付、转三类编号，如收字第×号、付字第×号、转字第×号；也可分别按现金收入、银行存款收入、现金付出、银行存款付出、转账业务分五类编号，如现收字第×号、现付字第×号、银收字第×号、银付字第×号、转字第×号。编号时，均按自然数字1、2、3…顺序编号，不得跳号和重号。若一笔经济业务要编制多张记账凭证时，可采用分数编号法。例如，一笔经济业务涉及三张记账凭证，记账凭证的顺序号为8，则三张记账凭证编号分别为 $8\frac{1}{3}$、$8\frac{2}{3}$、$8\frac{3}{3}$。"8"代表凭证总号，表示经济业务的顺序；分母"3"代表第8号凭证共3张凭证；分子1、2、3分别代表这三张凭证中的第一、第二、第三张凭证。每月可更换一次编号，每月最后一张记账凭证的编号旁边，加注"全"字，以免凭证散失，造成汇总对账困难。

（3）记账凭证可以根据每一张原始凭证填制，或根据若干张同类原始凭证汇总填制，也可以根据原始凭证汇总表填制。但不得将不同内容和类别的原始凭证汇总填制在一张记账凭证上。

（4）记账凭证的附件应齐全。为便于复核"摘要栏"所述的经济业务内容及所确定的会计分录是否正确，反映记账凭证和原始凭证的内在联系，防止原始凭证散失，应在记账凭证上注明所附原始凭证的张数和有关资料。除结账和更正错账可以不附原始凭证外，其他记账凭证必须附有原始凭证。若同一原始凭证填制两张记账凭证，则应在未附原始凭证的记账凭证上注明"单据×张附在第×号记账凭证后"，以便复核和查阅。

（5）记账凭证在填制时，如果发生错误，应重新填制。如果是已经登记入账的记账凭证，在当年内发现填写错误的，可用红字更正法或补充登记法更正；如果发现以前年度记账凭证有错误的，应用蓝字填制一张更正的记账凭证。

（6）记账凭证使用要规范。记账凭证填制经济业务事项完成后，如有空行，应当自金额栏最后一笔金额数字下的空行处至合计数上的空行处画线注销。

（7）在填制会计科目项目时，应严格按照会计制度统一规定的会计科目使用，不得随意改变科目名称，也不得改变它的核算内容，以保证各单位会计记录的指标口径一致，使之有利于综合汇总核算指标，也便于根据账户对应关系，了解有关经济业务的完成情况。

（8）有关人员签名或盖章。

（三）收款凭证的填制要求

收款凭证是用来记录库存现金、银行存款收款业务的凭证，它是由出纳人员根据审核无误的原始凭证收款后填制的。

在借贷记账法下，在收款凭证左上方所填列的借方科目，应是"库存现金"或"银行存款"科目。在凭证内所反映的贷方科目，应填列与"库存现金"或"银行存款"相对应的科目。凭证左上角"借方科目"处，按照业务内容选填"银行存款"或"库存现金"科目；凭证上方的

"年、月、日"处，填写财会部门受理经济业务事项制证的日期；凭证右上角的"字第　号"处，填写"银收"或"收"字和已填制凭证的顺序编号；"摘要"栏填写能反映经济业务性质和特征的简要说明；"贷方一级科目"和"二级科目"栏填写与银行存款或现金收入相对应的一级科目及其二级科目；"金额"栏填写与同一行科目对应的发生额；"合计栏"填写各发生额的合计数；凭证右边"附件张"处需填写所附原始凭证的张数；凭证下边分别由相关人员签字或盖章；"记账"栏则应在已经登记账簿后画"√"符号，表示已经入账，以免漏记或重记。

（四）付款凭证的填制要求

付款凭证的填制方法与收款凭证基本相同，只是左上角由"借方科目"换为"贷方科目"，凭证中间的"贷方科目"换为"借方科目"。

对于涉及"库存现金"和"银行存款"的经济业务，一般只填制付款凭证，不编收款凭证。

（五）转账凭证的填制要求

转账凭证将经济业务事项中所涉及的全部会计科目按照先借后贷的顺序记入"会计科目"栏中的"一级科目"和"二级及明细科目"，并按应借、应贷方向分别记入"借方金额"或"贷方金额"栏。其他项目的填列与收、付款凭证相同。

四、记账凭证的审核

记账凭证是登记账簿的直接依据，因此对于记账凭证也应指定专人负责审核，只有经过审核无误的记账凭证才能据以登账。对记账凭证的审核主要包括以下内容。

▶ 1. 内容是否真实

审核记账凭证是否附有原始凭证，所附张数与所填张数是否一致，记账凭证所填内容和金额与原始凭证的内容和金额是否一致。

▶ 2. 项目是否齐全

审核记账凭证摘要是否填写清楚，日期、凭证编号、附件张数及有关人员签章等各项目填写是否齐全。

▶ 3. 科目是否正确

审核记账凭证中应借应贷的会计科目(包括二级科目或明细科目)名称、对应关系是否正确；所使用的会计科目是否符合国家统一会计制度规定。

▶ 4. 金额是否正确

审核记账凭证中记录的金额与原始凭证的有关金额是否一致，借贷双方的金额合计是否相等，一级科目金额与所属明细科目金额合计是否一致。

▶ 5. 书写是否正确

审核记账凭证中记录的文字是否工整，数字是否清晰，小写金额是否符合规定的书写方式等。

在审核中，如果发现填制内容有错误，需要由填制人员重新填制，但如果凭证已经装订并登记账簿，必须按规定的更正方法更正。

第四节 会计凭证的传递

一、会计凭证传递的意义

会计凭证的传递是指会计凭证从取得、填制、审核、记账、装订时起到归档保管的全过程。它包括凭证在单位内部有关部门和个人之间的传递时间、传递程序及传递过程中的传递手续。

由于单位的规模大小、单位财会机构、财会人员的组织和分工及经济业务的性质不同，会计凭证的传递程序、时间、手续也不一致，但任何凭证都必须经过经办人员部门和会计人员传递和盖章，流经必要的路线，以保证正确、及时地传送到财会部门，保证会计工作的顺利进行。

一个单位若能正确有效地组织凭证的传递工作，对于充分发挥会计的反映和监督作用，加强经济责任制等都具有重要意义。

（1）通过会计凭证的传递，能够把反映在会计凭证上的经济业务情况，及时地传递到本单位内部有关部门和环节，最后集中到财会部门来。例如，企业要支付一笔职工差旅费，首先要填制付款凭证，注明付款事由和用途，经有关部门和领导审核批准后，出纳人员方可据以支付这笔款项，并在付款凭证上打上付款戳记，再交会计人员记账。明确规定会计的传递程序，就能及时、真实地反映和监督各项经济业务的完成情况。

（2）通过会计凭证的传递，能够正确地组织经济活动，实行会计监督。任何单位的经济中产生的经济业务以及本单位与各方面的经济业务联系，都要以会计凭证加以记录和证明。而按规定程序组织会计凭证的传递，就能把本单位的各有关部门和个人的活动紧密地联系起来，搞好分工协作，使正确的经济活动得以实现。而且，这种凭证传递，还起着一种相互牵制、相互监督作用，以利于加强岗位经济责任制，督促有关部门和个人及时正确办理会计手续。

二、会计凭证传递的方法

会计凭证的传递方法是经营管理制度的重要内容，应由会计部门和有关部门共同制定。

会计凭证传递路线、手续、时间和各种会计凭证的联数，要根据各项经济业务的特点、各项经济业务在有关部门的工作内容和工作量、正常情况下完成工作量所需的时间以及企业财会机构设置、人员分工和对会计凭证资料利用情况确定。一般来讲，凭证传递既要保证有关部门能够对经济业务进行审核和处理，又要尽可能地减少不必要的传递环节和手续，以提高工作效率。一切会计凭证的传递和处理，必须在规定的报告期内完成，不允许跨期处理，否则会影响会计核算的及时性和正确性。

三、会计凭证的保管

会计凭证是重要的经济资料和会计档案。任何单位在完成经济业务手续和记账之后，都应对会计凭证进行妥善保管，防止失散和毁损，以便有关单位、部门或审计机关随时查阅、利用和检查。

会计凭证管理的原则,既要保证会计凭证的安全完整,又要便于日后查询。因此,应实现科学管理。

会计凭证保管的方法和要求:会计部门在记账之后,应定期(每天、每旬、每月)对各种会计凭证加以分类整理,将各种会计凭证按照编号顺序,连同所附的原始凭证叠放整齐,加具封面(凭证封面一般格式如图6-3所示),装订成册,并在装订线上加贴封签。在封面上应写明单位名称、起讫日期、起讫号数、凭证种类、所附原始凭证张数,会计人员的签名或盖章。如果某些记账凭证所附原始凭证张数较多,可单独装订成册;如所附原始凭证非常重要或不便装订,如提货单、押金收据可另行保管,但要在有关记账凭证上注明。

单位名称:						
日期:自	年	月	日起至	年	月	日止
凭证号数:自	号至		号凭证类别:			
册数:	本月共		册	本册是第		册
原始凭证、汇总凭证张数:共			张			
全宗号:	目录号:		案卷号:			
会计:	复核:		装订人:	年	月	日装订

图6-3 会计凭证封面

会计凭证不得外借,如遇特殊情况,需经有关领导批准后方可复制。复制品外借时,需履行一定的手续。对于会计凭证的保管期限和销毁手续,必须严格执行会计制度的有关规定。对于一般会计凭证规定一定的保管期限,保管期满可报经有关部门批准后方可销毁,重要的凭证如涉及外事和现金的凭证,则应保管30年或永久保管。

知识案例

企业的现金应由专职的出纳员保管,现金的收支应由出纳员根据收付款凭证办理,业务办理完毕后由出纳员在有关的凭证上签字盖章。这是现金收支业务的正常账务处理程序。

但在大连某实业公司,这个正常的账务处理程序却被打乱了。企业的现金由会计人员保管,现金的收支也由会计人员办理。这给会计人员作弊提供了可乘之机。

该实业公司会计(兼出纳)邵某就是利用这种既管钱,又管账的"方便"条件,尤其是借用盖好章的记账凭证,编造虚假支出,贪污公款1.4万余元。

分析:《现金管理暂行制度》规定,应严格执行账款分管制度,出纳员不登记会计记录,非现金出纳员一律不得经手现金。

知识案例

甲企业出纳员收到乙企业签发的一张4 000元的转账支票后,同时签发了一张金额为4 000元的现金支票,然后一并到银行办理银行存款进账业务和提取现金的业务。

问题与讨论:

(1) 出纳员的这种做法是否属于正常的经济业务范畴?为什么?

(2) 对这两笔经济业务如何进行账务处理?

(3) 审计人员对这类经济业务应如何查处？

分析：出纳员的这种做法属于异常的经济业务。值得注意的是，出纳员可能利用银行存款同时一增一减两笔相同金额的业务，使银行存款余额没有变化，其与银行对账单余额相符，不易看出漏洞，从而达到贪污公款的目的。因此，对这种贪污行为，审计人员应将银行存款日记账上的收支业务逐笔与银行对账单核对，发现银行对账上有金额相同且时间间隔不长的一收一付两笔业务而银行日记账上没有记录，应要特别注意，询问会计人员是什么原因造成的，如果查不清原因，可到银行调查该收付业务的具体内容，从中检查会计人员有无贪污公款的行为。

本章小结

会计凭证（简称凭证），是记录经济业务情况、明确经济责任、登记账簿的书面依据。会计凭证多种多样，但按其填制的程序和用途分类，可以分为原始凭证和记账凭证两种。原始凭证，是在经济业务发生时取得或填制的，用以记录经济业务的发生或完成情况，明确经济责任，具有法律效力的书面证明，也是登记账簿的原始依据。

原始凭证的内容和格式因经济业务和经济管理具体内容和要求不同而各不相同。但作为一种证明经济业务发生情况、明确经济责任的依据，它们应具有共同的基本内容，其基本要素为：①原始凭证的名称；②凭证的编号；③填制凭证的日期；④填制和接受凭证的单位名称；⑤经济业务的主要内容，包括摘要、数量、金额等；⑥填制单位及有关人员的签名和盖章。

对于原始凭证的审核，主要是检查以下两方面的内容：第一，审查原始凭证填写的内容和手续是否符合规定的要求；第二，审查原始凭证所记录经济业务的合法性和合理性。

记账凭证是会计人员根据审核无误的原始凭证或汇总原始凭证而填制的，用来确定会计分录，作为登账的直接依据。记账凭证的主要作用是根据原始凭证反映的经济业务内容确定会计分录，从而作为记账的直接依据。记账凭证可以按不同的标准进行分类，主要有以下三种分类方法：一是按所适用的业务范围不同分为专用凭证和通用凭证，专用凭证又分为收款凭证、付款凭证和转账凭证，这种分类方法是最基本、最常见的分类方法；二是按记账凭证填制的方式可分为单式记账凭证和复式记账凭证；三是按用途可分为分录记账凭证和汇总记账凭证。记账凭证是登记账簿的直接依据，因此对于记账凭证也应指定专人负责审核，只有经过审核无误的记账凭证才能据以登账。

会计凭证的传递是指会计凭证从取得、填制、审核、记账、装订到归档保管的全过程。它包括凭证在单位内部有关部门和个人之间的传递时间、传递程序以及传递过程中的传递手续。会计凭证的传递方法是经营管理制度的重要内容，应由会计部门和有关部门共同制订。会计凭证管理的原则，既要保证会计凭证的安全完整，又要便于日后查询。

思考训练

一、单项选择题

1. 下列各项中，属于累计凭证的是（　　）。
   A. 领料单　　　　　　　　　　B. 限额领料单
   C. 耗用材料汇总表　　　　　　D. 工资汇总表

2. ( )是用来记录货币资金付款业务的凭证,它是由出纳人员根据审核无误的原始凭证填制的。
   A. 收款凭证　　　B. 付款凭证　　　C. 转账凭证　　　D. 累计凭证
3. 企业购进原材料60 000元,款项未付。该笔经济业务应编制的记账凭证是( )。
   A. 收款凭证　　　B. 付款凭证　　　C. 转账凭证　　　D. 以上均可
4. 原始凭证有错误的,正确的处理方法是( )。
   A. 向单位负责人报告　　　　　　B. 退回、不予接受
   C. 由出具单位重开或更正　　　　D. 本单位代为更正
5. 付款凭证左上角的"贷方科目"可能登记的科目有( )。
   A. 预付账款　　　B. 银行存款　　　C. 预收账款　　　D. 其他应付款
6. 下列业务中,应该编制收款凭证的是( )。
   A. 购买原材料用银行存款支付　　　B. 收到销售商品的款项
   C. 购买固定资产,款项尚未支付　　　D. 销售商品,收到商业汇票一张
7. 在审核原始凭证时,对于内容不完整、填写有错误或手续不完备的原始凭证,应该( )。
   A. 拒绝办理,并向本单位负责人报告　　　B. 予以抵制,对经办人员进行批评
   C. 由会计人员重新编制或予以更正　　　D. 予以退回,要求更正、补充,以至重新编制
8. 下列各项中,作为将会计凭证分为原始凭证和记账凭证两大类的依据是( )。
   A. 凭证填制程序和用途　　　　　　B. 凭证所反映的经济内容
   C. 借贷金额不等　　　　　　　　　D. 重记经济业务
9. 下列各项中,不属于原始凭证的是( )。
   A. 销售发票　　　B. 运费结算凭证　　　C. 借据　　　D. 固定资产卡片
10. 下列各项中,不能作为原始凭证的是( )。
    A. 银行存款余额调节表　　　　　　B. 领料单
    C. 发票　　　　　　　　　　　　　D. 工资结算汇总表
11. 下列各项中,通常表明外来原始凭证特征的是( )。
    A. 累计凭证　　　B. 汇总凭证　　　C. 一次凭证　　　D. 原始凭证汇总表
12. 按填制的手续及内容分类,下列对差旅费报销单性质的描述中,正确的是( )。
    A. 专用凭证　　　B. 汇总凭证　　　C. 一次凭证　　　D. 累计凭证
13. 下列关于材料领用单性质的描述中,正确的是( )。
    A. 材料领用单是一种一次凭证　　　　B. 材料领用单是一种汇总原始凭证
    C. 材料领用单是一种累计凭证　　　　D. 材料领用单是一种二次凭证
14. 下列各项中,作为在实际工作中确定会计分录依据的是( )。
    A. 原始凭证　　　B. 记账凭证　　　C. 会计科目　　　D. 账簿
15. 下列关于填制记账凭证的表述中,错误的是( )。
    A. 根据原始凭证汇总表编制
    B. 根据每一张原始凭证填制
    C. 根据若干张同类原始凭汇总填制
    D. 将若干张不同内容和类别的原始凭证汇总填制在一张记账凭证上

16. 下列各项中，可以作为涉及会计科目较多，需填制多张记账凭证的经济业务编号方法的是（　　）。
   A. 分数编号法   B. 连续编号法   C. 同一编号法   D. 其他选项都不对
17. 下列关于"人民币捌仟元零伍分"的小写金额的表述中，正确的是（　　）。
   A. ¥8 000.05   B. 8 000.05   C. ¥8 000.5   D. 8 000.5
18. 下列关于人民币 30 010.06 元的大写写法的表述中，正确的是（　　）。
   A. 人民币三万零十元六分   B. 人民币三万零十元六分整
   C. 人民币叁万零壹拾元零陆分   D. 人民币叁万零拾元陆分整
19. 下列各项中，可以作为需要连续编制多张记账凭证的经济业务凭证编制方法的是（　　）。
   A. 采用分数编号的方法   B. 采用整数编号方法
   C. 编制原始凭证分割单   D. 自制内容相同的多张原始凭证
20. 下列关于填制记账凭证对错误的处理方法的表述中，正确的是（　　）。
   A. 重新填制记账凭证   B. 更正并加盖公章
   C. 更正并加盖更正人员的印单   D. 更正并加盖更正人员的印单和公章

二、多项选择题

1. 对原始凭证发生的错误，正确的更正方法是（　　）。
   A. 由出具单位重开或更正
   B. 由本单位的会计人员代为更正
   C. 金额发生错误的，可由出具单位在原始凭证上更正
   D. 金额发生错误的，应当由出具单位重开
2. 下列科目中，可能成为付款凭证借方科目的有（　　）。
   A. 库存现金   B. 银行存款   C. 应付账款   D. 应交税费
3. 涉及现金与银行存款相互划转的业务应编制的记账凭证有（　　）。
   A. 现金收款凭证   B. 现金付款凭证   C. 银行存款收款凭证   D. 银行存款付款凭证
4. 某一张记账凭证的编制依据可以是（　　）。
   A. 某一张原始凭证   B. 反映同类经济业务的若干张原始凭证
   C. 汇总原始凭证   D. 有关账簿记录
5. 下列各项中，属于原始凭证的有（　　）。
   A. 购货发票   B. 收料单   C. 职工名册   D. 领料单
6. 企业发生下列经济业务事项时，应该办理会计手续并进行会计核算的有（　　）。
   A. 支付职工工资   B. 签订远期购销合同   C. 收到货款1万元   D. 原材料入库
7. 下列各项中，属于原始凭证按照来源不同所分类的有（　　）。
   A. 外来原始凭证   B. 自制原始凭证   C. 付款凭证   D. 收款凭证
8. 下列各项中，属于一次凭证的原始凭证的有（　　）。
   A. 购物发票   B. 收料单   C. 限额领料单   D. 领料单
9. 下列关于累计凭证的说法中，正确的有（　　）。
   A. 累计凭证的特点是在一张凭证内可以连续登记相同性质的经济业务，随时结出累计数和结余数，并按照费用限额进行费用控制，期末按实际发生额记账
   B. 报销人员填制的，出纳人员据以付款的"报销凭单"属于累计凭证

C. 累计凭证是指在一定期间内多次记录发生的同类经济业务的原始凭证

D. 累计凭证是多次有效的原始凭证

10. 下列各项中，属于原始凭证形式审核内容的有（　　）。

 A. 手续的完备　　B. 内容的完整　　C. 计算的准确　　D. 文字的清晰

11. 下列各项中，属于原始凭证审核内容的有（　　）。

 A. 经济业务的效益性　　　　　B. 经济业务的合法性

 C. 经济业务的合理性　　　　　D. 经济业务的真实性

12. 下列对原始凭证发生错误的更正方法的描述中，正确的有（　　）。

 A. 由出具单位重开或更正

 B. 由本单位的会计人员代为更正

 C. 金额发生错误的，应当由出具单位重开

 D. 金额发生错误的，可由出具单位在原始凭证上更正

13. 下列人员中，需要在记账凭证上签名或盖章的有（　　）。

 A. 审核人员　　B. 制证人员　　C. 会计主管人员　　D. 记账人员

14. 下列说法中，正确的有（　　）。

 A. 出纳人员必须根据经会计主管或其指定人员审核无误的收、付款凭证办理收、付款业务

 B. 记账凭证的日期指的是经济业务发生的日期

 C. 出纳人员不能直接依据有关收付款业务的原始凭证办理收付款业务

 D. 对于涉及库存现金和银行存款之间的经济业务，一般只编制收款凭证

15. 下列关于收款凭证的说法中，正确的有（　　）。

 A. 从银行提取库存现金的业务应该编制库存现金收款凭证

 B. 收款凭证是指用于记录库存现金和银行存款收款业务的会计凭证

 C. 从银行提取库存现金的业务应该编制银行存款付款凭证

 D. 收款凭证分为库存现金收款凭证和银行存款收款凭证两种

16. 企业发生下列经济业务事项时，应该办理会计手续并进行会计核算的有（　　）。

 A. 支付职工工资　　B. 签订远期购销合同　　C. 收到货款 1 万元　　D. 原材料入库

17. 下列各项中，可以作为记账凭证编制依据的有（　　）。

 A. 每一张原始凭证　　　　　B. 原始凭证汇总表

 C. 付款凭证　　　　　　　　D. 若干张同类原始凭证

18. 下列各项中，属于企业编制记账凭证依据的有（　　）。

 A. 汇总原始凭证　　B. 汇总记账凭证　　C. 原始凭证　　D. 科目汇总表

19. 专用记账凭证按其所记录的经济业务是否与库存现金和银行存款的收付有关，将其分为（　　）。

 A. 非收付款凭证　　B. 转账凭证　　C. 收款凭证　　D. 付款凭证

20. 下列关于会计凭证传递和保管的说法中，正确的有（　　）。

 A. 原始凭证较多时可以单独装订

 B. 装订成册的会计凭证要加具封面，并逐项填写封面内容

 C. 通过会计凭证的传递可以加强会计监督

 D. 单位应根据具体情况制定每一种凭证的传递程序和方法

三、判断题

1. 所有的记账凭证都必须附有原始凭证,否则不能作为记账的依据。（   ）
2. 原始凭证原则上不得外借,其他单位如有特殊原因确实需要使用时,经本单位会计机构负责人、会计主管人员批准,可以外借。（   ）
3. 原始凭证是会计核算的原始资料和重要依据,是登记会计账簿的直接依据。（   ）
4. 记账凭证填制完经济业务事项后,如有空行,应当自金额栏最后一笔金额数字下的空行处至合计数上的空行处画线注销。（   ）
5. 对于真实、合法、合理但内容不够完善、填写有错误的原始凭证,会计机构和会计人员不予以接受。（   ）
6. 一张原始凭证所列的支出需要由几个单位共同负担时,应当由保存该原始凭证的单位将该原始的复印件交给其他应负担的单位。（   ）
7. 记账凭证所附的原始凭证数量过多,也可以单独装订保管,但应在其封面及有关记账凭证上加注说明。（   ）
8. 从银行提取现金时,为避免重复记账只编制现金收款凭证。（   ）
9. 凡是现金或银行存款增加的经济业务必须填制收款凭证,不填制付款凭证。（   ）
10. 原始凭证都是以实际发生或完成的经济业务为依据而填制的。（   ）
11. 自制原始凭证应由会计人员填制,以保持原始凭证填制的正确性。（   ）
12. 自制原始凭证都是一次凭证,外来原始凭证绝大多数是一次性凭证。（   ）
13. 一次凭证只能反映一项经济业务,累计凭证可以反映若干项经济业务。（   ）
14. 记账凭证必须编号,如写错作废时,应加盖"作废"章,并全部保存,不允许撕毁。（   ）
15. 原始凭证发生的错误,正确的更正方法是由出具单位在原始凭证上更正。（   ）
16. 如果一张原始凭证需要填制两张记账凭证,应将原始凭证复印一份,附在某张记账凭证后。（   ）
17. 在会计凭证传递期间,凡经办记账凭证的人员都有责任保管好凭证,严防在传递中散失。（   ）
18. 发料凭证汇总表是一种汇总记账凭证。（   ）
19. 填制原始凭证,汉字大写金额数字一律用正楷或草书书写。（   ）
20. 单位购入甲材料48 000元,货款以银行存款支付40 000元,其余8 000无暂欠,该笔业务应编一张转账凭证。（   ）

四、基本概念

会计凭证　记账凭证　原始凭证　收款凭证　付款凭证　转账凭证

五、问答题

1. 什么是会计凭证?填制和审核会计凭证有什么重要作用?
2. 会计凭证怎样分类?原始凭证和记账凭证有什么联系和区别?原始凭证是如何分类的?
3. 原始凭证应具备哪些基本内容?应如何填制和审核(指审核的主要内容)?
4. 记账凭证应具备哪些基本内容?对于收款、付款和转账凭证应如何填制和审核(指审核的主要内容)?
5. 对于现金与银行存款之间的相互划转业务,应如何编制记账凭证?
6. 会计凭证应如何传递和保管,正确传递会计凭证有什么重要意义?

六、练习题

1. 收款凭证和付款凭证的编制。

某企业 4 月发生下列收付业务：

（1）2 日，收到国家投资 10 000 元，存入银行。

（2）2 日，购入甲材料一批 14 000 元，增值税 2 380 元，材料已验收入库，全部款项以银行存款支付。

（3）3 日，接银行通知，以银行存款 5 000 元归还半年期银行借款。

（4）6 日，收到上月光明工厂所欠货款 14 000 元，存入银行。

（5）8 日，以银行存款偿还前欠金鑫工厂货款 13 000 元。

（6）11 日，以银行存款上交上月应交所得税 700 元。

（7）12 日，以现金支付厂部办公室零星费用 200 元。

（8）14 日，向银行借入 9 个月借款 12 000 元，存入银行。

（9）15 日，向银行提取现金 8 000 元备用。

（10）16 日，以现金 8 000 元支付本月职工工资。

（11）18 日，采购员张伟预借差旅费 300 元，以现金支付。

（12）22 日，销售 A 产品一批，共计售价 28 000 元，增值税 4 760 元，货款已通过银行收到。

要求：根据上述经济业务编制收款凭证和付款凭证。

2. 转账凭证的编制。

某企业 4 月发生下列转账业务：

（1）1 日，向新兴工厂购入甲材料 20 000 千克，每千克 1 元，计 20 000 元，增值税 2 600 元，运杂费 4 000 元，材料尚未入库，全部款项尚未支付。

（2）2 日，上述甲材料验收入库，按其实际采购成本入账。

（3）4 日，车间领用以下材料投入 A 产品生产：甲材料 10 000 千克，每千克 1.20 元，计 12 000 元；乙材料 1 600 千克，每千克 5 元，计 8 000 元。

（4）10 日，向长江公司出售 A 产品一批，售价 56 000 元，增值税 7 280 元，款项尚未收到。

（5）16 日，采购员张勇回厂报销差旅费 2 000 元（原借支 2 000 元）。

（6）30 日，结转本月职工工资 8 000 元（其中：生产工人工资 5 000 元，车间管理人员工资 1 600 元，厂部管理人员工资 1 400 元）。

（7）30 日，结转本月份发生的制造费用总额 4 000 元，应由 A 产品负担。

（8）30 日，结转本月完工入库 A 产品共计 60 000 元。

（9）30 日，结转本月已销售 A 产品生产成本共 54 000 元。

（10）30 日，计提本月固定资产折旧 8 400 元，其中：生产车间用固定资产折旧 6 400 元，行政部门用固定资产折旧 2 000 元。

要求：根据上述经济业务编制转账凭证。

3. 记账凭证的编制。

大华工厂 2019 年 12 月发生下列经济业务：

（1）1 日，向银行借入 6 个月借款 200 000 元，存入银行。

（2）2 日，收到新鑫公司的投资款 80 000 元，存入银行。

（3）4 日，收到光明公司的投资机器一台，评估价 50 000 元。

（4）6 日，向宏光公司购入甲材料 70 000 元，增值税 11 900 元，运杂费 600 元，材料验收入库，全部款项以转账支票支付。

(5) 7日，向盛世公司购入乙材料10 000元，增值税1 300元，材料尚未运到，全部款项以存款支付。

(6) 10日，乙材料运到，以现金支付运杂费300元，同时材料验收入库。

(7) 11日，生产A产品耗用甲材料20 000元，耗用乙材料30 000元，行政部门修理耗用甲材料5 000元，生产车间耗用乙材料1 000元。

(8) 13日，从银行提取现金80 000元，备发工资。

(9) 15日，购买办公用品1 000元，以现金付讫。其中：行政管理部门领用600元，生产车间领用400元。

(10) 18日，冯一报销差旅费4 050元，原借支5 000元，余款交回现金。

(11) 19日，以银行支付本月产品广告费6 000元。

(12) 21日，出售A产品300 000元，增值税39 000元，款项收到存入银行。

(13) 23日，向长江工厂出售乙材料90 000元，增值税11 700元，以存款代垫运杂费500元，全部款项尚未收到。

(14) 26日，采购员李枫出差借款3 000元，以现金付讫。

(15) 30日，计提本月车间用固定资产折旧4 000元，厂部用固定资产折旧2 000元。

(16) 30日，分配本月工资80 000元，其中A产品生产工人工资20 000元，B产品生产工人工资40 000元，车间管理人员工资8 000元，行政管理人员工资12 000元。

(17) 30日，计提本月短期借款利息6 000元。

(18) 30日，以存款支付下年度财产保险费24 000元。

(19) 30日，摊销本月报刊费400元。

(20) 30日，结转本月制造费用12 000元，其中A产品负担9 000元，B产品负担3 000元。

(21) 30日，结转本月完工A产品实际生产成本140 000元。

(22) 30日，结转本月销售A产品成本100 000元。

(23) 30日，结转本月销售乙材料成本40 000元。

(24) 30日，以现金支付罚款200元。

(25) 30日，以银行存款支付上月应交所得税2 000元。

(26) 30日，以银行存款支付短期借款利息8 000元，原预提7 000元。

(27) 30日，计算结转本月城建税7 000元，教育费附加3 000元。

(28) 30日，结转各损益类账户。本月各损益科目发生额为：主营业务收入420 000元(贷方)；其他业务收入170 000元(贷方)；营业外收入10 000元(贷方)；投资收益30 000元；主营业务成本240 000元(借方)；管理费用10 000元(借方)；销售费用20 000元(借方)；财务费用5 000元(借方)；税金及附加9 000元(借方)；营业外支出36 000元(借方)；其他业务成本10 000元(借方)。

(29) 30日，按利润总额的25%计算并结转所得税。

(30) 30日，按净利润的10%计提盈余公积。大华公司2018年1—11月实现净利润为1 090 000元。

(31) 30日，向投资者分配利润400 000元。

(32) 30日，将全年实现的净利润和已经分配的净利润转入"利润分配——未分配利润"。

要求：根据上述经济业务编制记账凭证。

第七章 会计账簿

本章主要内容

会计账簿是以会计凭证为依据,全面、连续、系统地记录经济业务的簿籍。作为会计循环的中间环节,账簿是编制财务报告和进行经济监督的依据,是考核经营成果和进行会计分析的依据。

1. 会计账簿的含义、作用和种类;
2. 会计账簿的设置与登记方法;
3. 对账和结账方法;
4. 记账规则。

知识目标

1. 了解会计账簿的作用和种类;
2. 掌握企业应设立的账簿;
3. 掌握对账和结账的方法。

技能目标

1. 能够进行账簿的设置和登记;
2. 期末结账,能够进行试算平衡。

第一节 会计账簿概述

一、会计账簿的含义与作用

(一)会计账簿的含义

会计账簿,简称账簿,是指由一定格式和相互联系的账页组成,以会计凭证为依据,用来全面、连续、系统地记录各项经济业务的簿籍。

各项经济业务在进行会计核算时,都必须取得和填制会计凭证,以便核算和监督各项经济业务的发生和完成情况，因此，会计凭证数量很多，比较分散，而且会计凭证只能记载个别经济业务的内容，提供的资料是零星的，不能全面、连续、系统地反映和监督一个单位在一定时期内某一类和全部经济业务活动情况。有必要把会计凭证所提供的大量而分散的核算资料，加以归类整理，登记到有关的账簿中去。

（二）会计账簿的作用

设置和登记会计账簿是编制财务报表的基础，是连接会计凭证和财务报表的中间环节。账簿的设置和登记在会计核算中具有重要的作用。

▶ 1. 记载和储存会计信息

会计账簿既便于保存会计核算资料和日后查阅使用，又便于会计核算工作的分工。因此，会计账簿可用来系统、全面地反映财产物资和资金增减变动情况，为经济管理提供系统与完整的会计信息，为经济活动提供历史资料。

▶ 2. 检查和校验会计信息

通过对财产物资账簿的设置，如固定资产、库存商品、银行存款等，记录这些财产物资的增减变化情况，确定企业在一定会计期间所拥有的财产物资的数量。通过定期对财产物资的清查盘点，并与账面结存数量相核对，以保证账实相符，提供如实可靠的会计信息。

▶ 3. 编报和输出会计信息

为了及时反映企业的财务状况、经营成果和现金流量，应定期进行结账，进行有关账簿之间的核对，计算本期发生额和余额，据以编制财务报表，向有关各方提供所需的会计信息。

二、会计账簿的基本内容

账簿的内容因记录的经济业务内容和经济管理的要求不同而多种多样，但每一种账簿都具有相同的基本内容。

（一）封面

封面应写明记账单位名称和账簿名称、记账日期，如库存现金日记账、银行存款日记账、总分类账、应收账款明细账等。

（二）扉页

扉页上应当填列的主要内容包括单位名称、账簿名称、起止页数、启用日期、单位领导人、会计机构负责人、会计主管人员、记账人员、移交人员和移交日期、接管人员和接管日期等。账簿启用表如表 7-1 所示。

表 7-1　账簿启用表

单位名称									单位公章	
账簿名称			总分类账							
账簿编号		字第		号第		册共		册		
账簿页数		本账簿共计				页				
启用日期		年		月		日				
经管人员		接　管			移　交			监　交		印花粘贴
姓名	盖章	年	月	日	盖章	年	月	日	盖章	姓名	盖章

（三）账页

账页是用来记录经济业务的载体，其格式因反映经济业务的内容不同而有所不同，但其基本内容应包括账户名称、记录的日期、凭证号数、摘要、增加金额、减少金额和余额、总页次和分户页次。

三、会计账簿与账户的关系

会计账簿与账户的关系是形式和内容的关系。账簿是由若干账页组成的一个整体，账簿中的每一账页就是账户的具体存在形式和载体，没有账簿，账户就无法存在；账簿序时、分类地记录经济业务，是在各个具体的账户中完成的。因此，账簿只是一个外在形式，账户才是它的实质内容。

四、会计账簿的种类

在会计账簿体系中，有各种不同功能和作用的账簿，它们各自独立又相互补充。为了便于了解和使用，必须从不同的角度对会计账簿进行分类。

（一）会计账簿按用途分类

按用途分类，会计账簿可分为序时账簿、分类账簿和备查账簿。这种分类是最主要、最常见的分类方式。

▶ 1. 序时账簿

序时账簿，又称日记账，是指按照经济业务发生时间的先后顺序逐日、逐笔登记的账簿。序时账簿按其记录的内容，可分为普通日记账和特种日记账。

（1）普通日记账，是对全部经济业务按其发生时间的先后顺序逐日、逐笔登记的账簿。普通日记账只能由一个人负责，并且每笔会计记录都需要逐笔分别转记到分类账中，工作量大。特别是随着企业规模的扩大、经济业务的增多及记账凭证的出现，普通日记账不便于登记分类账和登记工作量大的缺陷逐渐显露。而且由于普通日记账不是分类记录经济业务，不便于日后的查阅，不利于对重要经济业务的严格管理，因此，目前很少使用。普通日记账的格式如表 7-2 所示。

表 7-2 普通日记账

第 页

2019 年		凭证		会计科目	摘要	借方金额	贷方金额	过账
月	日	字	号					
4	1	转	1	在途物资	购入材料	15 000		
				应交税费	进项税额	255		
				应付账款	甲公司		15 255	

（2）特种日记账，是对某一特定种类的经济业务按其发生时间的先后顺序逐日、逐笔登记的账簿，如现金日记账、银行存款日记账。目前，我国企业会计核算中最常用的序时账簿是现金日记账簿和银行存款日记账簿。

2. 分类账簿

分类账簿，是指对全部经济业务按照会计要素的具体类别而设置的分类登记的账簿。按其提供资料的详细程度不同，分类账簿又分为总分类账簿和明细分类账簿。通过分类账簿可以了解企业管理需要的各个会计要素项目详细程度不同的增减变化情况及结果，分类账簿提供的信息是编制会计报表的主要依据。

（1）总分类账簿，简称总账，是根据总分类账户开设的，用以登记全部经济业务，提供总括资料的账簿。一个会计主体一般只设置一套总分类账簿。

（2）明细分类账簿，简称明细账，是根据明细账户开设的，用以登记某一类经济业务，提供明细资料的账簿，如材料明细账、应付账款明细账等。明细分类账簿也是编制财务报表的主要依据。

3. 备查账簿

备查账簿，又称辅助登记簿，是指在某些序时账簿、分类账簿中未能记载的或记载不全的经济业务进行补充登记的账簿，如反映企业租入固定资产的"租入固定资产登记簿"、反映为其他企业代管商品的"代管商品物资登记簿"等。

备查账簿只是对其他账簿记录的一种补充，与其他账簿之间不存在严密的依存和钩稽关系，它不是根据会计凭证登记的，也没有固定的格式，可以对某些经济业务的内容提供必要的参考资料，有利于会计信息的使用者查找相关的辅助资料。备查账簿并非每个单位都要设置，各单位根据实际情况自行设置，其格式也是根据实际需要自行设计。

（二）会计账簿按外表形式分类

按外表形式不同，会计账簿可分为订本式账簿、活页式账簿和卡片式账簿。

1. 订本式账簿

订本式账簿，简称订本账，是指在启用前就将编有顺序页码的账页装订成册的账簿。这种账簿的账页印有连续编号，订本账的优点是可以避免账页散失和防止抽换账页；其缺点是不能准确为各账户预留账页。使用时必须为每一个账户预留空白账页，留少了不够用，留多了又造成浪费，而且在同一时间内，只能由一人登记，不便于记账人员的分工，不利于工作效率的提高。这种账簿适用于重要的和具有统驭性的总分类账、现金日记账和银行存款日记账。

2. 活页式账簿

活页式账簿，简称活页账，是指将一定数量的账页置于活页夹内，可以根据记账内容的变化随时增加和减少部分账页的账簿。当账簿登记完毕后（通常是一个会计年度结束之后），才将账页予以装订，加具封面，并给账页连续编号。活页账的优点是可以根据实际需要，随时增加空白账页或抽减多余的空白账页，使用灵活，并且便于分工记账；其缺点是账页容易散失和被抽换，活页账一般适用于各种明细分类账。

3. 卡片式账簿

卡片式账簿，简称卡片账，是指由若干张分散的、具有专门格式的存放在卡片箱中的卡片组成账簿。卡片账有活页账的优点和缺点，而且格式可以随具体需要而定。卡片账适用于不经常变动内容的登记，如固定资产明细账等，以便随同实物转移。

（三）会计账簿按账页格式分类

按账页的格式不同，会计账簿可分为三栏式账簿、多栏式账簿、数量金额式账簿等。

▶ 1. 三栏式账簿

三栏式账簿是指由设有"借方、贷方、余额"三个金额栏的账页组成的账簿。三栏式账簿适用于只需要进行金额核算的经济业务，如各种日记账，总分类账以及资本、债权、债务明细账。

三栏式账簿又分为设"对方科目"栏和不设"对方科目"栏两种，区别在于摘要和借方金额栏之间是否有一栏"对方科目"，设有"对方科目"栏的，称为设对方科目栏的三栏式账簿；不设"对方科目"栏的，称为不设对方科目栏的三栏式账簿。

▶ 2. 多栏式账簿

多栏式账簿是指由在借方金额栏、贷方金额栏或借贷双方金额栏内按需要分设若干专栏的账簿。这种账簿可以按"借方"和"贷方"分别设置专栏，也可只设"借方"或者"贷方"专栏，设多少栏根据需要确定。多栏式账簿一般适用于收入、成本、费用及利润等明细分类账。

▶ 3. 数量金额式账簿

数量金额式账簿是指由在"借方、贷方、余额"三大栏的各栏内分别设置"数量、单价、金额"等小栏的账页组成的账簿，用以反映财产物资的实物数量和价值金额。这种格式的账簿适用于既需要进行金额核算，又需要进行数量核算的交易或事项，如"原材料""库存商品"等各种财产物资明细账。综上所述，各种账簿的分类如图 7-1 所示。

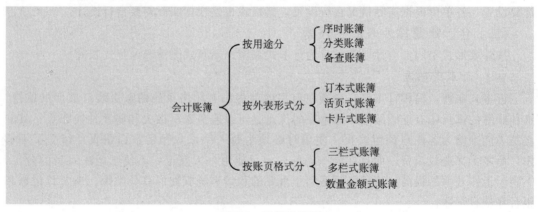

图 7-1　账簿分类图

第二节　会计账簿的启用和登记要求

一、会计账簿的启用

为了保证会计账簿记录的合法性和会计资料的真实性、完整性，明确经济业务，会计账簿应由专人负责登记。启用会计账簿应遵守以下规则：

▶ 1. 认真填写封面及账簿启用经管人员一览表

启用会计账簿时,应当在账簿封面上写明单位名称和账簿名称,并在账簿扉页附账簿启用表和经办人员一览表(简称启用表),启用表内容主要包括账簿名称、启用日期、账簿页数、记账人员和会计机构负责人姓名、会计主管人员姓名,并加盖名章和单位公章。

启用订本式账簿,应当从第一页到最后一页顺序编定页数,不得跳页、缺页。使用活页式账簿,应当按账户顺序编号,并要定期装订成册;装订后再按实际使用的账页顺序编定页码,另加目录,记明每个账户的名称和页次。卡片式账簿在使用前应当登记卡片登记簿。

▶ 2. 严格交接手续

记账人员或者会计机构负责人、会计主管人员调动工作时,必须办理账簿交接手续,在账簿启用和经管人员一览表上注明交接日期、交接人员和监交人员姓名,并由双方交接人员签名或者盖章,以明确有关人员的责任,增强有关人员的责任感,维护会计记录的严肃性。

▶ 3. 及时结转旧账

每年年初更换新账时,应将旧账的各账户余额过入新账的余额栏,并在摘要栏中注明"上年结转"。

二、会计账簿的登记要求

账簿的登记既是会计核算的重要内容,也是会计核算的重要工作。登记好账簿,能为加强经济管理、编制财务报表提供完整、正确、及时、系统的会计资料和信息。为了保证账簿记录的正确性,必须根据审核无误的会计凭证登记会计账簿,并符合有关法律、行政法规和国家统一的会计制度的规定,在登记账簿时应遵循以下原则。

(一)准确完整

登记会计账簿时,应将会计凭证日期、编号、业务内容摘要、金额和其他有关资料逐项记入账簿内,做到数字准确、摘要清楚、登记及时、字迹工整。每一项会计事项,一方面要记入有关的总账,另一方面要记入该总账所属的明细账。

(二)注明登账符号

账簿登记完毕后,应在记账凭证上注明所记账簿的页数,或画"√",表示已经登记入账,避免重记、漏记。

(三)书写留空

账簿中书写的文字和数字应紧靠底线书写,不要写满格,一般应占格距的二分之一。这样,一旦发生登记错误,能比较容易地进行更正,同时也方便查账工作。

(四)正常记账使用蓝黑墨水

为了保持账簿记录的持久性,防止涂改,登记账簿时必须使用蓝黑墨水或者碳素墨水书写,不得使用圆珠笔(银行的复写账簿除外)或者铅笔书写。

(五)特殊记账使用红色墨水

可以使用红色墨水记账的情况包括:

(1)按照红字冲账的记账凭证,冲销错误记录;
(2)在不设借贷等栏的多栏式账页中,登记减少数;
(3)在三栏式账户的余额栏前,如未印明余额方向的,在余额栏内登记负数余额;
(4)根据国家统一的规定可以用红字登记的其他会计记录。

会计中的红字一般表示负数，因此，除上述情况外，不得使用红色墨水登记账簿。

（六）顺序连续登记

会计账簿应按照连续编号的页码顺序登记，不得跳行、隔页。如果发生跳行、隔页，应当在空行、空页处用红色墨水画对角线注销，或者注明"此行空白""此页空白"字样，并由记账人员在更正处签章。

（七）结出余额

凡需结出余额的账户，结出余额后，应在"借或贷"栏内写明"借"或"贷"字样，以示余额的方向；对于没有余额的账户，应在"借或贷"栏内写"平"字，并在余额栏用"—"或"0"表示。现金日记账和银行存款日记账必须逐日结出余额。

（八）过次页承前页

每一账页登记完毕时，应当结出本页发生额合计及余额，在本页最后一行"摘要"栏内注明"过次页"，并将这一金额记入下一页第一行有关栏内，并在"摘要"栏内注明"承前页"字样；也可以将本页合计数只写在下页第一行有关栏内，在"摘要"栏内注明"承前页"字样，以保证账簿记录的连续性，便于对账和查账。

（九）严禁刮擦、挖补、涂改

如发生账簿记录错误，不得刮擦、挖补、涂改或用药水更改字迹，必须采用规定的方法更正。

知识案例

2019年12月7日，羽飞公司的王穆空（此前，王穆空已于2019年9月1日开始出任了出纳员工作。当时的财务负责人为袁世海，此前的出纳员为谢红梅）被调离了出纳岗位，接任材料会计工作，新接任出纳工作的是刘乐娥，前任材料会计为吴嫦娥。王穆空和吴嫦娥对各自的原工作做了他们认为必要的处理，并办理了交接手续，办理完交接手续后，现金日记账和材料明细账的扉页及相关账页资料如表7-3～表7-5所示。

表7-3　账簿启用与经管人员一览表（现金日记账）

单位名称	羽飞公司			
账簿名称	现金日记账			
册次及起止页数	自壹页起至壹佰页止共壹佰页			
启用日期	2019年1月1日			
停用日期	年　　月　　日			
经管人员姓名	接管日期	交出日期	经管人员盖章	会计主管人员盖章
王穆空	2019年9月1日	2019年12月7日	王穆空、刘乐娥	袁世海
	年　月　日	年　月　日		
	年　月　日	年　月　日		
	年　月　日	年　月　日		
备考			单位公章	
			羽飞公司财务专用章	

表 7-4　账簿启用与经管人员一览表（原材料明细账）

单位名称		羽飞公司			
账簿名称		原材料明细账			
册次及起止页数		自壹页起至　页止共　页			
启用日期		2019年1月1日			
停用日期		年　月　日			
经管人员姓名	接管日期	交出日期		经管人员盖章	会计主管人员盖章
吴嫦娥	2019年3月5日	2019年12月7日		吴嫦娥	袁世海
王穆空	2019年12月7日	2019年12月31日		王穆空	袁世海
	年　月　日	年　月　日			
	年　月　日	年　月　日			
	年　月　日	年　月　日			
备考				单位公章	
				羽飞公司财务专用章	

表 7-5　现金日记账

2019 年		凭证号	摘要	对方科目	借方	贷方	核对号	借或贷	余额
月	日								
9	1	略	期初余额						5 000
	2	略	零星销售	主营业务收入	8 000				13 000
	12	略	报差旅费	管理费用		5 000			8 000
	13	略	零星销售	主营业务收入	5 000				13 000
	13	略	付广告费	营业费用		4 000			9 000

思考：请你指出王穆空会计处理的不当之处，并加以纠正。

分析：

错误1：王穆空是2019年9月1日接任出纳工作的，但在现金日记账的扉页中没有王穆空接任出纳工作前的相关记录及王穆空接任时的账簿交接记录。

错误2：在原材料明细账的扉页中，吴嫦娥的接管日前的账簿使用人与接管日不明，王穆空交出日期为2019年12月31日不一定正确，2019年12月31日尚未来到，2019年12月31日会计主管人员袁海的监交记录不应该有。

错误3：在现金日记账中，2019年9月1日的现金结余数是5 000元，在2019年9月12日报销差旅费时全部支出，2019年9月1—13日，企业没有从银行提取现金，但2019年9月13日又从企业金库中支取现金4 000元，王穆空至少坐支现金4 000元，违反了有关现金管理规定。

在手工会计记账的条件下，账簿是会计数据的储存转换器，也是实现内部控制、明确经济责任的重要工具。账簿的运用包括启用、日常登记、错账更正、对账、结账、交接诸环节。要使账簿能够及时、有效地提供有用的会计信息，明确相关经济责任，发挥内部控制制度的效用，就必须加强账簿的启用、日常登记、错账更正、对账、结账、交接诸环节。正确填写或登记从账簿封面、扉页到账页的全部内容，及时进行对账、更正错账和结账，在记账人员更换时，要按相关要求办理相关的财物和账簿交接手续，在盘存相关财物后，填制财物交接清册，并在相关账簿的扉页上详尽记录相关交接内容，履行相关交接手续。

第三节 会计账簿的设置和登记方法

一、日记账的设置与登记方法

日记账是一种特殊的明细账。为了加强对货币资金的管理和核算，每一个企业或行政事业单位都应设置现金日记账和银行存款日记账，用来序时核算和监督库存现金和银行存款的收入、支出和结存情况。为了防止账页散失和随意抽换，保证货币资金核算资料的安全完整，库存现金日记账和银行存款日记账必须采用订本式账簿，并为每一账页按顺序编号。

（一）现金日记账

现金日记账是用来逐日逐笔记录库存现金的收入、支出和结存情况的账簿。现金日记账的格式一般有三栏式和多栏式。无论采用三栏式还是多栏式，都必须使用订本账。

▶ 1. 三栏式库存现金日记账

三栏式库存现金日记账（见表7-6）是用来登记库存现金的增减变动及结果的日记账。设有借方、贷方和余额三个金额栏，一般由出纳人员登记，登记的依据是根据审核后的库存现金收款凭证、付款凭证及银行存款付款凭证，按照库存现金收、付款业务和银行存款付款业务发生时间的先后顺序逐日逐笔登记，并根据"上日余额＋本日收入－本日支出＝本日余额"的公式，逐日结出库存现金余额，与库存现金实有数核对，以检查每日库存现金收付是否有误。

库存现金日记账的具体登记方法如下：

（1）日期栏，指记账凭证的日期，应与库存现金实际收付日期一致。

（2）凭证栏，指登记入账的收付款凭证的种类和编号，如"库存现金收（付）款凭证"简写为"现收（付）"，"银行存款收（付）款凭证"简写为"银收（付）"。凭证栏还应登记凭证的编号，以便于查账和核对。

（3）摘要栏，说明登记入账的经济业务的内容。文字要简练，但要能说明问题。

（4）对方科目栏，指库存现金收入来源科目或支出用途科目，如从银行提取现金，对方科目为"银行存款"。其作用在于了解经济业务的来龙去脉。

（5）借方、贷方栏，指库存现金实际收付金额。每日终了，应分别计算库存现金收入和付出的合计数，结出余额，同时将余额与出纳的库存现金核对，即"日清"。如账款不符，应查明原因，并记录备案。月终，同样要计算库存现金收入和付出的合计数，即"月结"。

2. 多栏式库存现金日记账

多栏式库存现金日记账(见表7-7)是在三栏式库存现金日记账基础上发展起来的。这种日记账的借方和贷方金额栏都按对方科目设置专栏,也就是按收入的来源和支出的用途设专栏,月末结账时,可以结出各收入来源专栏和支出用途专栏的合计数,便于对库存现金收支的合理性、合法性进行审核分析,便于检查财务收支计划的执行情况,其全月发生额还可以作为登记总账的依据。

表7-6 三栏式库存现金日记账　　　　　　　　　　　第　页

年		凭证		摘要	对方科目	借方	贷方	借或贷	余额
月	日	字	号						

表7-7 多栏式库存现金日记账　　　　　　　　　　　第　页

年		凭证号数	摘要	收入(应贷科目)				支出(应借科目)				余额
月	日			银行存款	主营业务收入	……	合计	管理费用	预付账款	制造费用	合计	

多栏式现金收入日记账和多栏式现金支出日记账如表7-8和表7-9所示。

表7-8 多栏式现金收入日记账　　　　　　　　　　　第　页

年		收款凭证号数	摘要	贷方科目			收入合计	余额
月	日					合计		

表7-9 多栏式现金支出日记账　　　　　　　　　　　第　页

年		付款凭证号数	摘要	借方科目			支出合计	余额
月	日					合计		

(二) 银行存款日记账

银行存款日记账是用来核算和监督银行存款每日的收入、支出和结存情况的账簿。银行存款日记账应按企业在银行开立的账户和币种分别设置,每个银行账户设置一本日记账。

银行存款日记账的格式与现金日记账基本相同,可以采用三栏式,也可以采用多栏式。多栏式可以将收入和支出的核算在一本账上进行，也可以分设"银行存款收入日记账"和"银行存款支出日记账"两本账。三栏式银行存款日记账的格式如表 7-10 所示。

表 7-10　三栏式银行存款日记账　　　　　　　　　　第　页

年		凭证		摘要	结算凭证		对方科目	借方	贷方	余额
月	日	种类	号数		种类	号数				

银行存款日记账的登记方法也与库存现金日记账基本相同，银行存款日记账应由出纳人员根据审核后的银行存款收、付款凭证，逐日逐笔按顺序登记，对于将现金存入银行的业务，银行存款的收入数，应根据现金付款凭证登记。每日终了，应分别计算银行存款收入、支出的合计数和余额，以便检查监督各项收支款项，并且要定期与银行送来的对账单逐笔核对。

（1）日期栏，指记账凭证的日期。

（2）凭证栏，指登记入账的收付款凭证的种类和编号（与库存现金日记账的登记方法一致）。

（3）摘要栏，说明登记入账的经济业务的内容。文字要简练，但要能说明问题。

（4）对方科目栏，指银行存款收入来源科目或支出用途科目。例如，开出一张支票支付购料款，其支出用途科目（即对方科目）为"材料采购"，其作用在于了解经济业务的来龙去脉。

（5）借方、贷方栏，指银行存款实际收付的金额。每日终了，应分别计算出银行存款收入和付出的合计数，结出余额，做到"日清"；月终，应计算出银行存款收入和付出的合计数，即"月结"。

在实际工作中，无论是设置三栏式还是多栏式，一般还应在银行日记账的适当位置增加一栏"结算凭证"，以便记账时标明每笔业务的结算凭证及编号，便于与银行核对账目。

应当指出，库存现金日记账和银行存款日记账一般采用三栏式账簿格式，如果收、付款凭证数量很多，为了简化记账手续，需要通过现金日记账和银行存款日记账来汇总登记分类账时，现金日记账和银行存款日记账也可采用多栏式的账簿格式。在多栏式日记账中，将收入栏和支出栏分别按对方科目设置若干专栏，即将收入栏按对方的贷方科目设专栏，支出栏按对方的借方科目设专栏，对库存现金和银行存款收付业务按库存现金或银行存款的每一对应科目的专栏序时登记，月末根据汇总各对应科目（专栏）的发生额合计直接登记总账，这样既可以清晰地反映库存现金和银行存款收付业务的来龙去脉，又可以简化登账工作。

二、总分类账簿的设置与登记方法

总分类账是根据一级会计账户开设的，用来分类登记一个会计主体全部交易或事项，提供总括核算资料的账簿。它是企业的主要账簿，能够全面、总括地反映企业经济活动情况，并为编制会计报表提供资料，因此，每个单位都必须设置总分类账。

总分类账必须采用订本式账簿，账页的格式一般为三栏式，设"借方""贷方"和"余额"三个基本金额栏，按会计科目的编码顺序设置，每一个账户应预留若干空白账页，以登记一定时期内该账户的全部经济业务。

总分类科目的登记依据和方法,取决于各单位所采用的账务处理程序,例如,总分类账可以直接依据记账凭证逐笔登记,也可以将各种记账凭证先汇总编制成汇总记账凭证或科目汇总表再据以登记。无论采用哪种方法,每月都应将本月已完成的经济业务登记入账,并于月末结出总账中各账户的本期发生额和期末余额,与其他有关账簿核对相符后,作为编制财务报表的主要依据。总分类账的格式如表 7-11 所示。

表 7-11　总 分 类 账

年		凭 证		摘　要	借　方	贷　方	借或贷	余　额
月	日	字	号					

三、明细分类账簿的设置与登记方法

明细分类账也称明细账,是指根据总分类账户所属的二级账户或明细账户设置,用来分类记录某一类经济业务详细情况的账簿,也是编制财务报表的依据。根据经济管理的实际需要,明细账簿可以采用活页式或卡片式账簿。明细账的格式主要有三栏式、多栏式和数量金额式三种。

(一) 三栏式明细账

三栏式明细账的格式与三栏式总分类账的格式基本相同,账页内只设置"借方""贷方"和"余额"三个基本金额栏。这种格式适用于不需要进行数量反映,只需要金额核算的经济业务,主要是资本、债权、债务明细账,如"应收账款""应付账款"等账户的明细分类核算。三栏式明细账的格式如表 7-12 所示。

表 7-12　三栏式明细分类账

明细科目:　　　　　　　　　　　　　　　　　　　　　　　　　　　　　　第　页

年		凭 证		摘　要	借　方	贷　方	借或贷	余　额
月	日	字	号					

(二) 多栏式明细账

多栏式明细账是指根据经济业务的特点和经营管理的需要,在一张账页内按有关明细科目或明细项目分设若干专栏的账簿。多栏式明细账按照登记经济业务内容的不同可分为三种:借方多栏式明细账,如"生产成本明细账""制造费用明细账"等;贷方多栏式明细账,如"主营业务收入明细账"等;借方、贷方多栏式明细账,如"本年利润明细账"等。这种格式适用于成本、费用、利润等明细账,其基本格式如表 7-13 所示。

表 7-13　多栏式明细账

明细科目：　　　　　　　　　　　　　　　　　　　　　　　　　　　　　　　　　　第　　页

年		凭证		摘要	借方					合计	贷方	余额
月	日	字	号									

（三）数量金额式明细账

数量金额式明细账要求在账页内，在借方、贷方和余额三栏下分别设数量栏、单价栏和金额栏，以便同时提供货币信息和实物量信息。这种格式适用于既需要进行金额核算，又需要进行数量核算的财产物资类科目，如"原材料明细账""库存商品的明细账"。其基本格式如表 7-14 所示。

表 7-14　数量金额式明账

类别：　　　　　　　　　　　　　　　　　　　　　　　　　　　　　　　　　存放地点：
编号：　　　　　　　　　　　　　　　　　　　　　　　　　　　　　　　　　计量单位：
品名或规格：　　　　　　　　　　　　　　　　　　　　　　　　　　　　　　第　　页

年		凭证		摘要	借方			贷方			余额		
月	日	种类	号数		数量	单价	金额	数量	单价	金额	数量	单价	金额

明细分类账的登记方法，可以根据原始凭证或原始凭证汇总表登记，也可根据记账凭证逐日逐笔登记或定期汇总登记。固定资产、债权、债务明细分类账应当逐日逐笔登记；原材料、库存商品等存货明细分类账既可以逐笔登记，也可以定期汇总登记。各种明细分类账在每次登记完毕后，都应结出余额，以便随时核对账目。

对于只设借方的多栏式明细分类账，平时要借方登记账户的发生额，贷方登记月末将借方发生额一次转出的数额，所以如果平时贷方有发生额，应用红字在多栏式账页的借方栏中登记表示冲减；对于只设有贷方的多栏式明细分类账，平时在贷方登记账户的发生额，借方登记月末将贷方发生额一次转出的数额，所以如果平时借方有发生额，应用红字在多栏式账页的贷方栏中登记表示冲减。

四、总分类账户与明细分类账户的平行登记

（一）总分类账户与明细分类账户的关系

总分类账户也称总账账户，是指按照总分类科目开设的，对经济业务内容进行总括的核算，提供总括情况的账户。总分类账户是其所属明细分类账户的统驭账户，对所属明细分类账户起统驭和控制作用。

明细分类账户也称明细账户，是指按照明细科目开设的，对经济业务内容进行明细分类核算，提供详细的核算资料的账户。明细分类账户是总分类账户的从属账户，对所隶属的总分类账户起着补充和说明的作用。

总分类账户及其所属明细分类账户所反映的经济业务内容相同，登记账簿的原始依据相同，它们所提供的核算资料相互补充，只有将两者结合起来，才能既总括又详细地反映同一核算内容。因此，总分类账户与明细分类账户必须平行登记。

（二）总分类账户与明细分类账户平行登记的要点

平行登记，是指对发生的每一笔经济业务都要以会计凭证为凭据，一方面在总分类账上进行总括的登记，另一方面在所属明细分类账中进行明细登记的方法。其登记的要点可概括如下。

▶ 1. 同时期登记

同时期登记是指对发生的每一笔经济业务，既要记入有关的总分类账户，又要在同一会计期间记入其所属的有关明细分类账户。尽管登记总账与明细账的具体日期不一定相同，但都要在同一会计期间内登记。

▶ 2. 同方向登记

同方向登记是指将经济业务记入总分类账户及其所属的有关明细分类账户时，记账的借贷方向应当一致。如果记入总账的借方（或贷方），记入其所属的有关明细账时，也应当记入借方（或贷方）。

▶ 3. 等金额登记

等金额登记是指记入总分类账户的金额与记入其所属的有关明细分类账户的金额之和相等。按照平行登记的结果，总分类账户与其所属的明细分类账户之间就形成了相互核对的对应关系，这种对应关系可用公式表示为

总分类账户本期借方发生额＝所属明细分类账户本期借方发生额之和
总分类账户本期贷方发生额＝所属明细分类账户本期贷方发生额之和
总分类账户期初余额＝所属明细分类账户期初余额之和
总分类账户期末余额＝所属明细分类账户期末余额之和

下面举例说明总分类账户和明细分类账户平行登记的方法。

【例7-1】2019年1月1日，某企业的"原材料"和"应付账款"总分类账户及其所属的明细分类账户的余额如下。

(1)"原材料"总账账户为借方余额35 000元，其所属明细账户结存情况为

①"甲材料"明细账户，结存2 000千克，单位成本为10元，金额计20 000元；

②"乙材料"明细账户，结存50吨，单位成本为300元，金额计15 000元。

(2)"应付账款"总账账户为贷方余额10 000元，其所属明细账户余额为

①"A工厂"明细账户，贷方余额6 000元；

②"B工厂"明细账户，贷方余额4 000元。

2019年1月，该企业发生的有关交易或事项及其会计处理如下（应交税费略）。

①1月9日，向A工厂购入甲材料500千克，单价10元，计5 000元；向B工厂购入乙材料100吨，单价300元，计30 000元。甲、乙材料已验收入库，货款均尚未支付。企业编制会计分录如下：

借：原材料——甲材料　　　　　　　　　　　　　　　　5 000
　　　　　——乙材料　　　　　　　　　　　　　　　　30 000
　　贷：应付账款——A工厂　　　　　　　　　　　　　　5 000
　　　　　　　——B工厂　　　　　　　　　　　　　　30 000

②1月12日，向A工厂购入甲材料400千克，单价10元，计4 000元；乙材料50吨，单价300元，计15 000元，材料均已验收入库，货款尚未支付。企业编制会计分录如下：

借：原材料——甲材料　　　　　　　　　　　　　　　　　　　　4 000
　　　　　——乙材料　　　　　　　　　　　　　　　　　　　　15 000
　　贷：应付账款——A工厂　　　　　　　　　　　　　　　　　　19 000

③1月20日，以银行存款偿付前欠A工厂的货款20 000元，B工厂的货款30 000元。企业编制会计分录如下：

借：应付账款——A工厂　　　　　　　　　　　　　　　　　　　20 000
　　　　　　——B工厂　　　　　　　　　　　　　　　　　　　30 000
　　贷：银行存款　　　　　　　　　　　　　　　　　　　　　　50 000

④1月26日，生产车间为生产产品从仓库领用甲材料1 000千克，金额为10 000元；领用乙材料100吨，金额为30 000元。企业编制会计分录如下：

借：生产成本　　　　　　　　　　　　　　　　　　　　　　　　40 000
　　贷：原材料——甲材料　　　　　　　　　　　　　　　　　　10 000
　　　　　　——乙材料　　　　　　　　　　　　　　　　　　　30 000

根据平行登记的要求，将上述交易或事项在"原材料"和"应付账款"总账账户及其所属的明细账户中进行登记。平行登记结果如表7-15～表7-20所示。

表7-15　总分类账（原材料）

账户名称：原材料　　　　　　　　　　　　　　　　　　　　　　　　　第　页

2019年		凭证号数	摘　要	借　方	贷　方	借或贷	余额
月	日						
1	1		期初余额			借	35 000
1	9	①	购入材料	35 000		借	70 000
1	12	②	购入材料	19 000		借	89 000
1	26	④	领用材料		40 000	借	49 000
1	31		本月合计	54 000	40 000	借	49 000

表7-16　总分类账（应付账款）

账户名称：应付账款　　　　　　　　　　　　　　　　　　　　　　　　第　页

2019年		凭证号数	摘　要	借　方	贷　方	借或贷	余额
月	日						
1	1		期初余额			贷	10 000
1	9	①	购料欠款		35 000	贷	45 000
1	12	②	购料欠款		19 000	贷	64 000
1	20	③	偿还欠款	50 000		贷	14 000
1	31		本月合计	50 000	54 000	贷	14 000

表 7-17 原材料明细账(甲材料)

明细账户：甲材料　　　　　　　　　　计量单位：千克　　　　　　　　　　单位：元

2019年		凭证号数	摘要	收入			发出			结存		
月	日			数量	单价	金额	数量	单价	金额	数量	单价	金额
1	1		期初余额							2 000	10	20 000
1	9	①	购入材料	500	10	5 000				2 500	10	25 000
1	12	②	购入材料	400	10	4 000				2 900	10	29 000
1	26	④	生产领料				1 000	10	10 000	1 900	10	19 000
1	31		本月合计	900		9 000	1 000		10 000	1 900	10	19 000

表 7-18 原材料明细账(乙材料)

明细账户：乙材料　　　　　　　　　　计量单位：吨　　　　　　　　　　单位：元

2019年		凭证号数	摘要	收入			发出			结存		
月	日			数量	单价	金额	数量	单价	金额	数量	单价	金额
1	1		期初结存							50	300	15 000
1	9	①	购入材料	100	300	30 000				150	300	45 000
1	12	②	购入材料	50	300	15 000				200	300	60 000
1	26	④	生产领料				100	300	30 000	100	100	30 000
1	31		本月合计	150		45 000	100		30 000	100	100	30 000

表 7-19 应付账款明细账(A工厂)

明细账户：A工厂　　　　　　　　　　　　　　　　　　　　　　　　　　单位：元

2019年		凭证号数	摘要	借方	贷方	借或贷	余额
月	日						
1	1		期初余额			贷	6 000
1	9	①	购料欠款		5 000	贷	11 000
1	12	②	购料欠款		19 000	贷	30 000
1	20	③	偿还欠款	20 000		贷	10 000
1	31		本月合计	20 000	24 000	贷	10 000

表 7-20 应付账款明细账(B工厂)

明细账户：B工厂　　　　　　　　　　　　　　　　　　　　　　　　　　单位：元

2019年		凭证号数	摘要	借方	贷方	借或贷	余额
月	日						
1	1		期初余额			贷	4 000
1	9	①	购料欠款		30 000	贷	34 000
1	20	③	偿还欠款	30 000		贷	4 000
1	31		本月合计	30 000	30 000	贷	4 000

总分类账户与其所属明细分类账户之间平行登记的结果是：总分类账户与其所属明细分类账户之间必然形成相互核对的关系，可用公式表示为

总分类账户期初借(或贷)方余额＝所属明细分类账户期初借(或贷)方余额之和
总分类账户本期借(或贷)方发生额＝所属明细分类账户本期借(或贷)方发生额之和
总分类账户期末借(或贷)方余额＝所属明细分类账户期末借(或贷)方余额之和

为了检查总分类账户及其所属明细分类账户的记录结果是否正确，还应当根据总分类账户与其所属的有关明细分类账户的发生额和余额必然相等的原理，通过编制明细分类账户本期发生额和余额明细表(也是一种试算法)进行相互核对。

明细分类账户本期发生额和余额明细表，通常是在月末根据各个明细分类账户的本期发生额和余额汇总编制而成的。

"原材料明细分类账户本期发生额和余额明细表"及"应付账款明细分类账户本期发生额和余额明细表"如表7-21和表7-22所示。

表7-21 原材料明细分类账户本期发生额和余额明细表

明细分类账户	单位	单价	期初余额		借方		贷方		月末余额	
			数量	金额	数量	金额	数量	金额	数量	金额
甲材料	千克	10	2 000	20 000	900	9 000	1 000	10 000	1 900	19 000
乙材料	吨	300	50	15 000	150	45 000	100	30 000	100	30 000
合计				35 000		54 000		40 000		49 000

表7-22 应付账款明细分类账户本期发生额和余额明细表

明细科目	月初金额		本期发生额		月末余额	
	借方	贷方	借方	贷方	借方	贷方
A工厂		6 000	20 000	24 000		10 000
B工厂		4 000	30 000	30 000		4 000
合计		10 000	50 000	54 000		14 000

第四节 错账更正方法

一、错账查找方法

在记账过程中，可能发生各种各样的差错，产生错账，如重记、漏记、数字颠倒、数字错位、数字记错、借贷记反等，从而影响会计信息的准确性，应及时找出差错，并予以更正。错账查找的方法主要有以下几种。

（一）差数法

差数法是指按照错账的差数来查找错账的方法。在记账过程中，只登记了会计分录的借方或贷方，漏记了另一方，从而造成试算平衡中借方合计数与贷方合计数不相等。如果借方金额遗漏，就会使该金额在贷方超出；如果贷方金额遗漏，则会使该金额在借方超出。对于这样的差错，可由会计人员通过回忆和与相关金额的记账核对来查找。

（二）尾数法

尾数法是指对于发生的差错只查找末位数，以提高查找错误效率的方法。这种方法适

用于借贷方金额其他位数都一致,而只有角、分差错的情况。

(三) 除2法

除2法是指用差数除以2来查找错账的方法。当某个借方金额错记入贷方(或者相反)时,出现错账的差数表现为错误的2倍,因此将此差数用2去除,得出的商就应该是反向的正确金额。例如,应记入"固定资产"科目借方的5 000元误记入贷方,则该科目的期末余额将小于总分类科目期末余额10 000元,被2除的商5 000元即为借贷方向反向的金额。同理,如果借方总大于贷方800元,应查找有无400元的贷方金额误记入借方。

(四) 除9法

除9法是指用差数除以9来查找错数的方法。适用于以下三种情况:

▶ 1. 将数字写大

例如,将30写成300,错误数字大于正确数字9倍。查找的方法是:以差数除以9得出的商为正确的数字,商乘以10后所得的积为错误数字。30误写成300的差数270(即300−30)除以9以后,所得的商30为正确数字,30乘以10(即300)为错误数字。

▶ 2. 将数字写小

例如,将500写成50,错误数字小于正确数字9倍。查找的方法是:以差数除以9得出的商即为写错的数字,商乘以10即为正确的数字。500误写成50的差数450(即500−50)除以9,商50即为错数,扩大10倍后即可得出正确的数字500。

▶ 3. 邻数颠倒

查找方法:将差数除以9,得出的商连续加11,直到找出颠倒的数字为止。

二、错账更正方法

会计人员在登记账簿的过程中,难免会发生各种错误。如果账簿记录发生错误,不得任意刮擦、挖补、涂改或用褪色药水等方法更改字迹,不准重新抄写,而应当根据错误的具体情况,采用正确的方法予以更正。按照《会计基础工作规范》的要求,更正错账的方法一般有三种:画线更正法、红字更正法和补充登记法。

(一) 画线更正法

画线更正法,是指记账凭证填制正确,账簿记录中文字或数字有错误应采用的一种更正方法。具体做法是:①在错误的文字或数字上画一条红线,表示注销;②在画线处上方用蓝色或黑色墨水笔写上正确的文字或数字,并在更正处加盖记账人员印章,以明确责任。画线时应当注意,对于文字错误可以只画销个别错字,对于数字错误则必须将整个数字全部画销,被画销的字迹仍要清晰可辨,以便查核。

【例7-2】在登记账簿时,错将6 180.00元写为6 980.00元,更正时应将错误数字全部用红线注销后,再写上正确的数字,而不能只删改一个"9"字。

(二) 红字更正法

记账以后,在当年内发现记账凭证会计科目用错或者金额写多,导致账簿登记错误,可采用红字更正法进行更正。红字更正法适用于两种情形:全部冲销和部分冲销。

▶ 1. 全部冲销

如果记账凭证中会计科目错误或借贷方向错误,并已记账,应采用红字更正法进行全部冲销,具体做法如下。

(1)填制一张与错误记账凭证内容相同的红字金额记账凭证,并据以用红字登记入账,冲销错误记录。在摘要栏内注明"冲销×月×日第×号凭证错账"。

(2)用蓝色或黑色墨水笔填写一张正确的记账凭证,并据以用蓝字入账。在摘要栏内注明"补记×月×日账"。

【例7-3】张宏江出差预借差旅费用1 000元，会计人员填制如下记账凭证，并据以入账。

借：管理费用　　　　　　　　　　　　　　　　　　　　　　　　　　1 000
　　贷：库存现金　　　　　　　　　　　　　　　　　　　　　　　　　　1 000

更正时的步骤如下。(1)填制一张与原错误凭证相同的红字金额记账凭证，即

借：管理费用　　　　　　　　　　　　　　　　　　　　　　　　　　1 000
　　贷：库存现金　　　　　　　　　　　　　　　　　　　　　　　　　　1 000

(2)用黑色或蓝色墨水填制一张正确的记账凭证，即

借：其他应收款　　　　　　　　　　　　　　　　　　　　　　　　　1 000
　　贷：库存现金　　　　　　　　　　　　　　　　　　　　　　　　　　1 000

(3)根据后两张记账凭证分别登账。

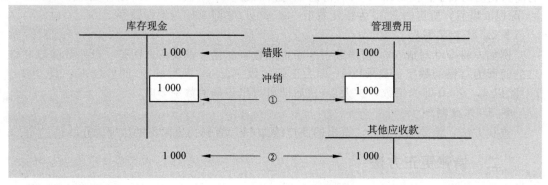

▶ 2．部分冲销

如果记账凭证中的会计科目、方向没有错误，只是所记金额大于应记金额，并已记入账簿，应采用红字更正法冲销多记部分的金额。具体做法是：填制一张会计科目、方向与原错误的记账凭证相同，但金额是多记金额的红字金额，并据以用红字登记入账。摘要栏内注明"冲销×月×日第×号凭证多记金额"。

【例7-4】某企业用银行存款偿还前欠大华工厂购料款5 850元，会计人员填制如下记账凭证，并据以入账。

借：应付账款　　　　　　　　　　　　　　　　　　　　　　　　　　5 950
　　贷：银行存款　　　　　　　　　　　　　　　　　　　　　　　　　　5 950

更正时，再填写一张会计科目、方向与原错误的记账凭证相同，其金额为5 950－5 850＝100(元)，为红字金额，即

借：应付账款　　　　　　　　　　　　　　　　　　　　　　　　　　　100
　　贷：银行存款　　　　　　　　　　　　　　　　　　　　　　　　　　　100

根据更正的记账凭证再登记入账。

(三) 补充登记法

如果记账凭证中的会计科目、方向没有错误，只是所记金额小于应记金额，并已记账，应采用补充登记法进行更正。具体做法是：填制一张会计科目、方向与原错误的记账凭证相同，但金额是少记金额的蓝字金额，并据以入账。摘要栏内注明"补记×月×日第×号凭证少记金额"。

【例7-5】企业开出转账支票支付本月广告费1 900元，会计人员填制如下记账凭证，并据以入账。

借：销售费用　　　　　　　　　　　　　　　　　　　　　　　　　1 700
　　贷：银行存款　　　　　　　　　　　　　　　　　　　　　　　　　1 700

更正时，填制一张会计科目、方向与原错误的记账凭证相同，金额为1 900－1 700＝200(元)，为蓝字金额，即

借：销售费用　　　　　　　　　　　　　　　　　　　　　　　　　　200
　　贷：银行存款　　　　　　　　　　　　　　　　　　　　　　　　　　200

根据更正的记账凭证再登记入账。

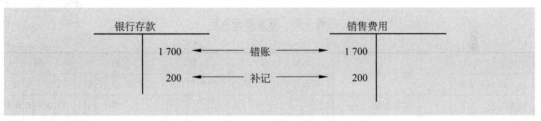

【例7-6】2019年11月30日，企业在对账时发现下列一笔经济业务：2019年11月5日，开出现金支票780元，购买办公用品。进行会计处理时编制的记账凭证如表7-23所示。

表7-23　记　账　凭　证

有关账簿记录如表7-24～表7-26所示。

总第 47 页
分第 ___ 页
编号 ___ 页

表7-24　管理费用总分类账

2019年		凭证字号	摘要	借方 千百十万千百十元角分	贷方 千百十万千百十元角分	借或贷	余额 千百十万千百十元角分
月	日						
			略				. . . .
11	5		购买办公用品	7 8 0 0 0		借	9 8 5 2 3 7 0
			略				. . . .
	30		略			借	6 4 8 5 2 3 7 0

总第 1 页
分第 ___ 页
编号 ___ 页

表7-25　现金总分类账

2019年		凭证字号	摘要	借方 千百十万千百十元角分	贷方 千百十万千百十元角分	借或贷	余额 千百十万千百十元角分
月	日						
11	1		期初余额			借	1 4 5 0 0 0
			略				. . . .
	5		购买办公用品		7 8 0 0 0	借	8 6 2 9 0
			略				. . . .
	30		略				2 1 4 6 5 8

总第 3 页
分第 ___ 页
编号 ___ 页

表7-26　银行存款总分类账

2019年		凭证字号	摘要	借方 千百十万千百十元角分	贷方 千百十万千百十元角分	借或贷	余额 千百十万千百十元角分
月	日						
11	1		期初余额			借	4 6 7 8 0 0 0 0
			略				. . . .
	30		略			借	3 5 6 7 0 0 0 0

思考：分析上述处理是否正确，如有错误，确定应采取的更正方法，并进行更正。

分析：本业务开具的现金支票，应通过"银行存款"账户进行核算，而不是通过"现金"账户。该错误属于会计科目使用错误，由于已编制记账凭证并据以登记入账，应采用红字更正法进行更正。

具体更正应分两步，先编一张红字记账凭证并登账，再编一张正确的记账凭证并记账。

▶ 1. 编一张红字记账凭证并登账

表 7-27　记 账 凭 证

2019 年 11 月 30 日　　　　　　　　　　　　第 _118_ 号

摘　要	会计科目		借方金额	贷方金额	记账（签章）
	总账科目	明细科目	千百十万千百十元角分	千百十万千百十元角分	
更正第 16 号	5502 管理费用		7 8 0 0 0		王向钱
记账凭证	1001 现金			7 8 0 0 0	王向钱
合　　计			￥7 8 0 0 0	￥7 8 0 0 0	

会计主管　李响　　　出纳　赵金　　　审核　孙爱民　　　制单　张平

附件　张

红字记账凭证如表 7-27 所示，据此登记有关账簿。

根据红字记账凭证登记的管理费用总分类账如表 7-28 所示。

总第 _47_ 页
分第 _____ 页
编号 _____ 页

表 7-28　管理费用总分类账

2019年		凭证字号	摘　要	借方金额	贷方金额	借或贷	余　额
月	日			千百十万千百十元角分	千百十万千百十元角分		千百十万千百十元角分
			略				………
11	5	16	购买办公用品	7 8 0 0 0		借	9 8 5 2 3 7 0
			略				………
	30		略			借	6 4 8 5 2 3 7 0
	30	118	更正16号凭证错误	7 8 0 0 0		借	6 4 7 7 4 3 7 0

根据红字记账凭证登记的库存现金总分类账如表7-29所示。

总第 __1__ 页
分第 _____ 页
编号 _____ 页

表7-29　现金总分类账

2019年		凭证字号	摘要	借方金额	贷方金额	借或贷	余额
月	日						
11	1		期初余额			借	1450.00
			略	…	…		…
	5	16	购买办公用品		780.00	借	862.90
			略				…
	30		略		780.00	借	2146.58
	30	118	更正16号记账凭证				2926.58

▶ 2. 编一张正确的记账凭证并登账

正确的记账凭证如表7-30所示。

表7-30　记账凭证

2019年11月30日　　　　　　　　　　　　　　　第__118__号

摘要	会计科目		借方金额	贷方金额	记账（签章）
	总账科目	明细科目	千百十万千百十元角分	千百十万千百十元角分	
更正第16号记账凭证购买办公用品	5502 管理费用		7 8 0 0 0		王向钱
	1001 现金			7 8 0 0 0	王向钱
合　　计			¥ 7 8 0 0 0	¥ 7 8 0 0 0	

附件　张

会计主管　李响　　　出纳　赵金　　　审核　孙爱民　　　制单　张平

根据正确的记账凭证登记的管理费用总分类账如表7-31所示。

总第 47 页
分第 ___ 页
编号 ___ 页

表7-31 管理费用总分类账

2019年		凭证字号	摘要	借方 千百十万千百十元角分	贷方 千百十万千百十元角分	借或贷	余额 千百十万千百十元角分
月	日						
			略				. . . . . .
11	5	16	购买办公用品	7 8 0 0 0		借	9 8 5 2 3 7 0
			略				
	30		略			借	6 4 8 5 2 3 7 0
	30	118	更正16号凭证错误	7 8 0 0 0		借	6 4 7 7 4 3 7 0
	30	119	购买办公用品	7 8 0 0 0		借	6 4 8 5 2 3 7 0

根据正确的记账凭证登记的银行存款总分类账如表7-32所示。

总第 3 页
分第 ___ 页
编号 ___ 页

表7-32 银行存款总分类账

2019年		凭证字号	摘要	借方 千百十万千百十元角分	贷方 千百十万千百十元角分	借或贷	余额 千百十万千百十元角分
月	日						
11	1		初期余额			借	4 6 7 8 0 0 0 0
			略				. . . . . .
	30		略			借	3 5 6 7 0 0 0 0
	30	119	购买办公用品		7 8 0 0 0	借	3 5 5 9 2 0 0 0

知识案例

涂改发票与审核发票

甲企业采购员李纳出差回来报销差旅费。旅馆开出发票记载单价为50元,人数1人,时间为10天,金额为500元。而李纳却将单价50元直接改为350元,小写金额改为3 500元,将大写金额前加了一个"叁仟",报销后贪污金额为3 000元。

思考:

(1) 出纳员对此应承担什么责任?

(2) 出纳员应如何审核这类虚假业务?

分析:

(1) 出纳员应负责追回损失的现金,若无法追回,出纳员应承担连带赔偿责任。

(2) 出纳员应首先检查原始凭证,即应检查发票有无部门领导的签字,发票金额的笔体是否一致。发现有疑点时,应采用函询法调查住宿单价。

缺少财务章的发票

2018年下半年开始,某公司向供货商先后采购了2万余元液化气,双方履行顺利未见纠纷。2019年3月2日,该公司突然收到法院传票。原来,供货商一纸诉状将其告上了法庭,要求支付货款2万余元。审理中,被告承认供货事实,但称已经支付了该笔货款,并提供原告给其开具的发票为证。原告却提出发票上加盖的财务章不是该公司的,并拿来了财务章当庭对照。这时,被告才发现发票上财务专用章的供货商名称"北京市某某液化气站"比原告名称"北京市某某石油液化气站"少了"石油"两个字。

法院认为,根据法律规定,当事人对自己提出的主张有责任提供证据,否则要承担举证不能的不利后果。此案被告既然主张支付了货款,就应提供有效证据,现发票所盖印章名称与供货商名称不符,即无法认定系原告开出,而被告又无其他证据证实该发票的真实性,所以因证据不足,对被告的抗辩不予采信。最后,法院判决该公司向供货商支付了全部货款。

承办法官提示,在公司财务管理制度中,发票是付款的唯一有效凭证,所以公司的财务人员在支付货款时,对发票的任何项目都应仔细审查,如果取得了伪造或无效发票,经济损失就不可避免了。

第五节 对账和结账

为了反映企业某一会计期间的经济活动情况,检查账簿记录是否完整正确,为编制会计报表提供资料,还必须定期做好对账和结账工作。

一、对账

(一) 对账的概念

对账就是核对账目,是指在本期发生的经济业务登记入账以后,对账簿记录进行的核对工作。在会计核算中,由于种种原因,有时难免会发生各种差错和账实不符的现象。对账就是为了保证账簿记录的真实性、完整性和准确性,在记账以后结账之前,定期或不定期地对有关数据进行检查、核对,以便为编制会计报表提供真实、可靠数据资料的重要会计工作。

对账工作一般在月末进行,即在记账以后结账之前进行。

(二) 对账的内容

对账的主要内容包括账证核对、账账核对和账实核对。

▶ 1. 账证核对

账证核对,是指各种账簿记录与会计凭证进行核对,这种核对主要是在结账之前进行的。这种核对除在日常制证、记账过程中进行以外,每月终了,如果发现账账不符,也应进行账证核对,检查是否相等。

▶ 2. 账账核对

账账核对,是指在账证核对相符的基础上,对不同会计账簿之间记录的内容进行核对工作,做到账账相符,主要内容如下:

(1)总分类账簿有关账户的余额核对。总分类账中全部账户的本期借方发生额合计与贷方发生额合计相等,全部账户的期末借方余额合计与贷方余额合计相等。核对工作一般通过编制总分类账户本期发生额及余额试算平衡表进行核对。

(2)总分类账簿与所属明细分类账簿核对。总分类账户本期借方(或贷方)发生额与其所属明细分类账户本期借方(或贷方)发生额之和相等,总分类账户期末余额与其所属明细分类账户期末余额之和相等。核对工作一般通过编制总分类账户与明细分类账户发生额及余额对照表进行核对。

(3)总分类账簿与序时账簿核对。库存现金日记账和银行存款日记账的本期借、贷方发生额及期末余额,分别与总分类账中的库存现金账户、银行存款账户的本期借、贷方发生额及期末余额核对相符,一般采用直接核对的方法。

(4)明细分类账簿之间的核对。会计部门财产物资明细账期末余额与财产物资保管和使用部门的明细账期末余额应核对相符。

▶ 3. 账实核对

账实核对,是指在账账核对相符的基础上,将各种账簿记录余额与各项财产物资、库存现金、银行存款及各种往来款项的实存数核对,做到账实相符,具体内容如下。

(1)库存现金日记账期末余额与出纳库存现金实存数相核对,为做到日清月结,应每天核对一次,不准以借条抵冲现金或挪用现金。

(2)银行存款日记账期末余额与开户银行的对账单相核对,一般至少一月核对一次。

(3)原材料、库存商品、固定资产等各种财产物资明细账期末余额与财产物资的实际数量进行核对。

(4)有关债权、债务明细账的期末余额与对方单位账面记录定期进行核对,各项应收款、应付款等结算款项,应定期寄送对账单同有关单位进行核对。

账实核对实际上是一种财产清查,财产清查作为一种会计核算的专门方法,在以后章节将专门讲述。

二、结账

为了正确反映一定时期内的财务状况和一定期间内的经营成果,以便为编制财务报表提供真实、可靠的数据资料,各单位必须按照规定期末结账。

结账,是指在将一定时期(月、季、年)内所发生的全部经济业务登记入账的基础上,计算并记录各种账簿的本期发生额和期末余额,并将余额转到下期或转入新账的过程。结账的内容包括两个方面:一是结清各资产、负债和所有者权益账户,分别结出本期发生额合计和余额;二是结清各损益类账户,并计算确定本期利润。所以,结账也是编制财务报表的先决条件。

（一）结账的程序

（1）结账前，必须将本期内所发生的经济业务全部记入有关账簿，既不能提前结账，也不能将本期发生的业务延至下期登账。

（2）按照权责发生制原则确定本期的收入和费用。将收入和费用归属于各个会计期间，编制调整分录。例如，应由本期摊销的预付费用，应记入本期有关费用项目；应由本期负担的应付费用，应记入本期有关产品成本或费用项目；属于本期的预收收益或应收收益，确认记入本期收益等。

（3）编制结账分录。例如，制造费用按一定标准分配，由"制造费用"账户转入"生产成本"账户；将完工产品的成本从"生产成本"账户转入"库存商品"账户；期末将本期"主营业务收入""主营业务成本""销售费用""税金及附加"等有关损益类账户金额转入"本年利润"账户。

（4）结算出资产、负债和所有者权益账户的本期发生额和期末余额，并结转到下期。

（二）结账的方法

结账可以分为月结、季结和年结。具体方法因账簿的种类和账页的格式不同而不同。

▶ 1. 月结

每月终了，应结出各个账户的本月发生额和期末余额，若无余额，在"借或贷"一栏写"平"字，在"余额"栏写"0"字，在"摘要"栏写"本月合计"，在月结下面通栏画一条红线，表示月结完成。

（1）对不需要按月结计本期发生额的账户，如各项应收账款明细账和各项财产物资明细账等，每次记账以后，都要随时结出余额。每月最后一笔就是月末余额。月末结账时，只需要在最后一笔经济业务记录之下通栏画单红线，不需要再结记一次余额。

（2）库存现金日记账、银行存款日记账和需要按月结计发生额的收入、费用等明细账，每月结账时，要结出本月发生额和余额，在"摘要"栏内注明"本月合计"字样，并在下面通栏画单红线。

（3）需要结计本年累计发生额的某些明细账户，如收入、成本、费用等明细账户等，除应进行月结外，还应在"本月合计"行下结出自年初起至本月末止的累计发生额，登记在月份发生额下面，在"摘要"栏内注明"本年累计"字样，并在下面通栏画单红线。12月末的"本年累计"就是全年累计发生额，全年累计发生额下面通栏画双红线。

（4）总账账户平时只需结出月末余额。年终结账时，将所有总账账户结出全年发生额和年末余额，在"摘要"栏内注明"本年合计"，并在合计数下通栏画双红线。

▶ 2. 季结

每季终了，先进行本季度最后一个月的月结，然后结出本季发生额及余额，并在"摘要"栏内写"本季合计"，再通栏画单红线。

▶ 3. 年结

年度终了，先进行12月的月结和第四季度的季结，然后结出全年的发生额及余额，并在"摘要"栏内写"本年合计"，在年结下面再通栏画双红线，表示封账。

年度结账后，有余额的账户，要将其余额结转下年，并在"摘要"栏注明"结转下年"字样，在下一会计年度新建有关会计账户的第一行"摘要"栏内注明"上年结转"字样，将上年的年末余额填入"余额"栏，不需要编制记账凭证。结账的方法如表7-33所示。

表 7-33　总 分 类 账

会计科目：银行存款　　　　　　　　　　　　　　　　　　　　　　　　　　　　第　页

年		凭证		摘　要	借方	贷方	借或贷	余　额
月	日	种类	号数					
1	1			上年余额	⋮	⋮	借	3 000
	31			一月月结	1 000	2 000	借	2 000（红线）
2	1			⋮	⋮	⋮		（红线）
	28			二月结余	2 400	1 800	借	2 600（红线）
								（红线）
								（红线）
12	31			十二月结余	1 900	2 300		2 100（红线）
				本年合计	22 400	22 200		2 100（双红线）
				结转下年				

注："——"表示单红线；
　　"═"表示双红线；
　　"……"表示省略。

结账对账工作完毕后，应将各种活页账、卡片账标上页次并按序装订好，加具封面，同订本账一起，统一编号，并作为档案资料加以妥善保管，严格按照会计档案管理制度规定管理，以供以后的会计检查、会计分析和审计使用。

知识案例

税务干部丢失纳税人账簿引发的诉讼

四川省广安市中级人民法院曾经对某县个体工商户包某状告该县国税局非法调取账簿后丢失，请求判令赔偿一案，做出了终审判决：判县国税局未按程序调取账务，且造成账簿丢失属违法行为；对上诉人包某提出的赔偿请求予以驳回。宣判后，诉讼双方均表示服判息诉。

2008年10月5日，四川省某县国税局某税务所干部陈某和廖某来到个体工商户包某的副食门市部进行税务检查，包某对陈、廖二人出示的税务检查证存有异议而发生争执，并拒绝提供账簿。后经该镇派出所干警劝解，包某才将10本账簿拿出。检查人员在开具收据后将账簿带回。次日，陈、廖二人因保管不善，将调取的10本账簿全部丢失。同年11月28日，包某以账簿上有10余万元的债权凭据为由，向县国税局申诉某税务所扣押账簿违法，并要求赔偿因债权凭据丢失而造成的全部经济损失。

2009年1月20日，县国税局做出了《关于对包某来信的回复及处理意见》，认为"陈、廖二人对包某实施的税务检查合法，对其赔偿请求视为无依据而不予赔偿"。包某不服，于2010年4月向县人民法院提起诉讼，将该县国税局推上了被告席。

该县人民法院审理后，做出了如下判决：

一、确认税务所干部陈、廖二人于 2008 年 10 月 5 日对包某所实施的税务检查，收取包某账簿，以及《对包某来信的回复及处理意见》合法。

二、驳回包某要求被告赔偿直接经济损失 15 万元的诉讼请求。

对此，包某不服，并在法定期限内将本案上诉于广安市中级人民法院，请求二审法院依法改判。

广安市中级人民法院审理认为：根据国家税务总局发布的《税务稽查工作规程》规定，实施税务稽查应当二人以上，并出示税务检查证；调取账簿及有关资料应当填写《调取账簿资料通知书》《调取账簿资料清单》，并在三个月内完整退还。被告某县国税局未举证证明在调取包某账簿时所填写的上述法规文书，且将原告包某的账簿丢失，故其调取包某账簿的具体程序违法，原判的此项认定属适用法律不当，应予纠正。某县国税局做出的《关于对包某来信的回复和处理意见》，且包某未就该行为起诉，故原判确认该回复及处理意见合法亦属不当，一并予以纠正。包某账簿中记载债权凭据，属非有价证券，并且债权凭证的丢失也不必然导致债权的丧失。县国税局丢失包某记载有债权凭据账簿是事实，但包某在债权凭据丢失后，是否已经导致债权丧失尚不能确定的情况下，要求被告按债权数额赔偿其经济损失的请求于法无据，原判驳回其赔偿请求是正确的。

法理分析：从上述案件及法院的判决可以看出，依法调取业户的账簿资料进行纳税检查，本是税务机关执行公务的法定职能。但由于某些税务执法人员不按法定程序操作，甚至将所调取的账簿资料随便搁置而造成丢失，结果引来诉讼纷争。

本案中有几个问题值得思考：

第一，被告为进行税务检查而调取账簿，为何被判违法？税务检查是税务机关以国家税收法律、行政法规和税收管理制度为依据，对纳税人是否依法履行纳税人义务而进行的审计监督活动。因此，为了保证税收法律、法规的贯彻执行和实施税务检查的规范管理，税收法律既赋予了税务执法人员进行税务检查的权限，同时又规定了实施中的法律限制。就法律限制而言，执行税务检查任务的税务人员，不但要严格按照实体法的有关规定开展税务检查，而且必须遵守程序法规定的检查步骤妥善实施。从本案实施检查和调取账簿的情况看，一方面税务人员所出示的究竟是检查证或工作证不能准确认定；另一方面在调取账簿时，并未填开由县国税局局长签署的《调取账簿资料通知书》及《调取账簿资料清单》，其越权调账的做法已明显超越法定程序，自然此种调账行为被判违法也就不足为怪了。

第二，丢失业户账簿是一种什么行为？虽然税法赋予了税务机关有权调取纳税人账簿资料进行纳税检查的权限，但同时又规定三个月内必须完整退还。税务检查人员若将所调取的账簿丢失，其行为不但违反了实体法的规定，而且是一种侵害纳税人合法权益的失职行为。因为账簿的丢失，即使业户无法进行正常的财务核算，又对其正常经营往来造成了困难。因此，法院判决县国税局丢失账簿是一种执法职责上的过失性违法行为，是公正、客观的。

第三，本案中，业户在账簿丢失后提出的有关债权为何不能获得赔偿？从一般情况看，业户的账簿是生产和经营情况的记录，既非有价证券，又非债权债务的直接凭证。同时，业户单方面的账簿丢失，并不必然导致其债权的丧失。因此，在账簿丢失是否已经导致业户债权丧失与否尚不能确定的情况下，业户提出的按账簿上所记载的债权金额赔偿的请求是于法无据的。因此，法院驳回其赔偿请求是恰当的。

本章小结

会计账簿就是以会计凭证为依据，由具有专门格式和相互联系的账页组成，用来全面、连续、系统地记录每项经济业务的簿籍。账簿按用途分类，可分为序时账簿、分类账簿和备查账簿。这种分类是最主要、最常见的分类。按外表形式分类，可分为订本式账簿、活页式账簿和卡片式账簿。按账页的格式不同，可将其分为三栏式账簿、多栏式账簿、数量金额式账簿。

日记账是一种特殊的明细账。为了加强对货币资金的管理和核算，每一个企业或行政事业单位都应设置现金日记账和银行存款日记账，用来序时核算及监督现金和银行存款的收入、支出和结存情况。为了防止账页散失和随意抽换，保证货币资金核算资料的安全完整，现金日记账和银行存款日记账必须采用订本式账簿，并为每一账页按顺序编号。总分类账簿一般要求采用订本式账簿，在总分类账簿中应按会计科目的编码顺序设立账户。总分类账簿的格式一般采用借、贷、余三栏式，在账页中分设"借方金额""贷方金额"和"余额"三大栏。明细分类账简称明细账，其格式因核算的经济内容和经济管理的需要而各不相同，主要有三种格式：三栏式明细分类账；多栏式明细分类账和数量金额式明细分类账。

总分类账户，是指按照总账科目开设的账户，对总账科目的经济内容进行总括的核算，提供各种资产、权益、费用、成本、收入和成果等方面的总括情况；明细分类账户，是指按照明细科目开设的账户，对总账科目的经济内容进行明细分类核算，提供具体而详细的核算资料。总分类账户与所属明细分类账户之间既有联系也有区别。总分类账提供的经济指标，是对明细账资料的综合，对所属明细账起统驭作用；明细分类账户是对有关总分类账户的补充，起着详细说明的作用。由于总分类账簿和明细分类账簿存在密切关系，这就要求在会计核算工作中必须按照平行登记的方法，来组织总分类核算和明细分类核算。平行登记是指每发生一笔经济业务，既在总账上进行总括的登记，又在明细账中进行明细登记，即要求同时期、同依据、同金额、同方向登记。

在登记账簿的过程中，由于种种原因难免会发生差错，但对于已发生的账簿记录错误，不得任意刮擦、挖补、涂改或用褪色药水等方法更改字迹，不准重新抄写，而必须根据错误的具体情况，采用正确的方法予以更正。错账的更正方法一般有三种：画线更正法、红字更正法和补充登记法。

对账，简单地说就是核对账目，即通过核对账簿记录来检查账簿是否正确的一种方法。对账主要分为账证核对、账账核对和账实核对。

结账是指在将一定时期（月份、季度、年度）内所发生的全部经济业务登记入账的基础上，计算并记录各种账簿的本期发生额和期末余额。

思考训练

一、单项选择题

1. 下列各项中，属于由具有一定格式账页组成的，以审核无误的会计凭证为依据，全面、系统、连续地记录各项经济业务的簿籍的是（   ）。
   A. 序时账簿　　　　B. 分类账簿　　　　C. 备查账簿　　　　D. 会计账簿

2. 下列各项中，属于订本账的优点的是（　　）。
    A. 账面可多可少，不会造成浪费　　B. 便于机器记账
    C. 可以防止抽换账面，避免账面散失　D. 便于记账分工
3. 下列各项中，一般采用活页账形式的是（　　）。
    A. 备查账　　B. 明细分类账　　C. 日记账　　D. 总分类账
4. 下列明细分类账中，可以采用多栏式格式的是（　　）。
    A. 实收资产明细分类账　　B. 应付账款明细分类账
    C. 库存商品明细分类账　　D. 管理费用明细类账
5. 下列各项中，适用借方贷方多栏式明细账的账页格式的是（　　）。
    A. 长期待摊费用　B. 管理费用　　C. 预收账款　　D. 本年利润
6. 下列账簿形式中，属于固定资产明细账宜采用的是（　　）。
    A. 订本式　　B. 卡片式　　C. 活页式　　D. 三栏式
7. 下列有关账簿与账户的表述中，正确的是（　　）。
    A. 形式和内容的关系　　B. 概念和应用的关系
    C. 实质和形式的关系　　D. 总体和具体的关系
8. 下列四类账簿中，不是依据记账凭证登记的是（　　）。
    A. 总账　　B. 备查账　　C. 日记账　　D. 明细账
9. 下列各项中，属于日记账登记特点的是（　　）。
    A. 逐日逐笔登记　B. 顺序登记　C. 汇总登记　D. 定期逐笔登记
10. 下列各项中，必须逐日逐笔登记的是（　　）。
    A. 费用明细账　B. 收入明细账　C. 原材料明细账　D. 应收账款明细账
11. 登记账簿的过程中，每一账页的最后一行及下一面每一行都办理转面手续，下列关于该做法的主要目的的表述中，正确的是（　　）。
    A. 便于查账　　　　　　　B. 防止隔页
    C. 防止遗漏　　　　　　　D. 保持记录的连续性
12. 下列各项中，总分类账户与明细分类账户平行登记四要点中的依据是（　　）。
    A. 明细分类账要根据总分类账进行登记
    B. 由同一人员进行登记
    C. 总分类账要根据明细分类账进行登记
    D. 根据同一会计凭证进行登记
13. 按照平行登记法的原则，经济业务在相关的总账和明细账中进行登记。下列选择中，正确的是（　　）。
    A. 根据明细账登记总账
    B. 先记总账后记明细账
    C. 根据相同的原始依据各自独立登记
    D. 根据总账登记明细账
14. 甲企业与乙企业之间存在购销关系，甲企业定期将"应收账款——乙企业"明细账与乙企业的"应付账款——甲企业"明细账进行核对。下列各项中，准确描述这种对账性质的是（　　）。
    A. 账实核对　　B. 余额核对　　C. 账账核对　　D. 账证核对

15. 下列各更正方法中，适用于在结账前发现记账凭证正确，登记账簿时错误的是（　　）。
    A. 画线更正法　　B. 补充登记法　　C. 红字更正法　　D. 涂改法
16. 下列关于库存现金及银行存款日记账月末结账时做法的表述中，正确的是（　　）。
    A. 应在"本月合计"栏下面画双红线
    B. 应在"本月合计"栏下面通栏画单红线
    C. 应在"本月合计"栏金额栏内画单红线
    D. 应在"本月合计"栏上下通栏画单红线
17. 能总括反映企业某类经济业务增减变动指标的会计账簿是（　　）。
    A. 明细分类账　　B. 总分类账　　C. 序时账簿　　D. 备查账簿
18. 账簿的格式多种多样，下列不属于账簿应具备的基本内容的是（　　）。
    A. 扉页　　　　B. 账夹　　　　C. 封面　　　　D. 账页
19. 下列账簿中，不采用三栏式账页格式的是（　　）。
    A. 现金日记账　　　　　　　　B. 总分类账
    C. 银行存款日记账　　　　　　D. 包装物明细分类账
20. 下列各项中，必须逐日逐笔登记的是（　　）。
    A. 费用明细账　　　　　　　　B. 收入明细账
    C. 原材料明细账　　　　　　　D. 应收账款明细账

二、多项选择题

1. 下列关于会计账簿的说法中，正确的有（　　）。
    A. 设置和登记会计账簿是编制会计报表的基础
    B. 会计账簿是以经过审核的会计凭证为依据的
    C. 通过账簿的设置和登记，还能够检查、校正会计信息
    D. 会计账簿是由一定格式账页组成的
2. 下列账簿中，通常采用三栏式账页的有（　　）。
    A. 包装物明细分类账　　　　　B. 库存现金明细账
    C. 银行存款日记账　　　　　　D. 总分类账
3. 下列各项中，属于备查账簿的有（　　）。
    A. 租入固定资产登记簿　　　　B. 应收账款明细账
    C. 工作人员登记簿　　　　　　D. 委托加工材料登记簿
4. 下列各种账簿中，属于出纳人员可以登记和保管的有（　　）。
    A. 银行存款总账　　　　　　　B. 银行存款日记账
    C. 库存现金总账　　　　　　　D. 库存现金日记账
5. 下列各项中，可以作为库存现金日记账依据的有（　　）。
    A. 银行存款收款凭证　　　　　B. 库存现金收款凭证
    C. 银行存款付款凭证　　　　　D. 库存现金付款凭证
6. 下列说法中，不正确的有（　　）。
    A. 三栏式明细分类账适用于成本费用类科目的明细核算
    B. 日记账必须采用三栏式

C. 总账最常用的格式为三栏式

D. 银行存款日记账应按企业在银行开立的账户和币种分别设置,每个银行账户设置一本日记账

7. 下列各项中,属于总分类登记依据的有(　　)。

　　A. 汇总记账凭证　　　　　　　　B. 科目汇总表

　　C. 记账凭证　　　　　　　　　　D. 明细分类账

8. 下列关于登记总分类账的做法中,正确的有(　　)。

　　A. 月终,总分类账应当在全部经济业务事项登记入账后,结出各账户的本期发生额和期末发生额

　　B. 总分类账可以根据记账凭证逐笔登记

　　C. 总分类账在与明细账余额核对相符后,作为编制会计报表的主要依据

　　D. 总分类账可以根据汇总的科目汇总表或汇总记账凭证等登记

9. 下列各项中,属于明细分类账登记依据的有(　　)。

　　A. 汇总原始凭证　　B. 总分类账　　　C. 原始凭证　　　D. 记账凭证

10. 下列各项中,应逐日逐笔登记明细账的有(　　)。

　　A. 应付账款　　　B. 管理费用　　　C. 应收账款　　　D. 原始凭证

11. 下列做法中,属于对账的有(　　)。

　　A. 总分类账与其所属明细分类账簿之间的核对

　　B. 账簿记录与原始凭证之间的核对

　　C. 财产物产明细账账面余额与财产物资实存数额的核对

　　D. 库存现金日记账的期末余额合计与库存现金总账期末余额的核对

12. 下列各项中,属于账账核对常见做法的有(　　)。

　　A. 核对银行存款日记账和银行对账单是否相符

　　B. 核对总账余额和所属明细账余额合计是否相符

　　C. 核对所有总账的借方发生额合计和贷方发生额合计是否相符

　　D. 核对库存现金日记账和银行存款日记账余额与其总余额是否相符

13. 下列各项中,属于账实核对的主要内容的有(　　)。

　　A. 各项应收应付款明细分类账的账面余额与有关单位和个人核对

　　B. 各种财产物资明细分类账的账面余额与实存数核对

　　C. 现金日记账的账面余额与现金实存数核对

　　D. 银行存款日记账的账面余额与银行对账单核对

14. 下列各项中,属于记账凭证错误而导致账簿登记错误的错账更正方法的有(　　)。

　　A. 红字更正法　　　　　　　　　B. 尾数更正数

　　C. 补充登记法　　　　　　　　　D. 画线更正法

15. 下列说法中,正确的有(　　)。

　　A. 发现以前年度记账凭证有错误的,应当用蓝字填制一张更正的记账凭证

　　B. 如果会计科目没有错误只是金额错误,可以将正确数字与错误数字之间的差额,另填制一张调整的记账凭证,调增金额用蓝字,调减金额用红字

　　C. 已经登记入账的记账凭证,在当年内发现填写错误时,直接用蓝字重新填写一

张正确的记账凭证

D. 发现以前年度记账凭证有错误的,可以用红字填写一张与原内容相同的记账凭证,再用蓝字重新写一张正确的记账凭证

16. 下列说法中,正确的有( )。

A. 银行存款日记账必须逐日结出余额

B. 库存量现金必须逐日结出余额

C. 凡需要结出余额的账户,结出余额后,应当在"借或贷"栏内写明"借"或者"贷"字样

D. 没有余额的账户,应当在"借或贷"栏内写"平",并在余额栏内用"0"表示

17. 下列账簿中,需要每年进行更换的账簿有( )。

A. 库存现金日记账　　　　B. 总分类账

C. 银行存款日记账　　　　D. 固定资产明细账

三、判断题

1. 审核无误的原始凭证是登记账簿的直接依据。　　　　　　　　　　( )
2. 企业住房公积金登记簿属于序时账簿。　　　　　　　　　　　　　( )
3. 账簿中的每一个账页就是账户的存在形式和载体,没有账簿,账户就无法存在。
　　　　　　　　　　　　　　　　　　　　　　　　　　　　　　　( )
4. 登记账簿时一般用蓝黑或碳素墨水满格书写。　　　　　　　　　　( )
5. 红色墨水仅限于结账,画线更正时使用。　　　　　　　　　　　　( )
6. 在平行登记法下,总分类账,和明细分类账要同时间登记。　　　　( )
7. 总分类科目及明细分类科目必须在同一会计期内登记。　　　　　　( )
8. 由于总账与明细账是同方向登记的,因此总账账户的余额方向与明细账的余额方向一致。　　　　　　　　　　　　　　　　　　　　　　　　　　　　　　( )
9. 登记账簿时,发生的空行、空页一定要补充书写,不得注销。　　　( )
10. 在贷方多栏式明细账中,平时如果发生借方发生额,应该用红字在贷方对应的明细栏中登记。　　　　　　　　　　　　　　　　　　　　　　　　　　　( )
11. 库存现金日记账的借方是根据收款凭证登记的,贷方是根据付款凭证登记的。
　　　　　　　　　　　　　　　　　　　　　　　　　　　　　　　( )
12. 库存现金日记账的账页格式均为三栏式,而且必须使用订本式。　　( )
13. 手工记账的单位,库存现金、银行存款日记账一般采用订本式。　　( )
14. 为便于管理,"应收账款""预收账款"明细账必须采用多栏式账页格式。( )
15. 三栏式账簿是指具有目标、摘要、金额三个栏目格式的账簿。　　　( )
16. 明细分类账一般是根据记账凭证直接登记,但个别明细分类账可以根据原始凭证登记。　　　　　　　　　　　　　　　　　　　　　　　　　　　　　　( )

四、问答题

1. 什么是账簿?账簿的作用有哪些?
2. 账簿的设置原则和基本内容是什么?
3. 如何设置现金日记账和银行存款日记账?其格式和登记方法是怎样的?
4. 试述总分类账与明细分类账的关系及平行登记的要点。
5. 账簿登记规则的主要内容有哪些?

6. 更正错账有哪几种方法？试说明各种方法的适用性。

7. 什么叫结账？如何进行结账？

8. 什么叫对账？对账包括哪些基本内容？

五、练习题

1. 库存现金日记账和银行存款日记账登记。

2. 某公司 2019 年 7 月 31 日现金日记账和银行存款日记账的余额分别是 68 000 元和 80 000 元。8 月发生下列涉及银行存款和现金的业务：

（1）2 日，从银行提取现金 5 000 元备用。

（2）3 日，采购员李勇预借差旅费 2 000 元，以现金支付。

（3）7 日，收到甲公司前欠销货款 27 000 元，存入银行。

（4）9 日，用现金购入 200 元办公用品，行政管理部门领用。

（5）11 日，用银行存款支付广告费 6 700 元。

（6）22 日，用银行存款支付前欠乙单位货款 1 997 元。

（7）23 日，用银行存款支付水电费 1 600 元。

（8）24 日，收到红星厂包装物押金 260 元，存入银行。

（9）29 日，用银行存款上交本月所得税 2 100 元。

（10）30 日，王大田报销差旅费 3 500 元（原借款 4 000 元），余款 500 元交回现金。

要求：试根据上述资料登记现金日记账和银行存款日记账。

2. 更正错账练习。

某公司某月末发现的错账如下：

（1）开出现金支票 1 200 元，支付日常零星开支，填制的记账凭证为

借：管理费用　　　　　　　　　　　　　　　　　　　　　　　1 200

　　贷：库存现金　　　　　　　　　　　　　　　　　　　　　　　1 200

（2）企业生产车间领用材料 9 000 元，填制的记账凭证为

借：管理费用　　　　　　　　　　　　　　　　　　　　　　　9 000

　　贷：原材料　　　　　　　　　　　　　　　　　　　　　　　　9 000

（3）企业将现金 5 000 元存入银行，填制的记账凭证为

借：银行存款　　　　　　　　　　　　　　　　　　　　　　　3 000

　　贷：库存现金　　　　　　　　　　　　　　　　　　　　　　　3 000

上述 3 笔记账凭证均已登记入账。

（4）用现金支付管理部门零星购置费 158 元，填制的记账凭证为

借：管理费用　　　　　　　　　　　　　　　　　　　　　　　158

　　贷：库存现金　　　　　　　　　　　　　　　　　　　　　　　158

记账时现金贷方栏记录为 188 元。

要求：对上述各项经济业务的错误记录分别采用适当的方法更正。

第八章 财产清查

> **本章主要内容**
>
> 财产清查是会计核算方法之一。在实际工作中，由于种种原因会造成账存数与实存数不一致，为了保证企业的各项财产物资账实相符，确保会计核算资料的真实、准确以及财产物资的安全、完整，企业需要进行财产清查工作。
> 1. 财产清查的概念、作用和种类；
> 2. 财产清查的一般程序和方法；
> 3. 财产清查结果的账务处理。
>
> **知识目标**
> 1. 理解财产清查的概念，了解财产清查的作用和种类；
> 2. 熟悉财产清查的一般程序；
> 3. 掌握各种财产的清查方法和财产清查结果的处理。
>
> **技能目标**
> 1. 能够负责组织开展财产清查工作；
> 2. 能够编制银行存款余额调节表；
> 3. 能够进行财产清查结果的账务处理。

第一节 财产清查概述

一、财产清查的概念

财产清查是指通过对货币资金、实物资产和往来款项等财产物资进行盘点或核对，确定其实存数，查明账存数与实存数是否相符的一种专门方法。

会计核算的任务之一，是反映和监督财产物资的保管和使用情况，保护企业财产物资的安全完整，提高各项财产物资的使用效果。企业的各项财产包括库存现金、银行存款、固定资产、原材料、库存商品等各项财产物资以及往来结算款项。根据财务管理的要求，各经济单位通过账簿记录来反映和监督上述各项财产的增、减变化及结存情况。为了保证账簿的记录正确，应加强会计凭证的日常审核，定期地核对账簿记录，做到账证相符、账账相符，但是只有账簿记录正确还不能说明账簿所做的记录真实可靠。因为，有很多客观原因使各项财产的账面数额与实际结存数额发生差异，造成账实不符。例如，财产物资保管过程中发生的自然损耗；财产收发过程中由于计量或检验不准，造成多收或少收的差错；由于管理不善，制度不严造成的财产损坏、丢失、被盗；在账簿记录中发生的重记、漏记、错记；由于有关凭证未到，形成未达账项，造成结算双方账实不符及发生意外灾害等。

由于上述各种原因对财产物资的实际影响，为了确定企业财产物资的实有数，保证会计资料的真实性和正确性，各单位必须建立财产清查制度。

二、财产清查的作用

为了保证账簿记录的真实、准确，确保企业财产的安全、完整，必须进行财产清查工作。加强财产清查工作，对于改善企业管理，充分发挥会计的监督作用具有重要意义。

（一）保证会计核算资料的真实可靠

通过财产清查，可以确定各项财产物资的实有数，将实存数和账存数进行对比，确定各项财产的盘盈、盘亏，并及时调整账簿记录，做到账实相符，以保证账簿记录的真实、可靠，提高会计信息的质量。

（二）保证财产物资的安全完整

通过财产清查，可以查明各项财产物资有无被挪用、贪污、盗窃等情况，以便及时进行调查和处理；同时，可以查明财产物资有无管理不善造成霉烂、变质、损失浪费等情况，以便采取有效措施，加强管理，切实保障各项财产物资的安全完整。

（三）保证财产物资各项制度的有效执行

通过财产清查，可以促使企业财产物资的管理人员自觉遵守各项财经制度规定；还可以及时发现管理上存在漏洞和不足，促使企业不断改善财产物资管理，健全各项规章制度，确保财产物资安全、完整。

通过财产清查，可以查明各项财产物资的保管情况和各种责任制度的建立和执行情况，揭示各项财经制度和结算纪律的遵守情况，促使财产物资保管人员自觉遵守各项财经制度规定，加强责任感；还可以促使经办人员自觉遵守财经制度和结算纪律，及时结清债权债务，避免发生坏账损失。

（四）提高财产物资的利用效率

通过财产清查，不仅可以查明企业的各项财产物资是否相符，还可以查明各项财产物资的储备利用情况。储备不足的应及时补足，积压呆滞的应及时处理。企业储备的各项财产物资既要保证生产经营的需要，又要提高资金的使用效率。因此，财产清查可以促进财产物资的有效使用，充分挖掘财产物资的潜力，避免损失和浪费，加速资金周转，提高经济效益。

三、财产清查的种类

财产清查按清查的范围，可分为全面清查和局部清查；按清查的时间，可分为定期清查和不定期清查；按清查的执行单位，可分为内部清查和外部清查。

（一）按清查的范围分类

▶ 1. 全面清查

全面清查是指对全部财产进行盘点和核对，其特点是清查的范围广、时间长、参与人员多。全面清查涉及企业全部资产，主要包括以下内容。

（1）货币资金，包括库存现金、银行存款、其他货币资金。

（2）金融资产和长期股权投资，包括交易性金融资产、持有至到期投资、可供出售金融资产、长期股权投资等。

（3）存货，包括原材料、在途物资、在产品、半成品、产成品、库存商品等。

（4）工程物资、在建工程、固定资产。

（5）债权、债务，包括应收账款、应收票据、预付账款、应付账款、预收账款等往来结算款项。

（6）委托其他单位加工、保管及受其他单位委托加工、保管的财产物资等。

一般情况下，为不影响正常生产经营活动，全面清查只在下列情况下进行：

（1）年终决算前；

（2）单位撤销、合并或改变隶属关系前；

（3）中外合资、国内合资前；

（4）企业股份制改制前；

（5）按国家规定进行清产核资前；

（6）单位主要领导调离工作前等。

▶ 2. 局部清查

局部清查是指根据需要对企业的部分财产物资进行盘点与核对，其特点是清查的范围小、时间短、参与人员少，但专业性较强。局部清查一般包括下列清查内容：

（1）库存现金实行"日清月结"，出纳员应每日终了时自行清点一次。

（2）银行存款每月至少同银行核对一次。

（3）债权债务每年至少核对一至两次。

（4）对于存货中流动性大的或易发生溢余、损耗的，除在年终决算时进行全面清查外，还应在每月、每季轮流盘点或重点抽查。

（5）贵重物品至少每月清查盘点一次等。

（二）按清查的时间分类

▶ 1. 定期清查

定期清查是指按照预先计划安排的时间对财产物资进行的盘点与核对。定期清查一般在年末、季末、月末结账时进行，可以是全面清查，也可以是局部清查。多数情况下，年末进行全面清查，季末、月末进行局部清查。

▶ 2. 不定期清查

不定期清查是指事先并无规定的清查时间，而是根据实际需要临时决定对财产物资进行的盘点与核对。

不定期清查一般在下列情况下进行：

（1）更换财产物资保管人员和出纳人员时；

（2）发生意外损失和自然灾害时；

（3）配合上级主管、财政、税务、审计和银行等有关部门对本单位进行会计检查或审计时；

(4) 单位撤销、合并或改变隶属关系时；

(5) 按规定进行临时性资产评估和清产核资时。

不定期清查一般为局部清查，如财产物资保管人员工作交接时进行的清查，发生意外灾害时进行的清查；也可以是全面清查，如单位撤销、合并或改变隶属关系时的清查。

(三) 按清查的执行单位分类

▶ 1. 内部清查

内部清查是指由本单位内部自行组织清查工作小组所进行的财产清查。年终进行的全部清查和平时正常进行的不定期清查等都属于内部清查。

▶ 2. 外部清查

外部清查是指由上级主管部门、审计机关、司法部门、注册会计师等组成清查小组，根据国家的有关规定需要对本单位所进行的财产清查。例如，国有资产监督管理委员会，对国有企业进行的清产核资；企业进行股份制改造、合并、撤销、改变隶属关系时，请评估机构进行的资产评估；司法机关对企业的经济案件进行司法会计鉴定所进行的清查等，都属于外部清查。一般来说，进行外部清查时应有本单位相关人员参加。

内部清查和外部清查，就其清查的对象和范围而言，既可以是全部清查，也可以是局部清查。

上述类型的清查，在实际工作中，往往是综合运用的。

对于财产清查中发现的问题，应编制财产清查报告表，提出处理意见，按照规定的手续审批后，据以进行账务处理。

四、财产清查工作的一般程序

财产清查是一项复杂的工作，其工作内容涉及面广，涉及的人员多，在财产清查前必须有领导、有组织、有步骤、有计划地认真做好各方面的准备工作。

(一) 成立财产清查领导小组

进行财产清查，必须成立专门的清查领导小组，具体负责财产清查的组织和管理。清查领导小组在总会计师及有关主管厂长的领导下，成立由财会、设备、技术、生产、行政等有关部门的人员组成。其主要任务是：根据管理制度或有关部门的要求拟定财产清查工作的详细步骤，确定财产清查对象和范围，安排财产清查工作的进度，配备财产清查人员等；在财产清查过程中，及时掌握工作进度，检查和督促工作，研究和解决财产清查工作中出现的问题；在财产清查工作结束后，写出书面报告，对发生的盘盈、盘亏情况提出处理意见。

(二) 业务准备工作

物资及业务上的准备是进行财产清查必要的前提条件，各业务部门特别是会计部门和会计人员应主动配合，做好准备工作。各部门需要做的准备工作如下。

(1) 财会人员应在财产清查之前将所有的经济业务登记入账，将有关账簿登记齐全并结出余额。总分类账户中反映货币资金、财产物资和债权债务的有关账户与其所属明细分类账核对清楚，做到账证相符、账账相符，为财产清查提供可靠依据。

(2) 财产物资保管部门和人员，应将截止到财产清查时点之前的各项财产物资的出入办好凭证手续，全部登记入账，结出各账户余额，并与会计部门的有关总分类账核对相符，同时，财产物资保管人员应将其所保管的各种财产物资码放整齐，挂上标签，标明品种、规格和结存数量，以便进行实物盘点。

(3) 财产清查小组应组织有关部门准备好计量器具，印刷好各种必要的表格，如盘点表、实存账存对比表、未达账项登记表等。

（三）实施财产清查

清查领导小组根据财产清查计划，采取相应的方法实施财产清查。清查时，要填写相应的原始单据，记录清查结果，确定各项财产物资的实存数。

（四）财产清查结果的处理

财产清查工作完毕后，会计部门要根据各项财产物资的盘点表、实存账存对比表等原始单据确定各项财产物资账实是否相符。对于盘盈、盘亏的情况，会计部门应书面报告上级和有关部门审批，根据审批意见，进行账务处理。

第二节　财产清查的方法

一、财产物资的盘存制度

在清查财产物资实存数量时，企业应建立科学而实用的存货盘存制度。在实际工作中，存货的盘存制度有永续盘存制和实地盘存制两种。

（一）永续盘存制

永续盘存制又称账面盘存制，是指对各种财产物资的增加数和减少数都必须根据有关会计凭证在明细账中进行连续登记，并随时结算出各种财产物资的账面结存数的一种方法。

账面期末余额＝账面期初余额＋本期增加数－本期减少数

永续盘存制要求财产物资的进出都有严密的手续，并在有关账簿中对财产物资增加和减少进行连续登记，且随时结出账面结存数，便于随时掌握财产物资的占用情况及其动态，有利于加强对财产物资的管理。具体做法是：收入和发出财产物资时，应根据会计凭证及时将收入数或发出数（包括收入和发出的数量和金额）登记到有关明细账簿的借方栏或贷方栏，将收入或发出后引起该项财产的结存数额及时计算，并记入账簿的余额栏（结存数额等于原结存数额加上收入数额和减去发出数额）。

【例8-1】星光公司2019年11月1日A种材料结存数量为2 000千克，单价为2.50元。4日购进入库1 000千克，实际成本为2 500元；6日生产领用1 800千克，实际成本为4 500元；10日购进入库1 500千克，实际成本为3 750元；11日生产领用1 700千克，实际成本为4 250元；15日生产领用400千克，实际成本为1 000元；20日购进入库1 000千克，实际成本为2 500元。按永续盘存制要求该种材料在明细账上的记录如表8-1所示。

表8-1　原材料明细分类账

材料名称：A材料

2019年		凭证		摘　要	单价	借　方		贷　方		余　额	
月	日	字	号			数量	金额	数量	金额	数量	金额
11	1			月初余额	2.50					2 000	5 000
11	4			购进	2.50	1 000	2 500			3 000	7 500

续表

2019年		凭证		摘要	单价	借方		贷方		余额	
月	日	字	号			数量	金额	数量	金额	数量	金额
11	6			生产领用	2.50			1 800	4 500	1 200	3 000
11	10			购进	2.50	1 500	3 750			2 700	6 750
11	11			生产领用	2.50			1 700	4 250	1 000	2 500
11	15			生产领用	2.50			400	1 000	600	1 500
11	20			购进	2.50	1 000	2 500			1 600	4 000
11	30			本月合计	2.50	3 500	8 750	3 900	9 750	1 600	4 000

按永续盘存制要求,则期末余额=5 000+8 750-9 750=4 000(元)。

永续盘存制的优点是能加强对财产物资的管理和监督。由于该方法可以对存货的增加和减少及时进行登记,因此,在财产物资明细账中,可以随时反映出每项财产物资的收入、发出和结存情况,有利于财产物资的日常控制和管理。期末通过财产清查,可以发现溢余、短缺的情况,并追查其原因,从而能加强对财产物资的管理,其缺点是记账工作量大。在实际工作中,大多数企业都采用永续盘存制。

(二) 实地盘存制

实地盘存制是指平时只在账簿中登记财产物资的增加数,不登记减少数,期末时通过实地盘点实物来确定财产物资的结余数,倒挤出本期发出数的一种方法。材料物资发出数的计算应采用的公式为

$$本期减少数额=期初余额+本期增加数额-期末余额$$

本期期末实际结存数额是根据实地盘存确定的,因此,实地盘存制又称盘存计耗法。

根据以上计算倒挤出的本期减少数再登记有关账簿,所以每月末对各项财产物资进行实地盘点的结果,是计算确定本月财产物资减少数的依据。

【例 8-2】承例 8-1,假定期末实地盘点 A 种材料的期末结存数量为 1 500 千克,每千克 2.50 元,计 3 750 元,则该月 A 种材料在账簿上的登记如表 8-2 所示。

表 8-2 原材料明细账

材料名称:A 材料

2019年		凭证		摘要	单价	收入		发出		结存	
月	日	字	号			数量	金额	数量	金额	数量	金额
11	1			期初结存	2.50					2 000	5 000
	4			购进	2.50	1 000	2 500				
	10			购进	2.50	1 500	3 750				
	20			购进	2.50	1 000	2 500				
	30			本月发出				4 000	10 000		
11	30			本月发生额及余额	2.50	3 500	8 750	4 000	10 000	1 500	3 750

按实地盘存制要求,则本期发出材料的金额=5 000+8 750-3 750=10 000(元)。

实地盘存制的优点是平时对发出和结存的财产物资可不做记录,因此工作量小。其缺

点是由于实地盘点后的实物数量是登记账簿中财产物资发出数量的唯一依据,因此保管中存在的问题不易被发现,从而影响成本计算的正确性,削弱了对库存物资的控制和监督作用。在实际工作中,实地盘存制很少被单位采用。实地盘存制只适用于自然损耗较大、数量不稳定的鲜活商品以及价值很小、收发频繁的财产物资。在实地盘存制下,财产清查的主要目的是确定期末结存数,以推算出本期发出数。

二、财产清查的方法

由于各种财产的形态、用途、存放地点、存放方式、性能及数量的不同,具体的清查方法也不尽相同。

(一) 货币资金的清查

▶ 1. 库存现金的清查

库存现金的主要是通过实地盘点的方法进行清查。通过实地盘点,确定库存现金的实存数,然后与库存现金日记账的账面余额核对,确定账实是否相符。为了明确责任,库存现金清查应在出纳人员在场的情况下进行。盘点时,一方面要清点现金实有数,并与现金日记账余额相核对,查明账实是否相符;另一方面,还要检查库存限额的遵守情况,有无以白条抵充现金的情况。现金清查盘点后,应填写"现金盘点报告表",其格式如表8-3所示,并据以调整现金日记账的账面记录。

表 8-3 现金盘点报告表

单位名称:　　　　　　　　　　　　年　月　日　　　　　　　　　　　　单位:元

实存金额	账存金额	对比结果		备注
		盘盈	盘亏	

盘点人:(签章)　　　　　　　　　　出纳员:(签章)

▶ 2. 银行存款的清查

银行存款的清查是采用与开户银行核对账目的方法进行的,即本单位银行存款日记账的账簿记录与开户银行的对账单逐笔核对,以检查双方记账是否有误及余额是否相符。银行存款的清查一般在月末进行。

一般情况下,企业银行存款日记账余额与银行对账单余额往往不一致,不一致的原因可能有两种:一是双方日常记账中发生错误;二是存在未达账项。所谓未达账项,是指企业与银行之间,由于记账时间不一致而发生的一方已经取得凭证登记入账,另一方未取得凭证尚未入账的款项。对于核对发现的错账,如果是企业的责任,应及时更正有关账簿;如果是银行的责任,应立即通知银行要求更正。未达账项通常有以下四种情况:

(1) 银行已收款记账,企业尚未收款记账的款项。如企业委托银行代收购货款,银行已收款登记入账,而收款通知尚未到达企业,企业尚未记账。

(2) 银行已付款记账,企业尚未付款记账的款项。如银行代企业支付电话费,银行已付款并登记企业银行存款减少,但企业未收到银行付款通知,尚未记账。

(3) 企业已收款记账,银行尚未收款记账的款项。如企业送存转账支票并已登记增加银行存款账户,而银行尚未办妥转账手续,尚未记账。

(4)企业已付款记账，银行尚未付款记账的款项。如企业签发转账支票，已付款记账，但持票人尚未到银行办理转账，银行尚未记账。

上述任何一种未达账项的存在，都会使企业银行存款日记账的余额与银行对账单的余额不符。所以，在与银行对账时首先应查明是否存在未达账项，如果存在未达账项，则应该编制"银行存款余额调节表"，如没有记账错误，调节后的双方余额应相等。

银行存款清查的按以下四个步骤进行。

(1)将本单位银行存款日记账与银行对账单，以结算凭证的种类、号码和金额为依据，逐日逐笔核对。凡双方都有记录的，用铅笔在金额旁打上记号"√"。

(2)找出未达账项(即银行存款日记账和银行对账单中没有打"√"的款项)。

(3)将日记账和对账单的月末余额及找出的未达账项填入"银行存款余额调节表"，并计算调整后的余额。

(4)将调整平衡的"银行存款余额调节表"，经主管会计签章后，呈报开户银行。

凡有几个银行户头及开设有外币存款户头的单位，应分别按存款户头开设"银行存款日记账"。每月月末，应分别将各户头的"银行存款日记账"与各户头的"银行对账单"核对，并分别编制各户头的"银行存款余额调节表"。

银行存款余额调节表的编制，是以双方账面余额为基础，各自分别加上对方已收款入账而己方尚未入账的数额，减去对方已付款入账而己方尚未入账的数额，其计算公式为

企业银行存款日记账余额＋银行已收企业未收款－银行已付企业未付款
＝银行对账单存款余额＋企业已收银行未收款－企业已付银行未付款

"银行存款余额调节表"的格式如表 8-4 所示。

表 8-4　银行存款余额调节表

账号：　　　　　　　　　　　　年　月　日　　　　　　　　　　　单位：元

项　目	金　额	项　目	金　额
企业银行存款账面余额		银行对账单余额	
加：银行已收，企业未收		加：企业已收，银行未收	
减：银行已付，企业未付		减：企业已付，银行未付	
调节后的存款余额		调节后的存款余额	

制表人：(签章)

现举例说明"银行存款余额调节表"的编制方法。

【例 8-3】 星光公司 2019 年 12 月的"银行存款日记账"及"银行对账单"资料如表 8-5 和表 8-6 所示。

表 8-5　银行存款日记账

账号：4789-0917-00000173

2019 年		凭证号数		摘　要	结算凭证		对方账户	收入	支出	结余
月	日	字	号		种类	号数				
12	1			期初余额						760 000
12	2			销售产品	支票	00328	主营业务收入	250 000		1 010 000
12	7			收到货款	支票	00411	应收账款	50 000		1 060 000

续表

2019年		凭证号数		摘　要	结算凭证		对方账户	收入	支出	结余
月	日	字	号		种类	号数				
12	11			销售产品	支票	00509	主营业务收入	60 000		1 120 000
12	15			支付货款	支票	00113	材料采购		600 000	520 000
12	21			提取现金	支票	00121	现金		20 000	500 000
12	27			支付购货款	支票	00127	应付账款		50 000	450 000
12	29			收取房租	支票	00511	其他业务收入	10 000		460 000
12	31			本月合计				370 000	670 000	460 000

表 8-6　银行对账单

账号：4789-0917-00000173

2019年		摘　要	结算凭证		收入	支出	结余
月	日		种类	号数			
12	1	结余					760 000
12	2	存入	支票	00328	250 000		1 010 000
12	12	存入	支票	00411	50 000		1 060 000
12	19	支取	支票	00113		600 000	460 000
12	25	存入	支票	00587	40 000		500 000
12	26	支取	支票	00121		20 000	480 000
12	27	支取	支票	00128		30 000	450 000
12	31	本月合计			340 000	650 000	450 000

经过"银行存款日记账"和"银行对账单"逐笔核对，发现双方有下列未达账项：
(1) 12月11日，企业已收销售商品货款60 000元，银行未收；
(2) 12月25日，银行已收甲单位前欠货款40 000元，企业未收；
(3) 12月27日，企业已付前欠乙单位货款50 000元，银行未付；
(4) 12月27日，银行已代付电话费30 000元，企业未付；
(5) 12月29日，企业已收销售材料货款10 000元，银行未收。

根据以上资料，编制"银行存款余额调节表"如表 8-7 所示。

表 8-7　银行存款余额调节表

账号：4789-0917-00000173　　　　2019年12月31日　　　　　　　　　　　　　单位：元

项　目	金　额	项　目	金　额
企业银行存款账面余额	460 000	银行对账单余额	450 000
加：银行已收，企业未收	40 000	加：企业已收，银行未收	70 000
减：银行已付，企业未付	30 000	减：企业已付，银行未付	50 000
调节后的存款余额	470 000	调节后的存款余额	470 000

制表人：（签章）

银行存款余额调节表有以下三方面的作用：

(1) 银行存款余额调节表是一种对账记录或对账工具，不能作为调整账面记录的依据，即不能根据银行存款余额调节表中的未达账项来调整银行存款账面记录，未达账项只有在收到有关凭证后才能进行有关的账务处理。

(2) 调节后的余额如果相等，通常说明企业和银行的账面记录一般没有错误，该余额通常为企业可以动用的银行存款实有数。

(3) 调节后的余额如果不相等，通常说明一方或双方记账有误，需进一步追查，查明原因后予以更正和处理。

(二) 实物资产的清查

实物资产主要包括固定资产、存货等。实物资产的清查就是对实物资产在数量和质量上所进行的清查。由于实物资产的形态、体积、重量、码放方式等不同，采用的清查方法也不同，主要有两种：实物盘点法和技术推算法。

▶ 1. 实地盘点法

实地盘点法是指清查人员在实物资产存放的现场通过逐一清点数量或用计量仪器确定其实存数的一种清查方法。这种方法适用范围较广，要求严格，数字准确可靠，清查质量高，大多数实物资产都可采用这种方法，但工作量大。如事先按实物资产的实物形态进行科学的码放，如五五排列、三三制码放等，将有助于提高清查的速度。

▶ 2. 技术推算法

技术推算法是指清查人员利用技术方法推算实物资产实存数的方法。这种方法一般适用于那些大量成堆，难以逐一清点的实物资产，如煤炭、砂石等大宗物资。此方法盘点数字不够准确，但工作量较小。

对于实物质量的检查方法，可根据不同实物，采用不同的方法，如有的物资采用物理方法，有的物资采用化学方法来检查其保管质量。

为了明确责任，在进行盘点时，实物资产的保管人员和清查人员必须同时在场，并参加盘点工作。清查结束后，清查人员应根据清查结果编制"盘存单"。"盘存单"应由保管人员和清查人员签字或盖章，至少一式两份，一份交保管人员留存，一份交会计人员留存。"盘存单"既是记录盘点结果的书面证明，也是反映实物资产实存数的原始凭证，其一般格式如表 8-8 所示。

表 8-8　盘　存　单

单位名称：　　　存放地点：　　　编号：　　　财产类别：　　　盘点时间：

序号	名称	规格	计量单位	盘点数量	单价	金额	备注

盘点人：（签章）　　　　　　　　　　保管人：（签章）

为了查明实存数与账存数是否一致，确定盘盈或盘亏情况，应根据"盘存单"和有关账簿的记录，编制"实存账存对比表"。"实存账存对比表"是用以调整账面记录的原始凭证，也是分析产生差异的原因，明确经济责任的依据。"实存账存对比表"的格式如表 8-9 所示。

表 8-9 实存账存对比表

单位名称： 　　　　　　　　　　　　　　年　月　日

序号	名称	规格	计量单位	单价	实存		账存		盘盈		盘亏		备注
					数量	金额	数量	金额	数量	金额	数量	金额	

盘点人：(签章)　　　　　　　　　　　　　会计：(签章)

(三) 往来款项的清查方法

往来款项主要是包括应收、应付款项和预收、预付款项等。往来款项的清查一般采用发函询证的方法进行核对。在保证往来账户记录完整正确的基础上，编制"往来款项对账单"，如图 8-1 所示，"对账单"通常一式两联，一联交由对方单位留存，一联作为回单。"对账单"寄往各有关往来单位，对方单位核对后退回，盖章表示核对相符，如有不相符合的数字，由对方单位在对账单上注明不符情况，或者另抄对账单退回本单位，清查人员据此编制"往来款项清查结果报告表"(见表 8-10)，特别对于本单位和对方单位有争议的款项或没有希望收回的款项，应在表中详细加以说明，以利于及时采取相应措施，避免长期拖欠，减少坏账损失的发生。

×××单位：

　　你单位 2019 年 6 月 13 日到我厂购甲产品 5 000 件，已付货款 2 000 元，尚欠 8 000 元，请核对后将回联单寄回。

　　　　　　　　　　　　　　　　　　　　　　　　　　　清查单位：(盖章)
　　　　　　　　　　　　　　　　　　　　　　　　　　　2019 年 12 月 20 日

沿此虚线裁下，将以下回联单寄回！

往来款项对账单(回联)

×××清查单位：

　　你单位寄来的"往来款项对账单"已收到，经核对相符无误。

　　　　　　　　　　　　　　　　　　　　　　　　　　　×××单位：(盖章)
　　　　　　　　　　　　　　　　　　　　　　　　　　　2019 年 12 月 26 日

图 8-1　往来款项对账单

表 8-10　往来款项清查结果报告表

单位名称：　　　　　　　　　　　年　月　日　　　　　　　　　　　单位：元

总分类账户		明细分类账户		发生日期	对方结存额	对比结果及差异额	差异原因及金额			备注
名称	金额	名称	金额				未达款项	有争议的款项	无法收回的款项	

清查人员：(签章)　　　　　　　　　　　　经营人员：(签章)

第三节 财产清查结果的处理

一、财产清查结果的处理要求

对于财产清查中所发现的财产管理和核算方面存在的问题，如财产物资的盘盈、盘亏、毁损或其他各种损失，企业应认真分析研究、总结经验，按照财产管理制度的规定，做好财产清查的处理工作，具体要求如下。

（一）分析账实不符的原因和性质，提出处理建议

对于通过财产清查所发现的盘盈、盘亏，应及时查明原因，明确经济责任，并依据有关规定进行处理。对于一些合理的物资损耗等，只要在规定的损耗标准和范围内，会计人员可按照规定及时做出处理。对于超出规定职权范围的事项，会计人员无权自行处理，应及时报请单位负责人做出处理。一般而言，个人造成的损失，应由个人赔偿损失；因管理不善等原因而造成的损失，应作为企业管理费用入账；因自然灾害造成的非常损失，列入企业的营业外支出。

（二）积极处理多余积压财产，清理往来款项

对于积压多余的呆滞物资，除设法在企业内部消化利用外，还应积极对外促销，以加速资金周转。企业还应定期清理往来款项，指定专人负责催收，对于确实无法收回的款项，应按规定确认为坏账，进行核销。

（三）总结经验教训，建立健全各项管理制度

财产清查后，针对财产清查中发现的问题，认真总结经验教训，建立健全各项财产物资管理制度，明确责任，以保证财产物资的安全完整，提高经营管理水平。

（四）及时调整账簿记录，保证账实相符

对于查明的各种盘盈、盘亏，应及时调整有关财产物资的账簿记录，并作为待处理财产损溢处理；在查明原因经批准处理后，再按批准的意见转账，进行相应的账务处理。对于各种往来款项，如在清查中发现差错，也应及时调整账目；对于查明的确实无法收回的应收款项，应按规定手续经批准后予以核销。

二、财产清查结果的处理步骤和方法

（一）审批之前的处理

财产清查结束后，清查人员应向有关方面报告清查结果，对盘盈和盘亏的财产提出处理建议，由股东大会或董事会、经理（厂长）会议或类似机构根据管理权限批准后执行。

在处理建议得到批准之前，会计人员和财产管理人员应根据"实存账存对比表""库存现金盘点报告表"等资料编制记账凭证，调整有关财产的账面价值，使账簿记录与实际盘存数相符。

（二）审批之后的处理

处理意见经审批后，会计人员应根据审批意见进行账务处理，一方面登记"待处理财产损溢"等有关账簿，转销审批前登记的金额，调整有关成本费用、营业外收入和支出等；

如果向责任人索取赔偿，还应确认应收款项。

企业清查的各种财产损溢，如果在期末结账前尚未经批准，在对外提供财务报表时，先按上述规定进行处理，并在附注中做出说明；其后批准的金额与已处理金额不一致的，调整财务报表相关项目的期初数。

三、财产清查结果会计处理应设置的账户

（一）"待处理财产损溢"账户

为了反映和监督在财产清查中查明的各种财物的盘盈、盘亏、毁损情况及处理结果，企业应设置"待处理财产损溢"账户，该账户属于双重性质的资产类账户，借方登记财产物资的盘亏数、毁损数和批准转销的财产物资盘盈数；贷方登记财产物资的盘盈数和批准转销的财产物资盘亏及毁损数。该账户应在期末结账前处理完毕，处理后该账户应无余额。

"待处理财产损溢"账户的结构如图 8-2 所示。

借方	贷方
（1）财产物资的盘亏数、毁损数 （2）转销已处理财产物资的盘盈数	（1）财产物资的盘盈数 （2）转销已处理财产物资的盘亏数、毁损数

图 8-2　"待处理财产损溢"账户的结构

（二）"以前年度损益调整"账户

"以前年度损益调整"账户属于损益类账户。用来核算企业本年度发生的调整以前年度损益的事项、本年度发现的重要前期差错更正。借方登记调整减少以前年度利润或增加以前年度亏损，贷方登记调整增加以前年度利润或减少以前年度亏损。由于以前年度损益调整增加的所得税费用，借记该账户，贷记"应交税费——应交所得税"等科目；由于以前年度损益调整减少的所得税费用做相反的会计分录。经上述调整后，应将本科目的余额转入"利润分配——未分配利润"账户。该账户如为贷方余额，借记该账户，贷记"利润分配——未分配利润"科目；如为借方余额做相反的会计分录。该账户结转后应无余额。

四、财产清查结果的会计处理

（一）审批之前的处理

对于已查明的账实不符，在审批之前，会计人员应先根据有关原始凭证（如账存实存对比表）编制记账凭证，使各项财产物资保持账实相符。同时，根据管理权限，将处理意见报经有关领导批准后，在期末结账前处理完毕。

▶ 1. 现金清查结果的会计处理

现金短缺时，应按实际短缺金额，借记"待处理财产损溢"账户，贷记"库存现金"账户；现金溢余时，按实际溢余的金额，借记"库存现金"账户，贷记"待处理财产损溢"账户。

▶ 2. 存货清查结果的会计处理

盘亏、毁损各种材料、库存商品时，借记"待处理财产损溢"账户，贷记"原材料""库存商品"等账户；盘盈各种材料、库存商品时，借记"原材料""库存商品"等账户，贷记"待处理财产损溢"账户。

▶ 3. 固定资产清查结果的会计处理

盘亏固定资产时，按盘亏固定资产的净值，借记"待处理财产损溢"账户，按已提折

旧，借记"累计折旧"账户，按固定资产原价，贷记"固定资产"账户；盘盈固定资产时，按其估计的净值，借记"固定资产"账户，贷记"以前年度损益调整"账户。

（二）审批之后的处理

对于盘盈、盘亏、毁损的各种财产物资，按管理权限报经批准后，会计人员应根据批准的文件进行相应的会计处理。

▶ 1. 现金清查结果的会计处理

对于短缺的现金，属于应由责任人赔偿或保险公司赔偿的部分，借记"其他应收款""库存现金"等账户，贷记"待处理财产损溢"账户；属于无法查明的其他原因，根据管理权限批准后，借记"管理费用"账户，贷记"待处理财产损溢"账户；对于溢余的现金，属于应支付给有关人员或单位的，借记"待处理财产损溢"账户，贷记"其他应付款"账户；属于无法查明原因的现金溢余，借记"待处理财产损溢"账户，贷记"营业外收入"账户。

▶ 2. 存货清查结果的会计处理

对于盘亏的存货，属于自然损耗的，借记"管理费用"账户，贷记"待处理财产损溢"账户；属于计量收发差错和管理不善等原因造成的，其净损失借记"管理费用"账户，贷记"待处理财产损溢"账户；属于自然灾害造成的，其净损失借记"营业外支出"账户，贷记"待处理财产损溢"账户；属于保险赔偿或责任人赔偿的，借记"其他应收款"账户，贷记"待处理财产损溢"账户；对于盘盈的存货，借记"待处理财产损溢"账户，贷记"管理费用"等账户。

现举例说明财产清查结果的账务处理。

【例 8-4】现金清查中，发现库存现金较账面余额多出 150 元，原因待查。

借：库存现金　　　　　　　　　　　　　　　　　　　　　　150
　　贷：待处理财产损溢　　　　　　　　　　　　　　　　　　　150

【例 8-5】经反复核查，上述现金长款原因不明，经批准转作营业外收入处理。

借：待处理财产损溢　　　　　　　　　　　　　　　　　　　150
　　贷：营业外收入　　　　　　　　　　　　　　　　　　　　　150

【例 8-6】现金清查中，发现库存现金较账面余额短缺 120 元，原因待查。

借：待处理财产损溢　　　　　　　　　　　　　　　　　　　120
　　贷：库存现金　　　　　　　　　　　　　　　　　　　　　　120

【例 8-7】经查，上述现金短缺属于出纳员王一恒的责任，应由该出纳员赔偿，尚未收到。

借：其他应收款——王一恒　　　　　　　　　　　　　　　　120
　　贷：待处理财产损溢　　　　　　　　　　　　　　　　　　　120

【例 8-8】收到上述出纳员王一恒赔款 120 元。

借：库存现金　　　　　　　　　　　　　　　　　　　　　　120
　　贷：其他应收款——王一恒　　　　　　　　　　　　　　　　120

【例 8-9】星光公司在资产清查中盘盈甲材料 250 元，经查明是由于收发计量上的错误所致，经领导批准后作为冲减管理费用处理。

在审批之前，根据有关凭证编制会计分录如下：

借：原材料——甲材料　　　　　　　　　　　　　　　　　　250
　　贷：待处理财产损溢　　　　　　　　　　　　　　　　　　　250

在审批之后，编制如下会计分录：

借：待处理财产损溢　　　　　　　　　　　　　　　　　　　　　　250
　　贷：管理费用　　　　　　　　　　　　　　　　　　　　　　　　　250

【例 8-10】 星光公司在资产清查中，盘亏 A 产品 500 千克，单价 100 元，共计 50 000 元。经查明，其中有 50 千克属于自然损耗，有 150 千克属于保管人员过失造成的损失，有 300 千克属于自然灾害造成的损失，应由保险公司赔偿损失的 40%，无残料价值。

在审批之前，编制会计分录如下：
借：待处理财产损溢　　　　　　　　　　　　　　　　　　　　　50 000
　　贷：库存商品——A 产品　　　　　　　　　　　　　　　　　　　50 000

在审批之后，由过失人造成的损失，应按材料成本的 60%，由过失人赔偿，其余的按制度进行处理，则其会计分录如下：
借：管理费用　　　　　　　　　　　　　　　　　　　　　　　　11 000
　　其他应收款——保管员　　　　　　　　　　　　　　　　　　　9 000
　　　　　　　　——××保险公司　　　　　　　　　　　　　　　12 000
　　营业外支出　　　　　　　　　　　　　　　　　　　　　　　18 000
　　贷：待处理财产损溢　　　　　　　　　　　　　　　　　　　　50 000

其中，记入"管理费用"的有：①自然损耗为 50×100＝5 000（元）；② 保管员过失造成的损失为 150×100×40%＝6 000（元）。记入"其他应收款——保管员"的有 150×100×60%＝9 000（元）。记入"其他应收款——××保险公司"的有 300×100×40%＝12 000（元）。记入"营业外支出"的有 300×100×60%＝18 000（元）。

【例 8-11】 星光公司财产清查时发现盘盈设备一台，七成新。估价 40 000 元，八成新。其会计分录如下：
借：固定资产　　　　　　　　　　　　　　　　　　　　　　　32 000
　　贷：以前年度损益调整　　　　　　　　　　　　　　　　　　　32 000

【例 8-12】 星光公司财产清查中发现盘亏设备一台，设备账面原价 80 000 元，已提折旧 30 000 元。

在审批之前，会计分录如下：
借：待处理财产损溢　　　　　　　　　　　　　　　　　　　　50 000
　　累计折旧　　　　　　　　　　　　　　　　　　　　　　　30 000
　　贷：固定资产　　　　　　　　　　　　　　　　　　　　　　80 000

在审批之后，将盘亏设备净值转作营业外支出，其会计分录如下：
借：营业外支出　　　　　　　　　　　　　　　　　　　　　　50 000
　　贷：待处理财产损溢　　　　　　　　　　　　　　　　　　　　50 000

知识案例

财产管理

Y 企业的副经理王××，将企业正在使用的一台设备借给其朋友使用，未办理任何手续。清查人员在年底盘点时发现盘亏了一台设备，原值为 20 万元，已提折旧 5 万元，净值为 15 万元。经查，属王副经理所为。于是，派人向借方追索。但借方声称，该设备已被人偷走。当问及王副经理对此事的处理意见时，他建议按正常报废处理。

思考:
(1) 盘亏的设备按正常报废处理是否符合会计制度要求?
(2) 企业应怎样正确处理盘亏的固定资产?
分析:此案例中的报废处理是不合适的。清查人员应向当事人索赔。如果当事人不能按期偿还时,王××应承担赔偿责任。

知识案例

材料仓库失火,不报损失,虚增利润

光华会计师事务所受托对东海钢铁厂的存货进行审计,发现存在下列问题。

1. 年终经财产清查发现,原材料账实不符

该钢铁厂已经建立了完善的内部控制制度。在存货的管理中实行了采购人员、运输人员、保管人员等不同岗位分工负责的内部牵制制度。然而在实际操作中,由于三者合伙作弊,使内控制度失去了监督作用。该钢铁厂2012年根据生产需要每月需要购进各种型号的铁矿石1 000吨,货物自提自用。2012年7月,采购人员张某办理购货手续后,将发票提货联交由本企业汽车司机胡某负责运输,胡某在运输途中,一方面将600吨铁矿石卖给某企业,另一方面将剩余的400吨铁矿石运到本企业仓库,交保管员王某按1 000吨验收入库,三个人随即分得赃款。财会部门从发票、运单、入库单等各种原始凭证的手续上看,完全符合规定,照例如数付款。可是在进行年终财产清查时才发现账实不符的严重情况,只得将不足的原材料数量金额先做流动资产的盘亏处理,期末处理时,部分作为管理费用处理,部分作为营业外支出处理。

2. 未经税务部门批准,擅自更改原材料的计价方法,以达到调节产品成本的目的

东海钢铁厂采用实际成本法进行原材料核算。多年来,该厂一直采用后进先出法计算确定发出矿石的实际成本,2012年铁矿石价格上涨严重,该企业为了提高利润,擅自变更了发出原材料实际成本的计算方法,将后进先出法变更为先进先出法。经测算,截至本年末,与按后进先出法计算的结果相比,领用铁矿石的实际成本相差280 000元,即少计了当年的成本280 000元,多计了利润280 000元。该厂在年终财务报告中,对该变更事项及有关结果未予以披露。

3. 毁损材料不报废,制造虚盈实亏

该钢铁厂2013年1月发生了一场火灾,材料损失达90万元。保险公司可以赔偿30万元。企业在预计全年收支情况后,可知如果报列材料损失,就会使利润下降更加严重。为保证利润指标的实现,该钢铁厂领导要求财会部门不列报毁损材料。

思考:
(1) 第一个问题中,该企业的会计处理是否妥当?应该如何处理?
(2) 第二个问题中,这种做法违反了什么原则?应该如何处理?
(3) 第三个问题中,这样做的结果是什么?应该如何进行会计处理?

分析:
(1) 该企业的会计处理是不妥当的。部分作为管理费用处理,部分作为营业外支出处理的做法更有问题。应该查实由三位责任人负责赔偿。
(2) 这种做法违反了一致性原则。企业如果要更改存货的计价方法,首先应通过税务部门批准,然后根据《企业会计准则》中会计政策变更的规定,进行适当的调整,并进行适

当的披露。

(3) 这样做的结果使利润虚增，影响信息使用者的正确决策。应在90万元的基础上，扣除保险公司赔偿的30万元以及材料的残值等项目，再记入"营业外支出"科目。

本章小结

财产清查是指通过对货币资金、实物资产和往来款项的盘点或核对，确定其实存数，查明账存数与实存数是否相符的一种专门方法。财产清查的对象和范围往往不同，在时间上也有区别，一般有以下分类方法：按财产清查的范围，可分为全面清查和局部清查；按清查的时间，可分为定期清查和不定期清查；按清查的执行单位，分为内部清查和外部清查。

永续盘存制又称账面盘存制，是对各种财产物资的增加数和减少数都必须根据有关会计凭证在明细账中进行连续登记，并随时结算出各种财产物资的账面结存数的一种方法。

账面期末余额＝账面期初余额＋本期增加数－本期减少数

永续盘存制要求财产物资的进出都有严密的手续，并在有关账簿中对财产物资进出进行连续登记，且随时结出账面结存数，便于随时掌握财产物资的占用情况及其动态，有利于加强对财产物资的管理。采用永续盘存制，尽管能在账簿中及时反映各项财产物资的结存数额，但是，也可能发生账实不符的情况。

实地盘存制就是平时只在账簿中登记财产物资的增加数，不登记减少数，而在期末时再通过实地盘点实物，来确定财产物资的结余数，并采用倒挤的方法来计算材料物资发出数的一种方法。材料物资发出数的计算公式为

本期减少数额＝期初结存数额＋本期增加数额－期末结存数额

本期期初实际结存数额即上期期末实际结存数额，期末实际结存数额根据实地盘存确定，故该法又称盘存计耗法。采用实地盘存制，平时对发出或销售的财产物资以及结存的财产物资可不做详细的记录，因此工作比较简便。

由于各种财产的形态、用途、存放地点、存放方式、性能及数量的不同，具体的清查方法也不尽相同。对库存现金的清查是通过实地盘点进行的。银行存款的清查是采用将银行的对账单与本单位银行存款日记账的账面余额相核对，以查明账实是否相符的工作。一般情况下，双方余额应该是一致的，若双方余额出现不一致的情况，可能存在未达账项。未达账项，是指由于企业与银行取得有关凭证的时间不同，而发生的一方已经取得凭证登记入账，另一方由于未取得凭证尚未入账的款项。对实物的清查可根据其形态、体积、重量、码放方式等不同，采用不同的清查方法，主要有实地盘点法和技术推算法。

思考训练

一、单项选择题

1. 某企业盘点中发现盘亏一台设备，原始价值50 000元，已计提折旧10 000元。根据事先签订的保险合同，保险公司应赔偿30 000元，则扣除保险公司赔偿后剩余的净损失10 000元应记入(　　)。
   A. 累计折旧　　　B. 营业外支出　　　C. 管理费用　　　D. 资本公积
2. 编制银行存款余额调节表时，本单位银行存款调节后的余额等于(　　)。
   A. 本单位银行存款余额＋本单位已记增加而银行未记增加的账项－银行已记增加

而本单位未记增加的账项

B. 本单位银行存款余额＋银行已记增加而本单位未记增加的账项－银行已记减少而本单位未记减少的账项

C. 本单位银行存款余额＋本单位已记增加而银行未记增加的账项－本单位已记增加而银行未记增加的账项

D. 本单位银行存款余额＋银行已记减少而本单位未记减少的账项－银行已记增加而本单位未记增加的账项

3. 全面清查和局部清查是按照( )来划分的。
   A. 财产清查的范围　　　　　　　B. 财产清查的时间
   C. 财产清查的方法　　　　　　　D. 财产清查的性质

4. 下列各项中，属于实物资产清查范围的是( )。
   A. 库存现金　　　B. 存货　　　C. 银行存款　　　D. 应收账款

5. 关于现金的清查，下列说法不正确的是( )。
   A. 在清查小组盘点现金时，出纳人员必须在场
   B. "现金盘点报告表"需要清查人员和出纳人员共同签字盖章
   C. 要根据"现金盘点报告表"进行账务处理
   D. 不必根据"现金盘点报告表"进行账务处理

6. 对库存现金的清查应采用的方法是( )。
   A. 实地盘点法　　B. 检查现金日记账　C. 倒挤法　　　D. 抽查现金

7. 盘亏的固定资产应该通过( )科目核算。
   A. 固定资产清理　　　　　　　　B. 待处理财产损溢
   C. 以前年度损益调整　　　　　　D. 材料成本差异

8. 对银行存款进行清查，应该采用的方法是( )。
   A. 定期盘点法　　　　　　　　　B. 与银行核对账目法
   C. 实地盘存法　　　　　　　　　D. 和往来单位核对账目法

9. 无法查明原因的现金盘盈应该记入( )科目。
   A. 管理费用　　B. 营业外收入　　C. 销售费用　　D. 其他业务收入

10. 企业在遭受自然灾害后，对其受损的财产物资进行的清查，属于( )。
    A. 局部清查和定期清查　　　　　B. 全面清查和定期清查
    C. 全面清查和不定期清查　　　　D. 局部清查和不定期清查

11. 财产清查是对( )进行盘点和核对，确定其实存数，并检查其账存数和实存数是否相符的一种专门方法。
    A. 存货　　　B. 固定资产　　　C. 货币资金　　　D. 各项财产

12. 某公司2019年6月30日银行存款日记账的余额为100万元，经逐笔核对，未达账项如下：银行已收，企业未收的2万元；银行已付，企业未付的1.5万元。调整后的企业银行存款余额应为( )万元。
    A. 100　　　　B. 100.5　　　　C. 102　　　　D. 103.5

13. 年终决算前进行的财产清查属于( )。
    A. 局部清查和定期清查　　　　　B. 全面清查和定期清查
    C. 全面清查和不定期清查　　　　D. 局部清查和不定期清查

二、多项选择题

1. 造成账实不符的原因主要有（   ）。
   A. 财产物资的自然损耗　　　　　　B. 财产物资收发计量错误
   C. 财产物资的毁损、被盗　　　　　D. 会计账簿漏记、重记、错记

2. 财产清查中查明的各种财产物资的盘亏，根据不同的原因，报经审批后可能列入的账户有（   ）。
   A. 营业外支出　　B. 其他应收款　　C. 管理费用　　D. 营业外收入

3. 库存现金盘亏的账务处理中可能涉及的科目有（   ）。
   A. 库存现金　　　B. 管理费用　　　C. 其他应收款　　D. 营业外支出

4. 关于银行存款的清查，下列说法正确的是（   ）。
   A. 不需要根据"银行存款余额调节表"做任何账务处理
   B. 对于未达账项，等以后有关原始凭证到达后再做账务处理
   C. 如果调整之后双方的余额不相等，则说明银行或企业记账有误
   D. 对于未达账项，需要根据"银行存款余额调节表"做账务处理

5. 下列情况中，适用于全面清查的有（   ）。
   A. 年终决算前　　　　　　　　　　B. 单位撤销、合并或改变隶属关系前
   C. 全面清产核资、资产评估　　　　D. 单位主要负责人调离工作前

6. 编制"银行存款余额调节表"时，应调整银行对账单余额的业务是（   ）。
   A. 企业已收，银行未收　　　　　　B. 企业已付，银行未付
   C. 银行已收，企业未收　　　　　　D. 银行已付，企业未付

7. 下列情况中，需要进行不定期清查的是（   ）。
   A. 年终决算前进行财产清查　　　　B. 更换财产物资保管人员
   C. 发生自然灾害或意外损失　　　　D. 临时性清产核资

8. 关于库存现金的清查，下列说法正确的有（   ）。
   A. 库存现金应该每日清点一次
   B. 库存现金应该采用实地盘点法
   C. 在清查过程中可以用借条、收据充抵库存现金
   D. 要根据盘点结果编制"现金盘点报告表"

三、判断题

1. 定期清查和不定期清查对象的范围既可以是全面清查，也可以是局部清查。（   ）
2. "盘存单"需经盘点人员和实物保管人员共同签章方能有效。（   ）
3. 经过银行存款余额调节表调节后的存款余额，是企业可动用的银行存款实有数。
   （   ）
4. 财产清查就是对各项实物资产进行定期盘点和核对。（   ）
5. 财产清查中，对于银行存款和一些贵重物资至少每月与银行或有关单位核对一次。
   （   ）
6. "银行存款余额调节表"编制完成后，可以作为调整企业银行存款余额的原始凭证。
   （   ）
7. 库存现金的清查包括出纳人员每日的清点核对和清查小组定期、不定期的清查。（   ）
8. 未达账项包括企业未收到凭证而未入账的款项和企业、银行都未收到凭证而未登

记入账的款项。   (   )
9. 在进行库存现金和存货清查时,出纳人员和实物保管人员不得在场。   (   )
10. 非正常原因造成的存货盘亏损失经批准后应该记入营业外支出。   (   )

四、问答题

1. 什么是财产清查?为什么要进行财产清查?进行财产清查有什么重要意义?
2. 财产清查有哪几种类型?它们各自的适用范围对象是什么?
3. 财产清查的一般程序是什么?
4. 什么是未达账项?未达账项包括哪几种情况?
5. 简述财产清查的基本内容及常用方法。
6. 财产清查核算应设置什么账户?该账户的结构是怎样的?
7. 如何进行财产清查结果的财务处理?

五、练习题

1. 存货的永续盘存制和实地盘存制的练习。

某企业 2019 年 9 月甲材料的期初结存、本期收入、本期发出,以及期末结存情况如表 8-11 所示。

表 8-11　某企业 2019 年 9 月甲材料情况

日 期	摘 要	数量(吨)	单价(元/吨)	金额(元)
9 月 1 日	期初结存	20	500	10 000
9 月 8 日	购入	160	500	80 000
9 月 10 日	发出	150		
9 月 19 日	购入	100	500	50 000
9 月 27 日	发出	50		

9 月 30 日,甲材料实地盘点数量为 40 吨。

要求:

(1) 计算两种盘存制下本期发出甲材料成本和期末结存甲材料成本。

(2) 解释两种盘存制度下发出甲材料成本产生差异的原因。

2. 银行存款余额调节表的编制。

某公司 2019 年 5 月 31 日银行存款日记账余额为 743 260 元,银行对账单余额为 773 920 元,经过银行存款日记账与银行对账单逐笔收支业务的核对,发现下列错账和未达账项:

(1) 5 日,存入销货款转账支票 5 000 元,该公司记账凭证和账簿记录误记为 500 元。

(2) 15 日,银行为公司代付电话费 53 400 元,公司出纳员工因工作疏忽未编制记账凭证,因此也未记账。

(3) 20 日,收到销货款转账支票 213 000 元,公司已记账,但尚未到银行办理收款手续。

(4) 23 日,银行收到外地客户汇给该公司的货款 219 000 元,但尚未通知公司收款。

(5) 25 日,开出现金支票,预支劳务费 2 000 元,持票人尚未到银行支取。

(6) 29 日,开出转账支票给税务部门,上缴所欠税金 126 000 元,税务部门尚未到银行办理收款手续。

(7) 31 日,银行结算该公司银行存款的利息 13 460 元,但尚未通知该公司。

(8) 31 日,银行结算该公司本季度短期银行借款的利息 67 900 元,但尚未通知公司。

要求：
(1) 选用适当的方法更正记账错误。
(2) 编制"银行存款余额调节表"，核实银行存款的实有数。

3. 练习存款余额调节表的编制。

佳和公司 2019 年 9 月 20 日至月末的银行存款日记账记录的经济业务如下：

(1) 20 日，收到销货款转账支票 6 500 元。
(2) 21 日，开出支票♯0130，支付购入材料的货款 12 000 元。
(3) 23 日，开出支票♯0131，支付购入材料的货款 2 500 元。
(4) 26 日，收到销货款转支票 3 200 元。
(5) 28 日，开出支票♯0132，支付公司日常办公费用 4 800 元。
(6) 30 日，开出支票♯0133，支付下半年房租 24 000 元。
(7) 30 日，银行存款日记账的账面余额为 168 000 元。

银行对账单所列佳和公司 9 月 20 日至月末的经济业务如下：

(1) 20 日，结算佳和公司的存款利息 1 523 元。
(2) 22 日，收到销售款转账支票 6 500 元。
(3) 23 日，收到佳和公司开出的支票♯0130，金额 12 000 元。
(4) 25 日，银行为佳和公司代付水电费 2 900 元。
(5) 26 日，收到佳和公司开出的支票♯0131，金额为 2 500 元。
(6) 29 日，为佳和公司代收外地购贷方汇来的货款 10 600 元。
(7) 30 日，银行对账单的存款余额数为 202 823 元。

要求：根据上述资料，代佳和公司完成银行存款余额调节表的编制，如表 8-12 所示。

表 8-12 佳和公司银行存款余额调节表

项　　目	金　　额	项　　目	金　　额
企业银行存款日记账余额		银行对账单余额	
银行已收，企业未收		企业已收，银行未收	
银行已付，企业未付		企业已付，银行未付	
调节后的存款余额		调节后的存款余额	

4. 银行存款余额调节表的编制。

甲公司 2019 年 6 月 30 日收到的银行对账单的存款单的存款余额为 67 000 元，银行存款日记余额为 53 240 元，与银行存款日记账余额不符。经核对，公司与银行均无记账错误，但是发现下列未达账款：

(1) 6 月 28 日，甲公司开出一张金额为 15 800 元的转账支票用以支付供货方贷款，但供货方尚未持该支票到银行兑换。
(2) 6 月 29 日，甲公司送存银行某客户转账支票 4 200 元，因对方存款不足而被退票，而公司未接到通知。
(3) 6 月 30 日，甲公司当月的水电费用 1 300 元银行已代付，但公司未接到付款通知而且尚未收到收款通知。
(4) 6 月 30 日，甲银行计算应付给甲公司的存款利息 360 元，银行已转入公司的存款户，但公司尚未收到通知入账。

(5) 6月30日，甲公司委托银行代收款项 11 000 元，银行已转入公司存款户，但公司尚未收到通知入账。

(6) 6月30日，甲公司收到购货方转账支票一张，金额为 7 900 元，已经送存银行，但银行尚未入账。

要求：根据上述资料，代甲公司完成银行存款余额调节表的编制，如表 8-13 所示。

表 8-13　甲公司银行存款余额调节表

项　目	金　额	项　目	金　额
企业银行存款日记账余额		银行对账单余额	
银行已收，企业未收		企业已收，银行未收	
银行已付，企业未付		企业已付，银行未付	
调节后的存款余额		调节后的存款余额	

5. 银行存款余额调节表的编制。

乙公司 2019 年 9 月 30 日银行存款日记账余额为 98 500 元，银行对账单余额为 766 009 元，月底，公司与银行其他往来资料如下：

(1) 9月30日，收到购货方转账支票一张，金额为 12 600 元，已送存银行，但银行尚未入账。

(2) 本公司当月水电费 800 元，银行已代为支付，但公司接到通知尚未入账。

(3) 本公司开出的用于支付供货方货款的转账支票，尚有 4 500 元未兑现。

(4) 本公司送存银行的转账支票 35 000 元，因对方存款不足而被退票，而公司未接到通知。

(5) 公司委托银行代收的货款 22 000 元，银行已转到公司存款户，公司尚未接到通知。

要求：根据上述资料，代乙公司完成银行存款余额调节表的编制，如表 8-14 所示。

表 8-14　乙公司银行存款余额调节表

项　目	金　额	项　目	金　额
企业银行存款日记账余额		银行对账单余额	
银行已收，企业未收		企业已收，银行未收	
银行已付，企业未付		企业已付，银行未付	
调节后的存款余额		调节后的存款余额	

6. 银行存款余额调节表的编制。

丙公司 2019 年 12 月银行存款日记账和银行对账单 28 日以后的资料如表 8-15 和表 8-16 所示(28 日以前的记录均正确)。

表 8-15　丙公司银行存款日记账的记录

日　期	摘　要	金　额
12月29日	存入购货方转账支票 #891	24 800
12月29日	开出转账支票 #352，支付购料款	16 400
12月30日	开出转账支票 #353，支付运输费	800
12月31日	存入购货方转账支票 #740	16 000
12月31日	月末余额	76 500

表 8-16 银行对账单的记录(假定银行记录无误)

日 期	摘 要	金 额
12月30日	存入购货方转账支票♯891	24 800
12月30日	转账支票♯352	16 400
12月31日	代付借款利息	1 500
12月31日	收回托收的货款	13 500
12月31日	月末余额	73 300

要求：根据上述资料，代丙公司编制银行存款余额调节表，如表 8-17 所示。

表 8-17 丙公司编制银行存款余额调节表

项 目	金 额	项 目	金 额
企业银行存款日记账余额		银行对账单余额	
银行已收，企业未收		企业已收，银行未收	
银行已付，企业未付		企业已付，银行未付	
调节后的存款余额		调节后的存款余额	

7. 现金清查结果的财务处理。

某企业 2019 年的现金清查中，发现下列情况：

(1) 6 月 28 日，清查中发现现金溢余 240 元，原因尚未查明。

(2) 6 月 30 日，上述现金溢余无法查明原因，经批准转作营业外收入。

(3) 9 月 29 日，清查中发现现金短缺 156 元。

(4) 9 月 30 日，查明上述现金短缺系出纳员王锋工作疏忽所致，确定由其赔偿。

(5) 10 月 14 日，收到出纳员王锋交来的赔款 156 元。

要求：根据上述资料编制有关的会计分录。

8. 财产清查结果的会计处理。

某企业在进行财产清查中，发生以下情况：

(1) 发现账外固定资产机器一台，估计 7 000 元，六成新；另外，在盘点产成品时，盘盈甲产成品 2 件，每件 200 元，计 400 元，原因待查。

(2) 经上级批准，盘盈甲产成品作为冲减管理费用处理。

(3) 发现盘亏设备一台，设备账面原值 50 000 元，已提折旧 15 000 元，A 材料盘亏 200 千克，每千克 100 元，计 20 000 元，原因待查。

(4) 上述盘亏设备经批准，设备净值转作营业外支出处理；A 材料的短少，经查明其中 5 公斤属定额内的自然损耗，5 公斤属保管员责任心不强而导致损失，应负完全责任，10 公斤系火灾引起，保险公司已答应赔偿火灾引起损失的 40%。

要求：根据以上资料，进行财产清查结果的会计处理。

第九章 财务会计报告

> **本章主要内容**
>
> 财务会计报告是会计核算的最终结果,是会计信息表达和披露的主要形式。财务会计报告反映企业某一特定日期的财务状况和某一会计期间的经营成果、现金流量等会计信息,为企业的投资者、债权人进行投资决策,为企业内部管理者加强企业经营管理,为国家宏观经济管理部门进行宏观调控提供依据。
> 1. 财务会计报告的概念、作用和编制要求;
> 2. 资产负债表、利润表、现金流量表的概念、格式和编制方法。
>
> **知识目标**
> 1. 了解财务会计报告的作用和种类,熟悉财务会计报告的编制要求;
> 2. 掌握财务会计报告的概念和内容组成;
> 3. 掌握资产负债表、利润表的概念、理论依据和编制方法;
> 4. 了解现金流量表的概念和编制方法。
>
> **技能目标**
> 1. 能够编制资产负债表和利润表;
> 2. 通过阅读财务会计报告,能够了解企业的财务状况、经营成果和现金流量等基本信息。

第一节 财务会计报告概述

一、财务会计报告的概念

财务会计报告是指企业对外提供的反映企业某一特定日期的财务状况和某一会计期间经营成果、现金流量等会计信息的文件。它是企业根据日常会计核算资料归集、加工和汇总后形成的,是会计核算过程中最后提出的结果,也是会计核算工作的总结。

企业通过日常的会计核算工作,将发生的各种经济业务连续、系统地登记在账簿中。账簿中记录的会计信息,虽然比会计凭证所反映的信息更加系统化、条理化,但是,账簿记录独立分散,不能集中、概括地反映经济活动情况的全貌。此外,由于这些信息资料分散于各个账户之中,从而使各种数据之间的相互关系被割裂开了,不便于会计信息使用者使用。因此,要必要根据账簿记录编制财务会计报告。编制财务会计报告的目的是向政府、投资者、债权人及利益相关者提供有价值的财务信息,满足决策需要,最终达到社会资源的优化合理配置。因此,编制财务会计报告对企业内部和外部的使用者具有很重要的意义。

(一) 有助于加强和改善经营管理,提高经济效益

企业的经济活动复杂繁多,一般情况下,企业管理者不可能直接查阅账簿来掌握生产经营活动全貌,只能分析、利用财务会计报告。在财务会计报告中,会计核算资料已经化繁为简,去粗取精,借助于为数不多的财务指标,集中、扼要地说明企业各项资产、负债和所有者权益的增减变动情况,各项损益的升降情况及企业经营活动的成果等。因此,通过阅读财务会计报告,就可以一般了解企业生产经营活动全貌,有利于做出经营和理财决策,指导企业的经济工作,加强和改善企业的经营管理,以提高企业的经济效益。

(二) 有助于投资者、债权人了解生产经营情况,对企业做出准确判断

企业投资者、债权人通过阅读财务会计报告,可以了解企业的生产经营情况,以及资产、负债、所有者权益的实有数量,并通过各项财务指标,全面评价经营管理的效果及盈利水平、盈利能力,预测企业的经济前景,据此做出正确的投资决策。

(三) 满足财政、税务、审计等部门对企业监督、控制和决策的需要

财政、税务、审计等部门,履行国家管理企业的职能,检查、监督企业财经纪律的执行情况及生产经营活动情况,查明是否按规定足额地计算和交纳税金,都需要审阅企业的财务会计报告,以便充分发挥财政、税收等经济杠杆的调节作用,促使企业合理、有效地使用资金,并及时、准确地交纳税金,保证国家的财政收入。

(四) 可以为国家经济管理部门进行宏观调控和管理提供依据

财务会计报告既是企业加强经营管理的必要工具,同时也是国家进行宏观调控和管理的重要依据。国家可以利用财务会计报告提供的会计信息资料,指导和控制社会总供给和总需求。因此,企业编制的财务会计报告,应当着重为其提供有关企业的资源及其运用、分配方面的情况,为国家的宏观决策提供必要的信息。

二、财务会计报告的构成

财务会计报告包括财务报表和其他应当在财务会计报告中披露的相关信息和资料。一般来说,财务报表是财务会计报告的核心内容。财务报表由报表本身及其附注两部分构成,财务报表是对企业财务状况、经营成果和现金流量的结构性表述,财务报表至少应当包括资产负债表、利润表、现金流量表、所有者权益变动表,附注是财务报表的有机组成部分,是对资产负债表、利润表、现金流量表和所有者权益变动表等报表中列示的文字描述或明细资料,以及对未能在报表中列示项目的说明等,其内容主要包括:企业的基本情况;财务报表的编制基础;重要会计政策和会计估计及其变更情况、变更原因及其对财务状况和经营成果的影响;财务报表中重要项目的说明;有助于理解和分析财务报表需要说明的其他事项等。

除财务报表外,财务会计报告还应包括其他相关信息,具体可以根据有关法律法规和

外部使用者的信息需要而定。如企业可以在财务会计报告中披露其承担的社会责任、对社区的贡献、可持续发展能力等信息，这些信息对于使用者的决策也是相关的，尽管属于非财务信息，无法包括在财务报表中，但是如果有规定或者使用者有需求，企业应当在财务会计报告中予以披露。

三、财务报表的种类

（一）按照财务会计报表反映的经济内容分类

按照财务会计报表反映的经济内容分类，分为财务状况报表、经营成果报表和所有者权益变动报表。

财务状况报表，从静态和动态两个角度揭示了企业融资结构、资产运用结构、投资结构和现金流动结构，反映了企业的财务状况和现金流动情况，主要包括资产负债表及其附表和现金流量表。

经营成果表，是反映企业一定期间的经营成果与损益构成信息的财务报表，主要包括利润表及其附表。

所有者权益变动表，是反映所有者权益变动的报表，主要包括所有者权益变动表。

（二）按照财务报表编制的时间分类

按照财务报表的编报时间，可以分为月报、季报、半年报和年报财务报表。

月报，每月月末编制的以一个月为会计核算期间的财务报表，一般包括资产负债表与利润表。

季报，每季度末编制的以一个季度为会计核算期间的财务报表，一般包括资产负债表、利润表。

半年报，指在每年6月末编制的以半年为会计核算期间的财务报表。它为股份公司中期预分配股利提供重要依据，一般包括资产负债表、应交增值税明细表和利润表。

年报，又称年度决算报告，是在年末编报的以一个会计年度为会计核算期间的财务报表，一般包括资产负债表及其附表、利润表及其附表和现金流量表。它是企业经营管理者向企业所有者、主管部门等会计信息的需要者提供的重要文件，是股份公司股东考核经营管理者受托责任与决定企业年终分配方案的重要依据。

（三）按照财务报表编制单位分类

按照财务报表编制单位的不同，可分为单位财务报表和合并财务报表。

单位会计报表，是指由企业在自身会计核算基础上对账簿记录进行加工而编制的会计报表，主要用以反映企业自身的财务状况、经营成果和现金流动情况。

合并会计报表，是以母公司和子公司的个别会计报表为基础，由母公司编制的综合反映企业集团财务状况、经营成果及现金流量的会计报表。

（四）按照财务报表报送对象分类

按照财务报表报送对象的不同，可分为内部财务报表和外部财务报表。

内部财务报表，是指为满足企业内部经营管理需要而编制的会计报表，不需由《企业会计制度》规定统一的格式，也没有统一的编制要求，一般也不对外公开。其种类由企业根据内部管理的需要自行规定，一般包括"制造费用明细表""产品生产成本表""主要产品单位成本表"和"期间费用明细表"等。

外部财务报表，是指企业向外提供的会计报表，主要供投资者、债权人、政府部门和社会公众等有关方面使用,《企业会计制度》对其规定了统一的格式和编制要求,并规定:企业对外报送的会计报表包括资产负债表、利润表和现金流量表等主要财务报表及其有关附表。

四、财务会计报告的编制要求

为了保证财务会计报告信息的质量,阅读者能清楚地了解到企业的财务状况和经营成果,企业编制财务会计报告应符合下列基本要求。

(一)真实可靠

财务会计报告应当以实际发生的交易或事项为依据,如实反映企业的财务状况、经营成果和现金流。如果财务报告所提供的会计信息是虚假的信息,则会导致财务报告使用者对企业的财务状况、经营成果和现金流量做出错误的评价与判断,致使报告使用者做出错误决策。企业应当根据实际发生的交易或事项,遵循各项具体会计准则的规定进行确认和计量,并在全面做好清查资产、核实债务和权益及保证数据的真实性和完整性的基础上编制财务会计报告。

(二)内容完整

财务会计报告只有全面反映企业的财务状况和经营成果,提供完整的会计信息资料,才能满足财务会计报告使用者对企业财务信息资料的需要。为了保证财务会计报告的完整性,企业应按照企业会计准则规定的格式和内容填列,不得漏编、漏报。既包括该编报的财务报表必须全部编报,也包括该填列的项目必须全部填列。而对于企业某些重要的会计事项不仅应当单独列报,还应当在财务报表附注中加以说明。

(三)编报及时

财务会计报告所提供的会计信息具有很强的时效性,因此,财务会计报告必须及时编报,及时报送,以利于信息使用者的使用。按照我国目前的有关规定,季度中期财务会计报告应当于季度终了后15日内对外提供,半年度中期财务会计报告应当于年度中期结束后60日内(相当于连续的2个月)对外提供,年度财务会计报告应当于年度结束后4个月内对外提供。

(四)便于理解

可理解性是指财务报表提供的信息可以为使用者所理解。企业对外提供的财务报表是为广大财务报表使用者提供企业过去、现在和未来的有关资料,为企业目前或潜在的投资者和债权人提供决策所需的会计信息。因此,编制的财务会计报告应清晰明了。如果提供的会计信息晦涩难懂,使用者就不能据以做出准确的判断,报表就失去了信息价值,当然,这一要求是建立在财务会计报告使用者具有一定的财务会计报告阅读能力的基础上。

知识案例

提供虚假财会报告三名被告一致认罪

2012年11月17日上午,在郑州市中级人民法院大审判庭,郑州百文股份有限公司(以下简称郑百文公司)提供虚假财务报告一案开庭审理。上午10时许,郑百文公司原董事长李福乾、原公司总经理兼家电分公司经理卢一德、原公司财务处主任都群福被带上了审判法庭。

公诉人指出，被告人李福乾作为郑百文公司董事长、法人代表，在听取总经理卢一德、财务处主任都群福汇报 2007 年度经营亏损，并看到 2007 年年底第一次汇总的财务报表也显示亏损的情况下，仍召集会议，指示财务部门和家电分公司完成年初下达的销售额 80 个亿，盈利 8 000 万元的"双八"目标。随后，作为财务主管的都群福指示总公司财务人员，将各分公司所报当年财务报表全部退回做二次处理，都群福明确提出要求不得显示亏损。

二次报表出来后，显示公司完成利润指标。为了顺利通过审计，总经理卢一德亲赴四川，与厂家签订了两份返利协议，造成虚提返利 1 897 万元。

对于被指控的犯罪事实，3 名被告人在法庭上一致表示认罪，没有做过多辩护。最终，审判长宣布休庭，案件择期宣判。

第二节 资产负债表

一、资产负债表的概念和意义

资产负债表是指反映企业在某一特定日期（如月末、季末、年末）财务状况的会计报表。资产负债表主要提供有关企业财务状况方面的信息，即某一特定日期企业资产、负债、所有者权益及其相互关系，从而有助于使用者评价企业资产的质量及短期偿债能力、长期偿债能力、利润分配能力等。资产负债表属于静态报表，必须按月编制并向外报送。

编制资产负债表的意义主要体现在以下四个方面：

（1）可以提供某一日期资产的总额及其构成，表明企业拥有或控制的经济资源及其分布情况，使用者可以一目了然地在资产负债表上了解企业在某一特定日期所拥有的资产总量及其结构。

（2）可以提供某一日期的负债总额及其结构，表明企业未来需要用多少资产或劳务清偿债务及清偿时间。

（3）可以反映所有者所拥有的权益，据以判断资本保值、增值的情况及对负债的保障程度。

（4）可以提供进行财务分析的基本资料，如通过资产负债表可以计算流动比率、速动比率等，以了解企业的短期偿债能力等。

二、资产负债表的列报要求

（一）资产负债表列报总体要求

▶ 1. 分类别列报

资产负债表列报，最根本的目标就是如实反映企业在资产负债表日所拥有的资源，所承担的负债及所有者所拥有的权益。因此，资产负债表应当按照资产、负债和所有者权益三大类别分类列报。

▶ 2. 资产和负债按流动性列报

资产和负债应当按照流动性分别分为流动资产和非流动资产、流动负债和非流动负债列示。流动性，通常按资产的变现或耗用时间长短或者负债的偿还时间长短来确定。按照财务报表列报准则的规定，应先列报流动性强的资产和负债，再列报流动性弱的资产和负债。

▶ 3. 列报相关的合计、总计项目

资产负债表中的资产类至少应当列示流动资产和非流动资产的合计项目；负债类至少应当列示流动负债、非流动负债及负债的合计项目；所有者权益类应当列示所有者权益的合计项目。资产负债表遵循了"资产＝负债＋所有者权益"这一会计恒等式，将企业在特定时日所拥有的经济资源和与之相对应的企业所承担的债务及偿债以后属于所有者的权益充分反映出来。因此，资产负债表应当分别列示资产总计项目和负债与所有者权益之和的总计项目，并且这两者的金额应当相等。

（二）资产的列报

▶ 1. 资产类项目

资产负债表中的资产类至少应当单独列示反映下列信息的项目：①货币资金；②交易性资产；③应收款项；④预付款项；⑤存货；⑥可供出售金融资产；⑦持有至到期投资；⑧投资性房地产；⑨长期股权投资；⑩固定资产；⑪生物资产；⑫递延所得税资产；⑬无形资产。

▶ 2. 负债类项目

资产负债表中的负债类至少应当单独列示反映下列信息的项目：①短期借款；②交易性负债；③应付款项；④预收款项；⑤应付职工薪酬；⑥应交税费；⑦预计负债；⑧长期借款；⑨应付债券；⑩长期应付款；⑪递延所得税负债。

▶ 3. 所有者权益类项目

资产负债表中的所有者权益类至少应当单独列示反映下列信息的项目：①实收资本（或股本）；②资本公积；③盈余公积；④未分配利润。

三、资产负债表的格式

资产负债表正表的列报格式一般有两种：账户式资产负债表和报告式资产负债表。账户式资产负债表是左右结构，左边列示资产，右边列示负债和所有者权益；报告式资产负债表是上下结构，上半部列示资产，下半部列示负债和所有者权益。具体排列形式又有两种：一是按"资产＝负债＋所有者权益"的原理排列；二是按"资产－负债＝所有者权益"的原理排列。根据我国《企业会计制度》的规定，资产负债表采用账户式的列报格式。

资产负债表由表首、正表和附注三部分组成。表首部分列示报表的名称、编表单位名称、编表日期和人民币金额单位等内容。正表部分列示资产负债表的具体内容，包括资产、负债和所有者权益的所有项目和金额。附注部分反映重大财务事项及对正表中的某些项目的补充说明，如资产负债表中有关重要项目的明细资料，其他有助于理解和分析资产负债表的事项，企业已抵押资产、融资租入固定资产原价等，应在报表附注中逐一列示和说明。资产负债表的格式如表9-1所示。

表 9-1 资产负债表

编制单位：　　　　　　　　　　　　　　　年　月　日　　　　　　　　　　　　　　　单位：元

资　　产	行次	期末余额	年初余额	负债和所有者权益（或股东权益）	行次	期末余额	年初余额
流动资产：	1			流动负债：	35		
货币资金	2			短期借款	36		
以公允价值计量且变动计入当期损益的金融资产	3			以公允价值计量变动计入当期损益的金融负债	37		
应收票据	4			应付票据	38		
应收账款	5			应付账款	39		
预付账款	6			预收账款	40		
应收股利	7			应付职工薪酬	41		
应收利息	8			应交税费	42		
其他应收款	9			应付利息	43		
存货	10			应付股利	44		
持有待售的非流动资产或持有待售的处置组中的资产	11			其他应付款	45		
一年内到期的非流动资产	12			持有待售的处置组中的负债	46		
其他流动资产	13			一年内到期的非流动负债	47		
流动资产合计	14			其他流动负债	48		
非流动资产：	15			流动负债合计	49		
以摊余成本计量的金融资产	16			非流动负债：	50		
以公允价值计量且变动计入其他综合收益的金融资产	17			长期借款	51		
长期应收款	18			应付债券	52		
长期股权投资	19			长期应付款	53		
投资性房地产	20			专项应付款	54		
固定资产	21			预计负债	55		
在建工程	22			递延收益	56		
工程物资	23			递延所得税负债	57		
固定资产清理	24			其他非流动资产	58		
生产性生物性资产	25			非流动资产合计	59		
油气资产	26			负债合计	60		
无形资产	27			所有者权益(或股东权益)	61		
开发支出	28			实收资本(或股本)	62		
商誉	29			资本公积	63		
长期待摊费用	30			减：库存股	64		
递延所得税资产	31			其他综合收益	65		
其他非流动性资产	32			盈余公积	66		
非流动资产总计	33			未分配利润	67		
资产总计	34			所有者权益(或股东权益)合计	68		
				负债和所有者(股东权益)合计	69		

企业负责人：　　　　　　　主管会计：　　　　　　　制表：

四、资产负债表的编制方法

(一)"年初余额"栏的填列方法

资产负债表"年初余额"栏各项数字,应根据上年末资产负债表"期末余额"栏内所列数字填列。如果上年度资产负债表规定的各个项目的名称和内容同本年度不一致,应对上年年末资产负债表各项目的名称和数字按本年度的规定进行调整,填入表中的"年初余额"栏内。

(二)期末余额栏的填列方法

资产负债表"期末余额"栏各项数字,应根据资产、负债和所有者权益类科目的期末余额填列,具体方法如下。

▶ 1. 根据总账账户的余额直接填列

表中某些项目的含义和口径与有关总账账户是完全一致的,可直接根据这类总账账户的期末余额填列。资产项目中的"交易性金融资产""应收票据""应收利息""应收股利""固定资产清理"等,负债项目中的"短期借款""应付票据""应付职工薪酬""应付利息""应付股利""应交税费"等,所有者权益项目中的"实收资本""资本公积""库存股""盈余公积"等,可直接根据总账账户的余额填列。

▶ 2. 根据总账账户的余额计算填列

表中有些项目反映的经济内容概括了若干个总账账户所反映的经济内容,则应根据若干个总账账户的余额计算填列。例如,"货币资金"项目应根据"库存现金""银行存款""其他货币资金"三个总账账户余额的合计数填列;"存货"项目应根据"材料采购""在途物资""原材料""生产成本""库存商品""委托加工物资"等账户的余额合计数加上(或减去)"存货跌价准备""材料成本差异"等账户余额后的金额填列;"未分配利润"项目应根据"本年利润"账户的余额与"利润分配"账户的余额之和(或之差)填列;"固定资产"项目应根据"固定资产"账户的余额减去"累计折旧""固定资产减值准备"账户的余额填列等。

▶ 3. 根据明细账户的余额分析计算填列

表中有些项目反映的经济内容是在有关总账账户所属的明细账账户上分别反映的,则应根据有关总账账户所属的明细账账户的余额分析计算填列。例如,"应收账款"项目应根据"应收账款"和"预收账款"总账账户所属各明细账户的期末借方余额合计扣除相应"坏账准备"账户余额后的金额填列;"预收账款"项目应根据"应收账款"和"预收账款"总账所属各明细账户的期末贷方余额合计填列;"应付账款"项目应根据"应付账款"和"预付账款"总账所属各明细账户的期末贷方余额合计填列;"预付账款"项目应根据"应付账款"和"预付账款"总账所属各明细账户的期末借方余额合计填列。

▶ 4. 根据总分类账户和明细分类账户的期末余额分析计算填列

表中有些项目需要根据总账和明细账的余额分析计算填列。例如,"长期借款"项目应根据"长期借款"总账账户余额扣除所属的明细账中一年内到期的长期借款部分后的金额分析计算填列;"长期待摊费用"项目应根据"长期待摊费用"账户的期末余额减去将于一年内(含一年)摊销的数额后的金额填列;"其他非流动负债"项目应根据有关账户的期末余额减去将于一年内(含一年)到期偿还后的金额填列。

【例 9-1】星华公司 2016 年 12 月 31 日有关总分类账户期末余额如表 9-2 所示。

表 9-2 星华公司总分类账户期末余额表

2016 年 12 月 31 日　　　　　　　　　　　　　　　　　　单位：元

账户名称	借方	贷方	账户名称	借方	贷方
库存现金	2 000		短期借款		80 000
银行存款	488 000		应付票据		220 000
其他货币资金	20 000		应付账款		300 000
应收票据	250 000		其中：丙公司	60 000	
应收账款	780 000		丁公司		360 000
其中：甲公司	930 000		预收账款		120 000
乙公司		150 000	其中：C 公司		150 000
坏账准备		93 000	D 公司	30 000	
预付账款	120 000		应付职工薪酬		110 000
其中：A 公司	150 000		应交税费		20 000
B 公司		30 000	应付利息		9 000
其他应收款	2 000		其他应付款		30 000
在途物资	100 000		长期借款		350 000
原材料	200 000		其中：一年内到期的长期借款		50 000
生产成本	80 000		实收资本		2 800 000
库存商品	267 000		资本公积		300 000
存货跌价准备		17 000	盈余公积		120 000
长期股权投资	280 000		利润分配		60 000
固定资产	2 180 000				
累计折旧		500 000			
固定资产减值准备		120 000			
工程物资	80 000				
在建工程	20 000				
无形资产	440 000				
累计摊销		60 000			
合计	5 494 000	975 000	合计	90 000	4 609 000

根据上述资料，编制的资产负债表如表 9-3 所示。

表 9-3 资产负债表

编制单位：星华公司　　　　　2016 年 12 月 31 日　　　　　　　　　　　　　　单位：元

资产	行次	期末余额	期初余额（略）	负债和所有者权益（或股东权益）	行次	期末余额	期初余额（略）
流动资产：	1			流动负债：	35		
货币资金	2	510 000		短期借款	36	80 000	
以公允价值计量且变动计入当期损益的金融资产	3			以公允价值计量且变动计入当期损益的金融负债	37		
应收票据	4	250 000		应付票据	38	220 000	
应收账款	5	867 000		应付账款	39	390 000	
预付账款	6	210 000		预收账款	40	300 000	
应收股利	7			应付职工薪酬	41	110 000	
应收利息	8			应交税费	42	20 000	
其他应收款	9	2 000		应付利息	43	9 000	
存货	10	630 000		应付股利	44		
持有待售的非流动资产或持有待售的处置组中的资产	11			其他应付款	45	30 000	
一年内到期的非流动资产	12			持有待售的处置组中的负债	46		
其他流动资产	13			一年内到期的非流动负债	47	50 000	
流动资产合计	14	2 469 000		其他流动负债	48		
非流动资产：	15			流动负债合计	49	1 209 000	
以摊余成本计量的金融资产	16			非流动负债：	50		
以公允价值计量且变动计入其他综合收益的金融资产	17			长期借款	51	300 000	
投资性房地产	18			应付债券	52		
长期股权投资	19	280 000		长期应付款	53		
长期应收款	20			专项应付款	54		
固定资产	21	1 560 000		递延所得税负债	55		
在建工程	22	20 000		其他非流动负债	56		
工程物资	23	80 000		非流动负债合计	57	300 000	
固定资产清理	24			负债合计	58	1 509 000	
生产性生物性资产	25			所有者权益（或股东权益）	59		
油气资产	26			实收资本（或股本）	60	2 800 000	
无形资产	27	380 000		资本公积	61	30 000	
开发支出	28			盈余公积	62	120 000	
商誉	29			未分配利润	63	60 000	
长期待摊费用	30			减：库存股	64		
递延所得税资产	31			所有者权益（或股东权益）合计	65	3 280 000	
其他非流动性资产	32				66		
非流动资产总计	33	2 320 000			67		
资产总计	34	4 789 000		负债和所有者（股东权益）合计	68	4 789 000	

企业负责人：　　　　　　主管会计：　　　　　　制表：

上述资产负债表中的有关项目计算如下：

"货币资金"项目＝2 000＋488 000＋20 000＝510 000(元)

"应收账款"项目＝930 000＋30 000－93 000＝867 000(元)

"预付账款"项目＝150 000＋60 000＝210 000(元)

"存货"项目＝100 000＋200 000＋267 000＋80 000＋5 000－22 000＝630 000(元)

"流动资产合计"项目＝510 000＋250 000＋867 000＋210 000＋2 000＋630 000＝2 469 000(元)

"固定资产"项目＝2 180 000－500 000－120 000＝1 560 000(元)

"无形资产"项目＝440 0 000－60 000＝380 000(元)

"非流动资产合计"项目＝280 000＋1 560 000＋20 000＋80 000＋380 000＝2 320 000(元)

"资产总计"项目＝2 469 000＋2 320 000＝4 789 000(元)

"应付账款"项目＝360 000＋30 000＝390 000(元)

"预收账款"项目＝150 000＋150 000＝300 000(元)

"流动负债合计"项目＝80 000＋220 000＋390 000＋300 000＋110 000＋20 000＋9 000＋30 000＋50 000＝1 209 000(元)

"长期借款"项目＝350 000－50 000＝300 000(元)

"负债合计"项目＝1 209 000＋300 000＝1 509 000(元)

"所有者权益合计"项目＝2 800 000＋300 000＋120 000＋60 000＝3 280 000(元)

"负债及所有者权益总计"项目＝1 509 000＋3 280 000＝4 789 000(元)

第三节　利　润　表

一、利润表的概念和意义

利润表是指反映企业在一定会计期间经营成果的会计报表。利润表将一定期间的收入与同一期间的费用进行配比，以计算出企业一定时期的净利润(或亏损)，主要提供有关企业经营成果方面的信息，可以分析企业的获利能力及利润的未来发展趋势，了解投资者投入资本的保值增值情况。利润表属于动态报表，必须按月编制并向外报送。

编制利润表的意义主要体现在以下两个方面：

(1) 编制利润表的目的是通过如实反映企业实现的收入、发生的费用及应当记入当期利润的利得和损失等金额及其结构情况，从而有助于使用者分析评价企业的盈利能力及其构成质量。

(2) 将利润表中的信息与资产负债表中的信息相结合，还可以提供进行财务分析的基本资料，如将赊销收入净额与应收账款平均余额进行对比，计算出应收账款周转率；将销货成本与存货平均余额进行对比，计算出存货周转率；将净利润与资产总额进行比较，计算出资产收益率等，可以反映企业资金周转情况及企业的盈利能力和水平，便于报表使用者判断企业未来的发展趋势，做出经济决策。

二、利润表的列报要求

利润表的基本列报要求如下：

（1）在利润表中，企业应当分别列示从事经营业务取得的收入、对外投资取得的收入与非经营业务取得的收入，并按照费用的功能分类，将费用划分为从事经营业务发生的成本、销售费用、管理费用和财务费用等。

（2）利润表至少应当单独列示反映下列信息的项目：营业收入、营业成本、税金及附加、管理费用、销售费用、财务费用、投资收益、公允价值变动损益、资产减值损失、非流动资产处置损益、所得税费用、净利润、其他综合收益各项目分别扣除所得税影响后的净额和综合收益总额。

（3）其他综合收益项目应当根据其他相关会计准则的规定分为以后会计期间不能重分类进损益的其他综合收益项目和以后会计期间在满足规定条件时将重分类进损益的其他综合收益项目两类列报。

（4）在合并利润表中，企业应当在净利润项目之下单独列示归属于母公司所有者的损益和归属于少数股东的损益；在综合收益总额项目之下单独列示归属于母公司所有者的综合收益总额和归属于少数股东的综合收益总额。

三、利润表的格式

利润表正表的格式一般有两种：单步式利润表和多步式利润表。单步式利润表是将当期所有收入列示在一起，当期所有费用列示在一起，两者相减得出当期净损益；多步式利润表是通过对当期的收入、费用、支出项目按性质加以归类，按利润形成的主要环节列示一些中间性的利润指标，从营业收入开始，分步计算出当期营业利润、利润总额和净利润等。根据我国《企业会计制度》的规定，应当采用多步式列报利润表。

利润表由表首、正表两部分组成。表首部分列示报表的名称、编表单位名称、编表日期和人民币金额单位等内容；正表部分列示形成经营成果的各个项目和计算过程。利润表是依据"收入－费用＝利润"会计恒等式编制的，编制步骤如下：

（1）计算营业利润。以营业收入为基础，减去营业成本、税金及附加、销售费用、管理费用、财务费用、资产减值损失，加上公允价值变动收益（减去公允价值变动损失）和投资收益（减去投资损失），计算出营业利润。

（2）计算利润总额。以营业利润为基础，加上营业外收入，减去营业外支出，计算出利润总额。

（3）计算净利润。以利润总额为基础，减去所得税费用，计算出净利润（或亏损）。

我国企业利润表的格式如表 9-4 所示。

表 9-4 利 润 表

编制单位： 年 月 单位：元

项　　目	本 期 金 额	上 期 金 额
一、营业收入		
减：营业成本		
税金及附加		
销售费用		

续表

项　　目	本 期 金 额	上 期 金 额
管理费用		
财务费用		
资产减值损失		
加：公允价值变动收益（损失以"－"号填列）		
投资收益（损失以"－"号填列）		
其中：对联营企业和合营企业的投资收益		
其他收益		
二、营业利润（亏损以"－"填列）		
加：营业外收入		
其中：非流动资产处置利得		
减：营业外支出		
其中：非流动资产处置损失		
三、利润总额（亏损总额以"－"填列）		
减：所得税费用		
四、净利润（净亏损以"－"号填列）		
五、其他综合收益的税后净额		
（一）以后不能重分类进损益的其他综合收益		
1. 重新计量设定受益计划净负债或净资产的变动		
2. 权益法下在被投资单位不能重分进损益的其他综合收益中享有的份额		
（二）以后将重分类进损益的其他综合收益		
1. 权益法下在被投资单位以后将重分类进损益的其他综合收益中所享有的份额		
2. 以公允价值计量且变动计入其他综合收益的金融资产的公允价值变动		
3. 以摊余成本计量的金融资产重分类为以公允价值计量且变动计入其他综合收益的金融资产形成的利得		
4. 现金流量套期工具产生的利得或损失中属于有效套期的部分		
5. 外币财务报表折算差额		
6. 将作为存货的房地产转换为投资性房地产产生的公允价值大于账面价值的部分		
六、综合收益总额		
七、每股收益：		
（一）基本每股收益		
（二）稀释每股收益		

四、利润表的编制方法

（一）"上期金额"栏的填列方法

利润表中的"上期金额"栏，应根据上年该期利润表的"本期金额"栏内所列数字填列。如果上年该期利润表规定的各个项目的名称和内容同本期不相一致，应对上年该期利润表中项目的名称和数字按本期的规定进行调整,填入"上期金额"栏。

(二)"本期金额"栏的填列方法

利润表中的"本期金额"栏,应当根据有关损益类账户的发生额分析填列,具体方法如下。

▶ 1."营业收入"项目

"营业收入"项目反映企业经营主要业务和其他业务所取得的收入总额。本项目应根据"主营业务收入"和"其他业务收入"账户的发生额分析填列。如果该账户借方记录有销售退回等,应抵减本期的销售收入,按其销售收入净额填列本项目。

▶ 2."营业成本"项目

"营业成本"项目反映企业经营主要业务和其他业务所发生的成本总额。本项目应根据"主营业务成本"和"其他业务成本"账户的发生额分析填列。如果该账户贷方发生额登记有销售退回等事项,应抵减借方发生额,按已销产品的实际成本填列本项目。

▶ 3."税金及附加"项目

"税金及附加"项目反映企业经营业务应负担的消费税、城市维护建设税、资源税、土地增值税和教育费附加等,但不包括增值税。本项目应根据"税金及附加"账户的发生额分析填列。

▶ 4."销售费用"项目

"销售费用"项目反映企业在销售商品和提供劳务等经营业务过程中所发生的各项销售费用,以及商品流通企业在购入商品等过程中发生的费用。本项目应根据"销售费用"账户的发生额分析填列。

▶ 5."管理费用"项目

"管理费用"项目反映企业为组织和管理生产经营发生的管理费用。本项目应根据"管理费用"账户的发生额分析填列。

▶ 6."财务费用"项目

"财务费用"项目反映企业为筹集生产经营所需资金发生的筹资费用。本项目应根据"财务费用"账户的发生额分析填列。

▶ 7."资产减值损失"项目

"资产减值损失"项目反映企业因资产减值而发生的损失。本项目应根据"资产减值损失"账户的发生额分析填列。

▶ 8."公允价值变动损益"项目

"公允价值变动损益"项目反映企业资产因公允价值变动而发生的损益。本项目应根据"公允价值变动损益"账户的发生额分析填列,如为净损失,本项目以"－"号填列。

▶ 9."投资收益"项目

"投资收益"项目反映企业以各种方式对外投资所取得的收益。本项目应根据"投资收益"账户的发生额分析填列。如为投资损失,本项目以"－"号填列。

▶ 10."营业利润"项目

"营业利润"项目反映企业实现的营业利润。如为亏损,本项目以"－"号填列。

▶ 11."营业外收入"和"营业外支出"项目

"营业外收入"和"营业外支出"项目反映企业发生的与生产经营无直接关系的各项收入和支出。这两个项目分别根据"营业外收入"和"营业外支出"账户的发生额分析填列。

▶ 12."利润总额"项目

"利润总额"项目反映企业实现的利润。如为亏损,本项目以"－"号填列。

▶ 13. "所得税费用"项目

"所得税费用"项目反映企业按规定从当期损益中扣除的所得税。本项目应根据"所得税费用"账户的发生额分析填列。

▶ 14. "净利润"项目

"净利润"项目反映企业实现的净利润,如为亏损,本项目以"—"号填列。

【例 9-2】星华公司 2019 年度利润表账户本年累计发生额资料如表 9-5 所示。

表 9-5　利润表账户发生额汇总表　　　　　　　　　　单位:元

账户名称	借方发生额	贷方发生额
主营业务收入		1 430 000
主营业务成本	680 000	
税金及附加	150 000	
其他业务收入		650 000
其他业务成本	320 000	
销售费用	50 000	
管理费用	122 000	
财务费用	66 000	
资产减值损失	31 000	
投资收益		290 000
营业外收入		23 000
营业外支出	56 000	
所得税费用	225 000	

根据上述资料编制 2019 年度利润表,如表 9-6 所示。

表 9-6　利　润　表

编制单位:星华公司　　　　　　　2019 年度　　　　　　　　　单位:元

项　　目	本期金额	上期金额
一、营业收入	2 080 000	略
减:营业成本	1 000 000	
税金及附加	150 000	
销售费用	50 000	
管理费用	122 000	
财务费用	66 000	
资产减值损失	31 000	
加:公允价值变动收益(损失以"—"号填列)		
投资收益(损失以"—"号填列)	290 000	
其中:对联营企业和合营企业的投资收益		
二、营业利润(亏损以"—"号填列)	951 000	
加:营业外收入	23 000	
减:营业外支出	56 000	
其中:非流动资产处置损失		

续表

项 目	本 期 金 额	上 期 金 额
三、利润总额(亏损总额以"—"填列)	918 000	
减:所得税费用	225 000	
四、净利润(净亏损以"—"号填列)	693 000	
五、其他综合收益的税后净额		
(一)以后不能重分类进损益的其他综合收益		
1. 重新计量设定受益计划净负债或净资产的变动		
2. 权益法下在被投资单位不能重分进损益的其他综合收益中享有的份额		
(二)以后将重分类进损益的其他综合收益		
1. 权益法下在被投资单位以后将重分类进损益的其他综合收益中所享有的份额		
2. 以公允价值计量且变动计入其他综合收益的金融资产的公允价值变动		
3. 以摊余成本计量的金融资产重分类为以公允价值计量且变动计入其他综合收益的金融资产形成的利得		
4. 现金流量套期工具产生的利得或损失中属于有效套期的部分		
5. 外币财务报表折算差额		
6. 将作为存货的房地产转换为投资性房地产产生的公允价值大于账面价值的部分		
六、综合收益总额		
七、每股收益:		
(一)基本每股收益		
(二)稀释每股收益		

上述利润表中的有关项目计算如下:

营业收入＝1 430 000＋650 000＝2 080 000(元)

营业成本＝680 000＋320 000＝1 000 000(元)

营业利润＝2 080 000－1 000 000－150 000－50 000－122 000－66 000－31 000＋290 000
　　　　＝951 000(元)

利润总额＝951 000＋23 000－56 000＝918 000(元)

净利润＝918 000－225 000＝693 000(元)

第四节　现金流量表

一、现金流量表的概念和意义

现金流量表是反映企业一定会计期间现金和现金等价物流入和流出的报表。现金流量表是按照收付实现制原则编制的,将权责发生制下的盈利信息调整为收付实现制下的现金流量信息。现金流量属于动态报表,按年编制并向外报送。

现金流量表主要提供企业现金流量方面的信息。编制现金流量表的目的是为财务报表使用者提供企业一定会计期间内现金流入流出的信息，以便报表使用者了解和评价企业获取现金及现金等价物的能力，评价企业经营业绩和收益质量，衡量企业财务资源和财务风险，以及预测企业未来现金流量。具体来说，现金流量表对信息使用者的作用主要表现在以下三个方面。

（一）有助于评价企业偿债能力、支付能力和周转能力

企业能否到期偿还债务、向投资者支付股利，不能仅以利润表中的净利润作为评价标准。在现实的经济生活中，有些企业有盈利却没有足够的现金支付工资、股利和偿还到期债务。因为利润表是根据权责发生制原则编制的，利润表中有些收益并没有给企业带来现金流入，有些费用并没有导致企业现金流出，因此净利润不能体现出企业现金的多少。现金流量表是按照收付实现制原则编制的，反映企业一定期间内的现金流入量和现金流出量及期末现金净额，有助于信息使用者了解企业获取现金的能力和现金支付的能力、偿债能力和周转能力，从而便于投资者做出有关决策。

（二）有助于评价企业未来现金流量

现金流量表以现金的流入和流出反映企业在一定期间经营活动、投资活动和筹资活动的动态情况。通过现金流量表，可以了解企业的现金来源和用途的合理性，以及经营活动产生现金流量数量的高低，依据企业经营决策的结果，预测未来现金流量，为企业编制现金流量计划、组织现金调度、合理使用现金创造条件，同时也为投资者和债权人评价企业的未来现金流量、做出投资决策和信贷决策提供必要的信息。

（三）有助于分析企业收益质量及影响现金净流量的因素

利润表是根据权责发生制原则编制的，不能反映企业经营活动产生了多少现金，也不能反映投资活动和筹资活动对企业财务状况的影响。而通过现金流量表，可以掌握企业经营活动、投资活动和筹资活动的现金流量，将经营活动产生的现金流量与净利润比较，可以从现金流量的角度了解净利润的质量，分析影响现金流量的因素，从而为分析和判断企业的财务前景提供信息。

二、现金流量表的编制基础

现金流量表是以现金为基础编制的，现金流量表中"现金"包括库存现金、可随时支用的银行存款、其他货币资金，以及易于转化成现金的现金等价物。

现金等价物是指企业持有的期限短、流动性强，易于转换为已知金额的现金、价值变动风险很小的投资。期限短是指从购买日起三个月内到期的投资。企业应根据具体情况确定现金等价物的范围，一经确定不得随意变更。

三、现金流量表的结构和内容

现金流量表由表首和正表两部分组成。表首部分列示报表的名称、编制单位、编制日期和货币计量单位等内容；正表部分列示各类活动的现金流入和流出的信息。

现金流量表包括现金的流入和流出。现金流量有不同的来源，也有不同的用途，在现金流量表中，将影响现金流量的信息分为三类，即经营活动产生的现金流量、投资活动产生的现金流量和筹资活动产生的现金流量。现金流量净额是指现金流入与流出的差额，反映企业种类活动形成的现金流量的最终结果，可能是正数（表示净流入），也可能是负数

（表示净流出）。

（一）经营活动产生的现金流量

经营活动是指企业投资活动和筹资活动以外的所有交易和事项。通过现金流量表中反映的经营活动产生的现金流入和流出，说明企业经营活动对现金流入和流出净额的影响程度。

（二）投资活动产生的现金流量

投资活动是指企业固定资产、无形资产和其他长期资产的购建和处置，以及不包括在现金等价物范围内的投资及其处置活动。通过投资活动产生的现金流量的计算，可以分析企业经由投资获取现金流量的能力，以及投资产生的现金流量对企业现金流量净额的影响程度。

（三）筹资活动产生的现金流量

筹资活动是指导致企业资本及债务规模和构成发生变化的活动。

（四）现金及现金等价物的净增加额

现金及现金等价物的净增加额应等于前三个项目相加之和，即

现金及现金等价物净增加额＝经营活动产生的现金流量净额＋投资活动产生的现金流量净额＋筹资活动产生的现金流量净额

（五）补充资料

现金流量表中的补充资料是从另一个角度反映企业经营活动产生的现金流量净额的。这部分内容与主表中的经营活动产生的现金流量净额结合起来，可进一步分析经营活动对企业现金流量的影响。现金流量表及其补充资料如表 9-7 和表 9-8 所示。

表 9-7　现金流量表

编制单位：　　　　　　　　　　年度　　　　　　　　　　　　单位：元

项　目	本期金额	上期金额
一、经营活动产生的现金流量：		
销售商品、提供劳务收到的现金		
收到的税费返还		
收到其他与经营活动有关的现金		
经营活动现金流入小计		
购买商品、接受劳务支付的现金		
支付给职工以及为职工支付的现金		
支付的各项税费		
支付其他与经营活动有关的现金		
经营活动现金流出小计		
经营活动产生的现金流量净额		
二、投资活动产生的现金流量：		
收回投资收到的现金		
取得投资收益收到的现金		
处置固定资产、无形资产和其他长期资产收回的现金净额		
处置子公司及其他营业单位收到的现金净额		
收到其他与投资活动有关的现金		
投资活动现金流入小计		

续表

项 目	本期金额	上期金额
购建固定资产、无形资产和其他长期资产支付的现金		
投资支付的现金		
取得子公司及其他营业单位支付的现金净额		
支付其他与投资活动有关的现金		
投资活动现金流出小计		
投资活动产生的现金流量净额		
三、筹资活动产生的现金流量：		
吸收投资收到的现金		
取得借款收到的现金		
收到其他与筹资活动有关的现金		
筹资活动现金流入小计		
偿还债务支付的现金		
分配股利、利润或偿付利息支付的现金		
支付其他与筹资活动有关的现金		
筹资活动现金流出小计		
筹资活动产生的现金流量净额		
四、汇率变动对现金及现金等价物的影响		
五、现金及现金等价物净增加额		
加：期初现金及现金等价物余额		
六、期末现金及现金等价物余额		

表 9-8　现金流量表补充资料

会企 03 表
编制单位：　　　　　　　　　　年度　　　　　　　　　　单位：元

补充资料	本期金额	上期金额
1. 将净利润调节为经营活动现金流量：		
净利润		
加：计提的资产减值准备		
固定资产折旧		
无形资产摊销		
长期待摊费用摊销		
待摊费用减少（减：增加）		
预提费用增加（减：减少）		
处置固定资产、无形资产和其他长期资产的损失（减：收益）		

续表

补充资料	本期金额	上期金额
固定资产报废损失		
财务费用		
投资损失（减：收益）		
递延税款贷项（减：借项）		
存货的减少（减：增加）		
经营性应收项目的减少（减：增加）		
经营性应付项目的增加（减：减少）		
其他		
经营活动产生的现金流量净额		
2. 不涉及现金收支的投资和筹资活动：		
债务转为资本		
一年内到期的可转换公司债券		
融资租入固定资产		
3. 现金及现金等价物净增加情况：		
现金的期末余额		
减：现金的期初余额		
加：现金等价物的期末余额		
减：现金等价物的期初余额		
现金及现金等价物净增加额		

企业负责人：　　　主管会计：　　　制表：　　　报告日期：　年　月　日

四、现金流量表的编制

（一）现金流量表的编制方法

企业应当采用直接法列示经营活动产生的现金流量。直接法，是指通过现金收入和现金支出的主要类别列示经营活动的现金流量。采用直接法编制经营活动的现金流量时，一般以利润表中的营业收入为起算点，调整与经营活动有关的项目的增减变动，然后计算出经营活动的现金流量。采用直接法具体编制现金流量表时，可以采用工作底稿法或T形账户法，也可以根据有关科目记录分析填列。

（二）现金流量表主要项目说明

▶ 1. 经营活动产生的现金流量

（1）"销售商品、提供劳务收到的现金"项目，反映企业本年销售商品、提供劳务收到的现金，以及以前年度销售商品、提供劳务本年收到的现金（包括应向购买者收取的增值税销项税额）和本年预收的款项，减去本年销售本年退回商品和以前年度销售本年退回商品支付的现金。企业销售材料和代购代销业务收到的现金，也在本项目反映。

(2)"收到的税费返还"项目,反映企业收到返还的所得税、增值税、消费税、关税和教育费附加等各种税费返还款。

(3)"收到其他与经营活动有关的现金"项目,反映企业经营租赁收到的租金等其他与经营活动有关的现金流入,金额较大的应当单独列示。

(4)"购买商品、接受劳务支付的现金"项目,反映企业本年购买商品、接受劳务实际支付的现金(包括增值税进项税额),以及本年支付以前年度购买商品、接受劳务的未付款项和本年预付款项,减去本年发生的购货退回收到的现金。企业购买材料和代购代销业务支付的现金,也在本项目反映。

(5)"支付给职工以及为职工支付的现金"项目,反映企业本年实际支付给职工的工资、奖金、各种津贴和补贴等职工薪酬(包括代扣代缴的职工个人所得税)。

(6)"支付的各项税费"项目,反映企业本年发生并支付、以前各年发生本年支付以及预交的各项税费,包括所得税、增值税、消费税、印花税、房产税、土地增值税、车船使用税、教育费附加等。

(7)"支付其他与经营活动有关的现金"项目,反映企业经营租赁支付的租金、支付的差旅费、业务招待费、保险费、罚款支出等其他与经营活动有关的现金流出,金额较大的应当单独列示。

▶ 2. 投资活动产生的现金流量

(1)"收回投资收到的现金"项目,反映企业出售、转让或到期收回除现金等价物以外的对其他企业长期股权投资而收到的现金,但处置子公司及其他营业单位收到的现金净额除外。

(2)"取得投资收益收到的现金"项目,反映企业除现金等价物以外的对其他企业的长期股权投资等分回的现金股利和利息等。

(3)"处置固定资产、无形资产和其他长期资产收回的现金净额"项目,反映企业出售、报废固定资产、无形资产和其他长期资产所取得的现金(包括因资产毁损而收到的保险赔偿收入),减去为处置这些资产而支付的有关费用后的净额。

(4)"处置子公司及其他营业单位收到的现金净额"项目,反映企业处置子公司及其他营业单位所取得的现金,减去相关处置费用以及子公司及其他营业单位持有的现金和现金等价物后的净额。

(5)"购建固定资产、无形资产和其他长期资产支付的现金"项目,反映企业购买、建造固定资产、取得无形资产和其他长期资产所支付的现金(含增值税款等),以及用现金支付的应由在建工程和无形资产负担的职工薪酬。

(6)"投资支付的现金"项目,反映企业取得除现金等价物以外的对其他企业的长期股权投资所支付的现金以及支付的佣金、手续费等附加费用,但取得子公司及其他营业单位支付的现金净额除外。

(7)"取得子公司及其他营业单位支付的现金净额"项目,反映企业购买子公司及其他营业单位购买出价中以现金支付的部分,减去子公司及其他营业单位持有的现金和现金等价物后的净额。

(8)"收到其他与投资活动有关的现金""支付其他与投资活动有关的现金"项目,反映企业除上述(1)~(7)项目外收到或支付的其他与投资活动有关的现金,金额较大的应当单独列示。

▶ 3. 筹资活动产生的现金流量

（1）"吸收投资收到的现金"项目，反映企业以发行股票、债券等方式筹集资金实际收到的款项（发行收入减去支付的佣金等发行费用后的净额）。

（2）"取得借款收到的现金"项目，反映企业举借各种短期、长期借款而收到的现金。

（3）"偿还债务支付的现金"项目，反映企业为偿还债务本金而支付的现金。

（4）"分配股利、利润或偿付利息支付的现金"项目，反映企业实际支付的现金股利、支付给其他投资单位的利润或用现金支付的借款利息、债券利息。

（5）"收到其他与筹资活动有关的现金""支付其他与筹资活动有关的现金"项目，反映企业除上述（1）~（4）项目外收到或支付的其他与筹资活动有关的现金，金额较大的应当单独列示。

▶ 4. "汇率变动对现金及现金等价物的影响"项目

"汇率变动对现金及现金等价物的影响"项目反映下列项目之间的差额：

（1）企业外币现金流量折算为记账本位币时，采用现金流量发生日的即期汇率或按照系统合理的方法确定的、与现金流量发生日即期汇率近似的汇率折算的金额（编制合并现金流量表时折算境外子公司的现金流量，应当比照处理）。

（2）企业外币现金及现金等价物净增加额按资产负债表日即期汇率折算的金额。

第五节 会计报表附注

一、会计报表附注的意义

前述的会计报表是按照会计制度要求编制的，只能提供数字形式的定量会计信息。为了给使用者提供更多决策所需要的信息，帮助使用者更好地理解会计报表的内容，就需要企业编制和对外披露会计报表附注。会计报表附注是会计报表的补充，主要对会计报表不能包括的内容，或者披露不详尽的内容做进一步解释、说明。它提供与会计报表所反映的信息相关的其他财务信息，使财务报告使用者通过阅读会计报表及其相关的附注，为其决策提供更充分的信息。编制会计报表附注的意义体现在以下几个方面。

（一）提高会计信息的可比性

会计报表是依据会计制度编制而成的。为了增强会计制度的适应性和能够准确反映实际情况，会计制度对某些经济业务提供了多种可选择的会计处理方法，企业可以根据具体情况进行选择确定。这同时也会造成不同行业或同一行业的不同企业因采用不同的会计处理方法而致使其提供的会计信息产生差异。另外，在某些情况下，允许企业对已采用的会计政策有所变动，这就可能造成企业因所选用的会计政策发生变动，而导致同一企业不同会计期间的会计信息失去可比的基础。通过编制会计报表附注，可以使报表使用者了解会计信息的差异存在、产生的原因及其影响的大小，从而提高会计信息的可比性。

（二）增进会计信息的可理解性

会计报表的附注部分，还会对报表中重要的数据以及未列入报表的重要事项做出解释或说明，将抽象的数据具体化，有助于报表使用者深入理解会计报表，准确利用所需的会计信息。

（三）促使会计信息充分披露

会计报表附注主要以文字说明或数据表格等方式，充分解释会计报表中所提供的信息，以及说明没有包括在会计报表之内但与报表使用者决策相关的重要信息，从而便于广大投资者全面掌握企业财务状况、经营成果和现金流动情况，为投资者正确决策提供信息服务。

二、会计报表附注内容

会计报表附注应包括与公司财务状况、经营成果及现金流量相关，有助于报表使用者更好地了解会计报表，并且可以随同会计报表一同报出的重要信息。具体来讲，会计报表附注一般应包括企业简介、主要会计政策和会计估计说明、重要事项说明和重要会计报表项目注释等内容。其中，企业简介部分主要说明企业概况、沿革、经营范围、主营业务及其生产经营情况等。

本章小结

财务会计报告是指企业对外提供的，综合反映企业某一特定日期的资产、负债和所有者权益状况以及某一会计期间经营成果和现金流动情况的书面文件。它是企业根据日常会计核算资料归集、加工和汇总后形成的，是会计核算过程中最后提出的结果，也是会计核算工作的总结。财务报表按其报送对象，可分为对内会计报表和对外会计报表两大类；财务报表按其反映的经济内容，可分为反映财务状况、经营成果、现金流量会计报表；财务报表按其编制单位，可分为单位会计报表和合并会计报表；财务报表按其编制时间，可分为月报、季报、半年报和年报。

资产负债表是总括反映企业某一特定日期（如月末、季末、年末）资产、负债和所有者权益及其构成情况的会计报表。一个企业的资产、负债和所有者权益及其相互间的关系，就是企业的财务状况，所以资产负债表是提供财务状况的主要报表，反映的是企业经营资金运动的静态表现。资产负债表是企业的第一会计报表，每一个企业都必须按月编制并向外报送。资产负债表能够提供资产、负债和所有者权益的全貌。目前，国际上流行的资产负债表格式主要有账户式和报告式两种。根据我国《企业会计制度》的规定，我国企业的资产负债表采用账户式结构。账户式资产负债表分左右两方，左方为资产项目，按资产的流动性大小排列：流动性大的资产如"货币资金""交易性金融资产"等排在前面，流动性小的资产如"长期投资""固定资产"等则排在后面；右方为负债及所有者权益项目，一般按求偿权先后顺序排列："短期借款""应付票据"等需要在一年以内或者长于一年的一个营业周期内偿还的流动负债排在前面，"长期借款"等在一年以上或者长于一年的一个营业周期以上才需偿还的长期负债排在中间，在企业清算之前不需要偿还的所有者权益项目排在后面。

利润表是指反映企业在一定会计期间经营成果的报表。利润表是依据会计恒等式"收入－费用＝利润"编制的，可分为单步式和多步式两种，我国目前多采用多步式。

现金流量表是反映企业一定会计期间现金和现金等价物流入和流出的报表。该表的编制基础是现金及现金等价物，属于动态表表。在现金流量表中，企业应当按照经营活动、投资活动、筹资活动的现金流量分类分项的列示。

思考训练

一、单项选择题

1. 下列关于上市公司年度财务会计报告对外提供期限的表述中，正确的是（ ）。
   A. 15 日　　　　　　　　　　B. 2 个月
   C. 4 个月　　　　　　　　　　D. 30 日

2. 为使企业会计报表能够如实反映财务状况、经营成果和现金流量情况，会计报表各项目的数据必须（ ）。
   A. 编制及时　　　　　　　　　B. 相关可比
   C. 便于理解　　　　　　　　　D. 真实可靠

3. 下列各项中，属于对会计报表的编制基础、编制依据、编制原则和方法及主要项目等所做解释的是（ ）。
   A. 管理层讨论与分析　　　　　B. 董事会报告
   C. 财务情况说明书　　　　　　D. 会计报表附注

4. 下列关于财务会计报告的表述中，正确的是（ ）。
   A. 半年度财务报告主要包括会计报表，不包括会计报表附注及财务情况说明书
   B. 实际工作中，为使会计报表及时报送，企业可以提前结账
   C. 季度、月度财务报告通常仅指会计报表，会计报表至少应当包括资产负债表和利润表
   D. 资产负债表中确认的资产都是企业所拥有的资产

5. 下列各项中，不属于财务会计报表编制要求的是（ ）。
   A. 全面完整　　　　　　　　　B. 节约成本
   C. 便于理解　　　　　　　　　D. 真实可靠

6. 资产负债表总括反映的是企业在一定日期的（ ）。
   A. 财务状况　　　　　　　　　B. 财务情况
   C. 经营成果　　　　　　　　　D. 利润分配情况

7. 我国资产负债表采用的格式为（ ）。
   A. 单步报告式　　　　　　　　B. 账户式
   C. 多步报告式　　　　　　　　D. 混合式

8. 下列各项中，作为资产负债表中资产排列顺序依据的是（ ）。
   A. 资产的重要性　　　　　　　B. 资产的收益性
   C. 资产的时间性　　　　　　　D. 资产的流动性

9. 下列关于资产流动性的表述中，正确的是（ ）。
   A. 库存现金的流动性强于固定资产
   B. 固定资产的流动性强于银行存款
   C. 应收账款的流动性强于交易性金融资产
   D. 交易性金融资产的流动性强于银行存款

10. 下列报表中，可以反映企业短期偿还能力的是（ ）。
    A. 利润分配表　　　　　　　　B. 现金流量表
    C. 资产负债表　　　　　　　　D. 利润表

11. 下列项目的余额，可能在资产负债表中用负数填列的是（　　）。
    A. 应交税费　　　　　　　　　　B. 固定资产
    C. 无形资产　　　　　　　　　　D. 累计折旧

12. 部分账户的期末余额如下：库存现金2万元，银行存款80万元，其他货币资金5万元，应收账款25万元。则资产负债表中的"货币资金"项目应填列的金额为（　　）万元。
    A. 112　　　　　　　　　　　　B. 82
    C. 85　　　　　　　　　　　　 D. 87

13. 部分账户的期末余额如下：原材料8万元，材料采购2万元，固定资产80万元，生产成本5万元，材料成本差异（贷方）1万元，库存商品25万元。则资产负债中的"存货"项目应填列的金额为（　　）万元。
    A. 41　　　B. 39　　　C. 120　　　D. 40

14. 某公司年末"应收账款"科目的借方余额为100万元，"预收账款"科目的贷方余额为150万元，其中，明细账的借方余额为15万元，贷方余额为165万元。"应收账款"对应的"坏账准备"期末余额为8万元，该企业年末资产负债表中"应收账款"项目的金额为（　　）万元。
    A. 115　　　B. 107　　　C. 150　　　D. 165

15. 部分账户的期末余额如下：应付账款总账和明细账都是贷方余额60万元，预付账款总账借方余额20万元，其明细账中有借方余额28万元，贷方余额8万元，预收账款明细账借方余额为2万元，贷方余额10万元，则资产负债表中的"应付账款"项目应填列的金额为（　　）万元。
    A. 78　　　B. 70　　　C. 60　　　D. 68

16. 某企业2016年发生的营业收入为200万元，营业成本为120万元，销售费用8万元，管理费用为6万元，财务费用2万元，资产减值损失为7万元（损失），公允价值变动损益为24万元（收益），营业外收入为5万元，营业外支出3万元。该企业2016年的营业利润为（　　）万元。
    A. 76　　　B. 66　　　C. 83　　　D. 81

二、多项选择题

1. 下列各项中，作为会计核算职能需如实反映的信息有（　　）。
   A. 财务状况　　　　　　　　　　B. 现金流量
   C. 产品成长能力　　　　　　　　D. 经营成果

2. 下列各项中，属于财务会计报告使用者的有（　　）。
   A. 政府及有关机构　　　　　　　B. 单位管理人员
   C. 投资者　　　　　　　　　　　D. 债权人

3. 下列各项中，属于企业财务会计报告可以提供的信息有（　　）。
   A. 经营成果　　　　　　　　　　B. 财务状况
   C. 劳动状况　　　　　　　　　　D. 现金流量

4. 季度财务会计报告至少应当包括（　　）。
   A. 会计报表附件性　　　　　　　B. 利润表
   C. 现金流量表　　　　　　　　　D. 资产负债表

5. 下列各项中，属于企业资产负债表提供信息的有（　　）。
   A. 企业资产的构成及其状况　　　　B. 企业利润的形成情况
   C. 企业的负债总额及其结构　　　　D. 企业所有者权益情况

6. 资产负债表编制的资料来源有（　　）。
   A. 明细账　　　　　　　　　　　　B. 上年度资产负债表
   C. 备查登记簿　　　　　　　　　　D. 总账

7. 下列各项中，属于资产负债表中流动资产项目的有（　　）。
   A. 存货　　　　　　　　　　　　　B. 货币资金
   C. 应收账款　　　　　　　　　　　D. 预收账款

8. 下列各项中，属于非流动资产的有（　　）。
   A. 工程物资　　　　　　　　　　　B. 固定资产
   C. 长期股权投资　　　　　　　　　D. 无形资产

9. 下列各项中，属于流动负债的有（　　）。
   A. 其他应付款　　　　　　　　　　B. 应付职工薪酬
   C. 应付债券　　　　　　　　　　　D. 应付股利

10. 下列资产负债中，应根据相关科目明细余额填列的有（　　）。
    A. 应收账款　　　　　　　　　　　B. 存货
    C. 预收账款　　　　　　　　　　　D. 应付账款

11. 下列资产负债表项目中，直接根据总分类账户余额填列的有（　　）。
    A. 短期借款　　　　　　　　　　　B. 资本公积
    C. 应交税费　　　　　　　　　　　D. 实收资本

12. 下列各项中，可能影响资产负债表中"应付账款"项目金额的有（　　）。
    A. 应收账款　　　　　　　　　　　B. 预收账款
    C. 预付账款　　　　　　　　　　　D. 应付账款

13. 下列各项中，影响资产负债中"预付账款"项目的有（　　）。
    A. "应付账款"明细科目的贷方余额
    B. "预付款项"明细科目的借方余额
    C. "预付款项"明细科目的贷方余额
    D. "应付账款"明细科目的借方余额

14. 下列关于资产负债表数据来源的表述中，正确的有（　　）。
    A. 根据明细科目余额计算填列　　　B. 根据总账科目余额直接填列
    C. 根据记账凭证直接填列　　　　　D. 根据总账科目余额计算填列

15. 多步式利润表可以反映的企业利润要素有（　　）。
    A. 利润总额　　B. 净利润　　C. 每股收益　　D. 营业利润

16. 下列关于利润的表述中，正确的有（　　）。
    A. 利润包括收入减去费用后的净额，直接记入当期利润的利得和损失等
    B. 利润是企业在一定会计期间的经营成果
    C. 利润的确认只依赖于收入和费用的确认
    D. 通常情况下，如果企业实现了利润，表明企业的所有者权益将增加，业绩得到了提升

三、判断题

1. 任何组织或个人都不得授意、指使、强令企业编制和对外提供虚假的或隐瞒重要事实的财务会计报告。（　）
2. 财务会计报告由会计报表及其附注两部分组成。（　）
3. 为了满足不同使用者对会计信息的需要，单位向不同的会计信息使用者提供的财务会计报告，其编制依据、编制基础、编制原则和方法可以不一致。（　）
4. 企业中期财务会计报告包括月度、季度和半年度财务会计报告。（　）
5. 中期财务报告是指以6月30日为资产负债表日编制的财务报告。（　）
6. 并不是所有类型的财务会计报告都必须包括现金流量表。（　）
7. 企业财务会计报告按规定必须经注册会计师审计的，注册会计师及其会计师事务所应对财务会计报告的真实性、完整性负责。（　）
8. 会计报表按照报送对象不同，可以分为个别报表和合并会计报表。（　）
9. 在我国，对外会计报表的种类、格式、指标内容和编报时间等，都有国家统一的会计制度予以规定。（　）
10. 多步式利润表中，各项期间费用是主营业务利润计算过程中的减项。（　）
11. 每个企业都必须定期编制会计报表。（　）
12. 季度财务会计报告包括的内容与月度财务会计报告基本相同。（　）
13. 编制会计报表的主要目的就是为会计报表使用者提供决策有用的信息。（　）
14. 企业年度财务会计报告的会计期间是指公历1月1日至12月31日。（　）
15. 会计报表的便于理解的要求是建立在会计报表使用者具有一定的会计报表阅读能力基础上的。（　）
16. 资产负债表是总括反映企业特定日期资产，负债和所有者权益情况的动态报表，通过它可以了解企业的资产构成、资金的来源构成和企业负债的偿还能力。（　）

四、问答题

1. 什么是财务会计报告？如何按照不同的标准对财务会计报告进行分类？
2. 编制财务会计报告有什么重要意义？
3. 编制财务会计报告的基本要求有哪些？
4. 什么是资产负债表？简述资产负债表的结构和内容。
5. 什么是利润表？简述利润表的结构和内容。
6. 什么是现金流量表？简述现金流量表的结构和内容。
7. 编制资产负债表有什么重要意义？
8. 编制利润表有什么重要意义？
9. 编制现金流量表有什么重要意义？
10. 什么是财务报表附注？它包括哪些内容？

五、练习题

1. 资产负债表有关项目的计算。

已知X公司2019年年末资产总额是年末流动资产的2倍，年末流动资产比年初流动资产多50 000元，年末流动负债比年初流动负债多40 000元，X公司2019年年末资产负债表如表9-9所示。

表 9-9　资产负债表

2019年12月31日　　　　　　　　　　　　　　　　　　　　　单位：元

资　　产	年初数	年末数	负债和所有者权益	年初数	年末数
流动资产			流动负债		
货币资金	51 300	47 200	短期借款	20 000	50 000
应收账款	11 500	(1)	应付账款	6 500	18 500
其他应收款	1 000	2 000	应交税费	(4)	3 500
存货	234 200	185 800	流动负债合计	(5)	72 000
流动资产合计	298 000	(2)	非流动负债		
非流动资产			长期借款	100 000	100 000
固定资产	352 000	(3)	所有者权益		
			实收资本	500 000	500 000
			盈余公积	18 000	24 000
			所有者权益合计	518 000	524 000
资产合计	650 000	696 000	负债和所有者权益合计	650 000	696 000

要求：完成表9-9中(1)~(5)的数据的填写。

2. 资产负债表有关项目的计算。

Y公司2019年12月31日总分类账及明细账的期末余额如表9-10和表9-11所示。

表 9-10　总分类账户余额　　　　　　　　　　　　　　　　　　单位：元

总账名称	借方余额	贷方余额
库存现金	1 895	
银行存款	129 800	
应收账款	4 000	
坏账准备		200
原材料	72 500	
库存商品	62 000	
生产成本	18 000	
固定资产	358 700	
累计折旧		24 700
无形资产	20 000	
累计摊销		3 500
预收账款		8 500
短期借款		27 500
应付账款		23 000
预付账款	5 000	
长期借款		200 000
实收资本		350 000
盈余公积		18 095
利润分配		16 400
合　　计	671 895	671 895

表 9-11　明细账户余额　　　　　　　　　　　单元：元

账 户 名 称	余 额 方 向	金　　额
应收账款	借	4 000
——A 公司	借	5 500
——B 公司	贷	1 500
预收账款	贷	8 500
——C 公司	贷	10 000
——D 公司	借	1 500
预付账款	借	5 000
——E 公司	借	6 200
——F 公司	贷	1 200
应付账款	贷	23 000
——G 公司	贷	23 000

补充资料：长期借款中将于一年内到期归还的长期借款为 60 000 元。

要求：

(1) 计算资产负债表中"应收账款"项目的金额。

(2) 计算资产负债表中"应付账款"项目的金额。

(3) 计算资产负债表中"预收账款"项目的金额。

(4) 计算资产负债表中"预付账款"项目的金额。

(5) 计算流动负债合计数。

3．利润表有关项目的计算。

南方股份有限公司 2019 年损益类账户发生额资料如表 9-12 所示。

表 9-12　南方股份有限公司 2016 年损益类账户发生额　　　　单位：元

科目名称	借　方	贷　方
主营业务收入		800 000
主营业务成本	600 000	
税金及附加	10 000	
管理费用	40 000	
销售费用	3 500	
财务费用	3 000	
营业外收入		20 000
营业外支出	10 000	
其他业务收入		20 000
其他业务成本	15 000	
资产减值损失	1 000	
公允价格变动损益	2 000	
投资收益		40 000

注：该公司所得税税率为 25%，假设无其他纳税调整事项。

要求：根据上述资料分别计算该公司在该会计期间内有关项目金额（见表9-13），要求列出计算过程。

表 9-13　南方股份有限公司会计期间内有关项目金额　　　　单位：元

项目名称	金　　额
营业收入	（1）
营业成本	（2）
营业利润	（3）
利润总额	（4）
净利润	（5）

4. 利润表有关项目的计算。

某公司所得税率为25%，2019年11月的利润表如表9-14所示。

表 9-14　利　润　表　　　　单位：元

项　　目	本期金额	累计金额
一、营业收入		2 985 000
减：营业成本		1 500 000
税金及附加		88 000
销售费用		210 000
管理费用		350 000
财务费用		4 000
资产减值损失		3 000
二、营业利润		830 000
加：营业外收入		3 000
减：营业外支出		8 000
三、利润总额		825 000
减：所得税费用		206 250
四、净利润		618 750

该公司12月发生以下业务：

(1) 销售甲商品3 500件，单价68元，增值税税率17%，已办妥托收手续。
(2) 处理财产清查中的账外设备一台，估计原价10 000元，七成新。
(3) 分配工资40 000元，其中，管理部门25 000元，专设销售机构15 000元。
(4) 计提办公用固定资产折旧1 200元。
(5) 结转已销3 500件甲商品成本140 000元。
(6) 将本月实现的损益结转至"本年利润"。

要求：根据上述资料，计算该公司2019年12月利润表中的"营业收入""管理费用""营业利润""利润总额""净利润"金额。

5. 资产负债表的编制。

某股份有限公司2019年12月31日的账户余额如表9-15所示。

表 9-15　某股份有限公司账户余额表　　　　　　　　　　　单位：元

账户名称	借方余额	账户名称	贷方余额
库存现金	3 000	短期借款	60 000
银行存款	2 769 880	应付票据	15 000
其他货币资金	5 800	应付账款——D	458 620
交易性金融资产	63 800	——E	590 000
		——F	−22 000
应收票据	41 000	预收账款——G	74 000
应收账款——A	300 000	——H	−43 000
——B	−15 000	应付职工薪酬——工资	128 000
——C	205 800	应付职工薪酬——福利	5 000
坏账准备	−3 000	应付股利	43 000
预付账款	−13 100	应交税费	110 550
其他应收款	8 000	其他应交款	7 000
材料采购	17 000	其他应付款	95 000
原材料	26 650	长期借款	1 765 000
低值易耗品	2 500	应付债券	1 001 000
库存商品	212 000	股本	3 000 000
材料成本差异	−150	资本公积	700 000
长期股权投资	290 000	盈余公积	880 000
固定资产	4 302 000	未分配利润	198 010
累计折旧	−16 000		
在建工程	365 000		
无形资产	600 000		
无形资产减值准备	−100 000		
合计	9 065 180	合计	9 065 180

要求：根据上述资料编制该公司 2019 年 12 月 31 日的资产负债表如表 9-16 所示。

表 9-16　资产负债表

编制单位：某股份有限公司　　　　2019 年 12 月 31 日　　　　　　　　　单位：元

资产	行次	期末余额	年初余额	负债和所有者权益（或股东权益）	行次	期末余额	年初余额
流动资产：	1			流动负债：	35		
货币资金	2			短期借款	36		
以公允价值计量且变动计入当期损益的金融资产	3			以公允价值计量且变动计入当期损益的金融负债	37		
应收票据	4			应付票据	38		
应收账款	5			应付账款	39		

续表

资产	行次	期末余额	年初余额	负债和所有者权益（或股东权益）	行次	期末余额	年初余额
预付账款	6			预收账款	40		
应收股利	7			应付职工薪酬	41		
应收利息	8			应交税费	42		
其他应收款	9			应付利息	43		
存货	10			应付股利	44		
持有待售的非流动资产或持有待售的处置组中的资产	11			其他应付款	45		
一年内到期的非流动资产	12			持有待售的处置组中的负债	46		
其他流动资产	13			一年内到期的非流动负债	47		
流动资产合计	14			其他流动负债	48		
非流动资产：	15			流动负债合计	49		
以摊余成本计量的金融资产	16			非流动负债：	50		
以公允价值计量且变动计入其他综合收益的金融资产	17			长期借款	51		
长期应收款	18			应付债券	52		
长期股权投资	19			长期应付款	53		
投资性房地产	20			专项应付款	54		
固定资产	21			预计负债	55		
在建工程	22			递延收益	56		
工程物资	23			递延所得税负债	57		
固定资产清理	24			其他非流动负债	58		
生产性生物性资产	25			非流动负债合计	59		
油气资产	26			负债合计	60		
无形资产	27			所有者权益（或股东权益）	61		
开发支出	28			实收资本（或股本）	62		
商誉	29			资本公积	63		
长期待摊费用	30			减：库存股	64		
递延所得税资产	31			其他综合收益	65		
其他非流动性资产	32			盈余公积	66		
非流动资产总计	33			未分配利润	67		
				所有者权益（或股东权益）合计			
资产总计	34			负债和所有者（股东权益）合计	68		

企业负责人： 主管会计： 制表：

6. 利润表的编制。

某公司2019年度有关损益账户的余额如表9-17所示。

表 9-17 某公司 2019 年度有关损益账户的余额   单位：元

账户名称	借方发生额	贷方发生额	账户名称	借方发生额	贷方发生额
主营业务收入		3 200 000	投资收益		52 000
主营业务成本	1 100 000		其他业务收入		67 500
税金及附加	6 000		其他业务成本	68 000	
销售费用	15 000		营业外收入		51 000
管理费用	160 000		营业外支出	23 000	
财务费用	65 000		所得税费用	314 300	

要求：根据上述资料编制该公司 2019 年度的利润表如表 9-18 所示。

表 9-18 利 润 表

编制单位：　　　　　　　　　2019 年度　　　　　　　　　单位：元

项　目	本期金额	上期金额
一、营业收入		略
减：营业成本		
税金及附加		
销售费用		
管理费用		
财务费用		
资产减值损失		
加：公允价值变动收益（损失以"－"号填列）		
投资收益（损失以"－"号填列）		
其中：对联营企业和合营企业的投资收益		
二、营业利润（亏损以"－"填列）		
加：营业外收入		
减：营业外支出		
其中：非流动资产处置损失		
三、利润总额（亏损总额以"－"填列）		
减：所得税费用		
四、净利润（净亏损以"－"号填列）		
五、每股收益：		
（一）基本每股收益		
（二）稀释每股收益		

第十章 账务处理程序

本章主要内容

为了减少会计人员的工作量,提高会计核算工作效率,不同性质、不同规模和不同业务量的企业应采用不同的账务处理程序。

1. 账务处理程序的概念、种类和意义;
2. 记账凭证账务处理程序、科目汇总表账务处理程序和汇总记账凭证账务处理程序的特点,凭证与账簿的设置与使用、操作步骤、优缺点和适用范围。

知识目标

1. 理解账务处理程序的概念,了解科学、合理地设置账务处理程序的意义;
2. 熟悉各种账务处理程序的操作步骤;
3. 掌握各种账务处理程序的特点,以及凭证与账簿的设置与使用;
4. 掌握各种账务处理程序的优缺点和适用范围;
5. 掌握科目汇总表和汇总记账凭证的编制。

技能目标

1. 能够熟悉运用记账凭证账务处理程序进行会计核算;
2. 能够熟悉运用科目汇总表账务处理程序进行会计核算。

第一节 账务处理程序概述

一、账务处理程序的意义

账务处理程序,又称会计核算形式,是指会计凭证、会计账簿、财务报表相结合的方式,包括账簿组织和记账程序。账簿组织是指会计凭证和会计账簿的种类、格式及会计凭证与账簿之间的联系方法;记账程序和记账方法是指从取得、审核原始凭证开始,到填制、审核记账凭证，登记日记账、明细分类账和总分类账，编制财务报表的工作程序和方法。不同的账簿组织、记账程序和记账方法的结合，就构成了不同的账务处理程序。

为了连续、系统、全面、综合地反映和监督企业和行政事业等单位的经济活动，为经济管理提供系统的核算资料，必须综合应用一系列会计核算的专门方法。其中，填制会计凭证、登记账簿和编制会计报表是记录、整理、储存和提供会计资料必不可少的工具。因此，如何设置和设计凭证、账簿，会计报表的种类、格式及填制方法，如何规定各种凭证之间、各种账簿之间、各种报表之间的相互关系，以及各种凭证、账簿、报表之间的相互联系和登记程序，是正确组织会计核算工作必须解决的一个重要问题，也是会计制度设计的一个重要方面。它对于保证会计核算质量，提高会计工作效率，充分发挥会计工作在经济管理工作中的基础作用具有重要意义。

二、账务处理程序的基本要求

各企业由于业务性质、组织规模、业务繁简不同，需要设置的凭证、账簿的种类和格式也不相同。各企业应根据自身的实际情况和具体条件，合理、恰当地选择适用于本单位的账务处理程序。合理的账务处理程序一般应符合以下要求：

（1）能够科学组织会计核算工作，有利于简化核算程序、提高工作效率、节约人力和物力。

（2）能够及时、正确和完整的提供会计资料，以满足企业经营管理的需要。

（3）能够与单位的经营特点和形式等情况相适应，反映经济活动和财务收支的实际情况。

三、账务处理程序的种类

账务处理程序一般有七种，即记账凭证账务处理程序、科目汇总表账务处理程序、汇总记账凭证账务处理程序、多栏式日记账账务处理程序、日记总账账务处理程序、普通日记账账务处理程序和通用日记账账务处理程序。我国常用的账务处理程序主要有记账凭证账务处理程序、科目汇总表账务处理程序、汇总记账凭证账务处理程序。各种账务处理程序的主要区别表现在登记总账的依据和方法不同。

第二节 记账凭证账务处理程序

记账凭证账务处理程序是指对发生的经济业务，先根据原始凭证或汇总原始凭证填制记账凭证，再直接根据记账凭证逐笔登记总分类账的一种账务处理程序。记账凭证账务处理程序是最基本的账务处理程序，其他账务处理程序都是在此基础上，根据经济管理的要求发展而形成的。

一、记账凭证账务处理程序的一般步骤

记账凭证账务处理程序如图10-1所示。

① 根据原始凭证编制原始凭证汇总表；

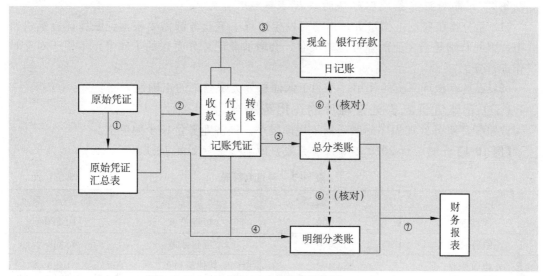

图 10-1 记账凭证账务处理程序

② 根据原始凭证或原始凭证汇总表编制收款凭证、付款凭证和转账凭证，也可编制通用记账凭证；

③ 根据收款凭证和付款凭证逐日逐笔登记库存现金日记账和银行存款日记账；

④ 根据记账凭证及所附原始凭证或原始凭证汇总表登记各种明细分类账；

⑤ 根据记账凭证逐笔登记总分类账；

⑥ 期末，将库存现金日记账、银行存款日记账的余额和各种明细账的余额，分别与相应的总分类账中有关账户的余额核对，以保证账账相符；

⑦ 期末，根据总分类账和各种明细分类账的记录，编制财务报表。

二、记账凭证账务处理程序的优缺点及适用范围

（一）记账凭证账务处理程序的特点

记账凭证账务处理程序的特点是直接根据记账凭证逐笔登记总分类账，无须再编制其他汇总性质的凭证。

（二）记账凭证账务处理程序的优缺点

▶ 1. 记账凭证账务处理程序的优点

（1）在记账凭证上能清晰反映账户之间的对应关系。在该程序下，所采用的是专用记账凭证或通用记账凭证，当每一笔简单的经济业务发生后，利用一张记账凭证就可以编制出该笔经济的完整会计分录；而在比较复杂的经济业务发生以后，可以利用多张凭证为其编制简单会计分录，或编制涉及两个以上账户的复杂会计分录。因此，在每一张记账凭证上，账户之间的对应关系非常清晰。

（2）总分类账可以比较详细地反映经济业务的发生情况。在记账凭证账务处理程序下，对总分类账的登记方法和对明细分类账、日记账的登记方法一样，也采取逐笔登记，因此在总分类账上能够详细、清晰地反映所发生的经济业务情况。

（3）总分类账登记方法简单，易于掌握。

2. 记账凭证账务处理程序的缺点

（1）总分类账登记工作量大。由于对发生的每一笔业务都需要根据记账凭证逐笔进行登记，因此特别是当企业的业务量较大时，会增加登记总分类账的工作量，不便于对会计工作进行分工。

（2）不具有试算平衡的作用，不利于保证总分类账登记的正确性。

（三）记账凭证账务处理程序的适用范围

记账凭证账务处理程序一般适用于规模较小、经济业务量较少的单位。

【例 10-1】 光明公司 2019 年 8 月有关账户的期初余额如表 10-1 所示。

表 10-1　科目余额表　　　　　　　　　　　　　　　　　　　单位：元

账户名称	借方余额	账户名称	贷方余额
库存现金	3 000	短期借款	110 520
银行存款	36 000	应付账款	63 600
应收账款	50 400	其他应付款	1 800
其他应收款	1 560	应付利息	3 360
预付账款	5 520	应交税费	50 400
原材料	180 000	实收资本	1 200 000
生产成本	144 000	盈余公积	64 800
库存商品	164 400	应付利润	24 000
固定资产	1 317 600	本年利润	132 000
累计折旧	−360 000	利润分配	−108 000
合　计	1 542 480	合　计	1 542 480

光明公司 8 月发生下列经济业务：

（1）8 月 1 日，接受利华公司的追加投资 6 000 000 元，款项已存入银行。

（2）8 月 3 日，从银行取得短期借款 240 000 元。

（3）8 月 3 日，购入新设备 10 台，共计 4 560 000 元，不需安装，价款已付。

（4）8 月 6 日，用银行存款 74 400 元交纳所得税 50 400 元，并支付投资者利润 24 000 元。

（5）8 月 6 日，向银行借入短期借款 49 200 元直接偿还弘扬公司到期的应付账款。

（6）8 月 6 日，销售 A 产品 8 台，售价 22 800 元/台，销售收入 182 400 元，增值税销项税额 31 008 元，款项已全部存银行。

（7）8 月 6 日，开户行接到通知，以存款支付水电费 3 360 元。

（8）8 月 6 日，从万事通公司购进甲材料 4 800 千克（20 元/千克），价款 96 000 元，增值税进项税额 16 320 元；从友谊公司购进乙材料 3 600 千克（15 元/千克），价款 54 000 元，增值税进项税额 9 180 元；从金华公司购进丙材料 6 000 千克（30 元/千克），价款 180 000 元，增值税进项税额 30 600 元。上述材料尚未运到，开出转账支票，支付甲、乙材料的购料款，丙材料的购料款尚未支付。

（9）8 月 8 日，用银行存款支付甲、乙、丙三种材料的运输费 5 760 元。

（10）8 月 8 日，用现金支付甲、乙、丙三种材料的搬运费 888 元。

（11）8 月 8 日，上述甲、乙、丙三种材料已经验收入库，结转 6 日购进的材料采购成本。

（12）8月9日，用银行存款12 000元预付给丰汇公司，用于购买丙材料。

（13）8月10日，仓库发出甲、乙、丙三种材料用于生产产品和其他一般耗费。其中用于制造产品的耗费为210 000元，用于企业管理部门的耗费为9 000元，发出甲材料200 000元，乙材料10 000元，丙材料9 000元。

（14）8月10日，开出现金支票从银行提取现金18 000元，备发工资。

（15）8月10日，用现金18 000元支付企业职工工资。

（16）8月16日，按合同向丰汇公司发出A产品4台，单位售价22 800元，计91 200元，增值税销项税额15 504元。收回21 600元销货款存入银行，其余款项未收回。

（17）8月16日，按合同规定预收振华公司货款12 000元存入银行。

（18）8月20日，用银行存款支付管理部门的办公费3 600元。

（19）8月25日，用银行存款1 800元支付下季度的报刊费。

（20）8月26日，按合同规定向振华公司销售A产品6台，单位售价22 800元，价款136 000元，增值税销项税额23 256元。其中12 000元为预收货款，其余款项148 056元收到存入银行。

（21）8月28日，用银行存款6 000元支付销售A产品的销售费用。

（22）8月30日，企业收到预付货款的丙材料，尚未入库，该材料的实际买价为33 600元，增值税进项税额5 712元；除冲销原预付货款的12 000元外，用银行存款支付其余的27 312元。同时用现金支付采购费240元。

（23）8月31日，丙材料验收入库，结转其实际采购成本。

（24）8月31日，结算本月应付职工工资，其中制造A产品的职工工资8 400元，制造B产品的职工工资金4 560元，企业行政管理人员工资5 040元。

（25）8月31日，按规定计提固定资产折旧费，其中车间使用固定资产折旧24 000元，行政管理部门使用固定资产应提折旧12 000元。

（26）8月31日，摊销本月行政管理部门的报刊费5 160元。

（27）8月31日，摊销行政管理部门租用办公室的租金1 680元。

（28）8月31日，制造费用24 000元转为生产成本。

（29）8月31日，结转已全部制造完工并验收入库A产品成本133 200元。

（30）8月31日，结转上述已售A产品18台的生产成本180 000元。

（31）8月31日，根据本月产品销售应交的增值税7 956元，按5%计算城市维护建设税和按3%计算教育费附加。

（32）8月31日，经批准，没收出租佳美超市包装物的押金1 680元转作营业外收入（不考虑应交纳的增值税）。

（33）8月31日，企业违反合同，按规定用现金1 560元支付罚款。

（34）8月31日，将各收入、费用类账户的余额转入"本年利润"。

（35）8月31日，计算结转本月应交所得税。所得税金额60 682元。

（36）8月31日，结转应分配的利润19 200元。

（37）8月31日，从企业实现的利润中提取盈余公积18 480元。

财务处理如下：

（1）根据原始凭证(即经济业务)编制记账凭证(即编制会计分录)，如表10-2~表10-45所示。

表 10-2 收 款 凭 证

借方科目：银行存款   2019 年 8 月 1 日   银收第 1 号

摘 要	贷方科目	账 页	金 额	
			一级科目	明细科目
追加投资	实收资本——利华公司			6 000 000
合计				6 000 000

表 10-3 收 款 凭 证

借方科目：银行存款   2019 年 8 月 3 日   银收第 2 号

摘 要	贷方科目	账 页	金 额	
			一级科目	明细科目
从银行取得借款存入开户行	短期借款		240 000	
合计			240 000	

表 10-4 付 款 凭 证

贷方科目：银行存款   2019 年 8 月 3 日   银付第 1 号

摘 要	借方科目	账 页	金 额	
			一级科目	明细科目
购进设备	固定资产		4 560 000	
合计			4 560 000	

表 10-5 付 款 凭 证

贷方科目：银行存款   2019 年 8 月 6 日   银付第 2 号

摘 要	借方科目	账 页	金 额	
			一级科目	明细科目
上缴税金及支付利润	应交税费——应交所得税			50 400
	应付利润		24 000	
合计			24 000	50 400

表 10-6 转 账 凭 证

2019 年 8 月 6 日   转字第 1 号

摘 要	借方科目	借方金额		贷方金额	
		一级科目	明细科目	一级科目	明细科目
以借款偿还欠款	应付账款——弘扬公司	49 200			
	短期借款			49 200	
合计		49 200		49 200	

表 10-7　收 款 凭 证

借方科目：银行存款　　　　　　　2019 年 8 月 6 日　　　　　　　　　　　银收第 3 号

摘　要	借方科目	账页	金额 一级科目	金额 明细科目
销售产品货款存入银行	主营业务收入		182 400	
	应交税费——应交增值税（销项税额）		31 008	31 008
合计			213 408	31 008

表 10-8　付 款 凭 证

贷方科目：银行存款　　　　　　　2019 年 8 月 6 日　　　　　　　　　　　银付第 3 号

摘　要	借方科目	账页	金额 一级科目	金额 明细科目
支付水电费	管理费用		3 360	
合计			3 360	

表 10-9　付 款 凭 证

贷方科目：银行存款　　　　　　　2019 年 8 月 6 日　　　　　　　　　　　银付第 4 号

摘　要	借方科目	账页	金额 一级科目	金额 明细科目
购进甲材料 4 800 千克	在途物资——甲			96 000
购进乙材料 3 600 千克	在途物资——乙			54 000
	应交税费——应交增值税（进项税额）			25 500
合计				175 500

表 10-10　转 账 凭 证

2019 年 8 月 6 日　　　　　　　　　　　　　　　　　　　　　　　　转字第 2 号

摘　要	借方科目	借方金额 一级科目	借方金额 明细科目	贷方金额 一级科目	贷方金额 明细科目
购进丙材料 6 000 千克	在途物资——丙		180 000		
	应交税费——应交增值税（进项税额）		30 600		
	应付账款——金华公司				210 600
合计			210 600		210 600

表 10-11 付款凭证

贷方科目：银行存款　　　　　　　2019 年 8 月 8 日　　　　　　　　　银付第 5 号

摘要	借方科目	账页	金额	
			一级科目	明细科目
支付运输费	在途物资——甲			1 920
	——乙			1 440
	——丙			2 400
合计				5 760

表 10-12 付款凭证

贷方科目：库存现金　　　　　　　2019 年 8 月 8 日　　　　　　　　　现付第 5 号

摘要	借方科目	账页	金额	
			一级科目	明细科目
支付搬运费	在途物资——甲			288
	——乙			216
	——丙			384
合计				888

表 10-13 转账凭证

2019 年 8 月 6 日　　　　　　　　　　　　　　　　　　　　　　　转字第 3 号

摘要	借方科目	借方金额		贷方金额	
		一级科目	明细科目	一级科目	明细科目
结转 6 日购入材料采购成本	原材料——甲		98 208		
	——乙		55 656		
	——丙		182 784		
	在途物资——甲				98 208
	——乙				55 656
	——丙				182 784
合计					336 648

表 10-14 付款凭证

贷方科目：银行存款　　　　　　　2019 年 8 月 9 日　　　　　　　　　银付第 6 号

摘要	借方科目	账页	金额	
			一级科目	明细科目
预付丰汇公司材料款	预付账款——丰汇公司			12 000
合计				12 000

表 10-15 转 账 凭 证

2019 年 8 月 10 日　　　　　　　　　　　　　　　转字第 4 号

摘　要	借方科目	借方金额		贷方金额	
		一级科目	明细科目	一级科目	明细科目
仓库发出甲、乙、丙三种材料	生产成本——A	210 000			
	管理费用	9 000			
	原材料——甲				200 000
	——乙				10 000
	——丙				9 000
合计					219 000

表 10-16 付 款 凭 证

贷方科目：银行存款　　　　2019 年 8 月 10 日　　　　　　　银付第 7 号

摘　要	借方科目	账　页	金　额	
			一级科目	明细科目
提取现金	库存现金		18 000	
合计			18 000	

表 10-17 付 款 凭 证

贷方科目：库存现金　　　　2019 年 8 月 10 日　　　　　　　现付第 2 号

摘　要	借方科目	账　页	金　额	
			一级科目	明细科目
发放工资	应付职工薪酬——工资			18 000
合计				18 000

表 10-18 收 款 凭 证

借方科目：银行存款　　　　2019 年 8 月 16 日　　　　　　　银收第 4 号

摘　要	借方科目	账　页	金　额	
			一级科目	明细科目
销售产品货款存入银行	主营业务收入		21 600	
合计			21 600	

表 10-19 转 账 凭 证

2019 年 8 月 16 日　　　　　　　　　　　　　　　转字第 5 号

摘　要	借方科目	借方金额		贷方金额	
		一级科目	明细科目	一级科目	明细科目
销售产品货款未收回	应收账款——丰汇公司	85 104			
	主营业务收入			69 600	
	应交税费——应交增值税（销项税额）				15 504
合计		85 104		69 600	15 504

表 10-20　收款凭证

借方科目：银行存款　　　　　2019 年 8 月 16 日　　　　　银收第 5 号

摘　要	借方科目	账页	金额 一级科目	金额 明细科目
预收振华公司货款	预收账款——振华公司			12 000
合计				12 000

表 10-21　付款凭证

贷方科目：银行存款　　　　　2019 年 8 月 20 日　　　　　银付第 8 号

摘　要	借方科目	账页	金额 一级科目	金额 明细科目
支付办公费	管理费用		3 600	
合计			3 600	

表 10-22　付款凭证

贷方科目：银行存款　　　　　2019 年 8 月 25 日　　　　　银付第 9 号

摘　要	借方科目	账页	金额 一级科目	金额 明细科目
预付报刊费	预付账款		1 800	
合计			1 800	

表 10-23　收款凭证

借方科目：银行存款　　　　　2019 年 8 月 26 日　　　　　银收第 6 号

摘　要	借方科目	账页	金额 一级科目	金额 明细科目
销售产品货款存入银行	主营业务收入		124 800	
	应交税费——应交增值税（销项税额）			23 256
合计			124 800	23 256

表 10-24　转账凭证

2019 年 8 月 26 日　　　　　转字第 6 号

摘　要	借方科目	借方金额 一级科目	借方金额 明细科目	贷方金额 一级科目	贷方金额 明细科目
销售产品，货款已预付	预收账款——振华公司	12 000			
	主营业务收入			12 000	
合计		12 000		12 000	

表 10-25 付款凭证

贷方科目：银行存款　　　　　2019 年 8 月 26 日　　　　　　　　银付第 10 号

摘要	借方科目	账页	金额	
			一级科目	明细科目
支付销售费用	销售费用		6 000	
合计			6 000	

表 10-26 付款凭证

贷方科目：银行存款　　　　　2019 年 8 月 30 日　　　　　　　　银付第 11 号

摘要	借方科目	账页	金额	
			一级科目	明细科目
购进材料补足货款	在途物资——丙			21 600
	应交税费——应交增值税（进项税额）			5 712
合计				27 312

表 10-27 转账凭证

2019 年 8 月 31 日　　　　　　　　　　　　　　　　　　　　转字第 7 号

摘要	借方科目	账页	借方金额		贷方金额	
			一级科目	明细科目	一级科目	明细科目
收到预付货款的材料	在途物资——丙			12 000		
	预付账款——丰汇公司					12 000
合计				12 000		12 000

表 10-28 付款凭证

贷方科目：库存现金　　　　　2019 年 8 月 30 日　　　　　　　　现付第 3 号

摘要	借方科目	账页	金额	
			一级科目	明细科目
支付采购费用	在途物资——丙			240
合计				240

表 10-29 转账凭证

2019 年 8 月 31 日　　　　　　　　　　　　　　　　　　　　转字第 8 号

摘要	借方科目	账页	借方金额		贷方金额	
			一级科目	明细科目	一级科目	明细科目
结转材料采购成本	原材料——丙			33 840		
	在途物资——丙					33 840
合计				33 840		33 840

表 10-30　转 账 凭 证

2019 年 8 月 31 日　　　　　　　　　　　　　转字第 9 号

摘要	借方科目	账页	借方金额		贷方金额	
			一级科目	明细科目	一级科目	明细科目
结算本月应付工资	生产成本——A			12 960		
	管理费用		5 040			
	应付职工薪酬——工资					18 000
	合计		5 040	12 960		18 000

表 10-31　转 账 凭 证

2019 年 8 月 31 日　　　　　　　　　　　　　转字第 10 号

摘要	借方科目	账页	借方金额		贷方金额	
			一级科目	明细科目	一级科目	明细科目
计提折旧	制造费用		24 000			
	管理费用		12 000			
	累计折旧				36 000	
	合计		36 000		36 000	

表 10-32　转 账 凭 证

2019 年 8 月 31 日　　　　　　　　　　　　　转字第 11 号

摘要	借方科目	账页	借方金额		贷方金额	
			一级科目	明细科目	一级科目	明细科目
摊销行政管理部门的报刊费	管理费用		5 160			
	预付账款					5 160
	合计		5 160			5 160

表 10-33　转 账 凭 证

2019 年 8 月 31 日　　　　　　　　　　　　　转字第 12 号

摘要	借方科目	账页	借方金额		贷方金额	
			一级科目	明细科目	一级科目	明细科目
摊销行政管理部门的房屋租赁费	管理费用		1 680			
	预付账款					1 680
	合计		1 680			1 680

表 10-34　转 账 凭 证

2019 年 8 月 31 日　　　　　　　　　　　　　　　转字第 13 号

摘要	借方科目	账页	借方金额		贷方金额	
			一级科目	明细科目	一级科目	明细科目
结转制造费用	生产成本——A		24 000			
	制造费用				24 000	
合计			24 000		24 000	

表 10-35　转 账 凭 证

2019 年 8 月 31 日　　　　　　　　　　　　　　　转字第 14 号

摘要	借方科目	账页	借方金额		贷方金额	
			一级科目	明细科目	一级科目	明细科目
结转完工产品成本	库存商品——A		133 200			
	生产成本——A				133 200	
合计			133 200		133 200	

表 10-36　转 账 凭 证

2019 年 8 月 31 日　　　　　　　　　　　　　　　转字第 15 号

摘要	借方科目	账页	借方金额		贷方金额	
			一级科目	明细科目	一级科目	明细科目
结转销售产品成本	主营业务成本——A		180 000			
	库存商品——A				180 000	
合计			180 000		180 000	

本月应交增值税＝当月销项税额－当月进项税额
　　　＝(31 008＋15 504＋23 256)－(16 320＋9 180＋30 600＋5 712)＝7 956(元)
本月应交的城市维护建设税＝7 956×7‰≈557(元)(四舍五入)
本月应交的教育费附加＝7 956×3‰≈239(元)(四舍五入)

表 10-37　转 账 凭 证

2019 年 8 月 31 日　　　　　　　　　　　　　　　转字第 16 号

摘要	借方科目	账页	借方金额		贷方金额	
			一级科目	明细科目	一级科目	明细科目
计算销售税金	税金及附加		796			
	应交税费——应交城建税				557	
	——应交教育费附加				239	
合计			796		796	

表 10-38　转 账 凭 证

2019 年 8 月 31 日　　　　　　　　　　　　　　转字第 17 号

摘要	借方科目	账页	借方金额		贷方金额	
			一级科目	明细科目	一级科目	明细科目
没收押金	其他应付款——佳美超市		1 680			
	营业外收入				1 680	
合计			1 680		1 680	

表 10-39　付 款 凭 证

贷方科目：库存现金　　　　　　2019 年 8 月 31 日　　　　　　现付第 4 号

摘要	借方科目	账页	金额	
			一级科目	明细科目
支付罚款	营业外支出		1 560	
合计			1 560	

表 10-40　转 账 凭 证

2019 年 8 月 31 日　　　　　　　　　　　　　　转字第 18 号

摘要	借方科目	账页	借方金额		贷方金额	
			一级科目	明细科目	一级科目	明细科目
结转损益	主营业务收入		410 400			
	营业外收入		1 680			
	本年利润				412 080	
合计			412 080		412 080	

表 10-41　转 账 凭 证

2019 年 8 月 31 日　　　　　　　　　　　　　　转字第 19 号

摘要	借方科目	账页	借方金额		贷方金额	
			一级科目	明细科目	一级科目	明细科目
结转损益	本年利润		228 196			
	主营业务成本				180 000	
	税金及附加				796	
	销售费用				6 000	
	管理费用				39 840	
	营业外支出				1 560	
合计			228 196		228 196	

表 10-42　转 账 凭 证

2019 年 8 月 31 日　　　　　　　　　　　　　　　　　　　　转字第 20 号

摘　要	借方科目	账页	借方金额		贷方金额	
			一级科目	明细科目	一级科目	明细科目
计算应交所得税	所得税费用		60 682			
	应交税费——应交所得税				60 682	
合计			60 682		60 682	

表 10-43　转 账 凭 证

2019 年 8 月 31 日　　　　　　　　　　　　　　　　　　　　转字第 21 号

摘　要	借方科目	账页	借方金额		贷方金额	
			一级科目	明细科目	一级科目	明细科目
计算应分配的利润	利润分配——应付利润		19 200			
	应付利润				19 200	
合计			19 200		19 200	

表 10-44　转 账 凭 证

2019 年 8 月 31 日　　　　　　　　　　　　　　　　　　　　转字第 22 号

摘　要	借方科目	账页	借方金额		贷方金额	
			一级科目	明细科目	一级科目	明细科目
计提盈余公积	利润分配——盈余公积		18 480			
	盈余公积				18 480	
合计			18 480		18 480	

表 10-45　转 账 凭 证

2019 年 8 月 31 日　　　　　　　　　　　　　　　　　　　　转字第 23 号

摘　要	借方科目	账页	借方金额		贷方金额	
			一级科目	明细科目	一级科目	明细科目
结转所得税费用	本年利润		60 682			
	所得税费用				60 682	
合计			60 682		60 682	

(2) 根据收、付款凭证登记现金日记账和银行存款日记账,如表 10-46 和表 10-47 所示。

表 10-46 现金日记账

2019年		凭证		摘要	对方账户	借方	贷方	余额
月	日	字	号					
8	1			期初余额				3 000
	8	现付	1	支付搬运费	在途物资		888	2 112
	10	银付	7	提现金	银行存款	18 000		
	10	现付	2	发放工资	应付职工薪酬		18 000	2 112
	30	现付	3	付采购费用	在途物资		240	1 872
	31	现付	4	支付罚款	营业外支出		1 560	312
8	31			本月合计		18 000	20 688	312

表 10-47 银行存款日记账

2019年		凭证		摘要	对方账户	借方	贷方	余额
月	日	字	号					
8	1			期初余额				36 000
	1	银收	1	追加投资	实收资本	6 000 000		6 036 000
	3	银收	2	借款	短期借款	240 000		
	3	银付	1	购进设备	固定资产		4 560 000	1 716 000
	6	银付	2	交税和支付利润	应交税费		50 400	
	6	银收	3	交税和支付利润	应付利润		24 000	
	6	银收	3	销售产品	主营业务收入	182 400		
	6	银收	3	销售产品	应交税费	31 008		
	6	银付	3	付水电费	管理费用		3 360	
	6	银付	4	付材料费	在途物资		150 000	
	6	银付	4	付材料费	应交税费		25 500	1 676 148
	8	银付	5	付运输费	在途物资		5 760	1 670 338
	9	银付	6	预付货款	预付账款		12 000	1 658 388
	10	银收	7	提现金	库存现金		18 000	1 640 388
	16	银收	4	销售	主营业务收入	21 600		
	16	银收	5	预收货款	预收账款	12 000		1 673 988
	20	银付	8	付办公费	管理费用		3 600	1 670 388
	25	银收	9	预付报刊费	预付账款		1 800	1 668 588
	26	银收	6	销售	主营业务收入	124 800		
	26	银收		销售	应交税费	23 256		1 816 644
	26	银付	10	付销售费用	销售费用		6 000	1 810 644
	30	银付	11	付材料款	在途物资		21 600	
	30	银付	11	付材料款	应交税费		5 712	1 783 332
8	31			本月合计		6 635 064	4 887 732	1 783 332

(3) 根据原始凭证、汇总原始凭证和记账凭证登记明细分类账(部分),如表10-48和表10-49所示。

表10-48 应付账款明细分类账

明细账户:金华公司

2019年		凭证		摘 要	借 方	贷 方	借或贷	余 额
月	日	字	号					
8	1			期初余额			贷	14 400
	6	转	2	购进材料未付款		210 600	贷	225 000
				本期发生额及余额		210 600	贷	225 000

表10-49 应付账款明细分类账

明细账户:弘扬公司

2019年		凭证		摘 要	借 方	贷 方	借或贷	余 额
月	日	字	号					
8	1			期初余额			贷	49 200
	6	转	1	以借款偿还债务	49 200		平	0
				本期发生额及余额	49 200		平	0

(4) 根据记账凭证登记总账,如表10-50~表10-80所示。

表10-50 库存现金总账

账户名称:库存现金

2019年		凭证		摘 要	借 方	贷 方	借或贷	余 额
月	日	字	号					
8	1			期初余额			借	3 000
	8	现付	1	支付搬运费		888	借	112
	10	银付	7	提取现金备发放工资	18 000		借	20 112
	10	现付	2	发放工资		18 000	借	2 112
	30	现付	11	支付采购费用		240	借	1 872
	31	现付	4	支付罚款		1 560	借	312
				本期发生额及余额	18 000	20 688	借	312

表10-51 银行存款总账

账户名称:银行存款

2019年		凭证		摘 要	借 方	贷 方	借或贷	余 额
月	日	字	号					
8	1			期初余额			借	36 000
	1	银收	1	接受追加投资	6 000 000		借	6 036 000
	3	银收	2	取得借款	240 000		借	6 276 000

续表

2019年		凭证		摘要	借方	贷方	借或贷	余额
月	日	字	号					
	3	银付	1	购进设备		4 560 000	借	1 716 000
	6	银付	2	上缴税金及支付利润	213 408	74 400	借	1 641 600
	6	银收	3	销售产品货款存银行			借	1 855 008
	6	银付	3	支付水电费		3 360	借	1 851 648
	6	银付	4	购进材料		175 500	借	1 676 148
	8	银付	5	支付运输费		5 760	借	1 670 388
	9	银付	6	预付丰汇公司材料费		12 000	借	1 658 388
	10	银付	7	提取现金备发工资		18 000	借	1 640 388
	16	银收	4	销售产品货款存银行	21 600		借	1 661 388
	16	银收	5	预收振华公司货款	12 000		借	1 673 988
	20	银付	8	支付办公费		3 600	借	1 670 388
	25	银付	9	预付报刊费		1 800	借	1 668 588
	26	银收	6	销售产品货款存银行	148 056		借	1 816 644
	28	银付	10	支付销售费用		6 000	借	1 810 644
	30	银付	11	购进材料，补足货款		27 312	借	1 783 332
	31			本期发生额及余额	6 635 064	4 887 732	借	1 783 332

表10-52 应收账款总账

账户名称：应收账款

2019年		凭证		摘要	借方	贷方	借或贷	余额
月	日	字	号					
8	1			期初余额			借	50 400
	16	转字	5	销售产品货款未收回	85 104		借	
	31			本期发生额及余额	85 104		借	135 504

表10-53 其他应收款总账

账户名称：其他应收款

2019年		凭证		摘要	借方	贷方	借或贷	余额
月	日	字	号					
8	1			期初余额			借	1 560

表 10-54 在途物资总账

账户名称：在途物资

2019年		凭证		摘 要	借 方	贷 方	借或贷	余 额
月	日	字	号					
8	6	银付	4	购进材料	150 000		借	150 000
	6	转字	2	购进丙材料	180 000		借	330 000
	8	银付	5	支付运输费	5 760		借	335 760
	8	现付	1	支付搬运费	888		借	336 648
	8	转字	3	结转材料采购成本		336 648	平	0
	30	银付	11	购进材料，补足货款	21 600	648	借	21 600
	30	转字	7	收到预付货款的材料	12 000		借	33 600
	30	现付	3	支付采购费用	240		借	33 840
	30	转字	8	结转材料采购成本		33 840	平	0
	31			本期发生额及余额	370 488	370 488	平	0

表 10-55 原材料总账

账户名称：原材料

2019年		凭证		摘 要	借 方	贷 方	借或贷	余 额
月	日	字	号					
8	1			期初余额			借	180 000
	8	转字	3	结转材料采购成本	336 648		借	516 648
	10	转字	4	仓库发出甲乙丙材料		219 900	借	297 648
	30	转字	8	结转材料采购成本	33 840		借	331 488
	31			本期发生额及余额	370 488	219 800	借	331 488

表 10-56 预付账款总账

账户名称：预付账款

2019年		凭证		摘 要	借 方	贷 方	借或贷	余 额
月	日	字	号					
8	1			期初余额			借	5 520
	9	银付	6	预付丰汇公司材料款	12 000		借	17 520
	25	银付	9	预付报刊费	1 800		借	19 320
	30	转字	7	收到预付货款的材料		12 000	借	7 320
	31	转字	11	摊销报刊费		5 160	借	2 160
	31	转字	12	摊销房租		1 680	借	480
	31			本期发生额及余额	13 800	18 840	借	480

表10-57 库存商品总账

账户名称：库存商品

2019年		凭证		摘要	借方	贷方	借或贷	余额
月	日	字	号					
8	1			期初余额			借	164 400
	31	转字	14	结转完工产品成本	133 200		借	31 200
	31	转字	15	结转销售产品成本		180 000	借	117 600
	31			本期发生额及余额	133 200	180 000	借	117 600

表10-58 固定资产总账

账户名称：固定资产

2019年		凭证		摘要	借方	贷方	借或贷	余额
月	日	字	号					
8	1			期初余额			借	1 317 600
	3	银付		购置固定资产	4 560 000		借	5 877 600
	31			本期发生额及余额	4 560 000		借	5 877 600

表10-59 累计折旧总账

账户名称：累计折旧

2019年		凭证		摘要	借方	贷方	借或贷	余额
月	日	字	号					
8	1			期初余额			贷	360 000
	31	转字	10	计提折旧		36 000	贷	396 000
	31			本期发生额及余额		36 000	贷	396 000

表10-60 应付账款总账

账户名称：应付账款

2019年		凭证		摘要	借方	贷方	借或贷	余额
月	日	字	号					
8	1			期初余额			贷	63 600
	6	转字	1	以借款偿还欠债	49 200		贷	14 400
	6	转字	2	购进丙材料		210 600	贷	225 000
	31			本期发生额及余额	49 200	210 600	贷	225 000

表 10-61　短期借款总账

账户名称：短期借款

2019年		凭证		摘　要	借　方	贷　方	借或贷	余　额
月	日	字	号					
8	1			期初余额			贷	110 520
	3	银收	2	以借款偿还欠债		240 000	贷	350 520
	6	转字	1	购进丙材料		49 200	贷	399 720
	31			本期发生额及余额		289 000	贷	399 720

表 10-62　应付职工薪酬总账

账户名称：应付职工薪酬

2019年		凭证		摘　要	借　方	贷　方	借或贷	余　额
月	日	字	号					
8	10	现付	2	发放工资	18 000		借	18 000
	31	转字	1	结算本月应付工资		18 000	平	0
	31			本期发生额及余额	18 000	18 000	平	0

表 10-63　应交税费总账

账户名称：应交税费

2019年		凭证		摘　要	借　方	贷　方	借或贷	余　额
月	日	字	号					
8	1			期初余额			贷	50 400
	6	银付	2	上缴税金	50 400		平	0
	6	银收	3	增值税（销项税额）		31 008	贷	31 008
	6	银付	4	增值税（进项税额）	25 500		贷	5 508
	6	转字	2	增值税（进项税额）	30 600		借	25 092
	16	转字	5	增值税（销项税额）		15 504	借	9 588
	26	银收	6	增值税（销项税额）		23 256	贷	13 668
	30	银付	11	增值税（进项税额）	5 712		贷	7 956
	31	转字	16	计算本期的销售税费		796	贷	8 752
	31	转字	20	计算应交所得税		60 682	贷	69 195
	31			本期发生额及余额	112 212	131 246	贷	69 434

表 10-64　应付利润总账

账户名称：应付利润

2019年		凭证		摘　要	借　方	贷　方	借或贷	余　额
月	日	字	号					
8	1			期初余额			贷	24 000
	6	银付	2	支付利润	24 000		平	0
	31	转字	21	计算应付分配的利润		19 200	贷	19 200
	31			本期发生额及余额	24 000	19 200	贷	19 200

表 10-65　预收账款总账

账户名称：预收账款

2019年		凭证		摘要	借方	贷方	借或贷	余额
月	日	字	号					
8	16	银收	5	预收振华公司货款		12 000	贷	12 000
	26	转字	6	销售产品货款已预付	12 000		平	0
	31			本期发生额及余额	12 000	12 000	平	0

表 10-66　应付利息总账

账户名称：应付利息

2019年		凭证		摘要	借方	贷方	借或贷	余额
月	日	字	号					
8	1			期初余额			贷	3 360

表 10-67　其他应付款总账

账户名称：其他应付款

2019年		凭证		摘要	借方	贷方	借或贷	余额
月	日	字	号					
8	1			期初余额			贷	1 800
	31	转字	17	没收押金	1 680		贷	120
	31			本期发生额及余额	1 680		贷	120

表 10-68　实收资本总账

账户名称：实收资本

2019年		凭证		摘要	借方	贷方	借或贷	余额
月	日	字	号					
8	1			期初余额			贷	1 200 000
	1	银收	1	1日收到追加投资		6 000 000	贷	7 200 000
	31			本期发生额及余额		6 000 000	贷	7 200 000

表 10-69　盈余公积总账

账户名称：盈余公积

2019年		凭证		摘要	借方	贷方	借或贷	余额
月	日	字	号					
8	1			期初余额			贷	64 800
	31	转	22	计提盈余公积		18 480	贷	83 280
	31			本期发生额及余额		18 480	贷	83 280

表 10-70 本年利润总账

账户名称：本年利润

2019年		凭证		摘要	借方	贷方	借或贷	余额
月	日	字	号					
8	1			期初余额			贷	132 000
	31	转字	18	结转损益		412 080	贷	544 080
	31	转字	19	结转损益	228 196		贷	315 884
	31	转字	23	结转所得税	60 682		贷	255 202
	31			本期发生额及余额	288 878	412 080	贷	255 202

表 10-71 利润分配总账

账户名称：利润分配

2019年		凭证		摘要	借方	贷方	借或贷	余额
月	日	字	号					
8	1			期初余额			借	108 000
	31	转字	21	计算应分配的利润本	19 200		借	127 200
	31	转字	22	计提盈余公积	18 480		借	145 680
	31			本期发生额及余额	37 680		借	145 680

表 10-72 制造费用总账

账户名称：制造费用

2019年		凭证		摘要	借方	贷方	借或贷	余额
月	日	字	号					
8	31	转字	10	计提折旧	24 000		借	24 000
	31	转字	13	结转制造费用	24 000	24 000	平	0
	31			本期发生额及余额		24 000	平	0

表 10-73 生产成本总账

账户名称：生产成本

2019年		凭证		摘要	借方	贷方	借或贷	余额
月	日	字	号					
8	1			期初余额			借	144 000
	10	转字	4	仓库发出甲乙丙材料	210 000		借	354 000
	31	转字	9	结算本月应付工资	12 960		借	366 960
	31	转字	13	结转制造费用	24 000	133 200	借	390 960
	31	转字	14	结转完工产品成本		133 200	借	257 760
	31			本期发生额及余额	249 960		借	257 760

表 10-74 主营业务收入总账

账户名称：主营业务收入

2019年		凭证		摘要	借方	贷方	借或贷	余额
月	日	字	号					
8	6	银收	3	销售产品货款存银行		182 400	贷	182 400
	16	银收	4	销售产品货款存银行		21 600	贷	204 000
	16	转字	5	销售产品货款未收回		69 600	贷	273 600
	26	银收	6	销售产品货款存银行		124 800	贷	398 400
	26	转字	6	销售产品货款已预付		12 000	贷	410 400
	31	转字	18	结转损益	410 400		平	0
	31			本期发生额及余额	410 400	410 400	平	0

表 10-75 营业税金及附加总账

账户名称：营业税金及附加

2019年		凭证		摘要	借方	贷方	借或贷	余额
月	日	字	号					
8	31	转字	16	本期城建税、教育费附加	796		借	796
	31	转字	19	结转损益		796	平	0
	31			本期发生额及余额	796	796	平	0

表 10-76 销售费用总账

账户名称：销售费用

2019年		凭证		摘要	借方	贷方	借或贷	余额
月	日	字	号					
8	28	银付	10	支付销售费用	6 000		借	6 000
	31	转字	19	结转损益		6 000	平	0
	31			本期发生额及余额	6 000	6 000	平	0

表 10-77 管理费用总账

账户名称：管理费用

2019年		凭证		摘要	借方	贷方	借或贷	余额
月	日	字	号					
8	6	银付	3	支付水电费	3 360		借	3 360
	10	转字	4	材料费	9 000		借	12 360
	20	银付	8	支付办公费	3 600		借	15 960
	31	转字	9	结算本月应付工资	5 040		借	21 000

续表

2019年		凭证		摘要	借方	贷方	借或贷	余额
月	日	字	号					
	31	转字	10	计提折旧	12 000		借	33 000
	31	转字	11	摊销报刊费	5 160		借	38 160
	31	转字	12	摊销房租	1 680		借	39 840
	31	转字	19	结转损益		39 840	平	0
	31			本期发生额及余额	39 840	39 840	平	0

表10-78 所得税费用总账

账户名称：所得税费用

2019年		凭证		摘要	借方	贷方	借或贷	余额
月	日	字	号					
8	31	转字	20	计算应交所得税	60 682		借	60 682
	31	转字	23	结转所得税费用		60 682	平	0
	31			本期发生额及余额	60 682	60 682	平	0

表10-79 营业外收入总账

账户名称：营业外收入

2019年		凭证		摘要	借方	贷方	借或贷	余额
月	日	字	号					
8	31	转字	17	没收押金		1 680	贷	1 680
	31	转字	18	结转损益	1 680		平	0
	31			本期发生额及余额	1 680	1 680	平	0

表10-80 营业外支出总账

账户名称：营业外支出

2019年		凭证		摘要	借方	贷方	借或贷	余额
月	日	字	号					
8	31	现付	4	支付罚款	1 560		贷	1 560
	31	现字	19	结转损益		1 560	平	0
	31			本期发生额及余额	1 560	1 560	平	0

表10-81 主营业务成本总账

账户名称：主营业务成本

2019年		凭证		摘要	借方	贷方	借或贷	余额
月	日	字	号					
8	31	转字	15	结转销售商品成本	180 000		借	180 000
	31	转字	19	结转损益		180 000	平	0
	31			本期发生额及余额	180 000	180 000	平	0

(5) 总分类与明细分类账、日记账进行核对。

(6) 编制资产负债表和利润表，如表 10-82 和表 10-83 所示。

表 10-82 资产负债表

编制单位：光明公司　　　　　　　2019 年 8 月 31 日　　　　　　　　　单位：元

资　　产	行次	期末余额	年初余额	负债和所有者权益（或股东权益）	行次	期末余额	年初余额
流动资产：			略	流动负债：			略
货币资金		1 783 644		短期借款		399 720	
交易性金融资产				交易性金融负债			
应收票据				应付票据			
应收账款		135 504		应付账款		225 000	
预付账款		480		预收账款			
应收股利				应付职工薪酬			
应收利息				应交税费		69 434	
其他应收款		1 560		应付利息		3 360	
存货		706 848		应付股利		19 200	
其中：消耗性生物资产				其他应付款		120	
一年内到期的非流动资产				预计负债			
其他流动资产				一年内到期的非流动负债			
流动资产合计		2 628 036		其他流动负债			
非流动资产：				流动负债合计		716 834	
可供出售金融资产				非流动负债：			
持有至到期投资				长期借款			
投资性房地产				应付债券			
长期股权投资				长期应付款			
长期应收款				专项应付款			
固定资产		5 481 600		递延所得税负债			
在建工程				其他非流动资产			
工程物资				非流动资产合计			
固定资产清理				负债合计		716 834	
生产性生物性资产				所有者权益（或股东权益）			
油气资产				实收资本（或股本）		7 200 000	
无形资产				资本公积			
开发支出				盈余公积		83 280	
商誉				未分配利润		109 522	
长期待摊费用				减：库存股			
递延所得税资产				所有者权益（或股东权益）合计		7 392 802	

续表

资　产	行次	期末余额	年初余额	负债和所有者权益（或股东权益）	行次	期末余额	年初余额
其他非流动性资产							
非流动资产总计		5 481 600					
资产总计		8 109 636		负债和所有者（股东权益）合计		8 109 636	

企业负责人：　　　　　　　主管会计：　　　　　　制表：

表 10-83　利　润　表

编制单位：光明公司　　　　　　2019 年 8 月　　　　　　　　　　　　单位：元

项　目	本期金额	上期金额
一、营业收入	410 400	略
减：营业成本	180 000	
税金及附加	796	
销售费用	6 000	
管理费用	39 840	
财务费用		
资产减值损失		
加：公允价值变动收益（损失以"－"号填列）		
投资收益（损失以"－"号填列）		
其中：对联营企业和合营企业的投资收益		
二、营业利润（亏损以"－"填列）	183 764	
加：营业外收入	1 680	
减：营业外支出	1 560	
其中：非流动资产处置损失		
三、利润总额（亏损总额以"－"填列）	183 884	
减：所得税费用	60 682	
四、净利润（净亏损以"－"号填列）	123 202	

第三节　科目汇总表账务处理程序

科目汇总表账务处理程序又称记账凭证汇总表账务处理程序，是指根据记账凭证定期编制科目汇总表，然后再根据科目汇总表登记总分类账的一种账务处理程序。

一、科目汇总表的编制方法

科目汇总表的编制方法是根据一定时期内的全部记账凭证，按照相同的会计科目进行归类，定期分别计算汇总出每一个会计科目的本期借方发生额和本期贷方发生额，并填写在科目汇总表的有关栏内，分别计算借、贷方发生额合计数，进行试算平衡。对于科目汇总表中"库存现金""银行存款"科目的借方发生额和贷方发生额，也可以直接根据现金日记账和银行存款日记账的收入合计和支出合计填列。

科目汇总表的编制时间，应根据企业业务量的多少而定，业务较多的单位可以每日汇总，业务较少的单位可以定期汇总，一般是按旬或者15天汇总一次。根据科目汇总表登记总分类账时，只需要将该表中汇总的各个科目的借、贷方发生额合计数，分次或月末一次记入相应总分类账的借方或贷方。科目汇总表格式如表10-84和表10-85所示。

表10-84 科目汇总表

年　月　日至　日　　　　　　　　　　　　　　　字第　号

会计科目	总账页	本期发生额	
		借方	贷方
合计			

表10-85 科目汇总表

年　月　日　　　　　　　　　　　　　　　字第　号

会计科目	总账页	1—10日	11—20日	21—31日	本月合计
合计					

二、科目汇总表账务处理程序的一般步骤

科目汇总表账务处理程序如图10-2所示。

① 根据原始凭证编制原始凭证汇总表；
② 根据原始凭证或原始凭证汇总表编制收款凭证、付款凭证和转账凭证或者通用记账凭证；
③ 根据收款凭证、付款凭证逐日逐笔登记库存现金日记账和银行存款日记账；
④ 根据记账凭证及所附原始凭证或原始凭证汇总表逐笔登记各种明细分类账；
⑤ 根据各种记账凭证，定期编制科目汇总表；
⑥ 根据科目汇总表登记总分类账；
⑦ 月末，将库存现金日记账和银行存款日记账的余额及各种明细分类账的余额分别与相应的总账余额核对，以保证账账相符；
⑧ 月末，根据总账和各种明细分类账的记录，编制财务报表。

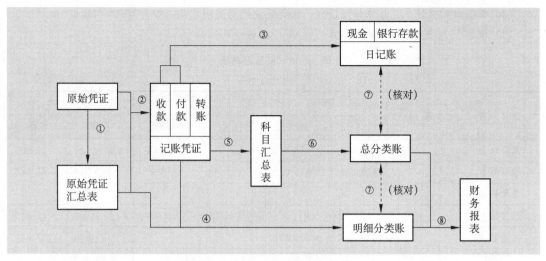

图 10-2 科目汇总表账务处理程序

三、科目汇总表账务处理程序的优缺点及适用范围

(一) 科目汇总表账务处理程序的特点

科目汇总表账务处理程序的特点是先将所有记账凭证汇总编制成科目汇总表,然后根据科目汇总表登记总账。

(二) 科目汇总表账务处理程序的优缺点

▶ 1. 科目汇总表账务处理程序的优点

(1) 可以减少登记总分类账的工作量。在该程序下,可根据科目汇总表上有关账户的汇总发生额,在月中定期或月末一次性的登记总分类账,使登记总分类账的工作量大大减少。

(2) 可以起到对本期各账户发生额试算平衡的作用。由于科目汇总表上的汇总结果体现了一定会计期间内所有账户的借方发生额和贷方发生额之间的相等关系,利用这种关系就可以进行全部账户记录的试算平衡。

▶ 2. 科目汇总表账务处理程序的缺点

(1) 科目汇总表不能清晰地反映账户之间的对应关系。因为科目汇总表在汇总每一科目的本期借方发生额和贷方发生额时不考虑对应科目,全部科目的本期借方发生额和贷方发生额可以汇总在一张汇总表内,因此,在科目汇总表和总分类账中都不能反映账户之间的对应关系。

(2) 不便于检查核对账目。

(三) 科目汇总表账务处理程序的适用范围

与记账凭证账务处理程序相比,科目汇总表账务处理程序多了编制科目汇总表环节。科目汇总表账务处理程序一般适用于各种规模的会计主体,尤其适用于规模较大,经济业务较多的中、小型企业单位。

【例 10-2】承例 10-1,进行科目汇总表账务处理。

(1) 根据原始凭证、汇总原始凭证,编制记账凭证,如表 10-2~表 10-45 所示。

(2) 根据收款凭证、付款凭证登记现金日记账和银行存款日记账,如表 10-46 和表 10-47 所示。

(3) 根据原始凭证、汇总原始凭证和记账凭证登记有关明细账，如表10-48和表10-49所示。

(4) 根据记账凭证按旬编制科目汇总表，如表10-86所示。

表 10-86　科目汇总表

2019 年 8 月 1—31 日　　　　　　　　　　　　　　　　　　汇字第 8 号

会计科目	总账页	1—10 日		11—20 日		21—31 日	
		借方	贷方	借方	贷方	借方	贷方
库存现金		18 000	18 888				1 800
银行存款		6 453 408	4 849 020	33 600	3 600	148 056	35 112
应收账款				85 104			
预付账款		12 000				1 800	18 840
在途物资		336 648	336 348			33 840	33 840
原材料		336 648	219 000			33 840	
生产成本		210 000				36 960	133 200
库存商品						133 200	180 000
固定资产		4 560 000					
累计折旧							36 000
短期借款			289 200				
应付账款		49 200	210 600				
预收账款					12 000	12 000	
应付职工薪酬		18 000					18 000
其他应付款							1 680
应交税费		106 500	31 008	15 504		5 712	84 734
实收资本			6 000 000				
盈余公积							18 480
应付利润		24 000					19 200
本年利润						288 878	412 080
利润分配						37 680	
制造费用						24 000	24 000
主营业务收入			182 400		91 200	410 400	136 800
主营业务成本						180 000	180 000
税金及附加						796	796
销售费用						6 000	6 000
管理费用		12 360		3 600		23 880	39 840
营业外收入						1 680	1 680
营业外支出						1 560	1 560
所得税费用						60 682	60 682
合计		12 136 764	12 136 764	122 304	122 304	1 442 644	1 442 644

(5) 根据科目汇总表登记总分类账,如表10-87~表10-118所示。

表10-87 库存现金总账

账户名称:库存现金

2019年		凭证		摘 要	借 方	贷 方	借或贷	余 额
月	日	字	号					
8	1			期初余额			借	3 000
	10	科汇	8	1—10日汇总	18 000	18 888	借	2 112
	31	科汇	8	21—31日汇总		1 800	借	312
	31			本期发生额及余额	18 000	20 688	借	312

表10-88 银行存款总账

账户名称:银行存款

2019年		凭证		摘 要	借 方	贷 方	借或贷	余 额
月	日	字	号					
8	1			期初余额			借	36 000
	10	科汇	8	1—10日汇总	6 453 408	4 849 020	借	1 640 388
	20	科汇	8	11—20日汇总	33 600	3 600	借	1 670 388
	31	科汇	8	21—31日汇总	148 056	35 112	借	1 783 332
	31			本期发生额及余额	6 635 064	4 887 732	借	1 783 332

表10-89 应收账款总账

账户名称:应收账款

2019年		凭证		摘 要	借 方	贷 方	借或贷	余 额
月	日	字	号					
8	1			期初余额			借	50 400
	20	科汇	8	11—20日汇总	85 104		借	135 504
	31			本期发生额及余额	85 104		借	135 504

表10-90 其他应收款总账

账户名称:其他应收款

2019年		凭证		摘 要	借 方	贷 方	借或贷	余 额
月	日	字	号					
8	1			期初余额			借	1 560

表10-91 在途物资总账

账户名称:在途物资

2019年		凭证		摘 要	借 方	贷 方	借或贷	余 额
月	日	字	号					
8	10	科汇	8	1—10日汇总	336 648	336 648	平	0
	31	科汇	8	21—31日汇总	33 840	33 840	平	0
	31			本期发生额及余额	370 488	370 488	平	0

表 10-92 原材料总账

账户名称：原材料

2019年		凭证		摘要	借方	贷方	借或贷	余额
月	日	字	号					
8	1			期初余额			借	180 000
	10	科汇	8	1—10日汇总	336 648	219 900	借	297 648
	31	科汇	8	21—31日汇总	33 840		借	331 488
	31			本期发生额及余额	370 488	219 800	借	331 488

表 10-93 预付账款总账

账户名称：预付账款

2019年		凭证		摘要	借方	贷方	借或贷	余额
月	日	字	号					
8	1			期初余额			借	5 520
	10	科汇	8	1—10日汇总	12 000		借	17 520
	31	科汇	8	21—31日汇总	1 800	18 840	借	480
	31			本期发生额及余额	13 800	18 840	借	480

表 10-94 库存商品总账

账户名称：库存商品

2019年		凭证		摘要	借方	贷方	借或贷	余额
月	日	字	号					
8	1			期初余额			借	164 400
	31	科汇	8	21—31日汇总	133 200	180 000	借	117 600
	31			本期发生额及余额	133 200	180 000	借	117 600

表 10-95 固定资产总账

账户名称：固定资产

2019年		凭证		摘要	借方	贷方	借或贷	余额
月	日	字	号					
8	1		1	期初余额			借	1 317 600
	10	科汇	8	1—10日汇总	4 560 000		借	5 877 600
	31			本期发生额及余额	4 560 000		借	5 877 600

表 10-96　累计折旧总账

账户名称：累计折旧

2019年		凭证		摘要	借方	贷方	借或贷	余额
月	日	字	号					
8	1			期初余额			贷	360 000
	31	科汇	8	21—31日汇总		36 000	贷	396 000
	31			本期发生额及余额		36 000	贷	396 000

表 10-97　应付账款总账

账户名称：应付账款

2019年		凭证		摘要	借方	贷方	借或贷	余额
月	日	字	号					
8	1			期初余额			贷	63 600
	10	科汇	8	1—10日汇总	49 200	210 600	贷	225 000
	31			本期发生额及余额	49 200	210 600	贷	225 000

表 10-98　短期借款总账

账户名称：短期借款

2019年		凭证		摘要	借方	贷方	借或贷	余额
月	日	字	号					
8	1			期初余额			贷	110 520
	10	科汇	8	1—10日汇总		289 000	贷	399 720
	31			本期发生额及余额		289 000	贷	399 720

表 10-99　应付职工薪酬总账

账户名称：应付职工薪酬

2019年		凭证		摘要	借方	贷方	借或贷	余额
月	日	字	号					
8	10	科汇	8	1—10日汇总	18 000		借	18 000
	31	科汇	8	21—31日汇总		18 000	平	0
	31		8	本期发生额及余额	18 000	18 000	平	0

表 10-100　应交税费总账

账户名称：应交税费

2019 年		凭证		摘　要	借　方	贷　方	借或贷	余　额
月	日	字	号					
8	1			期初余额			贷	50 400
	10	科汇		1—10 日汇总	106 500	31 008	借	25 092
	20	科汇	8	11—20 日汇总		15 504	借	9 588
	31	科汇	8	21—31 日汇总	5 712	84 734	贷	69 434
	31		8	本期发生额及余额	112 212	131 246	贷	69 434

表 10-101　应付利润总账

账户名称：应付利润

2019 年		凭证		摘　要	借　方	贷　方	借或贷	余　额
月	日	字	号					
8	1			期初余额			贷	24 000
	10	科汇	8	1—10 日汇总	24 000		平	0
	31	科汇	8	21—31 日汇总		19 200	贷	19 200
	31			本期发生额及余额	24 000	19 200	贷	19 200

表 10-102　预收账款总账

账户名称：预收账款

2019 年		凭证		摘　要	借　方	贷　方	借或贷	余　额
月	日	字	号					
8	20	科汇	8	11—20 日汇总		12 000	贷	12 000
	31	科汇	8	21—31 日汇总	12 000		平	0
	31			本期发生额及余额	12 000	12 000	平	0

表 10-103　应付利息总账

账户名称：应付利息

2019 年		凭证		摘　要	借　方	贷　方	借或贷	余　额
月	日	字	号					
8	1			期初余额			贷	3 360

表 10-104　其他应付款总账

账户名称：其他应付款

2019 年		凭证		摘　要	借　方	贷　方	借或贷	余　额
月	日	字	号					
8	1			期初余额			贷	1 800
	31	科汇	8	21—31 日汇总	1 680		贷	120
	31			本期发生额及余额	1 680		贷	120

表 10-105　实收资本总账

账户名称：实收资本

2019年		凭证		摘　要	借　方	贷　方	借或贷	余　额
月	日	字	号					
8	1			期初余额			贷	1 200 000
	10	科汇	8	1—10日汇总		6 000 000	贷	7 200 000
	31			本期发生额及余额		6 000 000	贷	7 200 000

表 10-106　盈余公积总账

账户名称：盈余公积

2019年		凭证		摘　要	借　方	贷　方	借或贷	余　额
月	日	字	号					
8	1			期初余额			贷	64 800
	31	科汇	8	21—31日汇总		18 480	贷	83 280
	31			本期发生额及余额		18 480	贷	83 280

表 10-107　本年利润总账

账户名称：本年利润

2019年		凭证		摘　要	借　方	贷　方	借或贷	余　额
月	日	字	号					
8	1			期初余额			贷	132 000
	31	科汇	8	21—31日汇总	288 878	412 080	贷	255 202
	31			本期发生额及余额	288 878	412 080	贷	255 202

表 10-108　利润分配总账

账户名称：利润分配

2019年		凭证		摘　要	借　方	贷　方	借或贷	余　额
月	日	字	号					
8	1			期初余额			借	108 000
	31	科汇	8	21—31日汇总	37 680		借	145 680
	31			本期发生额及余额	37 680		借	145 680

表 10-109　制造费用总账

账户名称：制造费用

2019年		凭证		摘　要	借　方	贷　方	借或贷	余　额
月	日	字	号					
8	31	科汇	8	21—31日汇总	24 000	24 000	平	0
	31			本期发生额及余额	24 000	24 000	平	0

表10-110　生产成本总账

账户名称：生产成本

2019年		凭证		摘要	借方	贷方	借或贷	余额
月	日	字	号					
8	1			期初余额			借	144 000
	10	科汇	8	1—10日汇总	210 000		借	354 000
	31	科汇	8	21—31日汇总	36 960	133 200	借	257 760
	31			本期发生额及余额	249 960	133 200	借	257 760

表10-111　主营业务收入总账

账户名称：主营业务收入

2019年		凭证		摘要	借方	贷方	借或贷	余额
月	日	字	号					
8	10	科汇	8	1—10日汇总		182 400	贷	182 400
	20	科汇	8	11—20日汇总		91 200	贷	273 600
	31	科汇	8	21—31日汇总	410 400	136 800	平	0
	31			本期发生额及余额	410 400	410 400	平	0

表10-112　营业税金及附加总账

账户名称：营业税金及附加

2019年		凭证		摘要	借方	贷方	借或贷	余额
月	日	字	号					
8	31	科汇	8	21—31日汇总	796	796	平	0
	31			本期发生额及余额	796	796	平	0

表10-113　销售费用总账

账户名称：销售费用

2019年		凭证		摘要	借方	贷方	借或贷	余额
月	日	字	号					
8	31	科汇	31	21—31日汇总	6 000	6 000	平	0
	31			本期发生额及余额	6 000	6 000	平	0

表10-114　管理费用总账

账户名称：管理费用

2019年		凭证		摘要	借方	贷方	借或贷	余额
月	日	字	号					
8	10	科汇	8	1—10日汇总	12 360		借	12 360
	20	科汇	8	11—20日汇总	3 600		借	15 960
	31	科汇	8	21—31日汇总	23 880	39 840	平	0
	31			本期发生额及余额	39 840	39 840	平	0

表 10-115　所得税费用总账

账户名称：所得税费用

2019 年		凭证		摘　要	借　方	贷　方	借或贷	余　额
月	日	字	号					
8	31	科汇	8	21—31 日汇总	60 682	60 682	平	0
	31			本期发生额及余额	60 682	60 680	平	0

表 10-116　营业外收入总账

账户名称：营业外收入

2019 年		凭证		摘　要	借　方	贷　方	借或贷	余　额
月	日	字	号					
8	31	科汇	8	21—31 日汇总	1 680	1 680	平	0
	31			本期发生额及余额	1 680	1 680	平	0

表 10-117　营业外支出总账

账户名称：营业外支出

2019 年		凭证		摘　要	借　方	贷　方	借或贷	余　额
月	日	字	号					
8	31	科汇	8	21—31 日汇总	1 560	1 560	平	0
	31			本期发生额及余额	1 560	1 560	平	0

表 10-118　主营业务成本总账

账户名称：主营业务成本

2019 年		凭证		摘　要	借　方	贷　方	借或贷	余　额
月	日	字	号					
8	31	科汇	8	21—31 日汇总	180 000	180 000	平	0
	31			本期发生额及余额	180 000	180 000	平	0

(6) 将总账与其所属明细账和日记账进行核对。

(7) 根据总账和明细账的记录编制财务报表，如表 10-82 和表 10-83 所示。

第四节　汇总记账凭证账务处理程序

汇总记账凭证账务处理程序是指定期根据记账凭证，编制汇总收款凭证、付款凭证和转账凭证，然后根据汇总记账凭证登记总分类账的一种账务处理程序。

一、汇总记账凭证账务处理程序的编制方法

汇总记账凭证账务处理程序是指对一定时期内同类记账凭证进行定期汇总而编制的记账凭证。汇总记账凭证分为汇总收款凭证、付款凭证和转账凭证,三种凭证有不同的编制方法。

(一)汇总收款凭证的编制

汇总收款凭证是根据一定时期的收款凭证汇总编制的。具体编制方法如下:根据收款凭证中的借方科目(库存现金和银行存款)设置,按对应的贷方科目定期进行归类汇总。经过汇总得到的各个贷方科目发生额的合计数,就是这些账户在一定会计期间发生额的总和。可以根据各次的汇总数分次登记到对应总账账户的贷方,或月末对各次汇总数相加,一次性登记到有关账户。同时也根据汇总收款凭证的贷方合计数,分别登记到"库存现金"和"银行存款"总账的借方。

收款凭证按借方科目分为现金收款凭证和银行存款收款凭证两种,因此,汇总收款凭证也分为汇总现金收款凭证和汇总银行存款收款凭证两种。汇总库存现金、银行存款收款凭证的格式如表 10-119 和表 10-120 所示。

表 10-119 汇总收款凭证

借方科目:库存现金   2019 年 12 月   第 1 号

贷方科目	金 额				总账页数	
	(1)	(2)	(3)	合计	借方	贷方
合计						

附:(1) 自 1 日至 10 日,凭证自第 1 号至第 3 号,共 3 张。
    (2) 自 11 日至 20 日,凭证自第 4 号至第 6 号,共 3 张。
    (3) 自 21 日至 30 日,凭证自第 7 号至第 10 号,共 4 张。

表 10-120 汇总收款凭证

借方科目:银行存款   2019 年 12 月   第 1 号

贷方科目	金 额				总账页数	
	(1)	(2)	(3)	合计	借方	贷方
合计						

附:(1) 自 1 日至 10 日,凭证自第 1 号至第 3 号,共 3 张。
    (2) 自 11 日至 20 日,凭证自第 4 号至第 6 号,共 3 张。
    (3) 自 21 日至 30 日,凭证自第 7 号至第 10 号,共 4 张。

由于汇总收款凭证通常是按借方科目设置的,因此,为了便于编制汇总收款凭证,在日常填制收款凭证时,应编制一借一贷或一借多贷的会计分录,不宜编制多借一贷或多借多贷的会计分录,以免给编制汇总收款凭证带来不便,会造成收款凭证在汇总过程中由于被多次重复使用而产生汇总错误,或者造成会计账户之间的对应关系变得模糊。

(二)汇总付款凭证的编制

汇总付款凭证是根据一定时期的付款凭证汇总编制的。具体编制方法如下:根据付款凭证中的贷方科目(库存现金和银行存款)设置,按对应的借方科目定期进行归类汇总。经过汇总得到的各个借方科目发生额的合计数,就是这些账户在一定会计期间发生额的总和。可以根据各次的汇总数分次登记到对应总账账户的借方,或月末对各次汇总数相加,一次性登记到有关账户。同时也根据汇总付款凭证的借方合计数,分别登记到"库存现金"和"银行存款"总账的贷方。

付款凭证按贷方科目分为现金付款凭证和银行存款付款凭证两种,因此,汇总付款凭证也分为汇总现金付款凭证和汇总银行存款付款凭证两种。汇总库存现金、银行存款付款凭证的格式如表10-121和表10-122所示。

表10-121　汇总付款凭证

贷方科目:库存现金　　　　　　　2019年12月　　　　　　　　　　第2号

借方科目	金额				总账页数	
	(1)	(2)	(3)	合计	借方	贷方
合计						

附:(1)自2日至10日,凭证自第1号至第6号,共6张。
　　(2)自11日至20日,凭证自第7号至第10号,共4张。
　　(3)自21日至30日,凭证自第11号至第15号,共5张。

表10-122　汇总付款凭证

贷方科目:银行存款　　　　　　　2019年12月　　　　　　　　　　第2号

借方科目	金额				总账页数	
	(1)	(2)	(3)	合计	借方	贷方
合计						

附:(1)自2日至10日,凭证自第1号至第6号,共6张。
　　(2)自11日至20日,凭证自第7号至第10号,共4张。
　　(3)自21日至30日,凭证自第11号至第15号,共5张。

由于汇总付款凭证通常是按贷方科目设置的,因此,为了便于编制汇总付款凭证,在日常填制付款凭证时，应编制一借一贷或多借一贷的会计分录，不宜编制一借多贷或多借多贷的会计分录，以免给编制汇总付款凭证带来不便，会造成付款凭证在汇总过程中由于被多次重复使用而产生汇总错误，或者造成会计账户之间的对应关系变得模糊。

（三）汇总转账凭证的编制

汇总转账凭证是根据一定时期全部转账凭证汇总编制的。具体编制方法如下：根据转账凭证中的贷方科目（如"原材料""固定资产"等）分别设置汇总记账凭证，并根据转账凭证按其对应的借方科目定期归类汇总。汇总时计算每一个借方科目发生额合计数，填入汇总转账凭证的相应栏次。月末，根据汇总转账凭证的汇总合计数，分别记入总分类账户中各个应借账户的借方，以及每一张汇总转账凭证所列的贷方科目的总分类账的贷方。如果在汇总期内，某一贷方科目的转账凭证不多时，也可不填制汇总转账凭证，直接根据转账凭证记入总分类账。汇总转账凭证的格式如表 10-123 所示。

表 10-123　汇总转账凭证

贷方科目：　　　　　　　　　　2019 年 12 月　　　　　　　　　　第 3 号

借方科目	金　额				总账页数	
	（1）	（2）	（3）	合计	借方	贷方
合计						

附：（1）自 1 日至 10 日，凭证自第 1 号至第 8 号，共 8 张。
　　（2）自 11 日至 20 日，凭证自第 9 号至第 19 号，共 11 张。
　　（3）自 21 日至 30 日，凭证自第 20 号至第 20 号，共 1 张。

由于汇总转账凭证通常是按贷方科目设置的，因此，为了便于编制汇总转账凭证，在日常填制转账凭证时，应编制一借一贷或多借一贷的会计分录，不宜编制一借多贷或多借多贷的会计分录，以免给编制汇总转账凭证带来不便。

二、汇总记账凭证账务处理程序的一般步骤

汇总记账凭证账务处理程序如图 10-3 所示。
① 根据原始凭证编制原始凭证汇总表；
② 根据原始凭证或原始凭证汇总表编制收款凭证、付款凭证和转账凭证，也可采用通用的记账凭证；
③ 根据收款凭证、付款凭证逐日逐笔登记库存现金日记账和银行存款日记账；
④ 根据记账凭证及所附原始凭证或原始凭证汇总表逐笔登记各种明细分类账；
⑤ 根据收款凭证、付款凭证和转账凭证，定期编制汇总收款凭证、汇总付款凭证和汇总转账凭证；
⑥ 根据汇总收款凭证、汇总付款凭证和汇总转账凭证登记总分类账；
⑦ 月末，库存现金日记账和银行存款日记账的余额以及各种明细分类账户的余额分别与相应的总账账户余额核对，保证账账相符；
⑧ 月末，根据总账和各种明细分类账的有关资料编制财务报表。

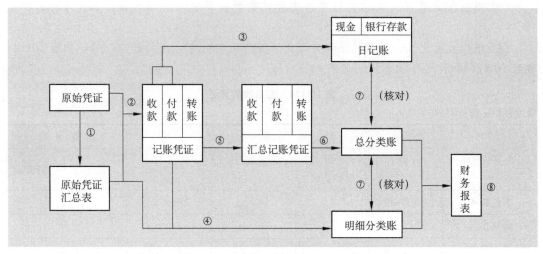

图 10-3 汇总记账凭证账务处理程序

三、汇总记账凭证账务处理程序的优缺点及适用范围

（一）汇总记账凭证账务处理程序的特点

汇总记账凭证账务处理程序的特点是：先定期将全部记账凭证分别汇总编制成汇总收款凭证、汇总付款凭证和汇总转账凭证，然后再根据各种汇总记账凭证登记总分类账。

（二）汇总记账凭证账务处理程序的优缺点

▶ 1. 汇总记账凭证账务处理程序的优点

（1）能清晰地反映账户之间的对应关系。由于在该程序下，汇总记账凭证是采用按会计科目对应关系进行分类汇总的方法，分别汇总全月发生数，因此，在汇总记账凭证和总分类账中，均能通过账户的对应关系反映所发生的经济业务内容。

（2）减少了登记总分类账的工作量。可以根据汇总记账凭证上有关账户的汇总发生额，月末一次性登记总分类账，可以使登记总分类账的工作量大大减少。

▶ 2. 汇总记账凭证账务处理程序的缺点

（1）定期编制汇总记账凭证的工作量较大。由于汇总转账凭证是按每一贷方科目分类汇总的，而不是按经济业务性质归类汇总，因此，不利于日常核算工作的合理分工；如果某一贷方科目转账凭证不多，编制汇总转账凭证不但起不到减少工作量的作用，反而会增加工作量。

（2）难以发现汇总过程中存在的错误。由于编制汇总记账凭证比较复杂，容易产生汇总错误，而且汇总记账凭证本身不能体现有关数字之间的平衡关系，对发生的汇总错误很难发现。

（三）汇总记账凭证账务处理程序的适用范围

汇总记账凭证账务处理程序一般适用于规模较大，业务量较多的单位。

【例 10-3】承例 10-1，运用汇总记账凭证账务处理程序进行账务处理。

（1）根据原始凭证、原始凭证汇总表，编制记账凭证，如表 10-2～表 10-45 所示。

（2）根据收款凭证、付款凭证登记现金日记账和银行存款日记账，如表 10-46 和表 10-47 所示。

(3) 根据原始凭证、原始凭证汇总表和记账凭证登记有关明细账,如表10-48和表10-49所示。

(4) 根据收款凭证、付款凭证和转账凭证按旬编制汇总记账凭证(部分),如表10-124和表10-125 所示。

表 10-124 汇总收款凭证

借方科目:银行存款　　　　　　　2019 年 8 月　　　　　　　　　　第 8 号

贷方科目	金　额				总账页数	
	1—10 日收款凭证	11—20 日收款凭证	21—31 日收款凭证	(合计)	借方	贷方
实收资本	6 000 000			6 000 000		
短期借款	240 000			240 000		
应交税费	31 008		23 256	328 800		
预收账款		12 000		12 000		
主营业务收入		21 600	124 800	54 264		
合计	6 453 408	33 600	148 056	6 635 064		

表 10-125 汇总付款凭证

贷方科目:银行存款　　　　　　　2019 年 8 月　　　　　　　　　　第 8 号

贷方科目	金　额				总账页数	
	1—10 日收款凭证	11—20 日收款凭证	21—31 日收款凭证	(合计)	借方	贷方
固定资产	4 560 000			4 560 000		
应交税费	75 900		5 712	81 612		
应付利润	24 000		23 256	24 000		
管理费用	3 360	3 600		6 960		
销售费用			6 000	6 000		
在途物资	155 760		21 600	177 360		
预付账款	12 000		1 800	13 800		
库存现金	18 000			18 000		
合计	4 849 020	3 600	35 112	4 887 732		

(5) 根据汇总收款凭证、汇总付款凭证和汇总转账凭证登记总账(部分),如表10-126所示。

表 10-126　银行存款总账

账户名称：银行存款

2019年		凭证		摘要	借方	贷方	借或贷	余额
月	日	字	号					
8	1			期初余额			借	36 000
	31	汇收	8	1—31日汇总	6 635 064		借	6 635 064
	31	汇付	8	1—31日汇总		4 887 732	借	1 783 332
	31			本期发生额及余额	6 635 064	4 887 732	借	1 783 332

(6) 将总账与其所属明细账和日记账进行核对。

(7) 根据总账和明细账的记录编制财务报表，如表10-82和表10-83所示。

本章小结

账务处理程序也称会计核算形式。它是以账簿体系为核心，将会计凭证、会计账簿、记账顺序和记账方法有机地结合起来的技术组织方式。

常用的账务处理程序主要有记账凭证账务处理程序、科目汇总表账务处理程序、汇总记账凭证账务处理程序。

记账凭证账务处理程序的特点是，直接根据各种记账凭证逐笔登记总分类账。它是最基本的一种账务处理程序，其他各种账务处理程序都是在其基础上发展而形成的。这种处理程序一般适用于规模较小、经济业务简单、数量较少的单位。

科目汇总表账务处理程序的特点是，根据记账凭证定期编制科目汇总表，然后根据科目汇总表登记总分类账。这种记账程序可以简化登记总账的工作量，并可以起到对本期各账户发生额试算平衡的作用。

汇总记账凭证账务处理程序的特点是，先定期根据记账凭证，按照会计账户的对应关系进行汇总，编制汇总记账凭证，然后根据汇总记账凭证登记总分类账。这种记账程序可以大量减轻总分类账的登记工作，简化了核算手续。同时，由于在汇总记账凭证中，明确地反映了账户之间的对应关系，在总分类账中也注明了对方科目，便于经常检查经济业务的发生情况，有利于提供准确的会计信息。

可见，各种账务处理程序既有共同点又有各自的特点。各种账务处理程序之间最根本的区别在于登记总账的依据和方法不同。

思考训练

一、单项选择题

1. 下列各项中，不属于科目汇总表账务处理程序优点的是（　　）。
    A. 科目汇总表的编制和使用较为简便，易学易做
    B. 可以清晰地反映科目之间的对应关系
    C. 可以大大减少登记总分类账的工作量
    D. 科目汇总表可以起到试算平衡的作用，保证总账登记的正确性

2. 各种账务处理程序之间的区别在于(　　)。
   A. 总账的格式不同
   B. 编制会计报表的依据不同
   C. 登记总账的程序和方法不同
   D. 会计凭证的种类不同
3. 采用科目汇总表账务处理程序,(　　)是其登记总账的直接依据。
   A. 汇总记账凭证   B. 科目汇总表
   C. 记账凭证   D. 原始凭证
4. 下列各项中,属于科目汇总表账务处理程序缺点的是(　　)。
   A. 增加了会计核算的账务处理程序   B. 增加了登记总分类账的工作量
   C. 不便于检查核对账目   D. 不便于进行试算平衡
5. 下列各项中,属于记账凭证账务处理程序优点的是(　　)。
   A. 总分类账反映经济业务较详细
   B. 减轻了登记总分类账的工作量
   C. 有利于会计核算的日常分工
   D. 便于核对账目和进行试算平衡
6. 下列各项中,属于记账凭证核算程序主要缺点的是(　　)。
   A. 不能体现账户的对应关系   B. 不便于会计合理分工
   C. 方法不易掌握   D. 登记总账的工作量较大
7. 汇总记账凭证账务处理程序与科目汇总表账务处理程序的相同点是(　　)。
   A. 登记总账的依据相同   B. 记账凭证的汇总方法相同
   C. 保持了账户间的对应关系   D. 简化了登记总分类账的工作量
8. 规模较小、业务量较少的单位适用(　　)。
   A. 记账凭证账务处理程序   B. 汇总记账凭证账务处理程序
   C. 多栏式日记账账务处理程序 D. 科目汇总表账务处理程序
9. (　　)账务处理程序是最基本的一种账务处理程序。
   A. 日记总账   B. 汇总记账凭证
   C. 科目汇总表   D. 记账凭证
10. 关于记账凭证账务处理程序,下列说法不正确的是(　　)。
    A. 根据记账凭证逐笔登记总分类账,是最基本的账务处理程序
    B. 简单明了、易于理解,总分类账可以较详细地反映经济业务的发生情况
    C. 登记总分类账的工作量较大
    D. 适用于规模较大、经济业务量较多的单位

二、多项选择题

1. 在不同的会计核算组织程序下,登记总账的依据可以有(　　)。
   A. 记账凭证   B. 汇总记账凭证
   C. 科目汇总表   D. 汇总原始凭证
2. 账务处理程序也叫会计核算程序,它是指(　　)相结合的方式。
   A. 会计凭证   B. 会计账簿
   C. 会计报表   D. 会计科目

3. 关于记账凭证账务处理程序，下列说法正确的是（　　）。
   A. 根据记账凭证逐笔登记总分类账，是最基本的账务处理程序
   B. 简单明了、易于理解，总分类账可以较详细地反映经济业务的发生情况
   C. 登记总分类账的工作量较大
   D. 适用于规模较大、经济业务量较多的单位

4. 关于汇总记账凭证账务处理程序，下列说法错误的有（　　）。
   A. 登记总账的工作量大
   B. 不能体现账户之间的对应关系
   C. 明细账与总账无法核对
   D. 当转账凭证较多时，汇总转账凭证的编制工作量较大

5. 各种会计账务处理程序下，登记明细账的依据可能有（　　）。
   A. 原始凭证　　　　　　　　B. 汇总原始凭证
   C. 记账凭证　　　　　　　　D. 汇总记账凭证

6. 下列各项中，不属于科目汇总表账务处理程序优点的有（　　）。
   A. 便于反映各账户间的对应关系　　B. 便于进行试算平衡
   C. 便于检查核对账目　　　　　　　D. 简化登记总账的工作量

7. 下列各项中，属于记账凭证账务处理程序优点的有（　　）。
   A. 简单明了、易于理解
   B. 总分类账可较详细地记录经济业务发生情况
   C. 便于进行会计科目的试算平衡
   D. 减轻了登记总分类账的工作量

8. 下列各项中，各种账务处理程序的相同之处有（　　）。
   A. 根据原始凭证编制汇总原始凭证
   B. 根据原始凭证、汇总原始凭证和记账凭证，登记各种明细分类账
   C. 根据收款凭证和付款凭证登记现金、银行存款日记账
   D. 根据总账和明细账编制会计报表

9. 以记账凭证为依据，按有关账户的贷方设置，按借方账户归类的有（　　）。
   A. 汇总收款凭证　　　　　　B. 汇总转账凭证
   C. 汇总付款凭证　　　　　　D. 科目汇总表

三、判断题
1. 在记账凭证账务处理程序下，其记账凭证必须采用收款凭证、付款凭证和转账凭证三种格式。（　　）
2. 采用记账凭证账务处理程序时，总分类账是根据记账凭证逐笔登记的。（　　）
3. 在不同的账务处理程序中，会计报表的编制依据不同。（　　）
4. 在不同的账务处理程序中，登记总账的依据相同。（　　）
5. 汇总记账凭证账务处理程序既能保持账户的对应关系，又能减轻登记总分类账的工作量。（　　）
6. 汇总记账凭证账务处理程序的缺点在于保持账户之间的对应关系。（　　）
7. 记账凭证账务处理程序的特点是直接根据记账凭证逐笔登记总分类账，是最基本的账务处理程序。（　　）

8. 科目汇总表账务处理程序能科学地反映账户的对应关系，且便于账目核对。（ ）

9. 科目汇总表可以每汇总一次编制一张，也可以按旬汇总一次，每月编制一张。
（ ）

10. 科目汇总表账务处理程序不能反映各科目的对应关系，不便于查对账目，但汇总记账凭证账务处理程序可以克服科目汇总表账务处理程序的这个缺点。（ ）

11. 各种账务处理程序的不同之处在于登记明细账的直接依据不同。（ ）

12. 采用汇总记账凭证账务处理程序增加了一道填制汇总记账凭证的工作程序，增加了总分类账的登记工作量。（ ）

13. 科目汇总表不仅可以起到试算平衡的作用，还可以反映账户之间的对应关系。
（ ）

14. 库存现金日记账和银行存款日记账不论在何种账务处理程序下，都是根据收款凭证和付款凭证逐日逐笔顺序登记的。（ ）

15. 汇总记账凭证账务处理程序和科目汇总表账务处理程序都适用于经济业务较多的单位。（ ）

四、问答题

1. 账务处理程序的概念和作用是什么？
2. 简述记账凭证账务处理程序的特点、程序、优缺点及适用范围。
3. 简述汇总记账凭证账务处理程序的特点、程序、优缺点及适用范围。
4. 简述科目汇总表账务处理程序的特点、程序、优缺点及适用范围。

五、练习题

某企业2019年6月初各账户余额如表10-127所示。

表10-127　某企业2019年6月初各账户余额　　　　　　　　单位：元

账　户	借方金额	账　户	贷方金额
库存现金	1 000	短期借款	100 000
银行存款	700 000	应付账款	100 000
应收账款	40 000	应付职工薪酬	20 000
原材料	109 000	其他应付款	2 000
其他应收款	500	应交税费	20 000
库存商品	9 000	实收资本	4 572 500
预付账款	5 000	盈余公积	40 000
生产成本	50 000	利润分配	60 000
固定资产	5 000 000	累计折旧	1 000 000
合　计	5 914 500	合　计	5 914 500

该企业6月发生以下经济业务：

(1) 1日，职工李青出差预借差旅费7 000元，以现金支付。

(2) 1日，以银行存款偿还前欠博发有限公司货款100 000元。

(3) 3日，购进A材料4 000公斤，货款200 000元，增值税34 000元，已用银行存款付清，材料尚未入库。

(4) 3日，A材料运到验收入库，结转上述材料实际采购成本。

(5) 6日，职工刘明出差回来报销差旅费4 000元，余款1 000元交回(上月预借5 000元)。

(6) 8日，收到甲单位所欠货款20 000元，存入银行。

(7) 9日，以银行存款500元购买管理部门用办公用品。

(8) 10日，仓库发出A材料11 500元，其中生产乙产品耗用10 000元，车间耗用1 000元，行政管理部门耗用500元。

(9) 10日，销售乙产品取得货款100 000元，增值税17 000元，款项通过银行收到。

(10) 12日，提取现金6 000元，以备发放工资。

(11) 13日，以现金6 000元发放工资。

(12) 18日，以银行存款预付下季度财产保险费9 000元。

(13) 31日，结转本月工资6 000元。其中，生产乙产品工人工资4 000元，车间管理人员工资1 000元，行政管理人员工资1 000元。

(14) 31日，计提本月固定资产折旧8 000元。其中，生产用固定资产折旧7 000元，行政管理部门用固定资产折旧1 000元。

(15) 31日，摊销本月应负担财产保险费3 000元。

(16) 31日，计提本月负担的短期借款利息1 000元。

(17) 31日，结转本月制造费用。

(18) 31日，结转已完工乙产品的生产成本23 700元。

(19) 31日，结转已售乙产品的生产成本20 000元。

(20) 31日，结转本月的各损益类账户。

(21) 31日，按25%的税率计算本月应交所得税。

(22) 31日，按税后利润的10%提取法定盈余公积金，按5%的比例提取任意盈余公积金。

(23) 31日，结转实现的净利和已分配的净利。

要求：

(1) 设置有关总分类账、现金和银行存款日记账；编制收款、付款和转账凭证，并据以登记总分类账；编制试算平衡表，并根据总分类账资料编制本月资产负债表和损益表。

(2) 编制汇总记账凭证，并据以登记总分类账。

(3) 编制科目汇总表，并据以登记总分类账。

第十一章 会计工作的组织

本章主要内容

科学地组织会计工作，对于会计目标的实现、国家财经法规的贯彻及确保会计工作质量等具有重要的意义。
1. 会计工作管理体制；
2. 会计机构的设置、会计人员的配备及职责、权限；
3. 会计档案的概念、归档及保管。

知识目标
1. 了解会计工作管理体制的基本内容；
2. 了解会计人员的任职条件；
3. 了解会计人员的职责和权限；
4. 掌握会计档案的整理、归档和保管。

技能目标
1. 能够进行会计档案的整理；
2. 掌握会计档案保管的有关规定。

第一节 会计工作的管理体制

会计工作管理体制是指国家管理会计工作的组织形式和基本制度，包括管理机构的设置、职责范围的确定和管理职权的划分，是国家会计法律、法规、规章、制度和方针、政策得以贯彻落实的组织保障和制度保障。正确组织会计工作，就是要求企业和行政、事业单位设置合理的会计机构，配备适当的会计人员，以及建立和执行各项会计制度，以达到加强经营管理的要求。

一、正确组织会计工作的意义

（一）有利于提高会计工作质量

会计工作是一项细致复杂的工作，各个部门、各种程序、各项手续及各项数字之间必须密切联系，要求会计机构和会计人员通过合理的手续制度和处理程序，有机地联系和沟通生产经营的各个环节，相互配合、协调一致，以保证会计工作质量，提高会计工作效率。

（二）有利于对企业各项计划、预算进行有效的控制和对各项制度的贯彻执行

会计是核算和监督各单位的经济活动是否符合国家的方针、政策，是否符合企业的各项计划和预算。它所提供的各项指标又是为编制和检查计划、预算进行综合平衡的一种依据，因此，按照国家的要求组织会计工作，有利于保证国家方针、政策和企业计划、预算的贯彻实施。这不仅是微观经济的需要，也是宏观经济的需要。

（三）有利于会计机构、会计人员和会计制度适应经济体制改革和对外开放的要求

我国在进行经济体制改革和对外开放的条件下，要求财会工作开阔视野、转变思想、提高效率、加强经济核算，这就需要有一个相适应的工作机构和工作人员，确定一定的会计制度，根据实际情况和实际需要来组织会计工作，从而发挥会计工作应有的作用。正确组织会计工作就是要使会计工作适应客观的需要。

二、会计工作的管理体制

我国现行的会计工作管理体制是一种政府主导型的体制。根据我国《会计法》的规定，我国实行"统一领导、分级管理"的管理体制。

新中国成立以来，会计工作一直由各级财政部门管理。会计工作的最基本、最重要的任务是提供财政、财务收支信息，反映财政预算和财务收支计划的执行结果，增收节支，厉行节约，严格执行国家财政、财务制度和财经纪律。因此，由财政部门负责管理会计工作是合理的，也是必要的。我国1999年修订的《会计法》规定：国务院财政部门管理全国的会计工作，县级以上地方各级人民政府的财政部门管理本地区的会计工作。

财政部设置了会计司作为财政部管理全国会计工作的办事机构。该司的具体职责有：

（1）管理全国会计工作；

（2）起草会计法律、行政法规草案；

（3）研究提出会计改革和发展的政策建议；

（4）拟订并组织实施国家统一的会计准则制度、管理会计标准、内部控制规范、会计信息化标准等；

（5）拟订政府会计准则和行政、事业单位会计制度；

（6）加强会计国际交流与合作；

（7）负责全国会计人才工作，组织全国会计人员表彰评选；

（8）依法对注册会计师行业进行监督、指导，制定注册会计师行业规章制度和政策措施；

（9）指导会计理论研究等。

三、会计模式

会计是社会经济发展的产物。经济、政治、法律、科技和社会等因素无不影响会计，并导致会计的变革与发展。不同的社会经济环境衍生出特定模式的会计，可以说，不同国

家的会计都有着特定的会计模式,并适应其本国经济发展的需要。

正因如此,从比较会计的角度出发,我们可以将世界各国的会计大体划分为五种模式,即英国模式(真实与公允)、美国模式(公认会计原则)、法国—西班牙—意大利模式(保证国家税收)、北欧模式(维护企业利益)和社会主义国家模式(服从于计划经济体制)。所谓会计基本模式是针对账务处理程序而言的。

长期以来,我国奉行高度集权的计划经济管理体制,其会计活动也充分体现着计划经济会计模式的特征。改革开放以来,这种模式逐步被有计划的市场经济会计模式所取代。随着社会主义市场经济体制的建立与完善,客观上又要求确立与之相适应的会计模式。这种社会主义市场经济体制下的会计模式既不等于完全自由市场经济会计模式,也不同于西方发达国家的会计模式,应借鉴西方国家会计的先进经验与方法,建立起具有中国特色的会计模式,使我国会计实现以下转变:

(1) 会计信息由满足国家宏观经济计划管理需要,转变为既符合国家宏观管理需要,又满足有关各方了解企业财务状况、经营成果和现金流量的需要,同时还满足企业加强内部经营管理的需要。

(2) 以分行业、分所有制的统一会计制度为主的会计法规体系转变为由"会计法→会计准则→会计制度(全国统一会计制度→企业本身会计制度)"构成,具有统一完整、高效、灵活等特征的会计法规体系。

(3) 以政府直接管理全国会计事务为特征的会计体制转变为以间接管理为主而以直接管理为辅、能充分发挥地方各级会计机构能动性和积极性的、机制合理的会计事务管理体制。

(4) 注册会计师事业得以蓬勃发展,注册会计师制度得以健全和进一步完善。

第二节 会计机构和会计人员

会计机构是贯彻执行党和国家方针政策,制定和执行会计制度,组织领导和处理会计工作的职能机构。合理设置会计机构,明确工作任务,是保证会计工作顺利进行的重要条件。

一、会计机构的设置

我国会计管理机构的设置一般分为三个层次:中央和省、市地方财政设立会计事务管理机构,负责领导全国会计工作;中央和地方各级企业管理机关设置会计事务管理机构,负责组织、领导和监督所属单位的会计工作;基层企业设置会计事务管理机构(如会计处、科、组),在厂长、经理或总会计师领导下,负责办理本单位的会计工作,接受上级会计事务管理机构的指导和监督。

由于会计工作(主要是会计核算)和财务工作(主要是财务管理)都是综合性的经济管理工作,它们之间的关系又非常密切,因此,通常把两者结合起来,设置一个财务会计机构(如财会处、科、组)来统一办理财务工作和会计工作。企业和机关、事业单位都应当单独设置财务会计机构。财务机构是各单位内部组织领导和直接从事财务工作的职能部门。会计机构是各单位内部组织领导和直接从事会计工作的职能部门。目前,我国应逐步推行财务与会计分设机构,以利相互监督、互相促进,防止职责不清、相互扯皮和"重会计核算轻财务管理"的现象。对规模小、人员少、业务简单的单位，可以在有关机构中设置会计人员，并指定会计主管人员。不具备条件的，可以委托经批准设立的会计咨询、服务机构进行代理记账。

国有和国有资产占控股地位或者主导地位的大中型企业必须设置总会计师。事业单位和业务主管部门经批准可以设置总会计师。总会计师由取得会计师任职资格后，主管一个单位内一个重要方面的财务会计工作时间不少于3年的人员担任。会计机构内部应当建立稽核制度。同时，应当根据业务的繁简进行合理分工。规模较大的企业，在财务会计科内还分设若干职能组。例如，有些工业企业的财务会计科分设材料组、工资组、成本组、财务组、费用组，分别负责有关业务的核算、分析和检查工作，不属于各职能组的财务会计工作及全科的各项综合性工作，则另设综合组负责办理。

二、会计机构的组织形式

会计机构的组织形式是由企业的规模和它所担负的任务决定的，一般可分为独立核算机构和非独立核算机构。非独立核算机构又可分为半独立核算和报账单位。

（一）独立核算

企业实行独立核算必须具备一定的条件，通常要有一定的自有资金，有独立经营的自主权，能单独编制计划，单独计算盈亏，单独在银行开户并经工商行政部门注册登记。独立核算单位必须全面地进行记账、独立对外结算和定期编制财务会计报告。

实行独立核算单位的记账工作组织形式又可分为集中核算和分散核算两种。集中核算是账务工作全部在会计部门进行，各车间、部门一般不进行单独核算，而只是对所发生的经济业务进行原始记录，办理原始凭证手续，并对原始凭证进行适当汇总，定期将原始凭证或汇总原始凭证送交财务会计部门进行总分类核算和明细分类核算。其优点是可以减少核算环节，简化核算手续，有利于及时掌握全面的经营情况和精减人员，一般适用于中、小型企业。分散核算是指企业所属的分厂、车间根据生产经营的原始凭证，登记账簿，定期编制记账凭证汇总表向财务会计部门报账（这种单位称为报账单位），或由部门编制本部门的会计报表送财务会计部门汇总编表（这种单位称为半独立核算单位），其编制方法类似合并会计报表的编制，将在"财务会计学"中介绍，即企业的内部单位对本身所发生的经济业务进行较全面的核算。这种组织形式一般适用于大型企业。所以，一个企业实行集中核算还是分散核算，应视企业规模大小和经营管理的要求而决定。而且往往一个企业对某些会计业务采用集中核算，而对另一些业务又采用非集中核算。但无论采用哪种组织形式，企业对外的现金往来、物资购销、债权债务和结算都应由财务会计部门集中办理。

（二）半独立核算

半独立核算是指独立核算企业所属的分厂、车间或生产、业务单位，其规模比较大，生产、经营上有一定的独立性，但不具备完全独立核算的某些必要条件，如不能在银行单独开户，没有独立的资金等。这些单位配备一定的会计人员，单独编制会计凭证、单独记账和编制财务会计报告，然后送会计部门汇总编表。其优点是部门负责人和职工能及时掌握部门的生产成本、经营情况和财务成果，动员职工参加企业管理。这种核算组织对实行经济责任制更为需要。

（三）报账单位

报账单位是指企业内部各部门本身不单独计算盈亏，只记录和计算几个主要指标，进行简易核算,以考核其工作质量。这些单位如商品流通企业所属的门市部和分销店,平时只向上级领取备用金,定期向上级报销,一次收入全部解缴上级,由财会部门集中进行核算。

三、会计人员

会计人员是决定会计工作质量的关键。明确会计人员的职责和权限,是充分发挥会计人员积极性的有效措施。会计部门必须配备适当的会计人员,提高会计人员的政治素质和业务水平,深入贯彻《会计法》,保障会计人员行使职权,为会计人员更好地发挥会计职能作用创造条件。

(一) 会计人员的职责和法律责任

▶ 1. 会计人员的职责

会计人员的主要职责一般包含以下四个方面:

(1) 认真执行《会计法》和《企业会计准则》等会计规范;

(2) 认真进行会计核算,保证一切会计凭证、账簿、财务会计报告及其他会计资料的合法、真实、准确和完整;

(3) 贯彻执行党和国家的方针、政策和财务制度,遵守各项财政、税收、信贷、结算和计划制度,严格监督生产经营活动和财务收支、维护国家财经纪律;

(4) 认真编制、执行和考核、分析财务计划、预算,参与企业预测、决策和参与拟订经济计划、业务计划,参与改善企业经营管理的各项活动,推动增产节约、增收节支,提高企业经济效益。

▶ 2. 单位负责人和会计人员的法律责任

修正后的《会计法》进一步明确了会计人员的职责和法律责任,尤其突出了单位负责人对会计工作的法律责任。

(1) 单位负责人对本单位的会计工作和会计资料的真实性、完整性负责。会计机构、会计人员依照《会计法》进行会计核算,实行会计监督。任何单位或者个人不得以任何方式授意、指使、强令会计机构、会计人员伪造、变造会计凭证,会计账簿和其他会计资料,提供虚假财务会计报告。任何单位或者个人不得对依法履行职责、抵制违反《会计法》规定行为的会计人员实行打击报复。单位负责人和其他人员对依法履行职责的会计人员进行打击报复的,给予行政处分;构成犯罪的,依法追究刑事责任。

(2) 财政、审计、税务、人民银行、证券监管、保险监管等部门应当依照有关法律、行政法规规定的职责,对有关单位的会计资料实施监督检查。有关监督检查部门已经做出的检查结论能够满足其他监督检查部门履行本部门职责需要的,其他监督检查部门应当加以利用,避免重复查账。单位负责人、会计人员和其他人员伪造、变造、故意毁灭会计凭证、会计账簿、财务会计报告和其他会计资料的,或者利用虚假的会计凭证、会计账簿、财务会计报告和其他会计资料偷税或损害国家利益、社会公众利益的,由县级以上财政、审计、税务机关或者其他有关主管部门依据法律、行政法规规定的职责负责处理并追究责任,具体包括:责令限期改正、通报、罚款;属于国家工作人员的,还可以由其所在单位或者有关单位依法给予行政处分;情节严重的,由县级以上人民政府财政部门吊销会计从业资格证书;构成犯罪的,依法追究刑事责任。

(3) 国家实行统一的会计制度。会计凭证、会计账簿、财务会计报告和其他会计资料,必须符合国家统一的会计制度的规定。使用电子计算机进行会计核算的,其软件及其生成的会计凭证、会计账簿、财务会计报告和其他会计资料，也必须符合国家统一的会计制度的规定。任何单位和个人不得伪造、变造会计凭证、会计账簿及其他会计资料，不得提供虚假的财务会计报告。会计机构、会计人员必须按照国家统一的会计制度的规定对原始凭证进行审核，对不真实、不合法的原始凭证有权不予接受，并向单位负责人报告；对记载不准确、不完整的原始凭证予以退回，并要求按照国家统一的会计制度的规定更正、补充。各单位应当建立、健全本单位内部会计监督制度。会计机构、会计人员对违反《会计法》和国家统一的会计制度规定的会计事项，有权拒绝办理或者按照职权予以纠正。任何单位和个人对违反《会计法》和国家统一的会计制度规定的行为，有权检举。收到检举的部门有权处理的，应当依法按照职责分工及时处理；无权处理的，应当及时移送有权处理的部门处理。收到检举的部门、负责处理的部门应当为检举人保密，不得将检举人姓名和检举材料转给被检举单位和被检举个人。

（4）有关法律、行政法规规定，须经注册会计师进行审计的单位，应当向受委托的会计师事务所如实提供会计凭证、会计账簿、财务会计报告和其他会计资料及有关情况。任何单位或者个人不得以任何方式要求或者示意注册会计师及其所在的会计师事务所出具不实或者不当的审计报告。财政部门有权对会计师事务所出具的审计报告的程序和内容进行监督。

（5）国有企业、事业单位的会计机构负责人、会计主管人员的任免应当经过主管单位同意，不得任意调动和撤换；会计人员忠于职守、坚持原则，受到错误处理的，主管单位应当责成所在单位予以纠正。

会计人员调动工作或者离职，必须与接管人员办清交接手续。一般会计人员办理交接手续，由会计机构负责人、会计主管人员监交。会计机构负责人、会计主管人员办理交接手续，由单位领导人监交，必要时可以由主管单位派人会同监交。交接双方及监交人均应签字以示负责。

（二）会计人员的任职资格

▶ 1. 会计人员的任职资格

会计人员是从事经济管理工作的专业技术人员。为了明确具备不同专业工作能力的会计人员工作职责、权限和应享有的经济待遇，调动每个会计人员工作的积极性和创造性，应当按照工作需要和本人条件，分别聘任一定的专业技术职务。会计人员的专业技术职务根据《会计专业职务试行条例》分为高级会计师、会计师、助理会计师和会计员四种。其中，高级会计师为高级职务、会计师为中级职务、助理会计师和会计员为初级职务，这四种专业技术职务的任职条件如下。

（1）会计员的任职要求。初步掌握财务会计知识和技能，熟悉并能认真执行有关会计法规和财务会计制度，能担负一个岗位的财务会计工作，具有大学专科或中等专业学校的学历，在财务会计工作岗位上见习1年期满。

（2）助理会计师的任职要求。掌握一般的财务会计基础理论和专业知识，能担负一个方面或某个重要岗位的财务会计工作，应满足以下要求之一：

① 取得硕士学位，或取得第二学士学位或研究生班结业证书，具备履行助理会计师职责的能力；

② 大学本科毕业，在财务会计工作岗位上见习1年期满；

③ 大学专科毕业并担任会计员职务2年以上，或中等学校毕业并担任会计员职务4年以上。

（3）会计师的任职要求。较系统地掌握财务会计基础理论和专业知识；掌握并能正确贯彻执行有关的财经方针、政策和财务会计法规、制度；具有一定的财务会计工作经验，能担负一个单位或管理一个地区、一个部门、一个系统某个方面的财务会计工作；掌握一门外语。应满足以下要求之一：

① 取得博士学位，并具有履行会计师职责的能力；
② 取得硕士学位并担任助理会计师2年左右；
③ 取得第二学士学位或研究生班结业证书，并担任助理会计师2~3年；
④ 大学本科毕业并担任助理会计师4年以上。

（4）高级会计师的任职要求。较系统地掌握经济、财务会计理论和专业知识；具有较高的政策水平和丰富的财务会计工作经验，能担负一个地区、一个部门或一个系统的财务会计管理工作；能够指导会计师、研究生的工作和学习。负责草拟和解释、解答在一个地区、一个部门、一个系统或在全国施行的财务会计法规、制度、办法，组织和指导一个地区或一个部门、一个系统经济核算和财务会计工作，培养中级以上会计人才；取得了较好的经济效益和社会效益；能熟练掌握一门外语。应满足以下要求之一：

① 取得博士学位，并担任会计师职务2~3年；
② 取得硕士学位、第二学士学位或研究生班结业证书，或大学本科毕业并担任会计师职务5年以上。

对各级专业职务的学历和从事会计工作年限的要求，一般都应具备，但对确有真才实学、成绩显著、贡献突出、符合任职条件的在确定其相应专业职务时，可以不受以上规定的学历和工作年限的限制。

会计专业人员必须拥护中国共产党的领导，热爱祖国，坚持四项基本原则，遵守和执行《中华人民共和国会计法》，积极为社会主义建设事业服务。

▶ 2. 定期参加会计业务培训

《会计基础工作规范》第十四条规定："会计人员应当按照国家有关规定参加会计业务的培训。"这是因为，受我国会计学历教育规模的限制，目前会计人员中具备规定学历的比例还不高，要使会计人员具备必要的政治和业务素质，进行在职培训是重要途径之一。此外，即使具备了规定学历，也还有知识更新的问题，有适应法律的、经济的、政治的或者是技术上新的要求的问题，这些只有通过在职培训才能解决。一般来说，会计人员大多是认识到这一点的，在这个问题上，需要强调的是单位的支持。对此，《会计法》第三十九条规定："对会计人员的教育和培训工作应当加强。"《会计基础工作规范》第十四条还做了进一步有针对性的规定："各单位应当合理安排会计人员的培训，保证会计人员每年有一定时间用于学习和参加培训。"这是对会计人员的关心和爱护，也是与各单位的根本利益一致的。

知识案例

某小型企业设置会计主管、出纳、总账会计、明细账会计四个岗位（非电算化核算），各岗位基本职责内容如下。

1. 会计主管岗位基本职责内容和要求

（1）具体负责本企业的财务与会计的日常管理工作；
（2）组织制定本企业的各项财务与会计制度并监督其贯彻执行；
（3）编制本企业的财务成本计划、资金筹措计划并监督其落实；

(4) 会同有关部门拟定企业各项固定资产的投资方案和流动资金定额;
(5) 负责企业各种税费的计算和缴纳工作;
(6) 负责企业各项财务分析工作;
(7) 参加企业有关生产经营管理会议参与有关经营预测、决策和各部门业绩考评工作;
(8) 参与拟定和审核经济合同、协议和其他经济文件;
(9) 负责向本企业领导和职代会报告企业的财务状况和经营成果审查对外提供的财务报告;
(10) 领导交办的其他与财务、会计有关的管理工作。

2. 出纳岗位基本职责内容和要求
(1) 现金收付和银行结算业务;
(2) 办理各种票据的收付业务;
(3) 登记现金日记账、银行存款日记账和票据备查簿;
(4) 保管库存现金和各种有价证券;
(5) 填写支票、本票和汇票,并在会计主管核准后加盖企业印鉴章;
(6) 具体办理各种税金的申报和扣缴业务;
(7) 其他与现金、银行存款收付有关的业务。

3. 总账会计岗位基本职责内容和要求
(1) 审核原始凭证、会计凭证;
(2) 登记总分类账;
(3) 编制各种会计报表;
(4) 根据各月工资结算表和职工福利费提存率编制"工资及职工福利费分配表";
(5) 根据各月电费结算凭证按耗电部门、用途和定额耗电量编制"电费分配表";
(6) 定期进行财务成本完成情况的分析;
(7) 领导交办的其他与总账业务有关的工作。

4. 明细账会计岗位基本职责内容和要求
(1) 根据审核过的会计凭证登记各种明细分类账;
(2) 定期进行财产物资清查保证账实相符;
(3) 办理各种债权债务往来款项的有关结算业务;
(4) 根据领料凭证和材料明细记录按领用部门和用途编制"材料费用分配表";
(5) 计提每月各类固定资产折旧额编制"固定资产折旧费用计算分配表";
(6) 根据各项待摊费用明细记录和摊销计划编制各种待摊费用分配表;
(7) 根据各项预提费用的预提计划编制各种预提费用分配表。

问题:请指出该企业会计岗位职责设计中的不足之处。

分析:
1. 会计主管岗位基本职责内容和要求的不足之处
(1) 对于应该上缴的税金、费用等款项要按照国家税法等规定进行严格审查督促,办理解缴手续做到按期足额上缴不挤占、不挪用、不拖欠、不截留,积极组织完成各项上缴任务。
(2) 补充:编制厂部会计凭证包括期末账项调整、结算损益及盈余分配等审核、装订及保管各类会计凭证登记,以及保管各类账簿核算成本、编制会计报表并进行分析处理其他与账务处理有关的事项。

2. 出纳岗位基本职责内容和要求的不足之处

单位财务公章和出纳员印章要实行分管，交由出纳员保管的出纳印章要严格按规定用途使用。

3. 总账会计岗位基本职责内容和要求的不足之处

根据原始凭证、提存率编制"工资及职工福利费分配表"和"电费分配表"是明细账会计岗位做的。

4. 明细账会计岗位基本职责内容和要求的不足之处

办理各种债权债务往来款项的有关结算业务是由出纳做的。

第三节 会计档案

一、会计档案的概念

会计档案是指会计凭证、会计账簿、财务报表及其他有关财务会计工作应予以集中保管的文件。它是记录和反映经济业务的重要史料和证据。通过会计档案，可以了解每项经济业务的来龙去脉；可以检查一个单位是否遵守财经纪律，在会计资料中有无弄虚作假、违法乱纪等行为；会计档案还可以为国家、单位提供详尽的经济资料，为国家制定宏观经济政策及单位制定经营决策提供参考。

二、会计档案的内容

会计档案的内容一般包括会计凭证、会计账簿、财务报表，以及其他会计核算资料四个部分。

（一）会计凭证

会计凭证包括外来原始凭证、自制原始凭证、原始凭证汇总表、记账凭证、记账凭证汇总表，涉及对外对私改造资料等。

（二）会计账簿

会计账簿包括总账、明细账、日记账、固定资产卡片账和各种辅助登记簿等其他会计账簿。

（三）财务报表

财务报表包括月度、季度和年度财务报表，还包括附表、附注、文字说明和上级主管部门对报告的批复及社会审计的审计报告。

（四）其他会计核算资料

其他会计核算资料是由会计部门办理的有关数据资料，如经济合同、财务数据统计资料、财务清查汇总资料、银行存款（借款）对账单、银行存款余额调节表、会计档案移交清册、会计档案保管清册、会计档案销毁清册等。实行会计电算化的单位，应当保存打印出的纸质会计档案。储存在磁带、磁盘、光盘、微缩胶片等磁性介质上的会计数据、程序文件及其他会计核算资料均应视同会计档案一并保管。

三、会计档案的归档

各单位每年形成的会计档案,应由会计部门按归档的要求整理立卷,装订成册,加具封面、编号,编制会计档案保管清册。当年形成的会计档案在会计年度终了后,可暂由财务部门保管一年。保管期满之后,应由会计部门编制清册,移交本单位的档案部门保管;未设立档案部门的,应当由会计部门内部指定专人保管。出纳不得兼管会计档案。

会计部门在将会计档案移交本单位档案部门时,应按下列程序进行:

(1) 开列清册,填写交接清单;
(2) 在账簿使用日期栏填写移交日期;
(3) 交接人员按移交清册和交接清单项目核查无误后签章。

移交本单位档案机构保管的会计档案,原则上应当保持原卷册的封装。个别需要拆封重新整理的,档案机构应当会同会计机构和经办人员共同拆封整理,以分清责任。

四、会计档案的保管期限

会计档案的保管期限,从会计年度终了后的第一天算起。会计档案的保管期限按其重要程度分为定期和永久两类,各类会计档案的保管期限如下:

▶ 1. 会计凭证类

原始凭证保管期限为30年,记账凭证保管期限为30年。

▶ 2. 会计账簿类

总账、明细账及其他辅助账簿的保管期限均为30年,固定资产卡片报废清理后保管5年。

▶ 3. 财务报表类

中期财务报表及文字分析保管期限为10年,年度财务报表及文字分析永久保管。

▶ 4. 其他类

会计档案移交清册保管期限为30年,会计档案保管清册永久保管,会计档案销毁清册永久保管,银行存款余额调节表保管期限为10年,银行存款(借款)对账单保管期限为5年。

会计档案保管期如表11-1所示。

表 11-1 会计档案保管期限表

序 号	档 案 名 称	保 管 期 限	备 注
	一、会计凭证类		
1	原始凭证	30 年	
2	记账凭证	30 年	
	二、会计账簿类		
3	总账	30 年	包括日记账
4	明细账	30 年	
5	日记账	30 年	
6	固定资产卡片		固定资产报废清理后保管5年

续表

序号	档案名称	保管期限	备注
7	辅助账簿	30年	
	三、财务报表类		包括各级主管部门汇总财务报告
8	月、季度财务报告	10年	包括文字分析
9	年度财务报告	永久	包括文字分析
	四、其他类		
10	会计移交清册	30年	
11	会计档案保管清册	永久	
12	会计档案销毁清册	永久	
13	银行存款余额调节表	10年	
14	银行存款（借款）对账单	10年	

五、会计档案的借阅和复制

各单位保存的会计档案不得借出和复制，如有特殊需要，需经本单位领导或会计主管人员批准，并办理登记手续后，可以办理借阅。查阅人应详细填写借阅或复制登记簿，将其姓名、单位、日期、数量、内容、归期等登记清楚。不得将会计档案携带外出，如遇特殊情况，需经有关领导同意，可采取复制办法解决。严禁在会计档案上涂画、拆封和抽换。

六、会计档案的销毁

会计档案保管期满需要销毁时，应按照以下程序销毁：

（1）由本单位档案机构会同会计机构提出销毁意见，编制会计档案销毁清册，列明销毁会计档案的名称、卷号、册数、起止年度和档案编号、应保管期限、已保管期限、销毁时间等内容。

（2）单位负责人在会计档案销毁清册上签署意见。

（3）销毁会计档案时，应当由档案机构和会计机构共同派员监销。国家机关销毁会计档案时，应当由同级财政部门、审计部门派员参加监销。财政部门销毁会计档案时，应当由同级审计部门派员参加监销。

（4）监销人在销毁会计档案前，应当按照会计档案销毁清册所列内容清点核对所要销毁的会计档案；销毁后，应当在会计档案销毁清册上签名盖章，并将监销情况报告本单位负责人。

下列会计档案不得销毁：

（1）保管期满但未结清的债权债务原始凭证和涉及其他未了事项的原始凭证不得销毁，应单独抽出，另行立卷，由档案部门保管到未了事项完结时为止。单独抽出立卷的会计档案，应当在会计档案销毁清册和会计档案保管清册中列明。

（2）正在项目建设期间的建设单位，其保管期满的会计档案不得销毁。

本章小结

会计工作管理体制是指国家管理会计工作的组织形式和基本制度，包括管理机构的设置、职责范围的确定和管理职权的划分,我国实行"统一领导、分级管理"的管理体制,国务院财政部门管理全国的会计工作,县级以上地方各级人民政府的财政部门管理本地区的会计工作。

会计机构是贯彻执行党和国家方针政策,制定和执行会计制度,组织领导和处理会计工作的职能机构。我国会计管理机构的设置一般分为三个层次:中央和省、市地方财政设立会计事务管理机构,负责领导全国会计工作;中央和地方各级企业管理机关设置会计事务管理机构,负责组织、领导和监督所属单位的会计工作;基层企业设置会计事务管理机构(如会计处、科、组),在厂长、经理或总会计师领导下,负责办理本单位的会计工作,接受上级会计事务管理机构的指导和监督。

会计机构的组织形式一般可分为独立核算机构和非独立核算机构。非独立核算机构又可分为半独立核算和报账单位。

会计人员是决定会计工作质量的关键。明确会计人员的职责和权限,是充分发挥会计人员积极性的有效措施。国有企业、事业单位的会计机构负责人、会计主管人员的任免应当经过主管单位同意,不得任意调动和撤换。

会计人员调动工作或者离职,必须与接管人员办清交接手续。一般会计人员办理交接手续,由会计机构负责人、会计主管人员监交。会计机构负责人、会计主管人员办理交接手续,由单位领导人监交,必要时可以由主管单位派人会同监交。

会计档案是指会计凭证、会计账簿、财务报表及其他有关财务会计工作应予以集中保管的文件。它是记录和反映经济业务的重要史料和证据。

各单位每年形成的会计档案,应由会计部门按归档的要求,负责整理立卷,装订成册,加具封面、编号,编制会计档案保管清册。当年形成的会计档案在会计年度终了后,可暂由财务部门保管一年。保管期满之后,应由会计部门编制清册,移交本单位的档案部门保管;未设立档案部门的,应当由会计部门内部指定专人保管。出纳不得兼管会计档案。

会计档案的保管期限,从会计年度终了后的第一天算起。会计档案的保管期限按其重要程度分为定期和永久两类。

各单位保存的会计档案不得借出和复制,如有特殊需要,需经本单位领导或会计主管人员批准,并办理登记手续后,可以办理借阅。

思考训练

一、单项选择题

1. 按照《会计档案管理办法》的规定,原始凭证的保管期限是( )。
   A. 3 年　　　　　B. 5 年　　　　　C. 30 年　　　　　D. 永久
2. 计算会计档案保管期限的开始时间是( )。
   A. 每一月份的第一天　　　　　B. 每一季度的第一天
   C. 每半年度的第一天　　　　　D. 每一会计年度终了后的第一天
3. 银行存款日记账的保管期限是( )。
   A. 30 年　　　　　B. 5 年　　　　　C. 25 年　　　　　D. 永久
4. 企业年度财务会计报告的保管期限是( )。
   A. 3 年　　　　　B. 5 年　　　　　C. 15 年　　　　　D. 永久
5. 事业单位的各种会计凭证的保管期限是( )。
   A. 25 年　　　　　B. 15 年　　　　　C. 5 年　　　　　D. 3 年

6. 下列各项中，不属于会计档案的是（　　）。
   A. 固定资产卡片账　　　　　　　B. 辅助账簿
   C. 银行存款余额调节表　　　　　D. 企业财务计划
7. 各单位每年形成的会计档案，都应由（　　）按照归档要求整理立卷，装订成册，编制会计档案保管清册。
   A. 会计机构　　B. 档案管理部门　　C. 会计师事务所　　D. 业务部门
8. 根据《会计档案管理办法》的规定，在我国境内所有单位的会计档案（　　）。
   A. 可以携带出境　　　　　　　　B. 不得携带出境
   C. 经本单位负责人批准后，可携带出境　　D. 经安全部门批准后，可携带出境
9. 应当永久保管的会计档案资料是（　　）。
   A. 月度财务会计报告　　　　　　B. 会计档案销毁清册
   C. 银行存款余额调节表　　　　　D. 现金日记账
10. 企业按规定销毁会计档案时，（　　）。
    A. 由档案室保管人员销毁
    B. 由会计人员销毁
    C. 由单位负责人亲自销毁
    D. 由单位档案管理机构和会计机构共同派员监督销毁
11. 下列说法中，正确的是（　　）。
    A. 会计档案销毁清册需要保管 15 年　　B. 银行存款余额调节表需要保管 10 年
    C. 固定资产卡片账应保管 15 年　　　　D. 现金日记账需要保管 15 年
12. 会计法规包括（　　）。
    A. 会计法、会计制度、会计准则
    B. 会计法、会计准则、会计制度和有关其他法规
    C. 会计法、会计制度、会计准则和公司法
    D. 会计法、会计准则、会计制度和税法
13. 企业财务机构的具体名称一般视（　　）而定。
    A. 企业的行业特性　　　　　　　B. 企业的规模大小
    C. 企业的组织形式　　　　　　　D. 企业对财会工作的重视程度
14. 现行制度规定，应永久保存的会计档案是（　　）。
    A. 年度会计报表　　　　　　　　B. 季度、月度会计报表
    C. 会计凭证　　　　　　　　　　D. 会计账簿
15. 采用集中核算，整个企业的会计工作主要集中在（　　）进行。
    A. 企业的会计部门　　　　　　　B. 企业内部的各职能部门
    C. 上级主管部门　　　　　　　　D. 会计师事务所
16. 企业单位记账凭证和汇总凭证的保管年限是（　　）。
    A. 30 年　　　B. 5 年　　　C. 15 年　　　D. 永久
17. 下列各项中，不属于会计执业资格的是（　　）。
    A. 会计师　　B. 注册会计师　　C. 会计员　　D. 总会计师
18. 企业单位现金日记账和银行存款日记账的保管期限是（　　）年。
    A. 30　　　　B. 5　　　　C. 15　　　　D. 25

19. 会计工作组织形式一般分为( )。
    A. 集中核算和分散核算　　　　　B. 永续盘存制和实地盘存制
    C. 应计制和现金制　　　　　　　D. 确认、计量、记录和报告
20. 会计档案的保管期限有( )年。
    A. 5　　　　　B. 10　　　　　C. 15　　　　　D. 20

二、多项选择题
1. 我国的会计档案分为( )。
    A. 会计凭证类　　B. 会计账簿类　　C. 财务会计报告类　D. 其他会计资料类
2. 下列各项中，属于会计档案的有( )。
    A. 银行对账单　　　　　　　　　B. 银行存款余额调节表
    C. 会计档案保管清册　　　　　　D. 会计档案销毁清册
3. 下列有关会计档案销毁的表述中，正确的有( )。
    A. 会计档案销毁时，应由单位档案机构提出销毁意见
    B. 会计档案销毁时，应当编制会计档案销毁清册
    C. 会计档案销毁时，单位负责人应当在会计档案销毁清册上签署意见
    D. 会计档案销毁时，应由档案机构和会计机构共同派员监销
4. 下列各项中，属于永久保存的会计档案有( )。
    A. 银行存款日记账　B. 国家金库年报　　C. 行政单位决算　　D. 会计档案保管清册
5. 下列关于会计档案销毁的说法中，正确的有( )。
    A. 正在项目建设期间的建设单位，其保管期满的会计档案不得销毁
    B. 对于保管期满的但未结清的债权债务原始凭证，可以销毁
    C. 单位负责人应当在会计档案销毁清册上签署意见
    D. 单独抽出立卷的会计档案，只要在会计档案销毁清册中列明
6. 下列各项中，属于会计档案的是( )。
    A. 会计凭证　　　B. 会计账簿　　　C. 财务会计报告　　D. 产品销售计划
7. 下列关于会计档案销毁的说法中，正确的有( )。
    A. 单位销毁会计档案时，单位档案机构和会计机构应共同派员监销
    B. 国家机关销毁会计档案时，应由同级财政部门和审计部门派员参加监销
    C. 财政部门销毁会计档案时，应由同级审计部门派员参加监销
    D. 由单位负责人主持会计档案的销毁
8. 下列各项中，属于会计档案的内容的有( )。
    A. 记账凭证　　　　　　　　　　B. 明细分类账
    C. 会计报表　　　　　　　　　　D. 银行存款余额调节表
9. 会计工作组织的内容包括( )。
    A. 会计机构的设置　　　　　　　B. 会计人员的配备
    C. 会计规范的制定与执行　　　　D. 会计档案的保管
10. 会计法规定会计人员的主要职责是( )。
    A. 进行会计核算　B. 会计监督　　C. 经营决策　　　D. 保管会计资料
11. 下列各项中，属于会计人员的违法行为的有( )。
    A. 伪造、变造、变质虚假会计资料　B. 隐匿或故意销毁依法应当保存的会计资料
    C. 不依法进行会计管理、核算和监督　D. 按规定发布企业会计信息

12. 会计法规包括（　　）。
　　A. 会计法　　　　B. 会计准则　　　　C. 会计制度　　　　D. 其他有关法规
13. 会计专业技术职务可分为（　　）。
　　A. 助理会计师　　B. 会计师　　　　　C. 高级会计师　　　D. 总会计师
14. 下列各项中，属于会计工作职责的有（　　）。
　　A. 进行会计核算　B. 实行会计监督　　C. 拟订业务计划　　D. 制定会计核算方法

三、判断题

1. 会计档案是记录和反映经济业务的重要史料和证据。（　　）
2. 会计档案销毁清册不属于会计档案。（　　）
3. 各单位每年形成的会计档案，应当由会计机构负责整理立卷，装订成册，并编制会计档案保管清册。（　　）
4. 为了加强会计档案的管理，企业当年形成的会计档案也必须由专门的档案管理机构保管，而不能由会计机构暂行管理。（　　）
5. 会计档案不得借出，如有特殊需要可以提供查阅或者复制，查阅或复制时应办理登记手续。（　　）
6. 会计档案的保管期限，从会计年度终了后的第一天算起。（　　）
7. 当年形成的会计档案，在会计年度终了，可暂由本单位财务会计部门保管一年。（　　）
8. 固定资产卡片于固定资产报废清理后保管3年。（　　）
9. 单位因撤销、解散、破产或者其他原因而终止，在终止和办理注销全部手续之前形成的会计档案只能全部移交至终止单位的业务主管部门保管。（　　）
10. 财政部门销毁会计档案时，应当由同级监察部门派员参加监销。（　　）
11. 正在项目建设期间的建设单位，其保管期满的会计档案可以销毁。（　　）
12. 各单位保存的会计档案原则上不得借出，但如有特殊需要，经本单位负责人批准，可以借出。（　　）
13. 本单位的会计档案机构为方便保管会计档案，可以根据需要对其拆封重新整理。（　　）
14. 基本会计准则是制定具体会计准则的依据。（　　）
15. 企业会计制度规定，既要以会计准则为依据，又要适应各个行业的条件。（　　）
16. 会计人员专业技术职称分为总会计师、高级会计师、注册会计师、会计师、助理会计师和会计员。（　　）
17. 无论企业是采用集中核算还是非集中核算，其所属各车间、部门一般不能与外单位直接发生经济往来。（　　）
18. 为了便于查阅历史证据，各种会计资料应永久保存。（　　）
19. 一个实行独立核算的单位，其工作组织形式既可以选择集中核算形式，也可以选择非集中核算形式。（　　）
20.《会计法》是我国的会计法规体系中最高层次的法律规范。（　　）

四、问答题

1. 会计档案的归档和保管的基本要求有哪些？
2. 我国的会计专业职务如何分类？
3. 会计机构的设置有哪些方式？会计人员回避有哪些类型？
4. 我国会计工作管理体制如何分工？

参 考 文 献

[1] 中华人民共和国财政部. 企业会计准则[M]. 北京：经济科学出版社，2006.
[2] 中华人民共和国财政部. 企业会计准则：应用指南[M]. 北京：中国财政经济出版社，2006.
[3] 会计从业资格无纸化考试专用辅导教材编写组. 会计基础[M]. 北京：中国财政经济出版社，2014.
[4] 李建军. 营业税改增值税操作实务与案例分析[M]. 上海：立信会计出版社，2016.

教学支持说明

▶▶ 课件申请

尊敬的老师:

您好!感谢您选用清华大学出版社的教材!为更好地服务教学,我们为采用本书作为教材的老师提供教学辅助资源。鉴于部分资源仅提供给任课教师使用,请您直接用手机扫描下方二维码实时申请教学资源。

任课教师扫描二维码
可获取教学辅助资源

▶▶ 样书申请

为方便教师选用教材,我们为您提供免费赠送样书服务。任课教师扫描下方二维码即可获取清华大学出版社教材电子书目。在线填写个人信息,经审核认证后即可获取所选教材。我们会第一时间为您寄送样书。

任课教师扫描二维码
可获取教材电子书目

清华大学出版社

E-mail: tupfuwu@163.com   网址: http://www.tup.com.cn/
电话: 8610-62770175-4506/4340   传真: 8610-62775511
地址: 北京市海淀区双清路学研大厦B座509室   邮编: 100084